清代战争全史 ◎ 李治亭 杨东梁 主编

·第七卷·

保卫东北边疆之战

周喜峰 著

·广州·

版权所有　翻印必究

图书在版编目（CIP）数据

保卫东北边疆之战/周喜峰著. —广州：中山大学出版社，2020.10
（清代战争全史/李治亭，杨东梁主编；第七卷）
ISBN 978-7-306-07032-6

Ⅰ.①保… Ⅱ.①周… Ⅲ.①战争史—中国—清代　Ⅳ.①E294.9

中国版本图书馆 CIP 数据核字（2020）第 215784 号

BAOWEI DONGBEI BIANJIANG ZHI ZHAN

| 出 版 人：王天琪
| 策划编辑：徐　劲
| 项目统筹：李　文　赵丽华
| 责任编辑：叶　枫
| 封面设计：刘　犇
| 责任校对：吴政希
| 责任技编：何雅涛
| 出版发行：中山大学出版社
| 电　　话：编辑部 020-84111946，84113349，84111997，84110779
|　　　　　　发行部 020-84111998，84111981，84111160
| 地　　址：广州市新港西路 135 号
| 邮　　编：510275　传　　真：020-84036565
| 网　　址：http://www.zsup.com.cn　E-mail: zdcbs@mail.sysu.edu.cn
| 印 刷 者：广州市友盛彩印有限公司
| 规　　格：787mm×1092mm　1/16　21.625 印张　365 千字
| 版次印次：2020 年 10 月第 1 版　2022 年 11 月第 2 次印刷
| 定　　价：65.00 元

如发现本书因印装质量影响阅读，请与出版社发行部联系调换

总　　序

李治亭　　杨东梁

2015年春夏之交，中山大学出版社策划了一个选题——清代战争史，并盛情邀请我们主持其事，组织撰写团队。

这实在是机缘巧合，我们都曾研究过清代战争史，发表过相关论著，期待将来能写出一部完整的清代战争史。多少年过去了，终因种种缘故，迟未动笔。现在，中山大学出版社有此创意，我们自然乐于玉成！于是，就设计出一套共九册的"清代战争全史"丛书，并约请了九位研究有素的中青年学者共襄此举。在本丛书的撰写接近完成之际，有必要把我们对有清一代战争的认识及本丛书撰写思路披露于众，以与各册的具体阐述相印证，也许读者会从中获得对清代战争的新认识。

一

提起战争，即使未经历过战争的人们也会懂得：战争就是杀戮、毁灭、灾难……尽管人们厌恶战争，但战争或迟或早总是不断发生。数千年来，在世界各地发生的大小战争不计其数。仅世界性规模的大战就有两次，几乎将全人类都卷入其中。即使今天，战争也仍然在地球上的某个地方进行着。可以说，战争与人类相伴相随，自从产生了私有制，形成不同利益的阶级及集团，战争便"应运"而生。人类的历史证明，战争是人类生活的一部分，在其要爆发的时候一定会爆发，实非依人们的意志为转移。

在中国数千年漫长的历史进程中，充斥着无数的战争记录，二十四史中哪一个朝代没有发生过战争？从传说中的黄帝大战蚩尤开端，到有文字记述的夏、商、周时代，战争从未间断过。史称"春秋战国"时期的四五百年间，实则是"战争年代"，从上百个诸侯国，兼并成七国，最后，秦战胜诸国，一统天下。自秦始，王朝的兴替，哪个不是通过战争来完成的（只有个别王朝通过政变或所谓禅让获得政权）！再者，几乎每一代中原王朝都面对北方及其他边疆地区的"夷""狄"政权，彼此冲突不断，战祸惨烈，又远胜过地方割据与农民起义。其历时之久长、战事之激烈、规模之庞大，为世界所仅见。例如：

西周末年，西夷"犬戎"族攻到骊山，杀死了西周最后一位国君周幽王。

匈奴与中原王朝之争，自周秦，历两汉，至魏晋，几近千年，战争不断。

隋朝西北与突厥，东北与高句丽，征战频繁，终至亡国。

唐朝与突厥、高句丽的战争也是烽火连天。

北宋先与契丹族建立的辽王朝争战数十年；以后女真族崛起，建立金王朝，先灭辽，再灭北宋；继而蒙古族崛起，先后灭西夏和金，建立元王朝，再灭南宋，一统天下。

明朝建立后，与北方蒙古族的战争持续了很久，与东北女真族的战争也时断时续。努尔哈赤统一女真各部后，又与明军在辽东地区征战了近30年，直至明亡。同时，明政权与西南土司之间的战争，也旷日持久。

以上所列，主要是中原中央王朝与边疆各民族之间的战争，不过举其大略，具体战役则不胜枚举。

贯穿中国古代史的反封建战争，是农民起义。历朝历代都发生过规模不等的农民起义。其中，陈胜、吴广起义敲响了大秦帝国的丧钟；赤眉、绿林起义导致了新莽政权的覆灭；东汉末年的黄巾起义动摇了东汉王朝的根基；唐末黄巢领导的农民起义，声势浩大，席卷全国；元末的农民大起义，历时近20年激战，终把元朝推翻；明末的农民大起义，持续17年，直至攻占首都北京，宣告明朝灭亡！

这是清朝以前历代农民战争之大略，其战役何止千百次！

还有一类战争，即统治阶级内部各政治、军事集团之间的战争。例如：西汉宗室吴王刘濞发动的"七国之乱"；东汉末年的军阀混战，进而演变成"三国鼎立"；西晋的"八王之乱"及少数民族进入中原，最后形成南北朝的对立；唐中叶后有藩镇反唐的"安史之乱"；明初则有燕王朱棣起兵夺位的"靖难之变"；等等。这些战争，都属于统治阶级内部为争夺最高统治权而引发的武装斗争。

以上各类战争中，绝大多数属于中华民族内部各阶级、阶层，各民族，各政治集团之间的战争，并不存在近代意义上的国与国之间的战争。少数例外的是中原王朝对高句丽、安南的战争以及明万历年间援朝抗倭的战争。

清朝以前的历代战争，大略如此。

下面，有必要对清代战争做一全面回顾，以扣本丛书主题。

以明万历十一年（1583）努尔哈赤起兵创业为开端，迄宣统三年（1911）清帝退位，共历328年，战争的历史贯穿了清史的全过程。若与历代战争相比，有清一代展示了各类战争的全貌，其战争次数之多、战争时间持续之久、战争规模之大，可以说，超过了以前任何一个朝代！

第一，清统一全国之战。以努尔哈赤创业为起点，以康熙二十二年（1683）收复台湾为标志，实现了国家统一，其间恰好是100年！在这一个世纪的战争中，历经女真诸部统一之战，明（包括南明政权）清之战，与李自成大顺军、张献忠大西军之战，与台湾的郑氏政权之战，还有清军与部分地区抗清武装之战，等等。在中国历史上，还没有一个王朝经历过如此之久的统一战争！

第二，清朝同西北准噶尔分离势力展开的战争。始自康熙二十九年（1690）征剿噶尔丹，经雍正朝，至乾隆二十四年（1759），历70年。先后同噶尔丹策零、达瓦齐、策旺阿拉布坦、阿睦尔撒纳等为首的分离势力展开不间断的征战；又在南疆回部，平定了大小和卓之乱，始将新疆完全纳入版图。道光时，大和卓博罗尼都之孙张格尔发动叛乱，清军反击，历三年将其平定。同光年间，又有浩罕军官阿古柏入侵，勾结国内分离势力占领天山南北，经左宗棠率兵西征，新疆才得以重归版图。

第三，雍正五年（1727），在西南少数民族地区实行"改土归流"，引起部分土司反抗，遂爆发平定土司的大规模征战。至乾隆时，战事再起，此即大、小金川之战。

第四，康熙年间，西藏动乱，清军进藏，驱逐准噶尔叛乱势力；乾隆年间，廓尔喀（今尼泊尔）入侵我国西藏，清军迎击，终将其击溃。

清代农民战争的规模也超过历代水平。先有嘉庆元年（1796）爆发的白莲教大起义，后有道光末年爆发的太平天国起义。白莲教起义使清王朝元气大伤，成了清朝由盛转衰的转折点。太平天国起义则始于广西，挺进两湖，沿长江顺流东下，奠都江宁（今南京），清王朝竭尽全力，耗时14年才将其镇压下去。同时，北方还有捻军起义，角逐于中原地区；在云贵等地，则有回民、苗民起义。在台湾岛，康熙时有朱一贵、乾隆时有林爽文先后两次起义。嘉庆时，天理教在山东、河南起义；更有部分天理教徒闯进北京皇宫，造成古今之"奇变"！

由清圣祖决策撤藩引发了"三藩之变"，平西王吴三桂率先反清，其他两个藩王（靖南王耿精忠、平南王尚之信）随即响应。战乱波及八省，持续八年，以吴三桂等失败而告终。清代统治阶级内部为争夺政权引发的战争，仅此一例。

清代还有以前历朝所不曾经历过的战争，即康熙年间的两次雅克萨抗俄之战，以及近代以来反抗西方殖民主义侵略的战争。正如人们所熟知的，诸如第一次、第二次鸦片战争，中法战争，中日甲午战争（包括台湾军民抗击日本侵略之战），八国联军侵华及义和团反帝之战，沙俄侵占东北及东北义军抗俄之战，英军入侵西藏之战，等等。自道光二十年（1840）以来，迄光绪二十六年（1900），西方列强（包括东方后起的日本军国主义）侵华与中国军民的反侵略战争，前后持续了60年。

清代战争史上的收官之战，当属革命党人发动的武昌起义。此战一打响，便敲响了清王朝的丧钟。不久，宣统皇帝退位，清朝就此灭亡！清代的战争史至此谢幕。

以远古黄帝战蚩尤的涿鹿之战为开端，至清代最后一战——辛亥革命，共历4600余年。可见，中国战争史之漫长，在世界战争史上恐怕也是独一无二的！至此，人们不禁会发出疑问：战争何以不断发生？直到当今文明高度发达的时代，世界上战争不但没有停止，规模反而更大，杀伤力更强，破坏程度更深，其原因是什么呢？这就不能不牵涉到战争的本质问题。

19世纪上半叶，普鲁士杰出的军事战略家克劳塞维茨在其不朽的《战争论》中，阐述了关于战争的一个基本思想："战争无非是政治通过另一种手段的继续。"① 毛泽东进一步发挥了克氏的观点，更明确地说："政治是不流血的战争，战争是流血的政治。"② 他在《中国革命战争的战

---

① ［德］克劳塞维茨：《战争论》（中文版），第25页，陕西人民出版社，2001。
② 《毛泽东选集》第二卷，第447页，人民出版社，1966年横排本。

略问题》中,又具体指明,战争是"用以解决阶级与阶级、民族与民族、国家与国家、政治集团与政治集团之间的矛盾的一种最高的斗争形式"①。总之,战争是关系到国家、民族、阶级、政治集团命运的生死搏斗,是一种特殊的社会活动形态。远离战争,和平发展,一直是人类社会孜孜以求的梦想。但现实的世界却是残酷的。只要世界上还存在着阶级,还存在着国家,战争就不会消灭。因此,我们必须不断地了解它的来龙去脉,研究它的发展规律。

战争的实践也推动人们开展对战争的研究,总结其胜败的经验与教训,并在认识战争的过程中提出种种军事理论主张,用以指导战争,以获取战争的胜利。如同政治、经济、文化诸领域的学术研究一样,军事学、战争论也是一门特殊的学问。春秋战国之交,这门学问被称为"兵家",与儒、墨、法、名及黄老等学说并列为"诸子百家"。孙武、吴起、孙膑、尉缭等都是兵家的代表人物,他们的著作《孙子兵法》《吴子兵法》《孙膑兵法》《尉缭子》,及战国时由齐国大夫合编的《司马法》(即《司马穰苴兵法》),流传百世。其中,以《孙子兵法》最为著名,已成千古不朽之作,它所阐发的军事思想及作战原则与规划,为历朝历代所继承,用作战争攻防的指南。如今,《孙子兵法》早已走出国门,为世界各国兵家所公认,如美国西点军校便将此书列为教学的必读之书。

值得注意的是,自秦汉以后,尽管战争并未减少,也出现了一些军事家、战略家,但军事理论的研究却相对薄弱。宋代曾公亮、丁度等编辑了《武经总要》,朱服等人校订了我国古代第一部军事教科书——《武经七书》(即校订《孙子》《吴子》等七部兵书)。明代戚继光撰《纪效新书》,颇有影响;茅元仪辑《武备志》,汇集兵家之书2000余种,算是略有成效。到了文化繁盛的清代,典籍如林,著述山积,唯独兵书不足;学者之众,文艺千万,"兵家"却寥若晨星! 何以至此? 历来以"战"为国之"危事",视为凶险,故学者罕有论兵之人;又清代科举制度盛行,文人沉湎于八股,武人少通文墨,故兵家论述稀见。总之,不论什么原因,自秦汉以降,迄清代,有关军事、战争的研究并没有超越前代。

---

① 《毛泽东选集》第一卷,第155页,人民出版社,1966年横排本。

二

中国几千年来历朝历代之兴亡盛衰，战役、战斗无数，内容丰富而厚重，适足以构成一部系统的中国战争通史！其中，清代战争史就是中国战争通史中最精彩的篇章之一。

清朝是我国历史上最后一个封建王朝，它处在从传统社会向近代社会转型的重要历史时期，处在中西文化碰撞、交流，中国逐渐卷入世界历史漩涡的特殊时代，各类社会矛盾错综复杂，不同性质的战争此起彼伏，不但对当时而且对以后的中国社会都产生了深刻影响，留下了许多宝贵的经验教训，这些都是后人要认真研究和总结的。那么，学术界又如何对其展开研究，并取得了哪些成就呢？下面就做一简单的学术回顾。

早在20世纪初，清亡前后，国人耻于列强侵华、中国丧权辱国，刘彦的《鸦片战争史》于1911年出版。其后，又有两部鸦片战争史问世。1929年，王钟麟的《中日战争》，由商务印书馆出版；1930年文公直的《最近三十年中国军事史》，由太平洋书店出版。至40年代，谢声溢的《中国历代战争史》（1942）、黎东方的《中国战史研究》（1944）等也相继出版。

中华人民共和国成立前，有关中国战争史的探讨不过如此，已出版的这几部战争史，尚缺乏深入、全面的研究。专门研究整个清代战争史、中国近百年战争史的著作则付之阙如。正如毛泽东在《改造我们的学习》一文中指出的：中国"近百年的经济史、近百年的政治史、近百年的军事史、近百年的文化史，简直还没有认真动手去研究"①。该文写于1941年，距1840年鸦片战争爆发约100年。

这种状况在中华人民共和国成立后稍有改变。但有关战争史的研究，明显偏重于中国近代战争及历代农民战争。例如，1950年至1955年间，先后出版了与《鸦片战争》同名的五本通俗读物，仅有一部可算作学术著作，即姚薇元的《鸦片战争史实考》（新知识出版社1955年版）。1955年至1965年，魏建猷、方诗铭、来新夏、蒋孟引等四位学者，分别撰写出版了关于第二次鸦片战争研究的著作。此外，牟安世的《中法战争》（上

---

① 《毛泽东选集》第三卷，第756页，人民出版社，1966年横排本。

海人民出版社1955年版）也于此时出版。中日甲午战争是当时的一个研究热点：贾逸君的《甲午中日战争》（新知识出版社1955年版）、郑昌淦的《中日甲午战争》（中国青年出版社1957年版）、陈伟芳的《朝鲜问题与甲午战争》（生活·读书·新知三联书店1959年版）、戚其章的《中日甲午威海之战》（山东人民出版社1962年版）等，也于这一时期问世。

农民战争史研究，主要集中在太平天国运动、义和团运动以及各地农民起义几个主题。史学领域堪称"热门"的有关太平天国史的著作就有八部之多。其中，较有影响的成果，当推罗尔纲的《太平天国史稿》（中华书局1957版）、戎笙的《太平天国革命战争》（生活·读书·新知三联书店1962年版）等。史学界还关注清代中叶以后的农民起义，如白莲教、天理教、捻军、苗民以及上海小刀会、山东宋景诗等农民起义，发表的论著颇多。再有就是关于辛亥革命史的研究，成果如陈旭麓的《辛亥革命》（上海人民出版社1955年版）、章开沅的《武昌起义》（中华书局1964年版）、吴玉章的《辛亥革命》（人民出版社1961年版），但这些还算不上纯粹的战争史著作。

概括这一时期的战争史研究，著作者的本意似乎不在军事与战争本身，战争不过是外在形式，着眼点则在于阐发阶级斗争理论。故其研究远未深入。虽然这些著作不失为爱国主义教材，但终归学术含量不足。

十年"文革"动乱，极"左"思潮泛滥，学术凋零，整个历史学研究领域被"影射史学"笼罩，更何谈战争史研究？

改革开放，拨乱反正，迎来了史学研究的春天，战争史研究也呈现出空前盛况。军事科学院率先推出全三册的《中国近代战争史》（军事科学出版社1984—1985年版），这应该是第一部较为完整的中国近代战争史，具有学术开创意义。但这一时期研究成果仍然集中在鸦片战争、太平天国、中日甲午战争、辛亥革命等专题[①]，属于旧题新作。值得称道的是，

---

① 这些著作是：茅家琦等《太平天国兴亡史》，上海人民出版社，1980；金冲及、胡绳武《辛亥革命史稿》，上海人民出版社，1980；章开沅、林增平《辛亥革命史》，人民出版社，1981；郦纯《太平天国军事史概述》，中华书局，1982；孙克复、关捷《甲午中日海战史》，黑龙江人民出版社，1981；戚其章《甲午战争史》，人民出版社，1990；罗尔纲《太平天国史》，中华书局，1991；茅海建《天朝的崩溃：鸦片战争再研究》，生活·读书·新知三联书店，1995；萧致治《鸦片战争史》，福建人民出版社，1996；等等。

这些著作摒弃了"阶级斗争为纲"的治学理念，实事求是地表达了作者较新的学术见解。另一部较有代表性的著作，当推戴逸、杨东梁、华立的《甲午战争与东亚政治》（中国社会科学出版社1994年版）。该书不但进一步阐释了战争与政治的关系，而且把甲午战争史的研究内容扩展到整个东亚地区。该书为纪念甲午战争一百周年国际学术研讨会的推荐图书，并由日本学者翻译成日文，在日本出版。

从军事学眼光看，这些"战争史"还不是严格意义上的战争史之作，说到底，仍是政治观念的图解。从战争史的角度讲，尚没有明显的突破。

改革开放时期，战争史研究新进展的突出表现之一，是开拓新领域，研究新课题，产生新成果。例如，明、清（后金）战争持续近半个世纪，其战争史内容极为丰富，多少年来，一直无人问津。直至1986年，孙文良与李治亭的《明清战争史略》（辽宁人民出版社1986年版）问世，才弥补了该项学术空白。该书2005年江苏教育出版社再版，2012年中国人民大学出版社重版，可见此书已得到社会认可。

民国以来，清代战争史研究一直局限在鸦片战争、太平天国运动、甲午战争、辛亥革命、义和团运动等几个重大历史事件的范围内，其中鸦片战争史10余部、甲午战争史近10部。学界和读者急需一部清朝军事或战争通史。迟至1994年，杨东梁、张浩的《中国清代军事史》（人民出版社版）问世，才填补了这一重要空缺。尽管军事史与战争史还是有差异的，但该书也勾勒出清代战争的基本状况。稍晚，1998年多卷本《中国军事通史》（军事科学出版社版）出版，其第十六卷为由邱心田、孔德骐撰《清前期军事史》，第十七卷为由梁巨祥、谢建撰《清后期军事史》。同年，杨东雄、杨少波的《大清帝国三百年战争风云录》（中原农民出版社版）问世。

2000年以后，有关清代战争史、军事史的研究成果层出不穷，又形成一个不大不小的高潮。世纪之初，有郭豫明的《捻军史》（上海人民出版社2001年版）、廖宗麟的《中法战争史》（天津古籍出版社2002年版）；到2015年，则有十几部鸦片战争史出版，内容大同小异，如欧阳丽的《鸦片战争》、李楠的《鸦片战争》、张建雄的《鸦片战争研究》、刘鸿亮的《中英火炮与鸦片战争》、张建雄与刘鸿亮的《鸦片战争中的中英船炮比较研究》等。中法战争史研究也推出新书，如汪衍振的《中法战争》（中国青年出版社2012年版）。甲午战争史亦有新著面世，如许华的《再见甲午》（人民出版社 2014 年版）、杨东梁的《甲午较量》（中国青年出版社 2015 年版）等。

与此同时，有两部中国战争通史出版。一部为《中国历代重大军事战争详解》，全九册，其第八册为《清代战争史》，第九册为《近代战争史》，由吉林文史出版社于 2006 年出版。另一部是武国卿与慕中岳的《中国战争史》，其中第七卷为"清朝时期"，这部多卷本中国战争通史于 2016 年由人民出版社出版。

值得注意的是，台湾地区学者也颇关注清代战争史研究。早在 1975 年，罗云的《细说清代战争》由台北祥云出版社出版。自 1956 年始，台湾又集中全岛军事专家与史学家合力编纂《中国历代战争史》，历时 16 年，至 1972 年书成，1976 年由黎明文化事业公司出版。该书出版后，复成立"修订委员会"予以审订，至 1979 年完成。全书共 18 册，近 500 万言。其中，第十五至第十七册为清朝战争史，最后一册（第十八册）为太平天国战争史。这是一部中国战争全史的鸿篇巨制，实属空前之作。该书"修订委员会"阵容强大：由蒋经国任主任委员，聘请钱穆、王云五、陶希圣、蒋复璁、黄季陆、方豪等学术名家出任委员。其规模之庞大、内容之翔实、文笔之流畅是有目共睹的，但在史观把控、材料搜集、学术规范等方面仍有可斟酌之处。

任何一部史书都难称完美无缺，必然要受到认识水平和客观条件的限制，因此，存在一些缺陷也是不足为怪的。已经面世的战争专史或通史，必将为其后的战争史研究提供借鉴。我们撰写"清代战争全史"时，上面提到的研究成果俱有参考价值。

纵观以往百年特别是改革开放以来清代战争史研究的状况，我们觉得有三点是值得思考的。

其一，研究的着重点不平衡。从各时期战争史出版的状况看，一个明显的现象是：其内容主要集中在鸦片战争、中日甲午战争、中法战争、太平天国运动、义和团运动、辛亥革命等主题，仅鸦片战争史就多达 20 种，其他的也有四五种或七八种。相反，清兵入关前以及清朝前中期，虽然战事频发，内容丰富，却少有学者问津，研究成果不多。其中原因，一方面是自中华人民共和国成立后，近代史从清史中分离出来，成为一个独立的研究领域，并且成为显学。这固然是政治思想教育的需要，但对完整的清史研究不能不产生一定影响。另一方面，研究经费不足、研究人员缺少也限制了清代战争史研究的进展。改革开放后,清史研究突飞猛进,成果累累,琳琅满目,唯独清代前期战争史研究不显,除有关个案战役的零星论文发表外,并无一部战争史著作问世。直到1986年,始见孙文良、李治亭的《明清战争史略》出版;至今已过去了30余年,该书仍是国内唯一的一部明清战争史。清代战争史研究明显落后,是毋庸置疑的。

其二,忽略了战争本身的特色。在以往战争史研究中,一种倾向是,以政治史观为指导,把战争史写成政治史,而忽略了战争本身的特色。战争史的要求,是写战争,也就是以军事斗争为主要内容,如战争准备、战场环境、战争过程、指挥艺术、后勤保障、武器装备等。当然,国家的政治状况、经济与财力等,是孕育战争的母体和保证战争进行的物资条件,无疑也是不可或缺的重要因素。

其三,没有处理好人与武器的关系。在战争中,武器和人的因素哪一个更重要?这是一个老问题了,但时至今日,仍有一些学者过分强调武器的作用。毛泽东早就指出:"武器是战争的重要因素,但不是决定因素,决定的因素是人不是物。"① 这是对以往战争中人力、物力对比的科学总结。我们从清代战争史中也足以证明这一论断。仅以近代为例,在中法战争中,冯子材率领清军,面对装备精良的法军,仍取得了镇南关大捷;甲午中日战争时,北洋海军的实力与日本相比并不弱,结果却在"避战保船"的错误方针指挥下,全军覆灭。可见,武器不是战争胜败的决定性因素!

我们讲人是决定因素,但绝不否定物的重要作用,"落后就要挨打",这是我们从近代备受列强欺凌的事实中总结出来的深刻教训。在近代,中国与西方的差距是明显的。在生产方式、政治制度、科学技术、人员素质等方面,清朝统治下的中国都远远落后于世界潮流。洋务办了几十年,虽然聊胜于无,却没有取得突破性的进展,所以有人说"仅有空名而无实效"②。恩格斯讲,战争的胜负"取决于人和武器这两种材料,也就是取决于居民的质与量和取决于技术"③。无数事实证明"落后就要挨打"是一条铁律。

---

① 《毛泽东选集》第二卷,第437页,人民出版社,1966。
② 〔清〕王韬:《弢园文录外编》卷三。
③ 《马克思恩格斯选集》第三卷,第210页,人民出版社,1972。

三

任何学术研究，都应坚持继承与创新相结合的原则。对前人或当代学者的研究成果及科学结论，毫无疑问应予以借鉴与吸收。但学术研究的脚步是不能停滞的，更重要的是要在前人的基础上大胆创新！所谓学术创新，就是突破传统观点，放弃已不适用的成说、规则，提出新说新解，补充前人之缺失。一句话，发前人所未发、论今人所未论，纠正其谬误，开拓学术发展之路。我们这个学术团队正是遵循这一原则：在继承以往研究成果的基础上，坚持学术创新，力图写出一部富有个性特点的清代战争史。那么，本丛书有哪些特点呢？

特点之一，在于"全"，它系统地展示了有清一代战争的全过程。本丛书以努尔哈赤于明万历十一年（1583）起兵复仇为开端，终结于最后一战——辛亥革命战争（1911），历时328年。在这漫长的历史过程中，凡发生的较重要战争，均无遗漏。一般战争史著作，对具体战役的描述失之于简，本丛书则要求对每场战役战斗尽量展示其全过程，全景式地再现战争的历史场面。

特点之二，是规模大。本丛书共九册，330万字。综观已经问世的中国战争史，尚未有一部断代战争史达此规模。

特点之三，是体例上的创新。体例是对全书框架的整体设计，如同盖一座楼，设计方案好坏，直接关系到建筑物的质量、使用价值及美观程度。传统的战争史体例模式或以时间为序，从首战直写至战事结束；或按战争性质分类，将同类战争分成若干板块，组合在一起。我们则在认真研究清代战争全过程的基础上，分析与归纳其战争特点，试图打破传统的体例模式，重新设计全书的架构，从九个方面（分为九册）来构建有清一代的战争史系列。

清朝创业伊始，即以战争为开端，先战女真诸部，后战明帝国、大顺军，由辽东入关，定鼎北京；复战大顺、大西农民军，由山陕而四川；伐南明，平定江南；最后战郑氏，收台湾。至此，统一大业告成，历时一百年。故首册名曰《清代统一战争》。

国家统一不久，整个西北地区又燃战火，历经康、雍、乾三朝，血战70年，终于统一蒙古，平定西藏、青海的叛乱，此战横跨两个世纪。故名曰《西部世纪之战》。

西北分离、分裂势力再燃战火。道光年间，叛乱头目张格尔在浩罕汗国支持下，骚扰南疆，清廷出兵平叛，终于活捉张格尔，献俘京师；以后，浩罕军官阿古柏入侵，直至新疆大部分地区沦陷。左宗棠临危受命，力挽狂澜，终将新疆收复。故称《保卫新疆之战》。

当时西南地区实行土司制度，实际处于半独立状态，清朝推行大规模"改土归流"，遭到反叛土司的抗拒，战争由此而起。同时，西南邻国缅甸、越南因多种原因与清王朝发生冲突，导致清缅、清越战争。故名为《西南边疆之战》。

台湾岛孤悬海中，战略地位重要，对内、对外战争频繁，故自成一个系列。前有收复台湾之战，后有朱一贵、林爽文起义及甲申、甲午两次保卫台湾之战。故名《清代台湾战争》。

自1840年开始，西方列强不断发动侵华战争，其间有两次鸦片战争、中法战争、甲午中日战争、英军侵藏战争、八国联军侵华战争等，为清代战争史的重要组成部分。故名曰《近代反侵略战争》。

东北地区有其特殊性，即沙俄不断蚕食、侵吞东北领土，前有雅克萨之反击战，后有日本入侵东北，直至沙俄占领东北全境。故以《保卫东北边疆之战》为一册，叙述其全过程。

清代农民武装反清斗争频发，以清代中叶以后为盛，如川楚陕白莲教起义、太平天国运动、捻军起义等大规模农民战争，还有少数民族（以农民为主体）反清战争等，足以构成一个战争史系列。故集中编为一册，定名为《农民反清战争》。

清代最后一次大规模战争，毫无疑问，就是辛亥革命战争，此战结束后不久，大清王朝寿终正寝。故《辛亥革命战争》即为本丛书的殿后之作。

以上九个部分组成有清一代的战争全史。

我们认为，这九个部分或称九种类型的战争，基本反映了清代战争史的全貌，充分体现了其战争的特点。纵的方面，以时间为线索贯穿了清王朝的兴、盛、衰、亡；横的方面，以空间为线索，突出了发生在不同地区的战争特色。有些战争未囊括在"纵横"之中，就按战争性质分类，如农民反封建、各民族反侵略、辛亥革命反帝制等，各有特点，自成一种类型。

如此布局，是根据清代战争的不同特点做出的，反映了清代战争的真实面貌。仅以保卫新疆之战为例,从清初到清末,新疆地区战事频发,其中既有追求统一的战争,也有平定叛乱的战争,更有驱逐外来入侵势力、捍卫国家主权和领土完整的战争,在同一个地区却体现了战争的多样性、复杂性。这有利于读者更加全面地认识清代战争。

特点之四,在于观察视角上的全面性,即不就战争论战争。研究战争史、编写战争史,最忌讳孤立地看待战争,只关注战争本身,却忽略与战争有关联的其他方面,这就是单纯军事观点,把本来复杂的战争历程简单化了。

我们认为,考察每次战争,必须将战争置于时代大背景下,考察作战双方的经济状况、军资储备、精神要素(包括国家领导人的决策能力、军队统帅的指挥才能、民族的精神面貌、人民对战争的态度、参战人员的素质等)。这些都是关系战争胜负不可缺少的因素。"战争的胜负,主要地决定于作战双方的军事、政治、经济、自然诸条件,这是没有问题的。然而不仅仅如此,还决定于作战双方主观指导的能力。"① 我们需要"大局观",或称"全局观",也就是要全方位地关注与战争直接或间接相关的方方面面。以上认识是我们研究、撰写"清代战争全史"丛书的指导思想,我们将努力在实践中贯彻之。

那么,怎样才能写好战争史呢?这是我们一直关注并在不断深化认识的问题。坦率地说,对于军事或战争,本丛书的主编和全体作者基本上是"门外汉"(因为我们没有战争的经历和经验)。为克服自身的弱点,力求避免以往战争史研究中的某些缺失,我们提出,要正确处理好九个方面的关系:

其一,战争的必然性与偶然性。从理论上说,任何事情的发生都有其必然性,而必然性往往通过偶然性表现出来。历史上的重大战争的发生各有其必然性,至于哪一天爆发,却是出于某种偶然。本丛书要求,对每场战争之发生,首先要从社会诸矛盾中,以及交战双方矛盾逐渐激化的过程中,寻找战争的必然性;从战争发生的直接原因,或称导火线来确认其偶然性。只有按此思路去研究战前的种种矛盾,才能说清楚战争的由来。

---

① 《毛泽东选集》第一卷,第166页,人民出版社,1966年横排本。

其二，战略与战术。战略是指导战争全局的计划和策略，战术则是进行战斗的原则和方法。前者是全局，后者是局部，两者密不可分。战略目标是通过各个具体的战役、战斗来实现的，如果战役、战斗都失败了，战略目标也就化为乌有！本丛书要求，既要突出战争的战略指导，又要具体阐明指挥者的战术原则，两者不可偏废。

其三，在叙述战争过程时，交战双方都应兼顾，不以其为正义方或非正义方而决定详略。也就是说，要写清楚作战双方的战略、战术，如一方写得过多过细，另一方写得少而笼统，势必出现一方独战而无交战了。

其四，战役的共性与个性。凡是战争，不论大小，必然是交战双方的互动。每次战役作战的双方都有筹划、准备，调兵遣将，这就是战役的共性。所谓个性，是指每次战役、战斗并不尽相同。例如，各自的战法或谋略不同，战场地形、地貌不同，战场状况瞬息万变，经常出现意料不到的新变化，如此等等。这些就构成了各个战役、战斗的不同特点。本丛书强调，要写出每次战争、每个战役、每场战斗的特点，不雷同，力戒千篇一律，只有这样，才有可能把战争史写得更真实可信！

其五，战争与战场。这两者自然是密不可分的，试问哪场战争、战斗不是在特定的战场上对决的？但以往战争史多数战场不明，只有地名，却无具体的地形、地貌，实则是把战争的空间隐去了！在军事上，占据有利地形、控制交通线、据险而守等，是打赢一场至关重要战役的必要条件，故对战场的描述是战争史必不可少的组成部分。本丛书要求，每写一场战役特别是重大战役，要在材料许可的前提下，把战场写得具体细致些。

其六，将军与士兵。战争是人类的一种实践行为，人是这一实践过程中的主角，所以，写战争必写人！须知统帅或将领在一场战争、战役中扮演着主要角色，因此，要把他们的智慧、勇气，乃至个性、作风等逐一展示出来；而当军队投入战场，与对方捉对厮杀时，无疑士兵就成了战场的主人，他们的勇气、意志、作战技能往往是决定胜负的关键因素。不言而喻，写战争史不写统帅、将领的运筹帷幄，不写士兵在战场上的战斗表现，战争史将变得空空洞洞而索然无味。总之，战争史不写人，就不能成为名副其实的战争史！

其七，战争的阶段性。在一次历时较长的战争中，自然会形成若干个阶段。写战争全过程，重在写各阶段的衔接与异同。通过对战役不同阶段的描写，以反映战局的不断变化，反映出战争的发展规律。

其八，战役的胜与败。每次战役结束后，胜败自不难分辨，即使难分胜负，也可以看出交战双方的各自得失，这是不言自明的。问题的关键是要求对胜败做出有深度的分析。何以胜，何以败，何以不分胜负，都应有理论上的阐述，给人以启迪。有的战役，很难以胜败论，遇此情况，只需如实反映战况，不必做出结论。

其九，正义与非正义战争。这是就战争的性质而言的。对于帝国主义列强侵华，尽人皆知，是非正义的侵略战争，自无疑义。但对于国内战争，如何界定，却是一个复杂问题。总之，不能一概而论，要区分不同情况，给出不同定位。我们的标准是：不站在清王朝的立场，不以维护清政权的利益为转移，而是要坚持维护中华民族的整体利益，维护国家的主权和领土完整；凡分裂祖国、分裂中华民族，闹割据、搞独立的集团和个人，都应予以否定。如新疆噶尔丹叛乱及其后的张格尔之乱，皆属分裂、分离势力背叛祖国的活动。又如明清鼎革之际，天下大乱，已分裂成几个军事政治集团，他们之间的火拼、搏斗，意在争夺天下。这里，既有民族的冲突，也有阶级的斗争，还有权力之争。对此我们要做具体分析，不可简单地厚此薄彼，表现出明显的倾向性。

以上所列九个方面的问题，可以勾勒出我们撰写清代战争史的"路线图"。当然，肯定地说，归纳得还不够全面，只是提出了一些基本的规则，以便统一本丛书作者们的思想，以求认识上的趋同。同时，我们也鼓励各位作者勇于创新，在基本趋同的规则下，努力发挥个人的才智，使每册战争史各具特色，精彩纷呈。

最后，还要说说史料和语言。目前已出版的清代战争史，一个明显不足就是史料单薄。受史料局限，一些战役、战斗写得不够形象生动，而是干瘪平庸。本丛书强调，各位作者一定要厚集史料，除《清实录》、《清史稿》、各种官书等基本史料外，更要注重参考历史档案，以及个人文集、地方志书、国外记载等。只有史料丰富，战争史的内容才能随之而丰富。

一部书的质量如何，文字表达也是一个重要方面。我们要求作者使用精练的现代汉语书面语言，力求准确、流畅、简洁、生动。我们的语言应该有中国的做派，有时代的生命力，只有如此，读者才会欢迎！

我们期望这套330万字的"清代战争全史"丛书能成为一部爱国主义教材，因为它讴歌了无数为国家的统一、为维护国家主权、为正义的事业而勇敢战斗的仁人志士。同时，也揭露、鞭挞了那些残暴、凶恶的外国侵略者以及分裂祖国、分裂民族的历史罪人，把他们永远钉在历史的耻辱柱上！

  这部战争史能否符合要求，能否实现我们的愿望，只有等待广大读者的鉴定和批评指正了。

2017 年 7 月 6 日
于北京神州数码大厦

内容简介

本书是记述清代东北各族军民为保卫东北边疆、防御和抗击沙俄及日本侵略而进行的战役与战斗。内容丰富，记录了从以当地少数民族为主自发的保卫家园之战，到以清朝驻防八旗军队和近代陆海军为主的反击和防御战。有村寨和城市的保卫战，也有收复失地的攻城战，还有对俄、日侵略者的阻击战、袭击战和游击战。有截击俄军的江上水战，也有抗击日军的甲午海战。此外还包括清朝政府修建驿站驿路、建城驻防、驻卡巡边等边疆防御体系，反对沙俄非法航行和武装渗透的抗争，爱国官员的外交及边界交涉，以及有俄占区华民的反抗斗争等。使人们了解清代的中国军民为保卫东北边疆而战的英雄事迹，继承和发扬其爱国精神。

目　　录

一、17 世纪的中国与东北边疆 ································ 1

　　1. 明清鼎革的中国东北边疆 ······························ 3
　　2. 世界进入资本主义时代 ······························· 23
　　3. 沙俄的崛起与东扩 ··································· 25

二、黑水军民首次抗击沙俄入侵 ······························ 29

　　1. 沙俄首次入侵黑龙江 ································· 32
　　2. 龙江各族奋起抗罗刹 ································· 35
　　3. 痛击哈巴罗夫的入侵 ································· 40
　　4. 围歼斯捷潘诺夫俄军 ································· 52

三、雅克萨自卫反击战 ······································ 61

　　1. 沙俄继续侵略黑龙江 ································· 63
　　2. 圣祖决策反击沙俄 ··································· 69
　　3. 备战与创建黑龙江将军衙门 ··························· 70
　　4. 第一次雅克萨战争 ··································· 72
　　5. 第二次雅克萨战争 ··································· 76
　　6. 中俄《尼布楚条约》的签订 ··························· 80

四、战后东北的防俄军事体系 ································ 87

　　1. 建筑城镇设官驻防 ··································· 90
　　2. 修建卡伦派兵驻守 ·································· 112
　　3. 定期巡察边界 ······································ 116

五、沙俄对东北边疆的军事渗透及不平等条约的签订 ……… 119

1. 沙俄的军事渗透 ……… 121
2. 东北边疆防御力量的削弱 ……… 139
3. 中俄《瑷珲条约》的签订 ……… 145
4. 中俄《北京条约》的签订 ……… 148

六、第二次鸦片战争前后东北人民武装抗俄 ……… 151

1. 黑龙江官兵的防俄抗俄 ……… 153
2. 黑龙江沿岸少数民族奋起抗俄 ……… 158
3. 吉林军民的抗俄战斗 ……… 163
4. 乌苏里江以东华民抗俄之战 ……… 173

七、甲午战争时期东北的抗日卫国之战 ……… 185

八、东清铁路与东北义和团抗俄 ……… 199

1. 沙俄的"黄俄罗斯"计划 ……… 201
2. 《中俄密约》的签订 ……… 205
3. 东清铁路的修建及沙俄对东北权益的侵犯 ……… 214
4. 吉林、黑龙江地方的防俄措施 ……… 224
5. 东北义和团抗俄斗争 ……… 228

九、沙俄入侵东北及东北军民的抗俄战争 ……… 237

1. 沙俄入侵东北的狂妄计划 ……… 239
2. "海兰泡惨案"及"江东六十四屯大屠杀" ……… 241
3. 俄军兵分五路不宣而战 ……… 247
4. 黑龙江官兵的抗俄之战 ……… 250
5. 黑龙江将军寿山壮烈殉国 ……… 260
6. 吉林军民的抗俄之战 ……… 266
7. 奉天军民的抗俄之战 ……… 274

十、日俄战争时期东北的抗俄之战 …………………………… 281
　　1. 日俄争夺东北的战争 ………………………………… 283
　　2.《朴茨茅斯条约》的签订 ……………………………… 286
　　3. 沙俄强占土地和掠夺资源 …………………………… 287
　　4. 东北军民的抗俄之战 ………………………………… 292
　　5. 清代保卫东北边疆之战的终结 ……………………… 308

参考文献 …………………………………………………………… 311
附录　本卷涉及的战役战斗名录 ………………………………… 317
后　记 ……………………………………………………………… 319

一、17世纪的中国与东北边疆

一、17 世纪的中国与东北边疆

17世纪，主要是指1600年至1699年的百年时期。在这个百年里，中国经历了明清两朝的更替，并且已发展成为世界上最强大的农业国，资本主义萌芽也出现并缓慢发展。与此同时，欧洲封建社会开始解体，取而代之的是资本主义制度，科学技术迅速发展，生产力大大解放。资本主义工场手工业也开始走向繁荣，向机器生产过渡。这也是殖民主义发展的一个世纪。西班牙、荷兰、英国、法国等欧洲列强在非洲、美洲、亚洲等地展开激烈的侵略、掠夺和竞争。贩卖奴隶成为非洲、欧洲和美洲之间的重要贸易活动。处于农奴制体制下的沙皇沙俄，也进入了疯狂的领土扩张时期。

1. 明清鼎革的中国东北边疆

明朝的衰落与灭亡

进入17世纪的中国，正处于明朝的后期。明朝经历了神宗（朱翊钧）（1572—1620）、光宗（朱常洛）（1620）、熹宗（朱由校）（1620—1627），至思宗（朱由检）（1627—1644）四朝，最终灭亡。万历初期，明神宗年幼，张居正辅政，担任内阁首辅。从万历元年（1572）开始，张居正进行较为全面的改革。张居正死后，明神宗废改革，出现了大倒退，明朝由治转乱。他派出宦官担任矿监税使，四处搜刮民财。神宗20年不出宫门、不理朝政、不见大臣。到万历四十五年（1617），明朝竟然出现了"部、寺大官十缺六、七，风宪重地空署几年，六科只剩下四个人，十三道只剩下五人"的局面。皇帝怠政，朝臣中党派林立，相互倾轧。神宗怠政于上，百官党争于下，明朝完全陷入急剧衰落之中。正如《明史》所言："明之亡，实亡于神宗。"①

天启年间，明朝政治更加腐败黑暗。熹宗重用宦官魏忠贤干预政治，拉拢齐楚浙党，号为阉党。天启四年（1624）后，阉党把握朝政，魏忠贤擅权跋扈，爪牙遍布全国，并大肆打击迫害东林党，朝政混乱导致内忧外患加剧。天启七年（1627）熹宗去世，信王朱由检继位，即明思宗，年号崇祯。思宗用人多疑、刚愎自用、举棋不定，导致局势愈加糜烂，内忧外患不断。外有后金（清）的日益强大和不断进攻，内政混乱、官员贪污昏庸，连年的自然灾害致使百姓生活贫苦，加之"三饷"加派等沉重的赋税，终于导致明末农民大起义的爆发，最后发展成雄踞陕西、河南的李自成与先后占领湖广与四川的张献忠两支农民军主力。明亡在旦夕。

后金政权的建立及对东北的经略

继元之后，至明代，女真族散落东北各地，形成建州女真、海西女真与东海女真三大部。明在这三大女真聚集地，官其酋长，因俗而治，即广建卫所，定期向明朝贡。所建卫所，称"羁縻卫所"，隶明统治之下。远在尧舜，迄至明，东北一直受中央王朝的管辖。

明朝中期以后，原生活于黑龙江流域的建州女真、海西女真相继完成了南迁。南迁后女真诸部的社会经济进入了较快发展的时期，经济实力和军事实力都在逐渐增强。建州女真主要分布于西起抚顺，东到珲春及沿海，南抵鸭绿江、图们江，北至今吉林（市）、敦化等地的广大地区。主要由完颜（王甲）部、苏克苏护部、浑河部、讷殷部、董鄂部、珠舍利部、哲陈部、鸭绿江部等部组成。南迁后的海西女真又称扈伦四部，分布范围比较广，主要在辉发河流域，西面与蒙古兀良哈三卫相接，东部接近日本海，北到松花江流域。主要有哈达、乌拉、叶赫、辉发四部。随着女真各部社会经济的转型和发展，东北地区女真族也进入了动荡与战乱之中，出现了"各部蜂起，皆称王争长，互相残杀，甚至骨肉相残，强凌弱，众暴寡"②的局面。万历初年，海西女真哈达部迅速强盛起来，其控制的区域曾经"东尽灰扒、兀喇等江，南尽清河、建州，北尽逞（逞加

---

① 《明史》卷二一《神宗本纪二》。
② 《清入关前史料选辑》第1辑，第301页。

奴)、仰(仰加奴),广袤几千里"①,但由于内部的争权夺势而又衰落下去。尽管当时女真各部酋长都想称王争霸,以自己为主体统一女真各部,但是由于明朝的统治和军事镇压,加之女真各部的相互残杀,这些努力都失败了。万历以后,随着明朝的衰落和女真族的崛起,建州女真的杰出首领爱新觉罗·努尔哈赤便异军突起,承担了统一女真各部的历史使命。

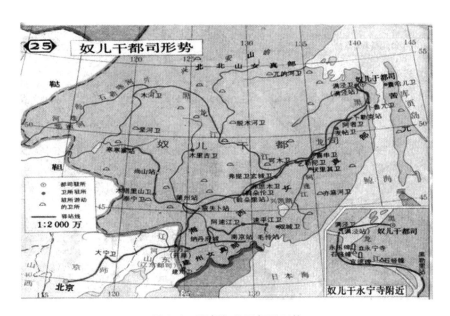

图 1.1　明朝奴儿干都司形势

(图片来源:《中国古代史地图册》第 25 页,中国地图出版社,1988)

在努尔哈赤基本统一女真各部,其社会经济不断发展的情况下,天命元年(1616)正月,后金政权正式建立。随着女真的崛起和后金政权的建立,努尔哈赤及皇太极父子便开始谋求东北地区的统一。

到明朝末年,东北地区东部的黑龙江下游及沿海地区分布着虎尔哈部、瓦尔喀部、窝集部、使犬部和使鹿部等,他们被称为东海女真或野人女真,主要以捕鱼和狩猎为主,社会经济比较原始落后。东海女真与建州女真和海西女真有共同的族源,同时在语言、习俗等方面也较为接近。东海女真能征善战,"勇不畏死,一人便能杀虎",因而成为建州女真和海西

---

① 〔清〕彭孙贻:《明史纪事本末补编》卷一。

女真争夺的主要对象。早在努尔哈赤统一海西女真的同时，就开始了对东部沿海地区的东海女真的征讨。对于这些地区的东海女真各部落，努尔哈赤采取招抚和征剿并用、以征剿为主的策略，多次派兵出征，将俘掠的东海女真编入八旗，在后金建立后基本上统一了这些地区。

努尔哈赤对东海女真的招抚，主要是对前来朝贡、归附的各部首领实行赏赐、封官、联姻等手段。万历二十七年（1599），"东海渥集部之虎尔哈路路长王格、张格率百人朝谒，贡黑、白、红三色狐皮，黑、白二色貂皮。自此渥集部之虎尔哈路，每岁朝谒"。努尔哈赤不仅对朝谒的女真部落大加赏赐，还"以大臣女六，配其六长"，与之建立了联姻关系。① 此后，对不断前来归附朝贡的东海女真各部，努尔哈赤都热情款待，厚加奖赏。如天命三年（1618）十月，东海虎尔哈部首领纳喀率民百户前来归附，努尔哈赤设宴并赏赐。"谕令擎家口愿留我国者为一行，未携家口而愿归者为一行，分别聚立。赐愿留者为首八人，各男妇二十口、马十匹、牛十头、棉裘蟒服并四时之衣，田庐器用诸物毕具，部众大悦。其愿归之人，感激乞留甚众，乃因还者寄语曰：'国之军士，欲攻伐以杀我等，俘掠我家产，而上以招徕安集为念，收我等为羽翼，恩出望外，我乡兄弟诸人，其即相率而来，无晚也。'"② 由此，向后金归附朝贡的东海女真各部日益增多，直到皇太极即位后的天聪年间仍然络绎不绝。如天聪二年（1628）正月，"东方格伊克里部落四头目，率四十人来朝"。③ 天聪七年（1633年）六月，"东海使犬部额驸僧格，偕其妻，率五十二人来朝，贡方物"。④ 与此同时，对于居住在朝鲜半岛北部的女真人，努尔哈赤也设法将其召回辽东地区。万历三十七年（1609），努尔哈赤给明朝"上疏曰：'邻朝鲜境而居瓦喀部众，皆吾所属也，可往谕，令彼察出予我。'于是，明遣使谕朝鲜国，归我千余户"⑤。努尔哈赤就是通过这些手段，将大批东北沿海等地区的女真各部招抚迁到辽东等地，编入八旗，使之成为早期的新满洲。

---

① 《清太祖高皇帝实录》卷三，己亥年正月壬午。
② 《清太祖高皇帝实录》卷六，天命三年十月丁卯。
③ 《清太宗文皇帝实录》卷二，天聪二年正月戊子。
④ 《清太宗文皇帝实录》卷一四，天聪七年六月甲申。
⑤ 《清太祖高皇帝实录》卷三，己亥年二月癸丑。

努尔哈赤对东北地区东海女真各部的统一，主要还是以军事手段为主。努尔哈赤起兵后，就派兵到东部沿海地区，以武力征讨的方式征服东海女真各部，掳掠他们的财富，强迫他们归附后金，迁居辽东地区。万历三十年（1602）正月，努尔哈赤派长子褚英及三弟舒尔哈齐等率兵6000远征东海瓦尔喀部所在的蜚悠城（位于今吉林省长春市西三家子乡），最终攻下此城并将归附的瓦尔喀部民迁徙到辽东地区的赫图阿拉（也称兴京，在今辽宁省新宾县境），编入八旗。

后金天命年间，努尔哈赤先后多次派兵对东北地区的瓦尔喀部、虎尔哈部、卦尔察部、窝集部等东海女真各部进行征讨和招抚，并将俘虏和招抚的部民迁到赫图阿拉等地，编入八旗。从《清实录》记载的相关数据来看，努尔哈赤时代被俘虏或招抚并迁往辽东地区的东海女真各部有5400余户，以当时每户5口人来计算，5400户应该为27000人。当时被迁到辽东地区的不以户计算的还有男女及幼丁约31830人。两者相加总计约为58830人，这里还不包括那些被迁往辽东而没有确切记载的人数。去掉史料夸大等因素，在努尔哈赤时代被征服并迁往辽东地区的东海女真至少有5万人。到了皇太极统治的天聪年间，被征服并迁到辽东地区的东海女真各部至少也应该有7600人。因此，后金时期约有6.6万名东海女真部民被迁到辽东地区。这些被征服或归附了后金政权而迁到辽东地区的东海女真虎尔哈部、瓦尔喀部、费雅喀部及库页部等不同部落的部民，大多编入了满洲八旗。据《八旗通志》记载，在后金建国初期所编的满洲八旗中，有7个牛录是由东海瓦尔喀部的部民编成，有11个牛录是由东海窝集部的绥芬、雅兰、尼马察、阿库里、那木都鲁等地的部民编成，有8个牛录是由东海虎尔哈部的宁古塔、忽儿海、穆棱、乌扎兰、巴雅拉等地的部民编成。这些新编入满洲八旗的东海女真部民在当时被称为"新满洲"，即满语所称的"伊切（Ice）满洲"。新满洲是相对于"老满洲"即"佛（Fe）满洲"而言的。清朝入关之前，将早期统一的建州女真及海西女真各部成员称为老（佛）满洲，而将后归附并加入满洲共同体的如东海女真等称为新满洲。

明朝末年，索伦诸部主要分布于贝加尔湖以东、精奇里江沿岸、额尔古纳河沿岸及外兴安岭以南的黑龙江中上游地区。索伦部部民吃苦耐劳、能骑善射，以游牧渔猎为生。

早在天命元年（1616）七月，努尔哈赤就曾派八旗军队2000人对黑龙江中游地区的东海女真萨哈连部实行征讨。后金军队"水陆并进，取河南北诸寨，凡三十有六""取萨哈连部内十一寨"。① 此后，随着黑龙江支流嫩江沿岸科尔沁蒙古等部的归附及后金政权的强大，后金政权与黑龙江中上游地区索伦等部族的联系不断增强。天命十一年（1626）十二月，黑龙江沿岸部族的一些首领开始到后金都城盛京（今辽宁省沈阳市）朝贡，献"名犬及黑狐、元狐、红狐皮、白狳猁皮、水獭皮、青鼠皮等物"②，归附后金政权。皇太极即位后，进行了一系列的改革，使后金政权不断强大，由此，越来越多的黑龙江中上游地方各部落首领前往盛京朝贡，归附后金政权。据《清太宗实录》记载，天聪五年（1631）六月，"黑龙江地方伊扎纳、萨克提、伽斯纳、俄力喀、康柱等五头目来朝"③；同年七月，"黑龙江地方虎尔哈部落托思科、羌图礼、恰克莫、插球四头目来朝，贡貂、狐、狳猁狲等皮"④。天聪七年（1633）十一月，"萨哈尔察部之头目费扬古、满代，率四十六人来朝，献貂皮千七百六十九张"。皇太极对前来朝贡归附的黑龙江地区部落首领热情款待，而且"赐布二千六百三十匹"，又"赐以鞍马、撒袋、蟒靴、帽靴、银器、缎布等物有差"。⑤ 天聪八年（1634）正月，"黑龙江地区羌图里、嘛尔干率六姓六十七人来朝，贡貂皮六百六十八张"⑥。同年五月，"黑龙江地方头目巴尔达齐，率四十四人来朝，贡貂皮一千八百一十八张"⑦。同年十月，"索伦部长京古齐、巴尔达齐、哈拜、孔恰泰、吴都汉、讷赫彻、特白哈尔塔等，率三十五人来朝，贡貂狐皮"⑧。同年十二月，"黑龙江地方杜莫纳、南地攸、贾尔机达、喀拜、郭尔敦，率从者六十九人来朝，贡貂皮"⑨。

据不完全统计，后金天聪年间，黑龙江中上游地区索伦部首领到盛京朝贡就有10多次，每次的朝贡物品主要以貂皮等珍贵毛皮为主，同时也

---

① 《清太祖高皇帝实录》卷五，天命元年八月丁巳。
② 《清太宗文皇帝实录》卷一，天命十一年十二月壬戌。
③ 《清太宗文皇帝实录》卷九，天聪五年六月癸亥。
④ 《清太宗文皇帝实录》卷九，天聪五年七月癸酉。
⑤ 《清太宗文皇帝实录》卷一六，天聪七年十一月壬辰、丙申。
⑥ 《清太宗文皇帝实录》卷一七，天聪八年正月庚寅。
⑦ 《清太宗文皇帝实录》卷一八，天聪八年五月丙戌。
⑧ 《清太宗文皇帝实录》卷一八，天聪八年十月壬辰。
⑨ 《清太宗文皇帝实录》卷二一，天聪八年十二月戊子。

有马匹等其他贡物。随着后金政权的不断强盛,前来朝贡臣服的黑龙江中上游地区索伦各部首领不断增多,这对后金政权的经济发展具有重大的推进作用。

在黑龙江中上游地区索伦各部首领中,较早归顺后金政权并与后金皇族建立联姻关系的只有萨哈尔察部的首领巴尔达齐。巴尔达齐姓精奇里氏,居住在精奇里江边的多科屯,是索伦部中最有影响的部落首领之一。为了巩固黑龙江索伦部与后金政权的臣属关系,皇太极将公主下嫁给巴尔达齐,于是巴尔达齐成为后金的"额驸"。据统计,从后金天聪八年到清崇德八年(1634—1643),巴尔达齐先后11次到盛京入朝纳贡,每一次朝贡,皇太极都盛情款待并给予极高的礼遇。如天聪九年(1635)巴尔达齐率部前来朝贡,皇太极得知后立即下谕:"昔巴尔达齐为我婿,照旧礼杀牛迎接,吃食亦照旧例供给。"① 与此同时,皇太极还特"命礼部承政满达尔汉迎于五里外,设宴宴之"②。由此可见皇太极对巴尔达齐的礼遇,而巴尔达齐对清朝政权也是忠心耿耿,朝贡不绝。

尽管不断有黑龙江中上游地区索伦各部首领前来朝贡,但皇太极还是决定采取以军事手段来加速对黑龙江上中游地区各族的统一进程。天聪八年(1634)二月,索伦部首领嘛尔干、羌图礼等率部前来朝贡,皇太极在召见时就曾告诫他们:"虎尔哈慢不朝贡,将发大兵往征,尔等勿混与往,恐致误杀,从征士卒,有相识者,可往视之,此次出师,不似从前兵少,必集大众以行也。"③ 同年十二月,皇太极"命管步兵梅勒章京霸奇兰、甲喇章京萨穆什喀,率章京四十一员、兵二千五百人,往征黑龙江地区"。这是皇太极第一次派八旗军远征黑龙江中上游地区,因此出征前,皇太极传谕将士,进行了周密的部署:"此地人民,语言与我国同,携之而来,皆可以为我用。攻略时,宜语之曰:'尔之先世,本皆我一国之人,载籍甚明,尔等向未之知,是以甘于自外。我皇上久欲遣人,详为开示,特时有未暇耳,今日之来,盖为尔等计也。'如此谕之,彼有不翻然来归者乎?尔等其勉体朕意。"他要求八旗军将士对"俘获之人,须用善言抚慰,饮

---

① 《天聪九年档》,第47页。
② 《清太宗文皇帝实录》卷二三,天聪九年四月壬寅。
③ 《清太宗文皇帝实录》卷十七,天聪八年二月己巳。

食甘苦,一体共之,则人无疑畏,归附必众"①。这次八旗军队对黑龙江中上游地区索伦部的军事远征主要以招抚为主,没有发生大规模的战斗便取得了巨大的战果。天聪九年四月,霸奇兰等奏报:"收复编户壮丁二千四百八十有三,人口七千三百有二,所有牲畜,马八百五十六、牛五百四十三、驴八。又俘获妇女幼稚一百十六人、马二十四、牛十七,及貂皮、狼皮、狐皮、猞猁狲皮,并水獭、骚鼠、青鼠、白兔等皮三千一百四十有奇,皮裘十五领。"② 皇太极将这批人丁分别编入八旗,使之成为后金政权八旗军队的新生力量。皇太极对黑龙江中上游地区索伦部的远征,进一步加速了黑龙江各族归附后金政权的进程。此后,黑龙江中上游地区索伦各部首领纷纷来朝,络绎不绝,其中影响较大的有萨哈尔察部首领巴尔达齐、索伦部首领博穆博果尔、喀木尼堪部首领叶雷等。皇太极时期,基本上完成了对黑龙江中上游地区索伦各部的统一。

总之,后金政权对东北地区女真等各民族的统一,初步确立了其对这一地区的统治。同时,将大批招抚和被俘获的东北东海女真各部人口迁往辽东,编入八旗,也极大地增强了后金政权的军事实力,为战胜明朝、进军关内做好了准备。对东北地区西部嫩江流域蒙古科尔沁部的招抚与结盟,使努尔哈赤及皇太极父子达到了化敌为友的目的,从而加强了后金政权的军事力量和经济实力。当然,也需要指出,后金政权对东北地区东部和北部东海女真进行的军事活动给当地女真部落带来了灾难,当地人口的大量死亡和被掳掠使本来就不发达的东北偏远地区更加荒凉和落后,这给以后的东北边疆地区民族经济发展和边防带来了不利的影响。

清王朝的建立及对东北地区的统一

努尔哈赤建立后金政权并攻取辽东后,由于实行民族压迫和屠杀政策,激起辽东汉民的反抗,使得内部矛盾不断激化,冲突日益严重,外部处境孤立,受到明、蒙古、朝鲜的包围,后金面临的形势十分严峻。皇太极继位后,加强中央集权,推进封建化的改革,打击、削弱分权势力,提高汗权。他废除了八和硕贝勒共理政务的旧制,确立了大汗的独尊地位。与此同时,为了缓和社会矛盾,皇太极取消了努尔哈赤时期对辽东汉民的

---

① 《清太宗文皇帝实录》卷二一,天聪八年十二月壬辰。
② 《清太宗文皇帝实录》卷二三,天聪九年四月癸巳。

屠杀政策，提出了"治国之要，莫先安民"的方针，使满汉分居，缓和了社会矛盾，农业也有了较大发展，粮食基本能够自给。同时，皇太极开始信任和重用汉族官员，依靠他们仿照明朝制度，建立后金的国家统治机构。将"文馆"扩充为内国史院、内秘书院、内弘文院，统称"内三院"。在内三院的基础上，设立吏、户、礼、兵、刑、工六部。其后又仿照明朝设立了都察院，并将办理蒙古事务衙门改为理藩院，形成了三院八衙门，建立和健全了后金政权的中央机构。皇太极通过这套政权机构，进一步加强了汗权。

皇太极在内部实行改革的同时，曾两次发兵征讨朝鲜，迫使朝鲜与明朝断绝朝贡关系，改向后金称臣纳贡，使其由明朝的藩属国变成后金的藩属国。对于蒙古各部，皇太极采取"慑之以兵，怀之以德"的策略：首先通过军事联盟等方式争取科尔沁、喀喇沁等部的归附，共同对付察哈尔部林丹汗。经过几次征战，林丹汗势力大衰，他本人出痘病（天花）死于青海大草滩，皇太极统一了漠南蒙古。在征服了朝鲜和漠南蒙古之后，后金扭转了三面受敌的被动局面，消除了后顾之忧，国力大增。天聪九年（1635）二月，皇太极任命多尔衮、岳托、萨哈璘、豪格为统兵元帅，率兵1万，征讨和招抚林丹汗之余部。多尔衮兵不血刃，不仅招降了林丹汗的妻子苏泰福晋及长子额哲等所率的察哈尔余部，还得到了元朝的传国玉玺。

天聪十年（明崇祯九年，1636）三月，外藩蒙古16部49贝勒，汉官都元帅孔有德等，并以请称尊号来朝。四月八日，大贝勒代善及内外诸贝勒文武群臣共上表，以满、汉、蒙文书之，凡三通：贝勒多尔衮捧满字表文，土谢图汗部济农巴达哩捧蒙字表文，都元帅孔有德捧汉字表文，率各官跪进。十四日，皇太极率诸贝勒大臣，祭告天地，乃受"宽温仁圣皇帝"尊号，建国号曰"大清"，改元为崇德，史称清太宗。

太宗称帝后，继续执行努尔哈赤的军事战略，以实现对整个东北地区的统一。黑龙江中上游及东部沿海地区，是努尔哈赤最早开始征讨的地区。后金时期，这一地区的东海女真各部基本上归顺后金，成为其臣属。崇德年间，太宗在派兵征讨黑龙江下游地区时，改变了后金时期将征服的各族部落迁往辽东的策略，将当地部落就地编户，使其渔猎贡貂。他在派兵统一东海女真地区前，对出征八旗官兵严明军纪，要求出征将士"如得胜时，勿贪得而轻杀，勿妄取以为俘。抗拒者，谕之使降；杀伤我兵者，诛之；其归附者，编为户口，令贡海豹皮。又须劝谕伊等，弃恶从善，共为良民"。① 使清朝征服东北边疆地区各族的进程变得更为顺利。经过太宗的进一步努力，在清军入关前，清政权基本上已经使索伦诸部、虎尔哈部、瓦尔喀部、窝集部、使犬部和使鹿部等部族臣服，完成了黑龙江流域及东部沿海地区的统一。

东北地区西部的蒙古诸部，在天聪年间就已归顺后金，并成为后金和清政权最忠诚可靠的支持者。对于清朝的重大军事行动，以科尔沁为首的西部蒙古都全力以赴地支持和参与。太宗对科尔沁蒙古也是厚爱有加，他称帝后，立即册封科尔沁贝勒莽古斯之女博尔济吉特·哲哲为中宫皇后（孝端文皇后），分别册封科尔沁贝勒莽古斯之子宰桑的两个女儿博尔济吉特·海兰珠和博尔济吉特·布木布泰为关雎宫宸妃和永福宫庄妃（孝庄文皇后）；同时又封科尔沁部首领土谢图汗奥巴长子巴达礼为和硕土谢图亲王，国舅吴克善为和硕卓礼克图亲王。此后，凡有征战，科尔沁蒙古无不从征，"崇德二年（1637）从征朝鲜，三年从征喀尔喀，四年从征索伦，八年从征明及黑龙江诸部"②，为清朝的扩张立下了汗马功劳，成为清王朝统一黑龙江流域地区得力的助手。

黑龙江西部地区的蒙古各部虽然归顺了清朝，并向其纳贡，但有些部落立场还不坚定，归而复叛的现象也时有出现。太宗对此采取坚决镇压的措施，以平定叛乱，维护统一。崇德元年（1636），在黑龙江上游地区势力较大的茂明安部内部出现分裂。"茂明安下吴巴海达尔汉巴图鲁、吴巴希都喇儿、洪珪噶尔珠、俄布甘卜库倡首逃往阿鲁部"，背叛清朝。这部分茂明安人"出逃时，由该部边界夺马四百三十六、妇女四十口以去"。③ 为了追击这部分叛逃之人，太宗命阿赖达尔汉率外藩蒙古茂明安部、扎鲁特部、巴林部、敖汉部、奈曼部、四子部、乌喇特部、翁牛特部等外藩蒙古兵尾随追击，平定叛乱。当时清朝共征调了外藩蒙古"甲兵四百一十五人，佩撒袋跟役一百一十六、无械跟役九十九"。④ 经过长途跋涉追击，平叛部队最终在阿鲁喀尔喀追上叛逃部落，"俘获二百三十户，人数四百

---

① 《清太宗文皇帝实录》卷四八，崇德四年八月甲午。
② 〔清〕魏源：《圣武记》卷三。
③ 《满文老档》，崇德元年三月，第1413页。
④ 《满文老档》，崇德元年三月，第1414页。

一、17世纪的中国与东北边疆

二十一，马一千七百九十一、驼一百二十。斩茂明安倡首叛逃贝勒四员，悉获其部众"①，平定了这次叛逃。此后，黑龙江西部蒙古再无叛逃事件发生，清朝政府完成和巩固了对黑龙江上游及嫩江流域蒙古诸部的统一。

随着嫩江流域科尔沁蒙古诸部的归顺，清朝通往黑龙江上游地区的通道已经打开，向黑龙江中上游地区扩张的任务摆在清朝统治者的面前。虽然早在后金时期，生活在黑龙江上游地区的索伦诸部就已经开始向后金政权进贡貂皮等特产并归顺，但是直到清朝建立之初，还有黑龙江沿岸的部落没有被征服，已经纳贡的黑龙江上游索伦各部叛逃、叛乱的事件还时有发生。这引起了清太宗的重视，他通过军事手段平定了这些叛乱，巩固了清王朝对黑龙江中上游地区的统治。崇德二年（1637年），太宗命令叶克书、星讷率兵600征讨卦尔察，"师至萨哈尔察，俘获男子六百四十名，家口一千七百二十名，马一百五十六匹，牛一百四头"，卦尔察部归顺。②

崇德元年（1636），黑龙江上游发生了喀木尼堪部首领叶雷率部叛逃事件。喀木尼堪是索伦三大部之一，这个部落是在阿赖达尔汉率外藩蒙古诸部追击茂明安部吴巴海达尔汉巴图鲁等部叛逃时招抚的。当阿赖达尔汉率外藩蒙古镇压茂明安逃人后，"复路遇而获者：喀木尼干之人，三十五家，人一百一十名、马三百有五"③。于是，这部分喀木尼堪人在首领叶雷的带领下归顺了清王朝。太宗对归顺的喀木尼堪部众非常重视，对他们进行安置和奖赏。"（六月）初四日，赐阿赖达尔汉招降来之喀木尼堪部人叶雷小牛犊蟒缎无扇肩朝衣一、缎袄裤、缝绿斜皮带衬袜皮靴，大缨细凉帽、系手帕并荷包平雕腰带、彩绘鞍辔一、带鞍笼红毡马鞴插有弓箭之平雕撒袋弓叉；赏其二妻，俱照其夫之数；赏其一女镶妆缎领袖佛头青布夹袍一、二等九人，各赐镶缎领袖缎夹袍一、翠蓝布衫裤一、带衬袜股子皮靴一双、系手帕并荷包亮甲叶腰带一、大缨凉帽；赏其妻八人各佛头青布捏摺女朝衣、缎皮肩、缎捏摺女朝褂、翠蓝布衫裤、大缨凉帽。三等八人，各赐镶妆缎领袖佛头青布夹袍一、翠蓝布衫裤、带衬袜股子皮靴一双、大缨凉帽一、系二条手帕之甲叶腰带。"④ 在给予喀木尼堪部首领叶

---

① 《满文老档》，崇德元年二月二十五日，第1397页。
② 《清太宗文皇帝实录》卷四一，崇德三年四月甲午。
③ 《满文老档》，崇德元年二月二十五日，第1397页。
④ 《满文老档》，崇德元年六月初四日，第1493-1494页。

雷及其部下丰厚的赏赐之后，太宗将其部众妥善"安置于多布库地方"①，此地位于嫩江上游。喀木尼堪部也称使鹿部，主要以饲养驯鹿为生，也许是族人不适应嫩江上游地区的环境和生活、思念黑龙江上游的故乡的缘故，又或是大批的驯鹿不适合在嫩江流域饲养，崇德元年（1636）十二月初二日，驻兴京城大臣呼西塔遣人向皇太极禀报，"言安置于多布库地方之喀木尼堪部叶雷、舍尔德库、巴古奈、土古奈等领妻子共八十二人，携马畜而逃"②。叶雷等人在向黑龙江上游故地逃亡途中，不仅盗取科尔沁蒙古部落的马匹，还杀害了许多科尔沁蒙古部民。据《清太宗实录》记载，叶雷等率所部逃人在逃向原籍途中，"盗科尔沁蒙古占巴喇马并其部下之马，共八百匹；又盗冰图王马并其部下之马，共四十五匹。冰图王下属员、伊尔都齐贝勒下属员、伊尔登下属员、哈谈巴图鲁下属员有四五家散处者及出外采捕者，约五十人皆被杀死，冰图王下十七人追及之，逃人还击，杀死三人，夺马十七匹而去"③。

喀木尼堪部的集体逃亡引起了太宗的高度重视，但当时太宗正率兵出征朝鲜，八旗主力和蒙古军队都已从盛京出发奔赴朝鲜。在这种情况下，太宗"谕令镶白旗席特库持信牌，偕驻防边城宁古塔乌（吴）巴海巴图鲁率宁古塔兵蹑追之，复遣正黄旗噶尔纠持信牌，率卦儿察兵缘乌拉地方蹑追，又遣蒙古衙门拨什库博罗持信牌往科尔沁部，令土谢图亲王、卓礼克图亲王蹑追，兼令防牲畜被夺"。④ 追击叶雷等及所部逃人的清军兵分两路，一路是由席特库、噶尔纠及吴巴海率领的八旗兵，另一路是科尔沁蒙古土谢图亲王、卓礼克图亲王的蒙古兵。"席特库、噶尔纠率二十二人蹑逃人踪迹，自多博科地方，行至乌喇驻防边城，梅勒章京吴巴海率四十五人来会。"⑤ 在《清太宗实录》中，太宗给吴巴海的敕书中则是吴巴海"率宁古塔兵一百"⑥。席特库亲率8名前锋护军和吴巴海在乌喇城会合后，在9名向导的带领下沿着叶雷叛军叛逃的踪迹向黑龙江上游追击。

---

① 《满文老档》，崇德元年十二月初二日，第1719页。
② 《满文老档》，崇德元年十二月初二日，第1719页。
③ 《清太宗文皇帝实录》卷三五，崇德二年闰四月癸未。
④ 《满文老档》，崇德元年十二月初二日，第1719页。
⑤ 《清太宗文皇帝实录》卷三五，崇德二年闰四月癸未。
⑥ 《清太宗文皇帝实录》卷三六，崇德二年六月辛丑。

一、17世纪的中国与东北边疆

"科尔沁部土谢图亲王、卓礼克图亲王兵六百人出边"①，从蒙古草原直接追击叶雷叛军。

由于黑龙江上游地区人烟稀少、地域广阔，加之叶雷叛军熟悉当地环境，行动迅速，清军的追击行动并不顺利。1个月的时间过去了，清军还是没有寻找到叶雷叛军的踪迹。"科尔沁国土谢图亲王兵二百五十人，塞古尔伦贝勒兵二百人追之不及而回。"②"俄尔多木率右翼五旗兵百名、托果代率左翼五旗兵百名，同往追捕。"③ 在科尔沁蒙古兵多因战马疲惫、追之不及而撤还时，蒙古将领俄尔多木和托果代挺身而出，毅然留下与八旗兵继续追击叛军。由于科尔沁蒙古与索伦部相邻，俄尔多木等也经常和索伦部来往，因而对索伦部诸部情况比较了解。俄尔多木同托果代先率蒙古右翼兵10名、左翼兵7名追击到黑龙江上游索伦本部领地时，已经人困马乏，俄尔多木便让托果代率其所部左翼兵7名就地休息等待并约好了会面的地点，他则率10名蒙古右翼兵来到索伦部博穆博果尔的城寨。当时博穆博果尔已经归顺清王朝，且知道喀木尼堪部的所在地。俄尔多木说服并率领博穆博果尔一起追击叛逃的叶雷。在博穆博果尔的指引下，俄尔多木等走了1个月，最终来到了喀木尼堪部领地。考虑博穆博果尔与叶雷到同是索伦部人，俄尔多木让博穆博果尔及其所部在离叶雷驻地一段路程的地方驻营休息，他亲率所部10人奔向叶雷驻地。叶雷从嫩江流域一路杀掠逃回黑龙江上游自己的原住地后，没有想到清军能如此快地找到自己的驻地，因而在驻地没有采取任何防御措施。俄尔多木发现叶雷驻地的马大多散放着，只有13匹没有卸鞍的马在一条长杆上拴着，于是他指挥部下悄悄地解开并骑上配鞍的战马，驱赶着散放的170多匹马疾驰而归。俄尔多木等人赶着马群与博穆博果尔会合，走了20多天才回到博穆博果尔的驻地。这时，托果代已经率其所部7名左翼兵返回约会地，会合吴巴海和席特库去了。俄尔多木辞别博穆博果尔，率10名蒙古右翼兵日夜兼程，走了17天追上了吴巴海等。由于俄尔多木已经探明叶雷所部的驻地，清军很快就追到了；当叶雷发现自己的马群被赶走后，知道清军即将到来，便率部逃跑了。清军循着叶雷的踪迹继续追击，但一直没有发现叶雷所

---

① 《清太宗文皇帝实录》卷三六，崇德二年六月辛丑。
② 《清太宗文皇帝实录》卷三五，崇德二年闰四月癸未。
③ 《清太宗文皇帝实录》卷三六，崇德二年六月辛丑。

部。途中有3只天鹅飞过，俄尔多木搭弓放箭，射中1只天鹅，但天鹅带箭继续飞行，清军在追逐天鹅时竟然发现了叶雷驻营的遗火，便星夜追击。最终在温多地方（今鄂嫩河支流）追上叶雷。清军劝降，为叶雷所部拒绝，清军攻入其驻地，"杀九十四人，获其家口八十七人、马五十六匹"①。混战中，叶雷带着妻儿遁入山中，在清军的围攻下，叶雷杀其妻儿，做困兽之斗。双方"纵矢交射，忽一白狐跃起，触叶雷弓而驰，狐戴弓甯去，因射死叶雷"。② 至此，清朝经过长达7个月的时间，动用了包括科尔沁蒙古、满洲八旗、宁古塔驻防八旗、索伦部博穆博果尔等在内的近1000兵力，最终平定了索伦喀木尼堪叶雷所部的叛乱。崇德二年（1637）六月，太宗对这场平叛的有功将领进行赐封和奖赏，吴巴海由三等梅勒章京升为三等昂邦章京，席特库由一等甲喇章京升为一等梅勒章京，噶尔纠由牛录章京升为三等甲喇章京，科尔沁蒙古俄尔多木被赐号卓里克图库鲁克达尔汗。索伦喀木尼堪叶雷所部叛逃事件的平定，进一步扩大了清朝在黑龙江地区的影响力。正如《鄂温克族简史》所说的那样，"由于清朝军队对于勒拿河中游地区的征服，从而使这一地区使鹿部陆续归服。各使鹿部头人便不断向清朝政府纳贡貂皮，以表臣服于清朝"③。

索伦本部的首领博穆博果尔在当地具有较高的威望。随着叶雷喀木尼堪部的衰弱和归顺清王朝，博穆博果尔统治的索伦部势力日益增强。看到自己力量变得强大以后，博穆博果尔便不愿再接受清王朝对自己的统治，对清朝表现出轻视和不驯服。崇德三年（1638）以后，博穆博果尔就不再到盛京朝贡，从而断绝了与清王朝的关系。太宗对博穆博果尔的变化非常警觉，"虑其势盛不可制"④，决定先发制人，派兵征讨博穆博果尔。

太宗对这次远征黑龙江非常重视，特派刑部承政索海、工部承政萨穆什喀与梅勒额真叶克书、兵部承政伊孙（也作伊逊）等诸将率军，于崇德四年（1639）十一月出发往征索伦部落。这次出征的主将，不仅有名将后裔，也有朝中重臣，如：索海，瓜尔佳氏，费英东第六子；萨穆什喀，佟佳氏，扈尔汉三弟，隶满洲正白旗，曾作为巴奇兰的副将远征黑龙江索伦

---

① 《清太宗文皇帝实录》卷三五，崇德二年闰四月癸未。
② 《清太宗文皇帝实录》卷三五，崇德二年闰四月癸未。
③ 《鄂温克族简史》，第23页，民族出版社，2009。
④ 民国《黑龙江志稿》卷五四。

部；兵部承政伊孙，瓜尔佳氏，费英东弟音达户齐第三子，镶黄旗，太宗时期的 16 大臣之一。临行前，太宗传谕索海等出征将领："尔等师行所经屯内，有已经归附纳贡之屯，此屯内又有博穆博果尔取米之屯，恐尔等不知，误行侵扰，特开列屯名、数目付尔。毋得违命，骚扰侵害。行军之际，宜遣人哨探于前，防护于后，加意慎重，勿喧哗，勿参差散乱，勿忘纪律。尔等此行，或十八牛录新满洲，或添补缺额牛录之新满洲，各固山额真、梅勒章京、甲喇章京、牛录章京，详加查阅，视其有兄弟及殷实者，令从征，尔等亦应亲加审验，左翼主将萨穆什喀，副将伊孙，右翼主将索海、副将叶克书，或两翼分行，则各听该翼将令，或同行，则总听两翼将令，凡事俱公同酌议行之。"① 根据太宗的作战部署，出征清军按八旗分左右两翼，左翼主将萨穆什喀、副将伊孙，右翼主将索海、副将叶克书。索海、萨穆什喀率领清军经过艰苦行军，于崇德五年（1640）年初到达黑龙江上游的忽麻里河（呼玛尔河）。索海指挥副将叶克书、阿哈尼堪、谭布、蓝拜、吴巴海等率右翼各旗进攻雅克萨、铎陈、阿撒津、多金等城（均位于今俄罗斯阿穆尔州）；索海亲率本旗主攻雅克萨城（今俄罗斯阿尔巴津诺）。雅克萨城是索伦本部最大的木城，是博穆博果尔的居住地。清军先进行招抚劝降，但遭到博穆博果尔等索伦首领的拒绝。清军开始攻城，博穆博果尔的索伦兵据城抵抗，双方展开激烈的攻守战。雅克萨城是以原木为城墙而围成的木城，高大而坚固，易守难攻；清军便采用火攻的战法，雅克萨城多处起火，城墙被焚毁。博穆博果尔虽然率部英勇抵抗，但在训练有素、久经沙场的八旗军火攻之下，雅克萨城被攻破。博穆博果尔率残部逃出雅克萨城。

　　左翼主将萨穆什喀指挥伊孙、穆成格率军进攻乌库尔（位于今黑龙江塔河县）等城。据守乌库尔城的是由达尔布尼、阿恰尔都户、白库都、汉必尔代等 4 位首领招聚的附近 7 屯的索伦人。清军招降遭到拒绝后，便从早晨开始攻城。城中的索伦人虽然武器不如清军先进，但仍坚强抵抗。由于乌库尔城也是木城，清军同样采取火攻的战法，直到傍晚才攻克此城。随后，萨穆什喀指挥清军又攻下了 2 个村屯。在进攻铎陈城（位于今俄罗斯库兹涅佐沃附近）时，清军遭到了激烈的抵抗，猛烈围攻 1 天也没能将

---

① 《清太宗文皇帝实录》卷四九，崇德四年十一月辛酉。

其攻下。第二天,萨穆什喀正要指挥清军继续攻城时,各路清军纷纷传报:博穆博果尔率索伦大兵前来决战。萨穆什喀担心左翼清军势单力孤,与博穆博果尔大军决战会损兵折将,便率领主力擅自撤还。原来,退据兀鲁苏屯的博穆博果尔,召集了索伦、俄尔吞、奇勒里、精奇里、兀赖布丁屯以东,兀术讷克、巴哈纳以西,黑龙江额尔图屯以东,阿里阐以西,两乌喇兵总共6000人,前来攻袭正蓝旗后队。在索伦兵的猛烈进攻下,清军被迫后撤。见索伦兵攻势很猛,索海决定采取设伏的办法击败索伦兵。他从每牛录挑出5名善战之兵,组成伏击队伍,亲自率领设伏。萨穆什喀则负责保护辎重殿后。当索伦兵进入清军的埋伏圈后,各章京率领本部人马奋起截杀。经过激战,索伦兵死伤惨重,有400人被清军生擒,博穆博果尔大败,率领残余部众溃逃。清军乘胜攻击博穆博果尔的军营,正白旗率先攻入,正红旗、镶黄旗的将士也相继驰入,营内的索伦兵人少势单,一部分人被俘,其余的或死或逃。索海又指挥阿哈尼堪、巴山、郎图、萨禄率两甲喇兵进攻挂喇尔屯,屯内人来到索海处报告,说屯内有索伦兵500名。索海指挥喀喀木、甘都等率兵进攻,索伦兵据挂喇尔屯拒战,"甘都及理事官喀喀木督兵破栅入,斩级二百,俘二百三十人以归"①。清军拆毁围屯的栅栏,冲入屯中。经过激战,清军打败索伦兵,斩杀200人,生擒130人。索海又派萨必图、卓布退、吴班、宜尔格得率兵90人,前去援助萨穆什喀。萨必图等率军行至半路,遭到铎陈、阿萨津二城索伦兵400人的阻截,牛录额真"卓布泰与牛录额真萨弼图率甲士九十人击败之,斩级五十。敌复与索伦部长博穆博果尔合兵以拒,卓布泰率先邀击,俘六十余人"②。经过激战,清兵击败阻抗之索伦兵。得到援兵后,萨穆什喀派伊孙率章京5员,兵130人,在铎陈地方设伏,伏击斩杀索伦70人。经过一系列的战斗,最终打败了以博穆博果尔为首的索伦叛军。"八旗共获男子二千二百五十四人,妇女幼稚共四千四百五十名口,貂、猞狸狲、狐、狼、水獭,青鼠等皮共三千一百有奇,貂、猞狸狲、狐、狼等裘共二十领。"③"后自额苏里屯以西、额尔土屯以东,又获九百人,共获男子三千一百五十四人,妇女二千七百一十三口,幼小一千八百九十口,共

---

① 《清史稿》卷二四一《甘都传》。
② 《清史稿》卷二三六《卓布泰传》。
③ 《清太宗文皇帝实录》卷五一,崇德五年三月己丑。

六千九百五十六名口，马四百二十四，牛七百有四。又先后获貂、猞狸狲、狐、狼、青鼠、水獭等皮共五千四百有奇，貂、猞狸狲、狐、狼皮等裘共二十领。"①

在博穆博果尔的叛乱中，黑龙江上游和精奇里江沿岸大多数索伦村屯参加了反对清王朝的斗争，只有额驸巴尔达齐和他所在的多科屯仍然忠于清朝，没有参与叛乱。"索伦部博木博果尔拒清命，江南、北索伦俱应之，巴尔达齐不为动，坚壁待王师。"② 三月十八日，额驸巴尔达齐率部会见了清军主帅索海。他告诉索海："其小兀喇（即精奇里江）各处皆往助博穆博果尔"，"惟我多科屯人，未曾附逆"。巴尔达齐不仅没有参加博穆博果尔的叛乱，还帮助清军，说服了原已参加叛乱的果博尔屯的温布特、博和里屯的额尔喷、噶尔塔孙屯的科奇纳、木丹屯的诺奇尼、都孙屯的奇鲁德、兀喇喀屯的博卓户、得都尔屯的科约布鲁等 7 屯之人脱离博穆博果尔。清军"大捷后，七屯之人，已归额驸巴尔达齐"。对于已经逃跑的索伦人，巴尔达齐向清军统帅表示自己将对其劝导，使"逃者亦必来归，无劳再举耳"③。因此，在清王朝统一和巩固黑龙江流域的历史进程中，巴尔达齐起到了很重要的作用。

这次出征，清军基本平定了博穆博果尔所部索伦人的叛乱。然而左翼主将萨穆什喀对"本旗所得三屯人民，不加抚揖，其弓矢不行收取。又不齐集三屯人民，并归一处。又不严饬兵将留守，每屯止留章京二员，兵五十人，其余兵将俱擅带还。违命不守汛地，竟征正蓝旗地方，以致三屯人叛"。"既知三屯欲叛，复调还章京三员及众兵，止留章京三员、兵六十人于后，护送疲敝人马，及三屯作叛时，章京二员，兵三十七人俱被杀。""迨攻作叛之都达陈屯，七旗皆即时运木，萨穆什喀本旗迟至次日方运。""博穆博果尔兵攻掠正蓝旗辎重，彼坐视不救，以致甲士二十二，厮卒二十四为敌所杀。"④ 右翼主将索海，"不严守本翼俘获人，又不坚立营寨，各旗人众亦不令各集一队，以致系禁人脱逃，本翼士卒被杀"⑤。正蓝旗

---

① 《清太宗文皇帝实录》卷五一，崇德五年四月乙巳。
② 民国《黑龙江志稿》卷五四。
③ 《清太宗文皇帝实录》卷五一，崇德五年三月己丑。
④ 《清太宗文皇帝实录》卷五二，崇德五年七月癸未。
⑤ 《清太宗文皇帝实录》卷五二，崇德五年七月癸未。

梅勒章京伊孙,"既见博穆博果尔兵攻掠本旗辎重,不急入援,坐待叶克书至,以致本旗甲士、厮卒共四十六人为敌所杀"。正蓝旗将领伊勒慎,擒获叛将噶凌阿,"防守不严,以致脱逃。噶凌阿余党及俘获二百二十人,又不严行系禁,及博穆博果尔来攻,遂失其地"。① 及至击败博穆博果尔的反叛联军时,"镶红旗依汛地追击余军,伊勒慎不于汛地邀截,坐视博穆博果尔及余众二百遁去"。镶蓝旗将领席林,"获噶凌阿之媳,收留帐内,不防守噶凌阿,以致脱逃,及杜拉尔·博穆博果尔来攻,不坚守营寨,为敌所夺,败走被杀"②。正是这一系列失误导致镶白旗章京雅布喀、穆佑、和托等将领及部分清军战死,叛乱首领博穆博果尔率领200余人逃脱。

博穆博果尔反叛失败后,带领一部分索伦民众逃往黑龙江上游的大山之中,随时有卷土重来的可能,因此,清王朝统一黑龙江流域的战争并没有结束。为了统一黑龙江上游的索伦部落,太宗决定再次派兵出征,消灭博穆博果尔余部。太宗事先设了一计,"令其北遁,以便擒获"。他"扬言我军(指清军)将于黑龙江地方牧马,必擒博穆博果尔"③。博穆博果尔听到这个消息后,果然中计,率部"北遁",以逃避清军的追捕。崇德五年(1640)七月,太宗命梅勒章京席特库、济席哈等率兵出征黑龙江索伦部。由于当时清军八旗主力忙于松锦大会战,所以这次远征以外藩蒙古军队为主力。太宗命令席特库、济席哈等率领40名八旗护军到外藩蒙古处选兵,并派遣内大臣巴图鲁詹、理藩院参政尼堪、副理事官纽黑传谕外藩蒙古:"所征之官属兵丁,俱会于内齐所居地方,悉令较射,选其壮勇者令席特库等将之以行,以从征官属兵丁之数,敖汉、奈曼、吴喇忒、吴本下巴海、内齐、桑噶尔下穆章及四子部落兵,共二百四十名。令益尔公固、图哈纳、绰隆为向导。其从役官属兵丁,驼马甲胄器械糗粮等物,俱命细加检阅,遣之。"④

席特库、济席哈率领八旗护军和精选的蒙古骑兵,从蒙古北边前往博穆博果尔逃跑的方向追击。由于席特库曾参与平定喀木尼堪部叶雷叛乱,

---

① 《清太宗文皇帝实录》卷五二,崇德五年七月癸未。
② 《清太宗文皇帝实录》卷五二,崇德五年七月癸未。
③ 《清太宗文皇帝实录》卷五三,崇德五年十二月庚申。
④ 《清太宗文皇帝实录》卷五二,崇德五年七月丙午。

一、17 世纪的中国与东北边疆

对黑龙江上游地区比较熟悉,因此进军较为顺利。经过 2 个月又 13 天的追击,席特库等率军来到甘地。驻扎在甘地的博穆博果尔猝不及防,经过一番抵抗,便带领妻儿及部分家属仓皇逃跑。清军俘获了来不及逃走的博穆博果尔的弟弟及其余家属。席特库、济席哈率部继续追击博穆博果尔,又过了 14 天,清军在齐洛台地方(今俄罗斯赤塔)追上并俘获博穆博果尔和妻子及其部众。崇德五年(1640)十二月,席特库、济席哈派人向太宗报捷,这次出征,"于甘地获男子一百七十四名,斩十一人,死者七人,逃一人。于齐洛台地方获博穆博果尔及男子八十人,斩二人,死者二人,共计见存二百三十一人,见在妇女幼稚七百二十七名口,二处共得马七百一十七匹,今止存六百五十匹,牛一百二十七头"。① 由此可见,清军战果颇丰,不仅擒获了叛乱首领博穆博果尔,还俘获了"共男妇幼稚九百五十六名口,马牛八百四十四"②。

崇德六年(1641)正月,席特库、济席哈率八旗护军及外藩蒙古兵,押解博穆博果尔及俘获的人口、牲畜等回到盛京,受到盛大欢迎。至此,博穆博果尔的反叛被彻底平定,其具有十分重要的战略意义:一方面,标志着清太宗完成了黑龙江上游索伦地区的统一;另一方面,归附的索伦人被直接迁往辽东、编入八旗,成为新满洲,他们或从军或生产,为清王朝的强大及满洲的形成和发展贡献了力量。

崇德八年(1643)三月,太宗派护军统领阿尔津、哈宁噶等率兵远征黑龙江上游的虎尔哈部。阿尔津、哈宁噶等进军十分顺利,没有遇到较大的抵抗,便于五月传回捷报,七月凯旋。清军到达黑龙江上游虎尔哈部地区后,"所向克捷,其波和里、诺尔噶尔、都里三处,俘获男子七百二十五名。小噶尔达苏、大噶尔达苏、绰库禅、能吉尔四处,投顺来归男子三百二十四名,妇人二十九口,又俘获妇女幼稚一百九十九口"③。这次出征黑龙江上游的虎尔哈部,清军采取招抚为主的方式,对拒不归顺的虎尔哈村屯则采取军事手段,因此战果丰厚,满载而归。出征清军"携来男子妇女幼稚共二千五百六十八名口,马牛驴共四百五十有奇。外又俘获妇女幼稚共二百四十九口,牛八头、猎犬十六,貂皮、貂尾、貂蹄共千有六

---

① 《清太宗文皇帝实录》卷五三,崇德五年十二月己未。
② 《清太宗文皇帝实录》卷五三,崇德五年十二月庚申。
③ 《清太宗文皇帝实录》卷六四,崇德八年五月丁巳。

百。貂尾护领二，貂、狐、猞猁狲、青鼠等袭共十三，狐、水獭、狼、青鼠等皮共六百五十有奇"①。由此，清太宗征服了黑龙江上游虎尔哈部。

经过太祖努尔哈赤、太宗皇太极父子两代的招抚和军事征剿，清王朝完成了对贝加尔湖以东整个黑龙江流域广大地区的扩张，把明朝奴儿干都司所辖的黑龙江地区全部纳入版图。正如崇德七年（1642）清太宗在给明思宗的国书中所宣布的那样："予缵承皇考太祖皇帝之业，嗣位以来，蒙天眷佑，自东北海滨，迄西北海滨，其间使犬、使鹿之邦，及产黑狐、黑貂之地，不事耕种、渔猎为生之俗，厄鲁特部落；以至斡难源，远迩诸国，在在臣服。蒙古大元及朝鲜国，悉入版图。"② 其中，东北海滨指的是鄂霍次克海，西北海滨指的是贝加尔湖。这说明太宗已经完成了西起贝加尔湖，东到鄂霍次克海，从蒙古到朝鲜半岛的广大领地的统一，生活在这一地区的游牧、渔猎及农耕各族居民都成为清王朝的臣民。清王朝对黑龙江地区的扩张，将互不相属的黑龙江地区各民族部落集合在清政权的统治之下，形成了以满洲为核心的统一的政体，增强了当地居民对清王朝的认同感，不仅使黑龙江地区成为有清一代东北边疆的重要组成部分，也为以后黑龙江地区的经济开发和边疆保卫奠定了基础。

清朝入关与统一中国

明崇祯十七年（1644）三月，李自成占领北京后，便派人招抚明山海关总兵吴三桂。农民军在北京抄了吴三桂的家，又夺了吴三桂的爱妾陈圆圆，使吴三桂降而复叛。李自成不得不率兵直逼山海关，讨伐吴三桂；吴三桂寡不敌众，向关外的清军求援。于是清朝摄政王多尔衮领兵入山海关，吴三桂降清。山海关之战，李自成大败而归，匆忙称帝后便退出北京。多尔衮一面派吴三桂等追击李自成，一面亲率清兵进入北京，并宣布定都于此。清顺治元年（1644）十月，世祖在北京再次举行登基大典，标志着清王朝正式入主中原。

清王朝入主中原后，招降和重用明朝的旧贵族、旧官僚，沿用明朝的制度，巩固和加强其统治，并开始统一全国的战争。当时清朝面临的局势还很严峻，反清势力还非常强大：一方是李自成的大顺农民军政权和张献

---

① 《清太宗文皇帝实录》卷六四，崇德八年七月戊戌。
② 《清太宗文皇帝实录》卷六一，崇德七年六月辛丑。

忠的大西农民军政权；另一方是南明政权，主要有弘光、隆武、鲁王监国、绍武、永历等小朝廷。清朝统治者采取集中力量剿杀农民军，对南明政权各个击破的方式，逐步完成对全国的统一。顺治二年（1645），清军南下进攻南明弘光政权，破扬州，直抵南京。五月十五日南明大臣献城投降，清军占领南京，南明弘光政权灭亡。同年九月，在清军追击下，李自成率大顺军退往湖北，在九宫山遇害，大顺政权解体。大顺军余部由刘宗敏、李过率领南下继续联明抗清。顺治三年（1646），在清军追击下，大西农民军首领张献忠在川北凤凰山中箭身亡，大西政权解体，部将孙可望、李定国率余部等继续联明抗清。同年，清军南下先后灭掉了南明隆武和绍武政权。康熙元年（1662），在大西军余部的支持下继续坚持抗清斗争的南明永历帝被俘遇害，南明最后一个政权灭亡。康熙三年（1664），清军消灭大顺农民军的残余势力。至此，清王朝基本上统一了中国大陆地区。台湾自古以来就是中国的神圣领土，明朝末年，荷兰殖民者占领台湾，并实施殖民统治。顺治十八年（1661），南明延平王郑成功率军打败占据台湾的荷兰殖民者，收复了台湾，并以此为基地继续进行抗清斗争。郑成功死后，台湾郑氏集团内部矛盾激化，实力削弱。清圣祖在平定三藩之乱后，集中力量解决台湾郑氏集团。康熙二十二年（1683），清军攻克台湾。至此，清王朝完成了中国的统一。

2. 世界进入资本主义时代

从16世纪开始，随着欧洲资本主义的发展，西方殖民者相继东来，抢占殖民地，进行掠夺性的贸易。明朝后期，正是欧洲一些国家资本原始积累时期，它们为了积累财富，实施殖民政策，把魔爪伸向亚洲、非洲各地，疯狂地进行抢劫掠夺。最早入侵亚洲的是西班牙、葡萄牙，接踵而来的是荷兰和英国。

在资本原始积累时期，殖民者大都采取赤裸裸的暴力手段，如武装占领、海外移民、海盗式的掠夺、欺诈性的贸易、血腥的奴隶买卖等；在自由资本主义时期，则主要是把不发达国家、民族和地区变成自己的商品市场、原料产地、投资场所，以及廉价劳动力和雇佣兵的来源地。

西班牙是欧洲老牌的殖民国家。1492年（弘治五年），哥伦布发现美洲大陆后，西班牙展开了对美洲的征服和殖民运动，在极短的时间内消灭了印第安人所建立的各个帝国，建立起极其广大的殖民地。西班牙人从1502年（弘治十五年）起开始把非洲黑人运入美洲，进行罪恶的黑奴贸易，获得巨大的利益。1588年（万历十六年），西班牙的"无敌舰队"被海盗出身的德雷克率领的英国海军击溃，从而丧失了海上强国的地位。1648年（顺治五年），西班牙对法国作战失利，在陆地上的军事优势也宣告结束，逐渐走向衰落。

葡萄牙也是很早就推行殖民扩张政策。1498年（弘治十一年），达·伽马经过非洲好望角抵达印度。1510年（正德五年），葡萄牙在印度果阿建立了第一处亚洲殖民地，垄断了经好望角前往东方的航路。1553年（嘉靖三十二年），葡萄牙人通过贿赂明朝地方官的方式取得了在中国澳门的居住权。但随着其他欧洲国家相继取得海上霸权，葡萄牙实力有所下降。1580年（万历八年）葡萄牙本土曾被西班牙侵占，直到1640年（崇祯十三年）才摆脱西班牙统治。葡萄牙的殖民地同时被荷兰人和英国人攻击。

1581年（万历九年），西班牙所属尼德兰各城市爆发起义，废除西班牙国王的统治权，正式宣布独立，成立尼德兰联省共和国（也称荷兰共和国）。1602年（万历三十年），荷兰联合东印度公司成立，逐渐垄断了与中国、印度、日本、锡兰和香料群岛的贸易。1648年（顺治五年），西班牙国王腓力三世签订《明斯特条约》，承认尼德兰联省共和国的独立。从西班牙获得独立之后，荷兰的航海和贸易得到迅速发展。他们拥有的商船数目超过欧洲所有国家商船数目总和，当时全世界共有2万艘船，荷兰就有1.5万艘，因此被誉为"海上马车夫"，成为17世纪海上贸易强国。这段时期，荷兰在世界各地建立殖民地和贸易据点，成为继西班牙之后世界上最大的殖民国家。1656年（顺治十三年），荷兰使团到达北京。17世纪后期，随着英法两国的崛起，荷兰先后与英国、法国交战；最终荷兰在英荷海上战争中败于英国，不得不将海上霸主的地位拱手让给了英国，在法荷陆地战争中败于法国，从而走向衰落。

新航路开辟后引发欧洲的商业革命，商业中心由地中海沿岸转到大西洋沿岸，英国处于有利的地理位置，贸易发达促使英国工场手工业发展迅速，英国借此机会大力开拓海外殖民地，进行了大量的资本原始积累。随着英国资本主义的发展，资产阶级形成，并于1640年（崇祯十三年）爆发资产阶级革命，由此迅速成为欧洲殖民强国。英国最初想经过俄罗斯打通东方贸易路线，并于1533年（嘉靖十二年）成立了莫斯科公司，后来发现沙俄与东方没有直接商业往来，便转而寻找西北航线，试图经北美洲北部前往东方。1588年（万历十六年），英国击败西班牙无敌舰队后，开始了对北美洲的殖民，建立了哈得孙湾公司和新英格兰殖民地。1600年（万历二十八年），英国商人建立了英国东印度公司，随后开始了在印度的扩张。

从16世纪起，法国资本主义生产关系出现萌芽和发展，开始从封建社会向资本主义社会过渡。新航路的开辟使法国对外贸易的重点从地中海转到大西洋。从17世纪起，法国向北美、中美、非洲、印度扩张殖民地。法国在北美洲建立了新法兰西殖民地，并在加勒比海占据了数个具有战略意义并盛产蔗糖的岛屿。

总之，进入17世纪后，欧洲国家间的实力对比发生了重大变化，国际竞争更加激烈。神圣罗马帝国早已在三十年战争的打击下分崩离析，逐渐落后于西欧的步伐；老牌殖民国家西班牙、葡萄牙已经衰落；新兴的荷兰异军突起，成为17世纪海上贸易强国；随着新航路的开辟和殖民贸易的发展，英国和法国也迅速发展起来，成为欧洲的殖民强国，与其他欧洲国家拉开了差距。这个世纪也是欧洲殖民时代，殖民者从殖民地掠夺了大量的财富，运往欧洲化作资本，使欧洲迅速发展和富裕起来，进入资本主义时代；同时也给殖民地人民带来了灾难和祸害，造成了亚洲、非洲和美洲地区的落后与贫困。

3. 沙俄的崛起与东扩

莫斯科城始建于12世纪中叶，最初只是弗拉基米尔公国的一个城市。在13世纪末，莫斯科从弗拉基米尔公国中独立出来，成为莫斯科公国。

莫斯科公国建国之初，地不过数百平方公里，但刚一建国，就侵略扩张成性，第一代王公丹尼尔初登君位，就夺占了梁赞公国的一些地方，拉开了莫斯科公国长达数个世纪扩张的序幕。莫斯科王公通过向金帐汗国乌兹别克汗献上大量财宝，得到金帐汗的支持，成为在罗斯地区一人之下万人之上的弗拉基米尔大公，有权力代表金帐汗向罗斯诸公国征收贡赋及讨伐不服从金帐汗统治的王公。在金帐汗的支持下，莫斯科大公国的疆土进一步扩大，人口也不断增加，逐步成为罗斯诸公国中最强大的国家。

14世纪以后，金帐汗国因内乱不断而日益衰落，莫斯科大公国则日益强大。莫斯科大公国历任大公，都实行对外扩张政策，不断吞并其他的公国。到瓦西里二世时期，莫斯科大公国国土面积达到43万平方公里，成为东欧强国。15世纪后期，内讧不断的金帐汗国已经分裂为克里米亚汗国、喀山汗国、阿斯特拉罕汗国和西伯利亚汗国等四个小汗国。1485年（成化二十一年），大公伊凡三世使莫斯科摆脱了金帐汗国长达2个多世纪的统治，统一了整个东北罗斯，并宣称自己为统治全俄罗斯的君主；到1533年（嘉靖十二年）伊凡三世之子瓦西里三世去世时，莫斯科大公国领土面积已达280万平方千米，成为当时欧洲最大的国家，但其疆界还没有越过乌拉尔山。

1547年（嘉靖二十六年），瓦西里三世的儿子伊凡四世，就是后来有名的"伊凡雷帝"正式加冕亲政，为了体现自己的权威，他自称"沙皇"①。"沙皇"一词来源于古罗马皇帝"凯撒"的头衔。从此，莫斯科大公国正式改称沙皇俄国。1613年（万历四十一年），俄罗斯缙绅会议一致推举贵族米哈伊尔·费多罗维奇·罗曼诺夫为沙皇，从此开始了罗曼诺夫王朝对俄罗斯300多年的统治。

从伊凡雷帝开始，沙俄发动一系列疯狂的对外扩张战争，"征服别的民族，吞并左右邻邦的领土"②。伊凡雷帝首先将进攻的目标对准了喀山汗国。喀山汗国（1438—1552）原为金帐汗国的一部分，金帐汗国解体后，1438年（正统三年）由鞑靼贵族兀鲁·穆罕默德在伏尔加河中建立，首都设在喀山城。1545—1549年（嘉靖二十四年至二十八年），伊凡雷帝

---

① 《沙俄侵华史》第2页，上海人民出版社，1986。
② ［德］恩格斯：《工人阶级同波兰有什么关系》，见《马克思恩格斯全集》第十六卷第181页，人民出版社，1968。

一、17世纪的中国与东北边疆

连续3次对喀山汗国用兵，均未获重大进展。1551年（嘉靖三十年），俄军修筑斯维亚日斯克要塞，集结重兵，准备决战。第二年，伊凡雷帝亲率15万大军，携大炮150门，最终攻占喀山汗国都城喀山，吞并了喀山汗国。1554年（嘉靖三十三年），伊凡雷帝派3万军开始进攻原为金帐汗国属国的阿斯特拉罕汗国，于1556年（嘉靖三十五年）春将其吞并。这样，沙俄就打开了通向西伯利亚、中亚和黑海三个方向的通道，对后来沙俄的崛起和东扩产生了重要的影响。

吞并喀山汗国和阿斯特拉罕汗国之后，沙俄便将侵略扩张的目标转向西伯利亚汗国。西伯利亚汗国（1460—1598），又称失必儿汗国，是15世纪末从金帐汗国分离出来的、位于亚洲北部的一个游牧性质的封建国家，其首都最初在成吉-图拉（今俄罗斯秋明附近），16世纪初移驻卡什雷克城（又称伊斯凯尔城或西伯利亚城，位于今俄罗斯托博尔斯克附近）。"西伯利亚"来源于"鲜卑利亚"，这里曾经是鲜卑人生活过的地方；西伯利亚地区，一般是指西起乌拉尔山，东到太平洋沿岸，北至北冰洋，南与中国蒙古相接的广大地区。西伯利亚汗国占有托博尔河、额尔齐斯河与鄂毕河之间的广大地区，地处欧亚陆路贸易的必经之路，地理位置非常重要。1556年（嘉靖三十五年），沙皇伊凡雷帝召见了家族领地与西伯利亚汗国西部毗连的斯特罗甘诺夫，令其在西伯利亚汗国边境构筑堡垒，招募军队，添置武器，准备进攻并伺机侵占西伯利亚汗国。1574年（万历二年），沙皇再次下令，准许斯特罗甘诺夫家族在乌拉尔山东侧鄂毕河及其支流图拉河、托博尔河和额尔齐斯河等地建城募兵，将沙俄势力直接扩张到西伯利亚汗国境内。1579（万历七年），斯特罗甘诺夫招募并组建了一支以曾被沙皇处以重刑的冒险者叶尔马克·季莫费耶维奇为首领的哥萨克队伍。1581年（万历九年），叶尔马克率领840人前去征讨西伯利亚汗国。他的部队由自己原来的540名老部下和斯特罗甘诺夫家族的300名"家丁"组成，虽然人数不多，但大多有着丰富的作战经验，组织严密，由百人长、五十人长、十人长分级统领，纪律严明，违令者都会被处以"水刑"；部队在斯特罗甘诺夫的资助下物资充足，武器精良，既有火绳枪，还装备着当时最先进的速射炮。

叶尔马克率领的沙俄哥萨克军队经过楚索瓦亚河，翻越乌拉尔山，跨越谢列布良卡河、塔吉尔河、图拉河、托博尔河，一路上烧杀抢掠，最后渡过额尔齐斯河。沙俄军队的侵略暴行，激起了西伯利亚汗国人民的极大愤怒，他们在汗国首领库楚姆汗的率领下，奋力抵抗沙俄侵略者。但西伯利亚汗国的军队武器落后，只有梭镖和弓箭，难以抵抗拥有火枪火炮并训练有素的沙俄哥萨克军队。俄军相继攻占了西伯利亚汗国的旧都成吉-图拉城和新都卡什雷克城。尽管如此，库楚姆汗逃往南方，组织力量继续进行抗俄斗争。直到1598年（万历二十六年），沙俄才最终征服了西伯利亚汗国。从此，沙俄的侵略势力越过了乌拉尔山，叶尔马克的所谓远征揭开了沙俄向西伯利亚大规模侵略的序幕。

沙俄征服了西伯利亚汗国以后，派遣重兵，兴建城堡，建立军事据点，并以此为大本营进一步入侵中部和东部西伯利亚地区。沙俄相继吞灭了彼雷姆酋长国和叶潘恰酋长国，建立了彼雷姆城和图林斯克城，占领了鄂毕河中下游地区。1593年（万历二十一年），沙俄占领了乌拉尔山脉北部和鄂毕河下游地区，建立了别廖佐夫城。1601（万历二十九年），沙俄在塔扎河下流建立了曼加结亚城，基本上占领了鄂毕河下游地区。与此同时，沙俄又加紧了向鄂毕河上游的推进，并占领了叶尼塞河一带。1604年（万历三十二年），沙俄于托木河口建立了托木斯克城。1607年（万历三十五年），沙俄建立了图鲁汉斯克。在鄂毕河上游地区，俄军又同当地臣属于清王朝的蒙古和吉尔吉斯等民族发生了激烈的战争。1623年（天启三年），俄国人在北亚推进到了勒拿河流域。1632年（崇祯五年），沙俄哥萨克百人长别克托夫在勒拿河中游建立了雅库茨克城，并加以扩充规模，其后他又修建了日甘斯克城。沙皇在雅库茨克城设立督军府，标志着沙俄政府开始接手在北亚的扩张活动。"从这时起，雅库茨克就成为俄罗斯部队前往阿穆尔河一带和鄂霍次克海的主要根据地。"① 俄国人于1639年（崇祯十二年）推进到鄂霍次克海沿岸。17世纪中叶，俄国人扩张到贝加尔湖一带，遭到当地的布里亚特蒙古人的反抗。1648年（顺治五年），俄国人在贝加尔湖畔建立了巴尔古津城。1652年（顺治九年），俄国人又建立了伊尔库茨克城，并以此为基地，向东、向南，开始侵略中国的领土。

---

① ［苏］普·季·雅科夫列娃：《1689年第一个俄中条约》（中译本）第12-13页，商务印书馆，1973。

二、黑水军民首次抗击沙俄入侵

二、黑水军民首次抗击沙俄入侵

17世纪中叶,正当中国明王朝灭亡、清王朝入主中原之际,沙俄殖民者侵入了中国东北的黑龙江流域。沙俄殖民者对中国黑龙江流域的入侵,从带着枪炮的"探险队"到全副武装的军役人员,从几十人的小队到成百上千人的大部队,从一条途径到多条线路,从修建临时的过冬营地到建筑永久的军事城堡,侵略的规模愈来愈大。根据俄国人斯洛夫措夫的统计数据,仅在1649—1658年(顺治六年至顺治十五年)的不到10年中,沙俄就先后派遣了1500名哥萨克侵入中国的黑龙江地区。① 沙俄殖民者在侵入中国黑龙江流域后,到处烧杀抢掠,不仅蹂躏了黑龙江上、中、下游沿岸的广大地区,而且还将侵略的魔爪伸入东北内地的嫩江流域和松花江流域。沙俄在中国东北地区的野蛮入侵,不仅给世代生活在黑龙江流域等地的达斡尔、鄂温克、鄂伦春、赫哲及费雅喀等各族人民带来了巨大的灾难,也严重侵犯了中国的领土主权。沙俄的入侵遭到东北地区各族人民的强烈反抗。面对拥有火枪大炮的沙俄哥萨克,黑龙江人民毫不畏惧,以落后的刀矛弓箭,给入侵者以沉重的打击。顺治年间黑龙江流域各民族反击沙俄侵略者的斗争,主要是以氏族村寨为单位、在各部酋长或头人率领下进行的。最初是自发的抵抗,后来逐渐发展为各部的联合作战。他们采用灵活多样的作战方式抗击沙俄侵略者,或据守城寨、抗击来犯之敌;或全体转移,通过坚壁清野以困厄"罗刹"。他们还设伏歼灭沙俄侵略者,通过偷袭或围攻的方式打击龟缩于寨堡的沙俄侵略者,并积极配合清军打击沙俄侵略者。清政府也积极调兵遣将,征剿沙俄侵略者。尽管黑龙江流域各族人民为保卫家园付出了巨大伤亡,但也使沙俄侵略者损兵折将,惶惶不可终日。

---

① [俄] А. П. 瓦西里耶夫:《外贝加尔的哥萨克(史纲)》第一卷(中译本)第147页,商务印书馆,1977。

1. 沙俄首次入侵黑龙江

黑龙江流域自古以来就是中国的领土。明朝在永乐年间便设置了奴儿干都司，管辖包括黑龙江流域在内的东北北部地区。后金天命年间，努尔哈赤派兵统一了黑龙江下游及沿海女真各部。清崇德五年（1640）十二月，清军平定了博穆博果尔部的叛乱，在齐洛台地方（今俄罗斯赤塔）俘获博穆博果尔后，清王朝就已经完成了对贝加尔湖以东包括黑龙江流域在内的广大地区的统一。而此时沙俄的"探险队"还在勒拿河一带"打探新土地"①，寻找他们从西伯利亚当地人那里听说的有银矿的黑龙江。崇德七年（1642），清太宗就明确宣布："自东北海滨（鄂霍次克海），迄西北海滨（贝加尔湖），其间使犬、使鹿之邦，及产黑狐、黑貂之地，不事耕种、渔猎为生之俗，厄鲁特部落；以至斡难源，远迩诸国，在在臣服。蒙古大元及朝鲜国，悉入版图。"②也就是说，西起贝加尔湖，东到鄂霍次克海，包括朝鲜半岛在内的东北广大地区全部归入清王朝的版图。生活在这一地区的渔猎、游牧、农耕等各族、各部落的人民都是清朝的臣民，而这时的俄国人仍然"没有找到黑龙江，也没有得到更新的情报"③。

崇德元年（1636），在西伯利亚四处"探险"的沙俄殖民者，才第一次从鄂温克头人那里探听到了有关中国黑龙江的消息。④从崇德三年（1638）开始，沙俄在西伯利亚的官员就不断派出由沙俄军役人员组成的所谓"探险队"，向东深入东西伯利亚地区进行殖民侵略活动，寻找传说

---

① ［俄］А. П. 瓦西里耶夫：《外贝加尔的哥萨克（史纲）》第一卷（中译本）第 55 页。

② 《清太宗文皇帝实录》卷六一，崇德七年六月辛丑。

③ 刘民声、孟宪章：《十七世纪沙俄侵略黑龙江流域编年史》第 10 页，中华书局，1989。

④ 刘民声、孟宪章：《十七世纪沙俄侵略黑龙江流域编年史》第 1 页。

二、黑水军民首次抗击沙俄入侵

中的黑龙江。这些"探险队"从当地鄂温克等部落收集了一些有关黑龙江方面的详细情报。尽管沙俄殖民者还没有找到黑龙江的确切位置,但他们已经侵入了清王朝的势力范围。

1643年(崇德八年)6月,沙俄雅库茨克督军彼得·戈洛文命令文书官瓦西里·波雅尔科夫(В. Д. Поярков,1597—1667)带兵前往黑龙江流域侦察。临行之前,戈洛文在给波雅尔科夫的训令中指出:"奉全罗斯君主、沙皇、大公米哈伊尔·费多罗维奇谕旨,侍臣、督军彼得·戈洛文命令文书官瓦西里·波雅尔科夫从雅库次克堡出发,前往结雅河(即精奇里江)和石勒喀河(指黑龙江),为君主征收实物税、寻找新的未纳税的人和银、铜、铅矿以及粮食。""前往那些河流,为君主之事效命,探明铜矿和铅矿,在那里建立堡寨,并想尽一切办法予以巩固。"① 波雅尔科夫出发的时候,他的军队中包括12名老兵、100名新兵、15名游民中的志愿者、2名税吏、2名翻译和1名铁匠。这些人中有五十人长尤里·彼特罗夫和帕特列凯伊·米宁,还有过去在布坦斯克寨抓到的人质托姆科尼充作向导;队伍装备精良,除了每人配备有1支火枪,还同时携带发射半磅重炮弹的铁炮1门,炮弹100发,火药和铅弹各有8普特16俄磅。②

波雅尔科夫率领这批沙俄殖民者,从雅库茨克堡出发,沿勒拿河下驶,经阿尔丹河上行,再沿乌楚尔河、戈诺姆河上行,1643年9月到达扎莫罗兹时,江河开始封冻。波雅尔科夫下令在离努亚姆河还有6天路程的地方修建过冬营地。两周之后,波雅尔科夫留下40名军役人员和2名税吏,由五十人长米宁带领,负责看管船只、物资和粮食,在第二年春汛之前赶往精奇里江流域找他;自己则带领其余90名军役人员赶往黑龙江。波雅尔科夫一伙人经努亚姆河,于10月越过外兴安岭,进入中国黑龙江流域。③ 这样,从10月开始,沙俄殖民者侵入了黑龙江流域,对生活在这一地区的各族人民进行了疯狂的烧杀抢掠。

---

① 《关于文书官瓦西里·波雅尔科夫从雅库茨克出发航行到鄂霍次克海的文献》(俄历1649年6月12日以后),《历史文献补编:17世纪中俄关系文件选译》第6—7页。

② 普特与俄磅为俄制重量单位,1普特=40俄磅≈16.38千克,1俄磅≈409.512克。

③ 《关于文书官瓦西里·波雅尔科夫从雅库茨克出发航行到鄂霍次克海的文献》(俄历1649年6月12日以后),《历史文献补编:17世纪中俄关系文件选译》第8页。

当时，清王朝已经非常强大，虽然在辽东等地与明王朝战火不断，但处于清王朝统治下的黑龙江流域却充满了祥和的气氛，这里居住着索伦（清代对东北的达斡尔、鄂温克、鄂伦春等族的统称，后逐渐成为鄂温克族的专称）、赫哲、费雅喀等民族。纯朴善良的黑龙江流域各民族在黑龙江及其支流沿江而居，以渔猎、畜牧和农业经济为生，并定期向清王朝纳贡，与辽东及蒙古地区保持着密切的经济往来。他们以氏族即哈拉、莫昆为单位，形成一个一个相邻的村落，较大的村落建有自己的城堡。在精奇里江沿岸地区，分布着很多达斡尔族的村落，这些村落大小不一，有的有100多人，有的有二三百人。这些达斡尔人主要从事游牧和渔猎，也有的从事农业。在托摩河口沿岸，居住着以种地为生的达斡尔人和通古斯人。已经成为清王朝额驸的当地达斡尔人首领巴尔达齐的驻地，是一座有100多户居民的城堡。进入黑龙江主河道之后，沿江又有许多归巴尔达齐所属的部落，这些部落居民主要都是从事农业耕作的达斡尔人。在黑龙江沿岸和精奇里江沿岸地区，"生长着六种作物：大麦、燕麦、糜子、荞麦、豌豆和大麻。在巴尔达齐那里还生长着蔬菜：黄瓜、罂粟、大豆、蒜、苹果、梨、核桃和榛子"，"饲养的牲畜有：马、牛、羊、许多猪，此外还有鸡"。在黑龙江下游沿岸，有"许多定居的久切尔人（"女真人"的一种音译，即赫哲人），这些人分氏族居住，从事农业生产"。① 当时的黑龙江沿岸地区，是一个美丽富饶的好地方。这里虽然气候寒冷，但人烟稠密、经济繁荣，各民族生活怡然自得。正如沙俄人记载的那样："这些土地人烟稠密，有粮有貂，各种兽类极多，盛产粮食，河里鱼类成群。"②

崇德八年（1643）十一月，波雅尔科夫等沙俄殖民者经过布连塔河进入精奇里江，然后沿江下行，经过吉鲁河口（今俄罗斯境内的吉柳伊河）和乌尔河口，到达乌姆列坎河口。这里是达斡尔头人多普狄乌尔的辖地。这是波雅尔科夫第一次看到达斡尔人，他们在这里修筑了过冬营地。

为了搜集情报和掠夺财物，刚刚侵入黑龙江上游地区的波雅尔科夫采取诱骗的方式，先后把当地达斡尔头人多普狄乌尔及别勃拉、奇楞族头人

---

① 《关于文书官瓦西里·波雅尔科夫从雅库茨克出发航行到鄂霍次克海的文献》（俄历1649年6月12日以后），《历史文献补编：17世纪中俄关系文件选译》第13页。
② 《关于文书官瓦西里·波雅尔科夫从雅库茨克出发航行到鄂霍次克海的文献》（俄历1649年6月12日以后），《历史文献补编：17世纪中俄关系文件选译》第15页。

托普库尼、朱舍里族头人奇涅加等人抓起来作为人质,进行逼问,以了解黑龙江地区的情况。经过刑讯逼问,波雅尔科夫从达斡尔等族头人口中得知:精奇里江和黑龙江流域"不产银,也不织造绸缎和布匹,也没有铜矿、铅矿以及染布的蓝染料"。这一地区居民所用的银器、绸缎、布匹、铜器和锡器"是从汗(即皇太极)那里运来的"。"他们以貂皮向汗纳贡,并以貂皮在汗那里购买银器、绸缎、布匹、铜器和锡器。"在从精奇里江到黑龙江途中的西林穆迪河口处,有一个小城寨叫莫尔迪基季奇,城寨里面和周围地区住着500多名居民。在西林穆河上游地区,也住着许多使鹿的毕拉尔人,他们按照氏族分村屯居住。在距离乌姆河列坎河口4天路的黑龙江沿岸,有一个叫杜瓦寨的村子,那里住着伊尔杰加头人,他所拥有的部众有100人之多。从杜瓦寨沿江前往上游,又有一个叫拉夫凯的村寨,这里住着拉夫凯头人,他那里有300多人。再往上去,住着3位蒙古王公,他们所在的村有的有300多人,有的有100多人。拉夫凯头人的部落盛产粮食,他常把粮食运到蒙古部落,卖给他们,换取牲畜。①

了解了当地上述情况之后,以波雅尔科夫为首的沙俄侵略者便开始在黑龙江流域烧杀抢掠,燃起了侵略的战火。

2. 龙江各族奋起抗罗刹

沙俄的侵略行径遭到达斡尔等族的强烈反抗。他们避开俄国人,拒绝给他们粮食,这使沙俄侵略者陷入饥饿。为了摆脱困境,崇德八年(1643)十一月末,波雅尔科夫派五十人长彼特罗夫率70人侵入到西林穆迪河口的达斡尔人城寨莫尔迪基季奇抢夺粮食和财物。临行前,波雅尔科夫向彼特罗夫面授机宜,要他"用怀柔手段将酋长诱出堡寨","将其扣

---

① 《关于文书官瓦西里·波雅尔科夫从雅库茨克出发航行到鄂霍次克海的文献》(俄历1649年6月12日以后),《历史文献补编:17世纪中俄关系文件选译》第9—10页。

留，作为人质。然后退向森林，构筑鹿砦或搭圆木帐篷，严加防御"，以后再"视当地情况行事"。①

莫尔迪基季奇城寨是一座达斡尔人居住的村寨，有3位头人，即多西、科尔帕和达瓦利亚，其中达瓦利亚是已经被扣留作为人质的多普狄乌尔的儿子。当彼特罗夫率众行至莫尔迪基季奇城寨附近时，淳朴善良的多西、科尔帕、达瓦里亚便出城来迎接他们，向他们鞠躬施礼问候。彼特罗夫乘机绑架了多西和科尔帕，把两人留作人质，而将达瓦利亚放回，让达瓦利亚回寨给他们筹备粮物，安排住处，然后才能放回他们的首领。达瓦利亚被逼无奈，只好回到达斡尔村寨，筹集并交出40桦皮筐燕麦、10头牲畜，还让出了村寨外的3座帐篷。在得到粮食和牲畜之后，彼特罗夫带领哥萨克们住进了帐篷。他们不仅没有释放两位达斡尔头人，反而要求进入城寨，遭到达斡尔人拒绝。由于达斡尔人已经有所准备，加之天色已晚，彼特罗夫等才没有入寨。

第二天，彼特罗夫集合了队伍，摆开阵势，打着旗帜直逼城下，早有准备的达斡尔人已经关上城门，严阵以待。彼特罗夫要求放他们进城去，遭到达斡尔人拒绝。彼特罗夫便带着哥萨克们围着城寨转了一周，观察城寨的坚固程度，寻找可以强攻占领的突破口。莫尔迪基季奇是一座用圆木围筑起来的城寨，城墙很坚固，彼特罗夫见强攻是攻不进去的，便回到他们的帐篷里，对着被他们抓获的人质达斡尔头人多西和科尔帕说："如果你们命令你们的部民允许我们进城，并向伟大的沙皇缴纳实物税，我就会放你们回城寨。"多西义正词严地告诉彼特罗夫："收起你的谎言吧，我们只向博格达汗（即清太宗皇太极）纳贡，即使你杀了我们，也休想进入我们的城寨！"科尔帕也警告彼特罗夫："城寨里住着我们的很多很多的人，迄今为止不知道你们这些俄国人来干什么，如果想进城，就必然要发生争战，如若与我们的人交战，你们一定会损失惨重！"彼特罗夫拔出战刀，恶狠狠地对两位酋长说："好吧，那就让你们亲眼看看我们勇敢的哥萨克

---

① 《关于文书官瓦西里·波雅尔科夫从雅库茨克出发航行到鄂霍次克海的文献》（俄历1649年6月12日以后），《历史文献补编：17世纪中俄关系文件选译》第11页。

二、黑水军民首次抗击沙俄入侵

是如何攻破你们的城寨，杀光你们的部民的。"①

彼特罗夫不听达斡尔酋长的警告，强行押解着多西和科尔帕，率领全副武装的哥萨克向莫尔迪基季奇城寨发动武装进攻。为了保卫家园，拯救酋长，达斡尔人奋起抗击沙俄侵略者。尽管当时达斡尔人还没有火枪等火器，只有弓箭、大刀、长矛等冷兵器，但当全副武装的沙俄哥萨克端着火枪向城门冲击的时候，早已集合起来的达斡尔人，以城门和城墙为依托，向俄军射箭和投掷石块。一部分达斡尔人从城寨门里冲出来袭击俄军，另一部分达斡尔人从地道里钻出城外，从俄军背后发起攻击，还有一些在野外劳作的达斡尔人，也骑着马飞奔回来参战，与俄军展开厮杀。在战斗过程中，2 名被抓的达斡尔族头人也与看押他们的俄军展开激战，科尔帕打伤了两名看守，自己却因伤重牺牲；多西打死了看管他的 1 名俄军士兵，逃回了城寨。沙俄入侵者尽管武器装备先进，但在达斡尔族人民的英勇抗击下，渐渐支撑不住，包括指挥官彼特罗夫在内有 50 名沙俄入侵者受伤，其中 10 人受重伤。达斡尔人越战越勇，沙俄入侵者无路可逃，只能躲进了寨子附近的木屋之中负隅顽抗。达斡尔人包围了俄军据守的木屋并发起冲击，但由于俄军火力猛烈，木屋没能被攻破。达斡尔人便将这些俄军围困在木屋里面，一直围困了 3 天，俄军始终不敢出来。直到第 4 天夜里，狼狈不堪的俄军才乘达斡尔人疏于警备，从木屋里逃出，退往乌姆列堪河口波雅尔科夫处。②

莫尔迪基季奇城寨之战，是黑龙江地区少数民族反抗沙俄侵略的第一次战斗。勇敢的达斡尔人给沙俄侵略者以沉重打击。前来抢粮的 70 名侵略者，不仅没有抢到粮食，反而损兵折将，大败而归。这次战斗的胜利，激发了达斡尔等族人民的反侵略斗志，大灭了沙俄侵略者的威风。

当彼特罗夫率领狼狈不堪的部队走了 10 余天返回波雅尔科夫的过冬营地时，波雅尔科夫和冬营地的俄军满怀希望地出门外迎接。他赶紧询

---

① 《关于文书官瓦西里·波雅尔科夫从雅库茨克出发航行到鄂霍次克海的文献》（俄历 1649 年 6 月 12 日以后），《历史文献补编：17 世纪中俄关系文件选译》第 11 - 12 页。

② 《关于文书官瓦西里·波雅尔科夫从雅库茨克出发航行到鄂霍次克海的文献》（俄历 1649 年 6 月 12 日以后），《历史文献补编：17 世纪中俄关系文件选译》第11 - 12 页。

问:"你们是否带回掳获物?"彼特罗夫垂头丧气地回答:"莫尔迪基季奇城寨的达斡尔人太厉害了,不要说带回掳获物,连我们自己的东西也失掉了。"波雅尔科夫对此十分不满,但也无可奈何,只好把他们放进寨门。在当地达斡尔等族人民的激烈反抗和不断袭击下,波雅尔科夫一伙侵略者处境艰难,他们既得不到后援的粮食供应,又不敢再外出到达斡尔人村寨抢粮。不久,被抓来当人质的达斡尔族头人多普狄乌尔挣脱枷锁,避开看守者的监视逃走了。在这种情况下,波雅尔科夫把所剩无几的粮食分给部众,每人只分得20俄磅左右。冬季还未过去,沙俄入侵者无法找到粮食,开始有伤兵因饥饿而死亡。一些士兵缠着波雅尔科夫要食物吃,无奈而暴躁的波雅尔科夫一边毒打这些士兵,一边咒骂他们:"你们这些不值钱的东西,一个十人长只值五戈比铜币,一个普通兵只值一戈比铜币,快点给我滚开!"他恶狠狠地对着那些哥萨克说:"谁不想在城堡里坐待饿死,可以到草地去找被打死的异族人,随意去吃。"一些沙俄哥萨克饥饿难熬,就跑到城外的草地上,从被他们打死的达斡尔人尸体和他们死去的同伴尸体上割下人肉,大口吃起来。在这个冬季,"哥萨克人吃掉了五十个异族人"①。沙俄侵略者以被其打死的达斡尔人的尸体为食,于是这些侵略者被黑龙江沿岸各族人称为"吃人生番"。只要提起沙俄哥萨克,当地人便立即将他们与"酷刑、拐骗、死亡和吃人肉的图景"联系在一起。② 春天冰雪融化时,大地露出了草根,他们许多人靠吃草根和松树皮活命,但由于没有粮食,"从寨子附近回来的40名军役人员便相继饿死"③。

顺治元年(1644)春季开河以后,留在努亚姆河冬营地的五十人长米宁率部乘船来到乌姆列坎河口,运来了粮食和物资,已经饿得奄奄一息的沙俄入侵者,这时才从饥饿中得救。波雅尔科夫侵略军得到增援后,便决定沿精奇里江侵入黑龙江。不过,这伙侵略者马上又遭到沿江达斡尔等族的强烈反抗。侵略者所到之处,沿江的达斡尔等族人民便一齐出动进行阻

---

① [俄] А. П. 瓦西里耶夫:《外贝加尔的哥萨克(史纲)》第一卷(中译本)第90页。

② [美] 弗·阿·哥尔德:《沙俄在太平洋上的扩张:1641—1850》(中译本)第21-22页,商务印书馆,1981。

③ 《关于文书官瓦西里·波雅尔科夫从雅库茨克出发航行到鄂霍次克海的文献》(俄历1649年6月12日以后),《历史文献补编:17世纪中俄关系文件选译》第12页。

二、黑水军民首次抗击沙俄入侵

击,不准敌人上岸,怒斥他们是"可恶的吃人恶魔"①。正因为如此,波雅尔科夫一伙沿途提心吊胆,边侦察边前进,沿黑龙江向下游航行,不敢轻易上岸活动。

当波雅尔科夫率沙俄侵略者侵入黑龙江下游地区进行骚扰时,也遭到当地赫哲、费雅喀等族人民的抗击。为了弄清通向大海的通路,波雅尔科夫派十人长伊列伊卡·叶尔莫林带领 25 名侵略者前去松花江口进行打探。叶尔莫林等人乘船航行了 3 昼夜,什么也没有打探到,只好掉头返航。当他们到达距离波雅尔科夫的住处还有半日路程的地方,打算停下来过夜时,遭到了当地久切尔族人民的袭击。"许多久切尔人集合起来,偷袭伊列伊卡及其同伙,将其全部打死,只有两名(军役人员潘克拉季·米特罗法诺夫和猎人卢奇卡·伊凡诺夫)死里逃生"。②

在黑龙江口一带,波雅尔科夫一伙沙俄侵略者又遭到费雅喀人的抗击。面对到处绑架、抢劫、行凶勒索的沙俄侵略者,费雅喀人联合起来,断绝侵略者的粮食来源,并采取各种方式打击敌人。有一次,外出打猎的费雅喀人发现了沙俄侵略者,他们便悄悄回去,将各村的居民秘密召集在一起,埋伏在一丛丛河柳旁。当沙俄侵略者路过时,他们便突然杀出,一举将其消灭。此外,"他们能巧妙地把圆木拴住,一动机关,圆木就飞滚下去,专打腿脚,敌人各个倒地,然后用木棒将他们打死"③。

就这样,在黑龙江下游地区,波雅尔科夫一伙侵略者遭到赫哲、费雅喀人的沉重打击,处境极为艰难。他们既不敢在此停留,也不敢沿原路返回,只得于顺治二年(1645)夏带着抢劫来的财物及人质由海路逃回本国境内。顺治初年,经过黑龙江沿岸各族人民的反侵略斗争,以波雅尔科夫为首的沙俄侵略者损失惨重,有近 80 名侵略者在这次侵略活动中被中国各族人民打死。

---

① [苏]谢·弗·巴赫鲁申:《哥萨克在黑龙江上》(中译本)第 8 页,商务印书馆,1975。
② 《关于文书官瓦西里·波雅尔科夫从雅库茨克出发航行到鄂霍次克海的文献》(俄历 1649 年 6 月 12 日以后),《历史文献补编:17 世纪中俄关系文件选译》第 13 页。
③ Л. Я. Штернберг, Гиляки, Орочи, Гольды, Негидальцы, Айны. (《基立亚克人,鄂伦春人,果尔特人,涅吉达尔人,阿伊努人》) c. 292 – 295.

3. 痛击哈巴罗夫的入侵

波雅尔科夫回到雅库茨克后，受到了新任督军瓦西里·尼基季奇·普希金、基里尔·奥西波维奇·苏波涅夫和秘书官彼得·格里戈里耶维奇·斯坚申的接见。波雅尔科夫极力称赞黑龙江流域的富饶，大肆鼓吹占领这块土地对沙皇的好处。雅库茨克督军普希金和苏波涅夫听了波雅尔科夫的报告之后，极为欣赏，在2个多月的时间内，先后两次给沙皇上疏，报告波雅尔科夫的"新发现"，转述波雅尔科夫的入侵黑龙江的建议，请求沙皇批准他们派兵去中国黑龙江流域占领新土地。波雅尔科夫探险成功的消息在东西伯利亚传开后，引起了巨大的反响，掀起了沙俄人到中国黑龙江地区探险和淘金的热潮。1648年（顺治五年）年末，沙俄政府任命德米特里·安德烈耶维奇·弗兰茨别科夫（Д. А. Францбеков, ？—1659）为雅库茨克督军，接替前任督军普希金和苏波涅夫。次年春季，新任雅库茨克督军弗兰茨别科夫赴任途中到达伊利姆斯克时，接到了从沙俄内地来西伯利亚寻机发财的商人、土地经营者兼盐场经理叶罗菲·哈巴罗夫（Е. П. Хабаров, 约1603—约1671）递交的一份请求自费招募人员前往中国黑龙江流域侵占土地的呈文。

哈巴罗夫在呈文中说："前几年按陛下旨意，曾由侍臣、督军彼得·彼得洛维奇·戈洛文派文书官叶纳列伊·巴赫捷亚罗夫，率军役人员七十名外出公干，征讨拉夫凯、巴托加等人。据称：彼等不谙捷径，未沿奥廖克马河，而是沿维季姆河而行，故未能抵达该二王公处。为此，曾由官库支出官款、官饷、火药、铅弹、火枪。如陛下恩准微臣率自费志愿服役人员和猎人前往，微臣将对此一百五十人或所能招募到的更多的人员支付费用，发放日粮和一应物资，提供船舶和行船用具。设若托陛下洪福，果然使拉夫凯、巴托加二人前来归顺我皇崇高统治，或能使彼岭外其他非纳税

二、黑水军民首次抗击沙俄入侵

民归降，陛下定将在税收方面获得巨大收益。"①

弗兰茨别科夫是立窝尼亚（拉脱维亚和爱沙尼亚的旧称）的德意志人，1613年（万历四十一年）来到沙俄莫斯科供职。以往的督军多习惯于墨守成规、按固定公式办事，而弗兰茨别科夫则完全不同：他不仅野心勃勃、精力充沛，而且能够巧妙地把个人利益和国家利益结合起来。他看了哈巴罗夫提交的呈文后，立即意识到哈巴罗夫的建议不仅可能为沙俄开疆拓土，而且也会使他自己获得巨大利益，于是便欣然接受了哈巴罗夫的请求和建议，亲自部署、参与组织军队和准备入侵黑龙江之事。为了支持和帮助已经破产的哈巴罗夫，弗兰茨别科夫从国库经费中为他开出一项巨额贷款，并将公家的武器（大炮、火绳枪、铠甲、火药、铅弹）、呢料、锅釜和用来安置耕民定居的农具借给哈巴罗夫；不仅如此，弗兰茨别科夫甚至还把自己的资财交由哈巴罗夫使用，希图使自己的花费以后可以从哈巴罗夫入侵中国黑龙江地区的收获中得到巨大的补偿。此外，为了获得更大的利益，弗兰茨别科夫还贷款给参加这次远征的猎人和军役人员。他从商人手里一文不花地征收粮食等物资，又强制征用船舶等交通工具，用以供给哈巴罗夫侵略军使用。

在哈巴罗夫出发前，这位新任的雅库茨克督军给哈巴罗夫下达了一份书面训令。训令中说："特命他叶罗菲科（即哈巴罗夫）率志愿服役人员及猎手一百五十名或所能招募到的全部无俸志愿服役人员，沿奥廖克马河及土吉尔河取道土吉尔连水陆路前往石勒喀河"，"着即对他们（指达斡尔人）及他们的兀鲁思人和岭外其他非纳税民征收实物税，以利全罗斯沙皇、大公阿列克谢·米哈伊洛维奇陛下之伟业，以广税收，以促各新土地归顺"。"如果新土地的拉夫凯、巴托加及其族人和岭外其他非纳税民归顺我皇陛下……俯首听命，恭顺事主，率族人岁纳实物税，则拉夫凯、巴托加等人及其族人众可继续在旧地游牧，勿得惊扰，陛下将命皇家武装人员对他们加以保护。""如果新归顺的纳税民不服管律，拒纳官税，抗交人质，叶罗菲科可率军役人员及猎人，祈祷上帝保佑，对他们施行征讨。"

---

① Наказ Якутского воеводы Дмитрия Францбекова опытовщику Ерофею Хабарову о походе в Даурскую землю (6 марта 1649). (雅库茨克督军德米特里·弗兰茨别科夫给探险家叶罗菲·哈巴罗夫的关于远征达斡尔土地的训令) // *Акты Исторические*, Собр. и изд. Археографической Комиссией, т. 4. с. 68.

"待之以兵戈,降之以武力,捕捉其贵人充当人质,以利于今后为陛下征收实物税。""倘拉夫凯、巴托加及其族人不再交纳贡税,不愿归顺全罗斯沙皇、大公阿列克谢·米哈伊洛维奇的崇高统治永世为奴,则督军德米特里·安德烈耶维奇·弗兰茨别科夫和秘书官奥西普·斯捷潘诺夫可祈祷上帝保佑,集合大兵,讨伐拉夫凯、巴托加及其他非纳税民,将他们全部杀光、绞死,洗荡一空。俟彻底荡平后,将他们的妻小收为俘虏。"①

顺治六年(1649)秋,哈巴罗夫只招募了70名"志愿者",便组成了所谓的"远征队",迫不及待地启程前往黑龙江流域。以哈巴罗夫为首的沙俄殖民者,一路抢劫,经勒拿河、奥廖克马河,于冬季来到了土吉尔河口并在这里过冬。

图 2.1　哈巴罗夫俄军入侵黑龙江的船队

顺治七年(1650)初,哈巴罗夫率沙俄殖民者从土吉尔河口出发,乘

---

① Наказ Якутского воеводы Дмитрия Францбекова опытовщику Ерофею Хабарову о походе в Даурскую землю (6 марта 1649). (雅库茨克督军德米特里·弗兰茨别科夫给探险家叶罗菲·哈巴罗夫的关于远征达斡尔土地的训令) // Акты Исторические, Собр. и изд. Археографической Комиссией, т. 4. с. 68.

二、黑水军民首次抗击沙俄入侵

雪橇沿土吉尔河上行,越过外兴安岭,侵入中国黑龙江支流乌尔卡河一带。哈巴罗夫率领的沙俄入侵者大多数是经过正规训练的军役人员,有较高的军事素质和丰富的战斗经验;他们携带的火枪、大炮等武器也非常先进。沙俄这次派军对黑龙江流域的入侵,是有规模的、由贵族高官直接指挥的入侵行动,其"意图明显,是要留在那里,站稳脚跟"①。

当哈巴罗夫率领沙俄侵略军侵入黑龙江时,这里的情况已经发生了重大的变化。由于波雅尔科夫一伙沙俄侵略者的入侵和蹂躏,仅仅过了10年,原来美丽富饶、人口稠密的黑龙江沿岸地区便迅速成为人烟稀少、经济凋敝的荒凉地带。"繁荣的阿穆尔沿岸经过最近几年的(沙俄)袭扰之后,已被洗劫一空,居民四散,田园荒芜,无人耕种。"② 当初波雅尔科夫等沙俄侵略者入侵黑龙江时,他们可以四处捕捉人质、抢掠粮食和财物,攻击达斡尔等族的村寨。但10年后,"因为博格达皇帝(中国皇帝)不让阿穆河沿岸的异族人种田,而且令这些异族人迁往脑温江(即嫩江)他们那里去,许多达斡尔人已遵照他的谕旨迁往该地"③。由此可见,波雅尔科夫的侵扰使黑龙江上游沿岸分布的达斡尔城大多成为空城废堡,达斡尔人大多或南迁,或逃往他地。这使哈巴罗夫这伙侵略者已无粮可抢,无城可攻,无人可抓。

哈巴罗夫率部首先侵入了达斡尔头人拉夫凯的领地,早有准备的拉夫凯采取了坚壁清野的策略,将附近城寨的居民、财物及牲畜等全部转移,只留下一座空城寨。沙俄侵略军既抓不到人,也抢不到粮食和财物,一无所获。哈巴罗夫为了捕捉人质,离开城堡继续沿江下行,接着又发现了第二座城寨,这是拉夫凯头人女婿的住地,也是空无人迹。哈巴罗夫继续沿江下行,很快到了第三座城寨,同前两座城寨一样,也是空城,哈巴罗夫决定在这座空城中住下,并布置了岗哨。哈巴罗夫巡视了这座达斡尔城寨。达斡尔的城寨基本上都是木城,主要是先按城寨形制挖好深沟,并列

---

① [俄] А. П. 瓦西里耶夫:《外贝加尔的哥萨克(史纲)》第一卷(中译本)第91页。

② [苏] 谢·弗·巴赫鲁申:《哥萨克在黑龙江上》(中译本)第40页。

③ 《专差军役人员奥努弗里·斯捷潘诺夫就叶罗菲·哈巴罗夫赴莫斯科后他本人在阿穆尔河的活动事呈给雅库茨克督军米哈伊尔·洛迪任斯基的报告》(俄历1654年8月初),《历史文献补编:17世纪中俄关系文件选译》第92页。

埋入两排圆木，两排圆木中间以土填充夯实，形成城墙。城寨里有几十座原木筑成的房子，可住100多人，有坚固的城门和通往城外的暗道。一旦有外敌进攻，城内居民便可到城墙上防守，或从暗道出城绕到敌人背后袭击。哈巴罗夫和他的部下刚吃了点东西，准备休息，哨兵来报告说城外来了5个骑马的达斡尔人。哈巴罗夫听说后，既紧张又兴奋，他立即带人跑到城头，通过翻译询问城外的达斡尔人是干什么的。原来这5人其中1人就是当地达斡尔头人拉夫凯，同来的还有他的2个弟弟、1个女婿和1个仆人。拉夫凯就质问哈巴罗夫："你们是什么人？从哪里来的？为什么侵占我的领地？"哈巴罗夫为了抓住拉夫凯等充当人质，便装出伪善的样子说："我们是沙俄商人，是来这里找你们做生意的。我们还给你们带来了许多礼物呢。"拉夫凯立即揭露说："你骗谁？我们对你们这些哥萨克很清楚。你们来以前，我们这里曾经来过一个叫伊瓦什卡·叶尔菲莫夫·克瓦什宁的哥萨克，他对我们讲过你们，说你们来了五百人，而在你们之后，还要来许多人。你们想要把我们全都打死，想要抢走我们的财产，掳去我们的妻子儿女。"① 哈巴罗夫看到谎言被揭穿，立即露出凶相，威胁拉夫凯说："既然你已经知道我们来的目的，那就要召集你的部民来向沙皇交纳实物税，只有如此，你们才能受到保护，否则，我们就要把你们全都打死杀光。"拉夫凯毫不畏惧地说："大量貂皮都已向博格达王公进贡了，现已无贡可交。至于你们这些哥萨克是什么样的人，我们走着瞧吧。"说完便策马而去。

哈巴罗夫立即带人跟踪尾追，想赶上抓住拉夫凯并找到他的部众，以便捕捉人质、抢掠财物。哈巴罗夫率众走了1天，没有追上拉夫凯，遇到了第4座空城。哈巴罗夫没有停留，连夜追赶，在第2天中午前到达了第5座城。在这座城寨里找到1个年老的达斡尔族妇女，哈巴罗夫立即对她进行了严刑拷问，不仅残酷地拷打，而且还用了火刑，企图从这位老妇人口中，弄清拉夫凯头人及其部众的去向和他们为什么逃离村寨。老妇人明确告诉俄国人："因为拉夫凯头人和部落群众听说俄国兵来了要杀人抢劫，他们就在二十多天前，带领全体老小乘坐二千五百多匹马，跑到希尔基涅

---

① 《雅库茨克督军德米特里·弗兰茨别科夫就叶罗菲·哈巴罗夫远征阿穆尔河事所上的奏疏》（俄历1650年5月26日），《历史文献补编：17世纪中俄关系文件选译》第36页。

二、黑水军民首次抗击沙俄入侵

伊和基尔捷加头人那里去了。在这两个部落里,人们都已集合起来,做好了战斗准备。希尔基涅伊头人的住地离博格达的城堡骑马走两周就到。"又称"博格达王公向所有的达斡尔头人征收贡赋",他们那里物产丰富,"还有火器、大炮、火绳枪,等等","比博格达王公还要大的是汗"。①

听到这些情况,哈巴罗夫非常害怕。他认为自己兵力单薄,不仅无法征服人数众多的达斡尔人,而且还有全部被歼的危险。因此,他立即掉头回窜,退到第一座城寨,即拉夫凯的城堡。哈巴罗夫从拉夫凯城堡的地窖里找出许多粮食,留下50人交副手奥努弗里·斯捷潘诺夫带领,坚守城堡,自己则于五月匆匆赶回雅库茨克向督军汇报入侵黑龙江地区的情况,请求再次招募军队,增加援军,并鼓动沙俄政府派出大批正规军来征服中国黑龙江地区。

在哈巴罗夫回到雅库茨克召集援兵期间,留驻拉夫凯城的斯捷潘诺夫一伙俄军遭到了达斡尔人的围攻,被迫弃城突围而走。顺治七年(1650)八月,为了抢劫粮食,这伙俄军开始进攻另一位达斡尔头人阿尔巴西所在的雅克萨城,却遭到达斡尔人的猛烈回击,有4名俄国人被打死。在达斡尔人的打击下,俄军被迫退到雅克萨城郊外,建造1个小寨堡,固守待援。② 正当斯捷潘诺夫一伙俄军走投无路、即将被歼灭的时候,哈巴罗夫率援军赶来。这次哈巴罗夫带来了大炮和火绳枪,与斯捷潘诺夫俄军会合后,再次向雅克萨发动进攻。阿尔巴西率领达斡尔人坚守城寨,英勇抗敌,战斗从中午持续到黄昏,沙俄入侵者"二十人受了箭伤"③。由于俄军拥有先进的火枪和大炮,力量相差悬殊,阿尔巴西不得不率众放弃雅克萨城突围,许多达斡尔人为保卫自己的家园而英勇牺牲。

---

① 《雅库茨克督军德米特里·弗兰茨别科夫就叶罗菲·哈巴罗夫远征阿穆尔河事所上的奏疏》(俄历1650年5月26日),《历史文献补编:17世纪中俄关系文件选译》第37-38页。
② [苏]诺维科夫-达斡尔斯基:《沙俄人对阿穆尔的发现和边区开发的开端》,《阿穆尔州地志博物馆与方志学会论丛(选辑)》(中译本)第38页,黑龙江人民出版社,1978。
③ [俄]H.3.戈卢勃佐夫:《阿尔巴津古城史》,《阿穆尔州地志博物馆与方志学会论丛(选辑)》(中译本)第141页。

图2.2 侵略黑龙江的俄军

图2.3 俄军在建立营地

哈巴罗夫率领俄军攻下了雅克萨城之后，便以此为基地到处捕捉人质、勒索财物，对当地的达斡尔人等进行残酷的蹂躏和屠杀。与此同时，哈巴罗夫还将黑龙江沿岸地区的情报源源不断地送回雅库茨克，并得到了雅库茨克当局的兵员和武器等物资援助。在哈巴罗夫的多次请求下，沙皇政府计划派3000人的正规军队远征黑龙江，并为此做好了各项准备，只是由于沙俄在欧洲进行对波兰的战争而没能实施。在沙皇和雅库茨克督军的怂恿和大力支持下，哈巴罗夫侵略军对黑龙江沿岸的侵略活动更加猖狂。

顺治八年（1651）夏季到来之前，"哈巴罗夫从阿尔巴津（雅克萨）城四出袭击周围的土著，抓捕俘虏和人质，用大炮恐吓野蛮人，以肆无忌惮的残酷手段对待被战胜者……有一次，哈巴罗夫下令将全部男俘虏淹死，将他们的妻子、儿女以及貂皮皮袄按照哥萨克的风俗'劈分'；他强迫人质给他和他的朋友干活，其中许多人受不了他的虐待，纷纷逃跑，有些则被他砍死。希尔基涅依（达斡尔头人）的妻子不肯受其奸污，哈巴罗夫便在夜里将她掐死"①。凶残的沙俄侵略军使达斡尔人遭受了巨大的人员伤亡和财产损失。

顺治八年（1651）四月，哈巴罗夫率领沙俄侵略军从雅克萨城出发，沿黑龙江向下游航行，对沿岸地区的达斡尔城寨进行疯狂的攻击和抢掠。沙俄侵略军在侵占并烧毁了空无一人的达斡尔头人达萨乌尔的城寨后，于四月二十八日开始进入达斡尔头人桂古达尔的领地。桂古达尔城是黑龙江沿岸以达斡尔头人桂古达尔命名的规模较大的城寨。为了抵御沙俄哥萨克的入侵，头人桂古达尔联合了头人奥尔格姆扎和头人洛托迪的部落，修起

---

① ［苏］谢·弗·巴赫鲁申：《哥萨克在黑龙江上》（中译本）第20-21页。

二、黑水军民首次抗击沙俄入侵

了3座连在一起的城寨。当时这3座城寨共有1000多达斡尔人，但大多都是老人、妇女和小孩，能打仗的成年男人最多也不过250人左右。而且这些达斡尔男人并没有经过正规的军事训练，使用的武器只是一些用于狩猎和防身的弓箭、大刀、长矛等。尽管如此，英勇无畏的达斡尔人还是决心誓死保卫自己的家园。

当达斡尔人看到沙俄哥萨克的船队驶近时，桂古达尔等3位头人率领200多名壮年男子赶到岸边，想阻止沙俄入侵者上岸。哈巴罗夫立即下令开枪，船上的哥萨克纷纷举枪射击。随着枪声响起，岸边的达斡尔人倒下了一片，有20人被打死，伤者也很多。达斡尔人的大刀长矛根本阻挡不住持有火枪的沙俄哥萨克。桂古达尔等3位头人看到岸边无处隐蔽，达斡尔人伤亡太大，便带领全体人员退回城寨防守。哈巴罗夫指挥200多名全副武装的沙俄入侵者遂即登岸，向桂古达尔城发动进攻。哈巴罗夫侵略军的进攻遭到严阵以待的达斡尔人的顽强抵抗。

在桂古达尔城下，哈巴罗夫故伎重演，先使用各种欺骗手段企图使达斡尔人归顺沙俄。哈巴罗夫让翻译向城里的达斡尔居民喊话："城里的达斡尔人，我全罗斯君主、沙皇、大公阿列克谢·米哈伊洛维奇，威严而伟大，是许多国家的君主和领主，任何人都无法抵挡君主的军事进攻。你们必须放下武器，打开城门，归附、听命、驯服于全罗斯君主、沙皇、大公阿列克谢·米哈伊洛维奇，年年缴纳本人及其氏族的贡赋和实物税，才能无忧无虑地居住在自己原来的城里，君主将命令自己的军队保护你们。"然而，沙俄翻译声嘶力竭的炫耀和劝诱并没有打动达斡尔头人。近些年来，哥萨克在黑龙江的暴行和给他们带来的灾难，使他们早已认清了这些强盗的狼子野心和丑恶本性。桂古达尔头人在城头上义正词严地告诉哈巴罗夫等沙俄侵略者："我们向博格达皇帝沙姆沙汗（即清世祖）纳贡，你们来向我们要什么实物税？等我们把最后一个孩子扔掉以后，再给你们纳税吧！"见诱骗无效，气急败坏的哈巴罗夫立即命令俄军以大炮及各种火器向城寨发动进攻。达斡尔人毫不畏惧，万箭齐发，英勇还击。当时指挥攻城的哈巴罗夫写道："达斡尔人从城头向我们射箭。乱箭从城里纷纷向我们飞来。达斡尔人从城头射向我们的箭落在田野里，宛如田地里长满了庄稼。我们同达斡尔人打了一整夜，一直打到日出。"①

桂古达尔城的城墙主要是用木头和石头筑成。哈巴罗夫集中3门大炮向第一座城猛轰。经过一整夜的激战，哈巴罗夫等轰毁了一段城墙，上百名哥萨克向城里发起冲锋，坚持战斗的达斡尔男人已经死伤过半。见第一座城已经被攻破，达斡尔人立即撤到另外两座城内继续战斗。此时达斡尔人的箭已经射光了，他们只能用大刀、长矛和农具等抵抗拥有大炮和火枪的沙俄侵略者。在此期间，桂古达尔头人曾组织达斡尔人突围，但在俄军强大的火力压制下，只有十几名达斡尔人突围成功。经过一上午的激烈战斗，200多名达斡尔成年男子几乎全部战死。沙俄入侵者攻占了第二座城。这时城里的达斡尔人只剩下老人、妇女和儿童了，但他们毫不畏惧，又都撤退到最后一座城里，继续顽强地进行战斗，刀矛打坏了，他们就用木棍、石块，坚决地反击沙俄入侵者。哈巴罗夫指挥哥萨克集中了各种大小型火器，不停地向达斡尔人据守的城寨射击。在沙俄入侵者强大火力的攻击下，最后一座城寨终于被攻破。此时，达斡尔的老年男人已经全部战死，余下的妇女和儿童誓死不屈，拿起简陋的武器甚至赤手空拳，与冲进城的俄军进行了白刃战。这场战斗，与其说是战斗，不如说是屠杀。手无寸铁、筋疲力尽的妇女、儿童，面对的是200多名训练有素、手持刀枪的沙俄侵略者，其结果可想而知。哈巴罗夫后来在向雅库茨克督军"报功"时，就直言不讳地描述这次屠杀："我们哥萨克同达斡尔人进行了白刃战"，"我们将达斡尔人'一个一个地'砍死了。在白刃战中，共打死427名达斡尔大人和儿童。在袭击中、在进攻中以及在白刃战中，总共打死661名达斡尔大人和儿童。""擒获的俘虏人数计有年老和年轻的妇女以及少女共243人，小俘虏计有儿童118人。我们还掳获了达斡尔人的马匹，大小共计237匹。此外，还掳获了113头牛羊。"②

桂古达尔城之战，达斡尔人以大刀、长矛等简陋的武器，勇敢地对抗

---

① 《军役人员叶罗菲·哈巴罗夫就他在阿穆尔河上的军事行动等情呈雅库茨克督军德米特里·弗兰茨别科夫的报告》（俄历1652年8月），《历史文献补编：17世纪中俄关系文件选译》第60页。

② 《军役人员叶罗菲·哈巴罗夫就他在阿穆尔河上的军事行动等情呈雅库茨克督军德米特里·弗兰茨别科夫的报告》（俄历1652年8月），《历史文献补编：17世纪中俄关系文件选译》第60-61页。

二、黑水军民首次抗击沙俄入侵

持有先进的大炮、火枪的沙俄侵略军,打死了4人,打伤了45人。保卫战虽然失败了,但达斡尔人民宁死不屈的崇高的民族气节是可歌可泣的。

血洗桂古达尔城之后,哈巴罗夫率沙俄侵略军沿江而下,继续对沿岸的各族城寨进行烧杀抢掠。顺治八年(1651)七月,哈巴罗夫率沙俄侵略军袭占托尔加城时,扣留当地头人,达斡尔居民被迫交出60张貂皮和一些粮食。同年十一月,他在乌扎拉村以克恰头人的兄弟为人质,索要财物,克恰头人被迫派人送来貂皮作为礼品。顺治九年(1652)五月,当哈巴罗夫一伙沿黑龙江上行到托尔加城附近时,图隆恰头人的儿子让奴仆送来37张貂皮和9头公牛以赎回自己的父亲,被哈巴罗夫以实物税的形式收下。① 类似的事例,举不胜举,仅顺治九年哈巴罗夫作为实物税送往雅库次克的,就有貂皮590余张和一些狐皮。②

顺治八年(1651)八月,哈巴罗夫率领沙俄侵略军一路烧杀抢掠航行到黑龙江下游的乌扎拉村一带。他们在松花口一带,袭击生活在这一地区的赫哲人和久切尔(虎尔哈)人的村庄,强迫他们向沙俄交纳实物税。对于拒绝交纳实物税的当地居民,"便俘虏了他们;将许多人打死、砍死"。"一路上捣毁村寨","在这些村寨里打死许多人,并抓了俘虏",然后"将他们砍死,并掳走他们的妻子儿女和牲畜"。③ 这样,乌扎拉村一带的赫哲、久切尔等族人民遭到了哈巴罗夫侵略军的疯狂抢掠和残酷屠杀。顺治九年(1652)七月,哈巴罗夫派安德烈耶夫等40名俄军回雅库茨克。他们经过呼玛尔河口时,偷袭了叶马尔达头人的城寨,打死了许多达斡尔人,抓了4名村民。离开呼玛尔河口走了2天后,他们又袭击了2个城寨,打死了许多村民,并抓了人。安德烈耶夫在刑讯这些被抓的村民之

---

① 《军役人员叶罗菲·哈巴罗夫就他在阿穆尔河上的军事行动等情呈雅库次克督军德米特里·弗兰茨别科夫的报告》(俄历1652年8月),《历史文献补编:17世纪中俄关系文件选译》第64、67、73页。
② 刘民声、孟宪章:《十七世纪沙俄侵略黑龙江流域编年史》第56页。
③ 《军役人员叶罗菲·哈巴罗夫就他在阿穆尔河上的军事行动等情呈雅库次克督军德米特里·弗兰茨别科夫的报告》(俄历1652年8月),《历史文献补编:17世纪中俄关系文件选译》第66页。

后,野蛮地杀害了他们。①

哈巴罗夫侵略军的烧杀抢掠,遭到当地的赫哲等族人民的反抗。顺治八年(1651)九月初五日拂晓,当地的赫哲等族近1000人袭击了哈巴罗夫的俄军驻地城堡。他们从四面八方放火烧城,并向俄军城堡发起进攻。当时留在城中的106名俄军从睡梦中惊醒,拉出大炮,仓皇应战。由于赫哲等族人民的武器比较简陋,难以对付俄军先进的火枪大炮,经过2个多小时激战,这次进攻遭到了失败。很多赫哲人英勇牺牲,但俄军也有5人受伤,1人被打死。②

黑龙江沿岸各民族早期反抗沙俄侵略的斗争,是各民族自发的反抗侵略、保卫家园的斗争。这些斗争给沙俄侵略者以沉重的打击,黑龙江沿岸各族为保卫东北边疆做出了巨大的贡献。但是,由于沙俄侵略军多有战争经验,且有沙皇政府的支持,武器装备精良,有较为先进的火枪大炮,因而仅靠落后的刀矛弓箭及土城木寨很难抵抗沙俄军队的军事入侵。尽管如此,黑龙江各族人民仍然前仆后继,付出了重大的牺牲。残酷的现实也使黑龙江沿岸各族人民认识到,要想彻底打败和驱逐装备精良的沙俄侵略者,必须有强大的国家政权做后盾,以国家正规军为主力,军民联合作战,才能取得反侵略战争的胜利。于是他们纷纷派出代表,向清政府驻扎宁古塔(旧城,位于今黑龙江省海林市长汀镇)的官员控诉沙俄侵略军的罪行,并请求清廷出兵进剿。他们说:"来了俄国人,将我们整个地方全部破坏了,割掉庄稼,并将我们的妻子儿女俘虏而去。我们集合全部久切尔人,前去抵抗他们,去攻城,他们人数并不多,但我们差点被全部打死。我们抵抗不住他们,因此请大人保护我们。"③ 宁古塔官员迅速将此情况上报朝廷。清政府下令由宁古塔章京海色等率兵进剿沙俄侵略者。于

---

① 《军役人员谢尔盖·安德烈耶夫及其同伴关于达斡尔土地和关于博格达皇帝消息的答问词》(俄历1652年9月24日),《历史文献补编:17世纪中俄关系文件选译》第77-78页。

② 《军役人员叶罗菲·哈巴罗夫就他在阿穆尔河上的军事行动等情呈雅库茨克督军德米特里·弗兰茨别科夫的报告》(俄历1652年8月),《历史文献补编:17世纪中俄关系文件选译》第66-67页。

③ 《军役人员叶罗菲·哈巴罗夫就他在阿穆尔河上的军事行动等情呈雅库茨克督军德米特里·弗兰茨别科夫的报告》(俄历1652年8月),《历史文献补编:17世纪中俄关系文件选译》第69页。

二、黑水军民首次抗击沙俄入侵

是，黑龙江地区各族军民联合反击沙俄侵略军的斗争就此拉开了序幕。

顺治九年（1652）二月二十五日拂晓，宁古塔章京海色、捕牲翼长希福率领清朝军队（主要由满人组成）及当地各族人民，向哈巴罗夫侵略军盘踞的乌扎拉村城堡展开了猛烈的进攻。沙俄入侵者在睡梦中被自己的岗哨喊醒，他们来不及披挂铠甲，许多人穿着衬衣就慌忙奔向城头仓皇应战。清军以大炮猛轰俄军据守的城堡，周围各族人民纷纷赶来助战。战斗进行了1天，中国军民打死沙俄入侵者10人，打伤78人。在清军炮火的轰击下，乌扎拉村城堡的城墙被打塌了3处。清军将士奋勇向前，从城墙的塌陷处突入城堡，城堡内的俄军惊慌失措，乱作一团。就在胜利在即的时候，指挥战斗的海色突然大声喊："不要放火，不要砍杀哥萨克，要生擒活捉他们。"这个错误的命令严重束缚了清军士兵的手脚，俄军弄懂了清军这个命令后，立即把这个消息告诉了哈巴罗夫。六神无主的哈巴罗夫马上组织哥萨克进行反攻。他们全部披上厚厚的铠甲，推出大炮轰击，封锁了缺口。在沙俄哥萨克的枪炮轰击下，清军无法给敌人以致命杀伤，自己却遭受重大伤亡，最后被迫撤离乌扎拉村城堡，转胜为败。[①] 围攻乌扎拉村之战是中国军民第一次联合抗击沙俄侵略军的战斗，由于宁古塔章京海色骄傲轻敌，指挥失误，这场战斗失败了，参战的清军及各族人民遭受重大损失。两位指挥官因此受到清朝政府的严厉惩处，"海色伏诛，希福革去翼长，鞭一百，仍令留在宁古塔"[②]。尽管如此，清军的参战，给入侵黑龙江的沙俄侵略者以极大的震慑，沉重地打击了侵略者的嚣张气焰，同时，也极大地鼓舞了黑龙江沿岸地区各族人民的反侵略斗志。

乌扎拉村之战后，清军在黑龙江地区各族人民的配合下，积极寻找机会消灭沙俄侵略军。顺治九年（1652）四月，奉命寻找哈巴罗夫的以伊万·安东诺夫为首的27名沙俄侵略者，在黑龙江下游遭到当地赫哲等族的围追堵截，赫哲人每天都同他们发生两三次战斗。赫哲等族的袭击使这

[①] 《军役人员叶罗菲·哈巴罗夫就他在阿穆尔河上的军事行动等情呈雅库茨克督军德米特里·弗兰茨别科夫的报告》（俄历1652年8月），《历史文献补编：17世纪中俄关系文件选译》第68页。

[②] 《清世祖章皇帝实录》卷六八，顺治九年九月丙戌。

伙侵略者狼狈不堪，无法招架，最后被赶出黑龙江，从海上狼狈逃走。①哈巴罗夫不敢继续推行他的侵略计划，只得向他的上司哀叹："我们还不知道，我们将在何处过冬。在达斡尔土地上的结雅河口和松花江河口，以如许之人员实不敢登岸，因为博格达的土地近在咫尺，而且有大批军队携带火器、大炮和小型武器正向我们袭来。"② 无奈之下，哈巴罗夫一伙只好逃到精奇里江口。

4. 围歼斯捷潘诺夫俄军

顺治十年（1653）五月初九日，清政府为了加强沿海和黑龙江流域的军事力量，任命镶蓝旗梅勒章京沙尔虎达为宁古塔昂邦章京，负责镇守宁古塔地方和征剿沙俄入侵者。③ 同年七月，沙俄贵族德米特里·季诺维耶夫带领 330 名军役人员和哥萨克来到精奇里江口附近，遇到了哈巴罗夫。季诺维耶夫向哈巴罗夫及其下属颁发了沙皇的奖金。随后不久，季诺维耶夫与哈巴罗夫发生了权力之争，季诺维耶夫打了哈巴罗夫，扯了他的胡子，并以侵吞公物的罪名撤销哈巴罗夫的职务，然后任命奥努弗里·斯捷潘诺夫（О. Степанов，1610—1658）为专差军役人员，接替哈巴罗夫指挥黑龙江流域的沙俄军役人员和武装哥萨克。④ 斯捷潘诺夫继续哈巴罗夫的侵略行径，率部在黑龙江上下游沿岸肆虐，四处抢掠。由于沙俄的入侵，黑龙江沿岸地区各族为躲避战祸纷纷南迁。清政府为对付沙俄侵略

---

① 《军役人员伊万·乌瓦罗夫为他沿阿穆尔河和东洋航行寻找叶罗菲·哈巴罗夫和到达图吉尔河之事呈雅库茨克督军德米特里·弗兰茨别科夫的报告》（俄历 1652 年 6 月 30 日），《历史文献补编：17 世纪中俄关系文件选译》第 51 - 52 页。

② 《军役人员叶罗菲·哈巴罗夫就他在阿穆尔河上的军事行动等情呈雅库茨克督军德米特里·弗兰茨别科夫的报告》（俄历 1652 年 8 月），《历史文献补编：17 世纪中俄关系文件选译》第 76 页。

③ 《清世祖章皇帝实录》卷七五，顺治十年五月甲戌。

④ ［苏］谢·弗·巴赫鲁申：《哥萨克在黑龙江上》（中译本）第 50 - 51 页。

军，也强令黑龙江沿江各族内迁，并不断增加黑龙江清军的人数，这一措施使沙俄侵略军抢不到粮食，面临危机。

斯捷潘诺夫接替哈巴罗夫之后，不仅在黑龙江沿岸进行侵略活动，而且深入东北腹地，其侵略区域不断扩大。顺治十年（1653）八月初六日，俄军侵入松花江口一带，抢掠了大批粮食运到黑龙江下游的营地过冬。他们在这里不断四出流窜，捕捉人质，并以人质作为抵押，强制征收貂皮。当地各族人民深受其害，苦不堪言。他们一方面抵抗和反击沙俄侵略者，另一方面将俄军的暴行和动向报告给清宁古塔的地方官，请求清政府出兵消灭沙俄侵略者。

宁古塔昂邦章京沙尔虎达上任后，一直密切监视斯捷潘诺夫俄军的动向，厉兵秣马，调兵遣将，为消灭沙俄侵略军做着准备。在沙尔虎达的请求下，顺治十一年（1654）正月十四日，世祖谕令礼部派使去朝鲜，要求"朝鲜近宁古塔地方国内善使鸟枪人，着选一百名由会宁往征罗禅（俄罗斯）"。二月初二日，礼部官员韩巨源到朝鲜，要求朝鲜选鸟枪善手100人至宁古塔，"听昂邦章京沙尔虎达率领往征罗禅"。① 三月二十六日，朝鲜派遣咸镜道兵马虞侯边岌率领鸟铳手军人等151人，"渡江往宁古塔，会同清国兵，征伐罗禅"②。

四月二十一日，在得知斯捷潘诺夫率俄军来到黑龙江下游及松花江一带烧杀抢掠的情报后，沙尔虎达率清兵300人、虎尔哈部300人及朝鲜兵150人，于曰可地方乘船经水路往黑龙江征讨沙俄入侵者。③ 航行了6天，清军船队到达松花江，并在这里沿江搜索，阻击到松花江上游抢劫粮食和财物的沙俄侵略军。五月初二日，斯捷潘诺夫率领俄军到松花江一带抢掠粮食和财物时，遭到了沙尔虎达率领的清军和朝鲜鸟枪兵的阻截和追击，双方在松花江上展开了激战。

当时，斯捷潘诺夫率领的俄军有700多人，分乘大船13只，小船36只，不仅每个哥萨克都配有火枪，船上还有大炮。沙尔虎达虽率领清军和朝鲜鸟枪兵共750名左右，但清军的船没有俄军的船大。除了朝鲜军队和部分清兵有火枪，虎尔哈人和一部分清兵还是用弓箭和刀矛，清军也携带

---

① ［朝］金庆门：《通文馆志》卷九，孝宗大王五年甲午。
② ［朝］郑顺昌：《同文汇考·原编》卷七六。
③ 刘民声、孟宪章：《十七世纪沙俄侵略黑龙江流域编年史》第68页。

多门大炮。俄军发现清军后,惊慌失措,立即准备躲避逃窜。沙尔虎达最初计划以朝鲜兵为前锋,攻击敌船。朝鲜将领边岌提出以小船攻俄军大船对本方不利。沙尔虎达见江岸上有高地,树草丛生,便下令清军舍舟登岸,据高地列阵,排列火炮,并围以柳棚,于掩蔽处开炮轰击。俄军船队遭到清军火炮的轰击,离岸近的船受到了清军和朝鲜兵火枪和弓箭的射击,损失很大,"许多军役人员负了伤"。在中朝军队的联合阻击下,俄军支持不住,乘船沿江下逃。沙尔虎达指挥清军立即乘船尾追,赶上俄船,展开激战。清兵前后追战300余里,一直追到松花江口,激战3日,俄军损失惨重,"乘船扬帆向阿穆尔大河上游逃走"①。这次战斗使沙俄入侵者受到一次沉重打击,一些哥萨克哀叹说:"博格达人终于将我等自松花江逐出,未容我等取得粮谷。我等自松花江口上溯阿穆尔河,受尽千辛万苦,无粮可以果腹,今后就食何处,亦属未可预料。"②

  顺治十一年(1654)十月,斯捷潘诺夫率部沿黑龙江上溯,流窜到呼玛尔河口一带,在这里修筑了过冬的城堡,准备在这里坚守待援。在此期间,鉴于派3000远征军到黑龙江地区的计划已经破产,沙俄政府便鼓动一批批的哥萨克和冒险家侵入中国黑龙江沿岸地区。这些新侵入黑龙江地区的殖民者或加入斯捷潘诺夫的部队,或单独行动,四处烧杀抢掠。而此时的黑龙江各族人民,由于有了清政府的支持,斗志倍增。他们或侦查探路,配合清军围歼沙俄侵略军;或自发行动,袭击小股的俄军,给沙俄侵略者以不同程度的打击,使沙俄侵略者得到了应有的惩罚。

  为了消灭流窜于黑龙江一带的斯捷潘诺夫侵略军,十二月二十一日,世祖发布圣谕:"命固山额真(满语,意为旗主,汉译为都统)明安达里,统率八旗兵丁,往征罗刹(俄罗斯)于黑龙江。"③接到朝廷命令后,驻守宁古塔的固山额真明安达里率领军队向黑龙江上游进发,沿着斯捷潘

---

  ① [日]末松保和编:《李朝孝宗实录》卷一四,乙未六年四月乙卯朔;《专差军役人员奥努弗里·斯捷潘诺夫就叶罗菲·哈巴罗夫赴莫斯科后他本人在阿穆尔河的活动事呈给雅库茨克督军米哈伊尔·洛迪任斯基的报告》(俄历1654年8月初),《历史文献补编:17世纪中俄关系文件选译》第91页。

  ② 《阿穆尔志愿军役人员亚科夫·尼基京等人致专差军役人员奥努弗里·斯捷潘诺夫的申请书》(不迟于俄历1654年8月31日),《十七世纪俄中关系》第一卷(中译本)第286页。

  ③ 《清世祖章皇帝实录》卷八七,顺治十一年十二月丁丑。

二、黑水军民首次抗击沙俄入侵

诺夫侵略军逃跑的足迹,追踪其藏身的巢穴。顺治十二年(1655)二月十六日,明安达里率领清军,在当地的达斡尔人引领下抵达呼玛尔河口,并发现了俄军盘踞的呼玛尔城寨。当天下午,清军包围了呼玛尔城寨,当地的达斡尔等族民众也前来参战。当时,有20名俄军正在呼玛尔城寨外伐木造船,发现清军后想逃回城寨,结果被清军捕获。斯捷潘诺夫见清军前来围城,急忙召集那些惊慌失措的哥萨克人关上城门,上城据守。发现城外的俄军被清军俘获后,斯捷潘诺夫立即派哥萨克出城营救。哥萨克嚎叫着冲出城外,遭到了清军的猛烈打击,溃不成军,狼狈地逃回城内。

包围呼玛尔城寨的清军,在城外安营扎寨,准备攻城器械。明安达里观察了呼玛尔城寨及周围的环境,决定先采用火炮攻击。清军白天将火炮架在黑龙江边的山头上,向呼玛尔城寨轰击,夜间则将大炮拉到城外轰击城寨。在清军炮火的轰击下,呼玛尔城寨中的俄军伤亡惨重,他们已经无路可逃,只能拼命死守城池。二月二十七日,清军从四面八方冲到城边,架起云梯,并点燃木柴、松香、干草等物,借助火势猛烈攻城。战斗从夜晚一直打到第2天,由于寨堡坚固,清军虽多次进攻,也没能将其攻克。明安达里下令撤离寨堡,继续包围,并封锁水面和陆路交通,使俄军无法出城。

三月初八日,正当俄军一筹莫展,即将崩溃之际,清军统帅明安达里突然下令停止攻击。原来,清军从二月十六日开始围攻呼玛尔城寨,到三月初八日已经过去20天,来时所带的给养已经全部用光,而呼玛尔城寨距离清军驻地宁古塔路途遥远,粮食弹药很难按期运到这里,所以清军虽"颇有斩获,旋以饷匮班师"①。这次围攻呼玛尔城寨的战斗虽然因"粮饷不继"未能全歼俄军,但也给敌人以极大的打击。惶惶不可终日的斯捷潘诺夫在写给雅库茨克督军的报告中哀叹:"现下军中粮食颗粒无存,我等于呼玛尔堡中生活亦极为艰苦,每日以野菜、草根充饥。我呼玛尔堡于被围期间粮食即已耗尽,因此眼下无粮可借给外人食用。""眼下堡中无粮,我等冻饥交加,困厄异常,困守呼玛尔堡已毫无意义。博格达的各色军人近在咫尺,达斡尔人、久切尔人等博格达治下各异族人使我等君主的奴仆无处栖身,备受其各色军人的钳制和侵凌,我等多次为其所困,被其包围,夏季,到处流窜,沿河下行去弄点粮食,捕点鱼虾。遇有机会,我等

---

① 〔清〕佚名:《平定罗刹方略》卷一。

即亲自动手从不纳实物税的人田中强收粮食,故常起争斗,大动干戈。因我方人少,对方人多,且对方各类武装人员装备精良,有各种火器、大炮和火绳枪,故我方已渐不能支。"①

五月,斯捷潘诺夫率领狼狈不堪的俄军离开呼玛尔城寨,沿黑龙江下行,进入松花江一带进行抢掠。他们在松花江流域抢劫了粮食、貂皮之后,又沿黑龙江顺流而下,侵入黑龙江下游的费雅喀人地区。他们袭击了当地的居民,抢掠财物,杀戮居民。② 在此期间,沙俄政府鼓动一批批的哥萨克侵入中国黑龙江地区,到处烧杀抢掠。

黑龙江流域各族人民不畏强暴,奋起反击,他们或者自己行动,或者配合清军,给俄军以沉重打击。如顺治十二年(1655)严冬,另一支俄军洛基诺夫一伙哥萨克从鄂霍次克海侵入黑龙江下游地区,当地的费雅喀人将30名哥萨克全部击毙,并缴获了他们的武器和财物。③ 同年,又一队由米哈伊尔·索罗金和雅科夫·索罗金带领的300名沙俄侵略者,在松花江口遭到当地久切尔人的袭击,有40人被击毙,其余全部饿死。④ 另据斯捷潘诺夫的报告:"在阿穆尔大河上游的图马林部落的许许多多部落人一起,背叛君主,打死了君主的军役人员,据说这些军役人员有40个。"⑤ 顺治十四年(1657),沙尔虎达率军征讨沙俄入侵者,"败罗刹于尚坚乌黑之

---

① Отписка Якутскому воеводе Михаилу Лодыженскому приказного человека Онуфрия Степанова о невозможности, по причине скудости, снабдить хлебными запасными посланного на Аргуне реку сына боярского Федора Пущина (После 7 июня 1655). (专差军役人员奥努弗里·斯捷潘诺夫就因粮食匮乏,无力向派往额尔古纳河的小贵族费多尔·普辛供应粮食一事呈雅库茨克督军米哈伊尔·洛迪任斯基的报告)// Дополнения к Актам Историческим, Собр. и изд. Археографической Комиссией, т. 4. с. 35 – 36.

② 《专差军役人员奥努弗里·斯捷潘诺夫就其沿阿穆尔河航行并征收实物税等情呈雅库茨克督军米哈伊尔·洛迪任斯基的报告》(俄历1656年7月22日),《历史文献补编:17世纪中俄关系文件选译》第110页。

③ 《专差军役人员奥努弗里·斯捷潘诺夫为他的队伍进军阿穆尔以及满洲人强行迁走阿穆尔居民等事致雅库茨克军政长官米·谢·洛迪任斯基的报告》(俄历1656年7月22日),《十七世纪俄中关系》第一卷(中译本)第310页。

④ [俄]А. П. 瓦西里耶夫:《外贝加尔的哥萨克(史纲)》第一卷(中译本)第141–142页。

⑤ 《专差军役人员奥努弗里·斯捷潘诺夫为他的队伍进军阿穆尔以及满洲人强行迁走阿穆尔居民等事致雅库茨克军政长官米·谢·洛迪任斯基的报告》(俄历1656年7月22日),见《十七世纪俄中关系》第一卷(中译本)第310页。

二、黑水军民首次抗击沙俄入侵

地（今黑龙江省桦川县西南）"①。

清政府对在黑龙江、松花江一带上下流窜、四处烧杀抢掠的以斯捷潘诺夫为首的俄军严重关切，一方面派人收集俄军的情报，掌握其动向；另一方面调兵遣将，准备一举消灭这股作恶多端的侵略者。

顺治十五年（1658）三月初三日，清朝使臣李一善到达朝鲜，向朝鲜国王传达世祖旨意："今罗禅又蠢动，犯我边境，扰害生民，应行征剿，兹发满兵前往。"要求朝鲜挑选"善鸟枪二百名即简发，并应用之物，令官统领，限五月初送到宁古塔"②。按照世祖的旨意，朝鲜国王"差北道虞侯申浏为将领，率哨官二员，鸟枪手二百名及标下旗鼓手、火丁共六十名，带三月粮往待境上"③，与宁古塔清军汇合，共同征剿以斯捷潘诺夫为首的沙俄入侵者。

六月初五日，宁古塔昂邦章京沙尔虎达率将卒、水手、夫役等1137名及朝鲜鸟枪兵、旗鼓手、火丁等263名，共计1400人，分乘47艘战船，沿松花江前往黑龙江征讨沙俄入侵者。

在此期间，斯捷潘诺夫等沙俄侵略军，对黑龙江下游久切尔人地区抢掠后，正沿黑龙江上行。途中，他们从抓到的几名久切尔人口里得知了清军正在向他们开来。斯捷潘诺夫及其手下非常害怕，为了探听清军的情况，斯捷潘诺夫派遣军役人员克利姆·伊凡诺夫率180人，乘轻便小船溯黑龙江而上，先行了解清军的情况。斯捷潘诺夫则率领其余500余名沙俄侵略者乘大船后行。

当伊凡诺夫率领的小船队航行到黑龙江与松花江汇流处时，清军的哨探便发现了他们。但这群俄军并没有发现清军，他们继续向黑龙江上游航行。沙尔虎达得知俄军船队正在黑龙江上航行时，立即命令清军船队加快速度，做好战斗准备。

六月初十日，沙尔虎达率领的清军船队，在驶出松花江口后，已进入黑龙江。在得知俄军大船队即将到来的情报之后，沙尔虎达命令一部分清军和朝鲜鸟枪兵携带火炮到岸上隐蔽布防，其余人员在排列好的战船上做

---

① 〔清〕佚名：《平定罗刹方略》卷一。
② 〔日〕末松保和编：《李朝孝宗实录》卷二〇，戊戌九年三月戊戌朔；〔朝〕金庆门：《通文馆志》卷九，孝宗大王九年戊戌。
③ 〔朝〕金庆门：《通文馆志》卷九，孝宗大王九年戊戌。

好战斗准备。斯捷潘诺夫派遣伊凡诺夫率小船队先行后,一直没有得到发现清军的报告,于是以为黑龙江上没有清军,便大胆地率领船队向黑龙江上游驶来。当俄军船队驶近时,沙尔虎达一声令下,清军的大炮立即轰鸣起来,清军和朝鲜鸟枪兵也瞄准俄军开火。刹那间,炮声隆隆,枪声四起,杀声阵阵,俄军乱作一团,慌忙还击,双方军队展开激战。在清军猛烈炮火攻击下,几艘俄船中炮起火,一些俄军中弹落水。斯捷潘诺夫见俄军伤亡惨重,便指挥俄船突围逃跑,但清军的战船已经堵住了俄军的退路。于是,斯捷潘诺夫率一部分俄军弃船登岸,结果遭到岸上清军和朝鲜兵的猛烈还击。斯捷潘诺夫中弹毙命,不可一世的沙俄侵略者溃不成军。经过1天的战斗,清军共歼灭和生俘俄军270人,烧毁敌船10余艘,其余俄军四散逃命,只有1只俄船乘夜逃遁。据哥萨克军统领菲利波夫等人供认:"在此次战斗中,专差军役人员奥努弗里(即斯捷潘诺夫)等270人全部被打死。幸存的军役人员,有的逃入山中,有的乘斯巴斯克号船同参加征战的人,共227人逃走。"① 同年七月,由斯捷潘诺夫派出先行侦察情况的伊凡诺夫等180人,沿黑龙江上行时没有发现清军,便返航回来找斯捷潘诺夫部。他们在松花江口附近的黑龙江上看到被烧毁的俄船和血迹,并发现有大批清军,吓得魂飞天外,立即驾船掉头逃跑。

六月十三日,沙尔虎达率领清军和朝鲜官兵,押着俄军俘虏,回到松花江。沙尔虎达将此战胜利向朝廷疏报:"击败罗刹兵,获其人口、甲仗等物。"世祖非常高兴,"命兵部察叙,以所俘获,分赐有功将士"②。松花江口之战,清朝军队及朝鲜官兵联合作战,把沙俄侵略者打得溃不成军,四处逃散,取得了反击沙俄侵略者的重大胜利。

顺治十六年(1659)年初,在抗击沙俄侵略者的战斗中屡立战功的老将宁古塔昂邦章京沙尔虎达因病去世。正月十二日,世祖谕令吏部:"宁古塔系边疆要地,昂邦章京沙尔虎达在彼驻防年久,甚得人心,今已病故,其子巴海素著谨敏,堪胜此任。着即代其父为昂邦章京,前往驻

---

① 《哥萨克军统领阿尔捷米·菲利波夫等人关于中国军队在阿穆尔河上击溃俄军队伍等事的答问词》(俄历1659年10月3日),《历史文献补编:17世纪中俄关系文件选译》第122页。

② 《清世祖章皇帝实录》卷一一九,顺治十五年七月庚戌。

二、黑水军民首次抗击沙俄入侵

防。"① 这样,沙尔虎达之子巴海代其父担任宁古塔昂邦章京(后改称"宁古塔将军"),肩负起指挥黑龙江流域清军抗击沙俄侵略的重任,继续征剿侵入这一地区的沙俄侵略者。

顺治十七年(1660),宁古塔昂邦章京巴海率军在黑龙江下游伯力以下 200 里的古法坛村,痛击俄军。② 同年秋天,巴海奏报:"臣等率兵至萨哈连、松噶里两江合处侦闻罗刹贼众,在费牙喀部落西界,随同副都统尼哈里、海塔等领兵前进,至使犬地方,伏兵船于两岸,有贼艘奄至,伏发,贼即回遁,我兵追袭,贼弃舟登岸败走,斩首六十余级,淹死者甚众,获妇女四十七口并火炮、盔甲、器械等物。"③

到顺治末年,在黑龙江地区各族人民及清朝军队的围剿和打击下,沙俄侵略者有的被消灭,有的被俘获,有的逃回国内,有的因冻饿而死,只有 17 人败退尼布楚。④ 黑龙江中下游地区的沙俄侵略者被基本肃清。顺治年间,黑龙江地区各族军民在沙俄侵略者面前,不屈不挠,英勇奋战,终于取得反侵略斗争的伟大胜利,使沙俄侵略者受到了应有的惩罚。据俄国文献记载:"十年期间,到阿穆尔河去的不下 1500 人,都在那里死掉了。"⑤

顺治年间黑龙江各族人民抗击沙俄入侵的战争,是在鸦片战争前在中国的国土上第一次与沙俄侵略者展开的激战。黑龙江沿岸的各民族以血肉之躯保卫中国领土,可歌可泣。他们在反抗外族侵略,保卫国家领土主权方面的功绩是永垂青史的。这一页血染的抗击西方侵略的英雄战史,具有划时代的意义!也是中华民族抗击外族侵略史上的光辉一页。

---

① 《清世祖章皇帝实录》卷一二三,顺治十六年正月甲辰。
② 〔清〕佚名:《平定罗刹方略》卷一。
③ 《清世祖章皇帝实录》卷一三八,顺治十八年七月丁丑。
④ 〔俄〕А. П. 瓦西里耶夫:《外贝加尔的哥萨克(史纲)》第一卷(中译本)第 147 页。
⑤ 〔俄〕А. П. 瓦西里耶夫:《外贝加尔的哥萨克(史纲)》第一卷(中译本)第 147 页。

图 2.4　17 世纪下半叶中国军民联合抗击沙俄示意

（图片来源：刘毅政《中俄雅克萨战争史》第 56 页，黑龙江人民出版社，1991）

三、雅克萨自卫反击战

三、雅克萨自卫反击战

雅克萨自卫反击战，是中国清朝军队于康熙二十四年（1685）和康熙二十五年（1686）所进行的两次围攻沙俄入侵者所占据的雅克萨城之战。这也是中国军队反击沙俄入侵、保卫国家领土主权的正义战争。

1. 沙俄继续侵略黑龙江

顺治年间，经过黑龙江流域各族军民的英勇斗争，先后侵入我国黑龙江流域烧杀抢掠的沙俄殖民者波雅尔科夫、哈巴罗夫、斯捷潘诺夫等或被消灭，或退回沙俄，余下的逃往黑龙江上游尼布楚（今俄罗斯涅尔琴斯克）等地，龟缩于城堡之中。

17世纪中期，沙俄为了扩张领土，利用波兰、乌克兰哥萨克起义对波兰发动了兼并乌克兰的战争。俄波战争从1654—1667年，持续了13年，以波兰的失败和乌克兰被两国瓜分而告终。当时的沙俄虽然忙于俄波战争，但对向黑龙江流域的扩张依然野心勃勃，不断向黑龙江上游地区派遣官员和军队，企图巩固和扩大对黑龙江流域的占领。

1656年（顺治十二年）8月30日，俄国皇太子阿列克谢·阿列克谢耶维奇亲王给叶尼塞斯克新任督军伊凡·阿金福夫发布谕令，通知他沙皇已特命原任督军阿法纳西·帕什科夫及其子叶列麦伊率军役人员300人前往达斡尔地区效命，担任尼布楚城堡的督军。1660年（顺治十七年），沙俄托博尔斯克督军、大贵族伊凡·希尔科夫公爵，根据沙皇谕令，派遣小贵族阿列克谢·拉里昂诺维奇·托尔布津（А. Л. Толбузин, ？—1686），前往尼布楚任职，替换原任督军帕什科夫。1662年（康熙元年）5月22日，托尔布津到达尼布楚和伊尔根斯克堡，并从前任督军帕什科夫手中接管了石勒喀大河、伊尔根湖及捷连加3个城堡的军役人员和新招募的人员75人。托尔布津一到任就感到处境不妙。顺治年间沙俄入侵者的烧杀抢掠,致使当地的人口锐减,经济凋敝,大批的达斡尔等族人被迫南迁,使得沙俄侵略者抓不到人质,抢不到粮食,更征不到贡赋,处于饥寒交迫的困境。当时托尔布津手下的兵丁只有114人,已经好几年领不到粮饷。由于饥饿和困难,原来从黑龙江逃回,并从帕什科夫处逃跑的奥勃拉姆·帕尔菲诺夫再次闹事,在他煽动下,共有68名军役人员哗变,逃离尼布楚,窜往黑龙江流域。这些人哗变后,在尼布楚等3城只剩下46名军役人员。① 更为严重的是,沙俄的侵略暴行激起了留在当地的达斡尔、蒙古等族的激烈反抗,他们或袭击俄军的城堡,或伏击出城抢劫的俄军。同年7月,尼布楚地区的通古斯人袭击了伊尔根斯克堡,并夺走10匹马。与此同时,驻守宁古塔等地的清军也四处搜捕和歼灭入侵的俄军。面对艰难处境,尼布楚堡督军托尔布津不断地给叶尼塞斯克督军勒热夫斯基、雅库茨克督军戈列尼谢夫－库图佐夫写信,请求军火物资支援和补充军役人员。

托尔布津的处境和请求,引起了雅库茨克督军伊凡·戈列尼谢夫－库图佐夫的不安,他不仅担心中国军队收复尼布楚等城堡,更担心中国军队进攻雅库茨克。1662年（康熙元年）7月下旬,库图佐夫上奏沙皇,要求给雅库茨克增派军队。他在折章中说:"1661年秋,博格达人分乘9艘大船,驶入土古尔河,另有船70艘泊于阿穆尔河口基里亚克人处,向土古尔河之通古斯人征收实物贡赋,并回赠以绸缎、红布及弓等厚礼。彼等向通古斯人询及俄罗斯人详情及居住地点,并命他们充当向导。"并称:如果"博格达人一旦探明溯石勒喀河而上,转土古尔连水陆路入奥廖克马河,并经该河进入勒拿河,由勒拿河直逼雅库茨克堡下这条路",则雅库茨克将十分危险。因此,"为抵御博格达人进犯,以及为大君主征收实物税,雅库茨克所需军役人员实不得少于1000人,方可于大批博格达人乘

---

① Акты о посылке в Нерчинский и другие остроги прибавочных служивых людей（30 декабря 1663）.（关于往涅尔琴斯克城堡和其他城寨增派军役人员的文件）// Дополнения к Актам Историческим, Собр. и изд. Археографической Комиссией, т. 4. с. 324－325.

三、雅克萨自卫反击战

舟来犯时，确保鄂霍次克堡无虞，并保证我方军役人员及税民不致遭杀戮"。①

在多次向叶尼塞斯克督军勒热夫斯基、雅库茨克督军戈列尼谢夫－库图佐夫请求支援无果的情况下，1663年（康熙二年）3月27日，焦躁不安的托尔布津直接上疏沙皇，要求增派军役人员并送来粮食。他在奏章里叫苦说："若不迅速向该地增派军役人员，送去皇家粮饷，则拉里昂（即托尔布津）及所辖军役人员将会饿死，并将无人为君主征收实物税。"②

沙皇接到托尔布津的两次奏疏后，得知尼布楚的处境十分困难，于是决定增援尼布楚，以巩固沙俄对黑龙江流域的占领。由于当时沙俄正在与波兰进行争夺乌克兰的战争，抽不出大量的军队支援黑龙江地区的俄军，沙皇决定派遣秋明小贵族柳比姆·叶夫谢维耶夫和托木斯克小贵族伊凡·波尔舍夫尼科夫，从莫斯科出发，携带呢料、麻布、渔网及多年的薪饷等，前往尼布楚。沙皇还谕令从莫斯科国库中拨款1200卢布，在叶尼塞斯克等地购买粮食和物品。并决定由托博尔斯克拨出火枪兵和哥萨克60人，由叶尼塞斯克调派哥萨克20人，分两批前往尼布楚。第一批20人要于春季河开后立即出发，运送粮物和薪饷；另一批于人员到齐后立即出发，赶赴尼布楚等地。所有人员出发时除发足当年薪饷外，还要预发两年薪饷。为安定军心，规定服役人员每2年、最多4年轮换一次；如超期服役4年以上或愿终身在尼布楚一带服役者，还可增发薪饷。③ 1664年（康熙三年）9月4日，沙皇再次下令增援尼布楚。派军役人员五十人长斯捷

---

① Отписка Якутского воеводы Ивана Голенищева-Кутузова о необходимости увеличить число служивых людей в Якутском и Охотском острожках и проч.（После 17 июля 1662）.（雅库茨克督军伊凡·戈列尼谢夫－库图佐夫就必须扩充雅库茨克堡和鄂霍次克堡军役人员等事所上的奏折）// Дополнения к Актам Историческим, Собр. и изд. Археографической Комиссией, т. 4. с. 278－279.

② Акты о посылке в Нерчинский и другие остроги прибавочных служивых людей（30 декабря 1663）.（关于往涅尔琴斯克城堡和其他城寨增派军役人员的文件）// Дополнения к Актам Историческим, Собр. и изд. Археографической Комиссией, т. 4. с. 320.

③ Акты о посылке в Нерчинский и другие остроги прибавочных служивых людей（30 декабря 1663）.（关于往涅尔琴斯克城堡和其他城寨增派军役人员的文件）// Дополнения к Актам Историческим, Собр. и изд. Археографической Комиссией, т. 4. с. 320－324.

潘·维亚特卡等 4 人，押送尼布楚等地 46 名军役人员的 6 年饷银和粮食物资等，前往尼布楚。并决定由托木斯克和叶尼塞斯克两地派兵 50 人护送。①

在沙皇的积极鼓励和支持下，盘踞在尼布楚等地的俄军得到了物质和人员的支援，渡过了难关，站稳了脚跟，为继续扩大对黑龙江流域的侵略提供有利条件。沙俄政府一方面不断派使臣到北京，表达与清政府友好通商的意愿；另一方面却积极加紧和扩大对中国领土的侵略活动。

沙俄对中国黑龙江的侵略，因以沙俄杀人逃犯尼基弗尔·切尔尼戈夫斯基（Н. Р. Черниговский, ?—1675）为首的一伙亡命之徒的窜入而猖獗起来。切尔尼戈夫斯基原是波兰人，参加了波兰与沙俄争夺领土的战争，后战败被俘。他随同其他波兰战俘一起，被沙俄政府从莫斯科流放到叶尼塞斯克服军役，后来又转到了伊利姆斯克。在此期间，切尔尼戈夫斯基曾在勒拿河上的乌斯季－库塔城堡的煮盐场充任监工，成为当地很有影响的帮伙头目。当时担任伊利姆斯克督军是拉夫连季·奥布霍夫，他采用铁腕手段来统治这里的百姓，横征暴敛，甚至奸淫妇女，民愤极大。1665 年（康熙四年）夏季，奥布霍夫督军来到基连加毛皮集市征收"什一税"期间，侮辱了切尔尼戈夫斯基的妹妹（一说是他的妻子）。切尔尼戈夫斯基闻讯大怒，立志报仇。8 月 4 日晚，当奥布霍夫在基连加河上乘船返回伊利姆斯克的时候，切尔尼戈夫斯基聚众袭击了督军的座船，打死了奥布霍夫，并将船上的财产抢劫一空。接着切尔尼戈夫斯基又率领他的子弟和闹事人抢劫了商铺，劫持了基连加修道院的神父格尔莫根，离开基连加沿勒拿河逃走。沿途他不断扩充同伙，一共纠集了 84 人，向黑龙江上游地区逃窜。

1665 年（康熙四年）冬季，切尔尼戈夫斯基率众窜入中国黑龙江上游地区。他们来到了当年哈巴罗夫一伙所修建的雅克萨旧城遗址，在这座已经被拆毁的城寨的废墟上，重新修建了一座方城。建成后的雅克萨城"有上下两层射击孔，房盖是薄木板，要塞有三个塔楼，也以薄板为盖，

---

① Акты о посылке в Нерчинский и другие остроги прибавочных служивых людей（30 декабря 1663）.（关于往涅尔琴斯克城堡和其他城寨增派军役人员的文件）// *Дополнения к Актам Историческим*, *Собр. и изд. Археографической Комиссией*, т. 4. с. 324－326.

三、雅克萨自卫反击战

要塞长 18 俄丈，跨距 13 俄丈。城堡周围挖有堑壕，宽 2 俄丈 1 俄尺，深 4 俄尺，堑壕旁设有 6 排铁盖薄木桩"①。在他们修筑城寨的同时，"也没有忘记派人四出掠取财物。有一次出动时，他的一伙中有十三人被通古斯人打死了"②。

图 3.1　雅克萨城

切尔尼戈夫斯基一伙占据并重建了雅克萨城后，便以这里为据点，招兵买马，四处烧杀抢掠，在中国黑龙江流域大肆进行侵略活动。从此，沙俄侵略者卷土重来。他们同过去的哈巴罗夫等入侵者一样，抓当地居民充当人质，然后以人质做抵押，勒取貂皮；他们对每个人质，每年勒取貂皮 50 张。③

切尔尼戈夫斯基一伙侵略者以雅克萨城为基地，不断扩大侵略规模，甚至窜入嫩江流域策动索伦部头人根特木尔等人背叛中国而投靠沙俄。根特木尔原来居住尼布楚河一带，顺治十年（1653），因哥萨克的侵扰，徙居黑龙江南依诺敏河畔，受封为佐领。在任官 15 年后，他受俄人引诱，率领 2 佐领及宗族等 40 余人逃往尼布楚，投奔沙俄，并向俄官交纳每人 3

---

①　［俄］尼·彼·克拉金：《阿尔巴津要塞——论 17 世纪沙俄东北部的防御建筑》，《西伯利亚研究》1994 年第 5 期。1 俄丈 = 3 俄尺 = 2.13 米，1 俄尺 ≈ 0.71 米。

②　［俄］瓦西里·帕尔申：《外贝加尔纪行》（中译本）第 106 页，商务印书馆，1976。

③　《涅尔琴斯克军政长官达·达·阿尔申斯基为满洲使者沙兰岱一行到达涅尔琴斯克事呈西伯利亚衙门的报告》（不早于俄历 1669 年 12 月 10 日），《十七世纪俄中关系》第一卷（中译本）第 399 页。

张貂皮的实物税。①

切尔尼戈夫斯基一伙本来是沙俄的杀人逃犯，罪恶深重，但由于在中国黑龙江地区侵略有功而得到沙皇的赦免和重用。1667 年（康熙六年），切尔尼戈夫斯基等开始把从中国达斡尔等族手中抢来的貂皮当作征收的实物税，送往尼布楚督军托尔布津处，企图让沙俄政府承认他们抢夺行为是为了本国的利益，并对他们加以保护。② 1671 年（康熙十年），切尔尼戈夫斯基等人为求得沙皇赦免，写了一份由 101 人签名的请罪书，送到尼布楚。督军阿尔申斯基收阅后，立即写了奏疏，派切尔尼戈夫斯基的同伙伊瓦什科·佩列列申和亚尔科·特沃罗戈夫赴莫斯科呈递。1672 年（康熙十一年）3 月，切尔尼戈夫斯基的同党佩列列申等，携带督军阿尔申斯基的奏疏及他们 101 人的请罪书到达莫斯科，沙俄政府对此大伤脑筋。他们感到切尔尼戈夫斯基等人曾聚众抢劫，杀死官吏，罪行累累，如不惩治，深恐他人效尤；但又觉得这些人为沙俄占地收税，功绩很大，不忍处刑。经过一番苦思，莫斯科方面终于想出一条妙法。先于 3 月 25 日由沙皇颁谕：尼基弗尔·切尔尼戈夫斯基及其子等 17 人"因叛逆罪被判死刑"；另 46 人在凶杀后中途投贼，并劫掠商人、猎户，"应予严惩，判以笞刑，并断手一只"。3 月 27 日，沙皇又宣布因庆祝他的命名日，赦免切尔尼戈夫斯基等人的死刑和其他人的刑罚；并"令其驻守阿尔巴津堡"，赏给他们饷银 2000 卢布。从此，这些杀人越货的匪徒，经过沙皇批准成了沙俄的正规军。③ 此后不久，切尔尼戈夫斯基这个杀人犯竟被任命为"雅克萨城督军"。在沙俄政府的支持下，侵入黑龙江流域的沙俄军队更加肆无忌惮地四处抢掠。1675 年（康熙十四年）3 月，沙俄雅克萨城督军切尔尼戈夫

---

① 民国《黑龙江志稿》卷五四。又参见《涅尔琴斯克军政长官达·达·阿尔申斯基就满洲使者沙兰岱一行到达涅尔琴斯克以及派遣涅尔琴斯克哥萨克十人长伊·米洛瓦诺夫赴清帝国等事呈西伯利亚衙门的报告》（不早于俄历 1670 年 5 月），见《十七世纪俄中关系》第一卷（中译本）第 408 页。

② ［俄］瓦西里·帕尔申：《外贝加尔纪行》第一卷（中译本）第 108 页。

③ Грамота Красноярскому воеводе Дмитрию Корсакову о принятии в пешую стрелецкую службу детей Никифора Черниговского（19 апреля 1680）.（就将尼基弗尔·切尔尼戈夫斯基的儿子们编入步兵火枪队服役一事给克拉斯诺亚尔斯克督军德米特里·科尔萨科夫的敕令）// Дополнения к Актам Историческим, Собр. и изд. Археографической Комиссией, т. 8. с. 275 – 276.

斯基就带领 300 名军役人员和猎人，窜到甘河一带劫掠。①

沙俄侵略者的四处扩张，遭到中国军民的坚决反击。康熙三年（1664）四月，镇守宁古塔等处将军巴海，侦知哥萨克又窜入黑龙江下游赫哲、费雅喀人居住的地区骚扰，决定出兵征伐。巴海率兵由松花江顺流而下，闯入黑龙江，至恒滚河口黑喇苏密附近与敌人遭遇，展开激战，将入侵的哥萨克击败。② 史载：康熙四年（1665），"罗刹入索伦部，取貂皮，淫妇女。将军巴海袭而歼之"③。

2. 圣祖决策反击沙俄

沙俄侵略者对黑龙江流域的入侵及扩张，早已引起圣祖的注意，但由于忙于平定吴三桂等"三藩之乱"和统一全国的战争，清政府也无暇顾及东北地区的边疆危机。

到康熙初年，农民军和南明等抗清力量均失败了，但以平西王吴三桂为首的包括平南王尚可喜、靖南王耿精忠等三藩势力已经形成，对清王朝统治构成潜在威胁。康熙十二年（1673）春，圣祖决定撤藩。吴三桂首先在云南发动叛乱，尚、耿二藩随后响应，从康熙十二年至二十年（1673—1681），经过 8 年的战争，清朝才平定了这场三藩之乱。随后，清王朝又进行了统一台湾的战争。

在清政府无暇北顾的情况下，面对沙俄的侵扰，圣祖一方面通过外交途径传信给沙皇和西伯利亚地方官员，就沙俄侵略的不断升级向沙俄政府

---

① Отписка Енисейского воеводы Михаила Приклонского о походе Албазинского прикащика Никифора Черниговского в Китайские улусы на Гань реку (После 19 июля 1675). （叶尼塞斯克督军米哈伊尔·普里克隆斯基关于阿尔巴津堡总督尼基弗尔·切尔尼戈夫斯基发兵征讨甘河一带的中国村寨一事的奏折）// *Дополнения к Актам Историческим, Собр. и изд. Археографической Комиссией, т.* 6. с. 396.

② 刘民声、孟宪章：《十七世纪沙俄侵略黑龙江流域编年史》第 103 页。

③ 〔清〕何秋涛：《朔方备乘》卷二。

提出抗议和警告，希望借此阻止沙俄对黑龙江地区的入侵；另一方面，圣祖也开始进行反击沙俄侵略的准备。他谕令宁古塔将军巴海："罗刹虽云投诚，尤当加意防御，操练士马，整备器械，毋堕狡计。"① 尽管清政府多次提出抗议和警告，但沙俄政府对其侵略行径不仅不加收敛，反而变本加厉。沙俄政府一方面任命富有侵略战争经验的托尔布津为雅克萨城督军，负责指挥黑龙江流域的侵略军；另一方面调派由拜顿指挥的600人正规兵团增援雅克萨。沙俄侵略者"肆掠黑龙江边境，又侵入净溪里乌剌（精奇里江）诸处，筑室盘踞，上（圣祖）命大理寺卿明爱等，谕令撤回，犹迁延不去，而恃雅克萨城为巢穴，于其四旁耕种渔猎，数扰索伦、赫哲、飞牙喀、奇勒尔居民，掠夺人口"②。

尽管如此，圣祖仍然希望通过和平谈判的方式来解决中俄两国之间的争端。"中国于1681年和1682年两次派遣使臣前往尼布楚要求会谈，同时派人赴阿尔巴津投书，谴责该地俄人的残暴行为，要求他们撤回本国。每逢沙俄人被俘，中国人总是友善地对待他们，并把他们遣送回去，有时还让他们捎上致俄方的函件。然而，无论是这些善意的行为，多次的要求，或者是致莫斯科的信件，都没有产生令人满意的效果。"③

清政府为阻止沙俄对黑龙江流域的侵略做出了外交努力，但沙俄侵略者依然我行我素。因此，圣祖在平定三藩之乱后开始筹划派遣军队进攻雅克萨，以武力驱逐占据该地的沙俄侵略者。

3. 备战与创建黑龙江将军衙门

康熙二十年（1681），经过长达8年之久的战争，清政府终于平定了

---

① 《清圣祖仁皇帝实录》卷三七，康熙十年十月壬辰。
② 《清圣祖仁皇帝实录》卷一〇四，康熙二十一年八月庚寅。
③ ［美］弗·阿·哥尔德：《沙俄在太平洋上的扩张：1641—1850》（中译本）第37页。

三、雅克萨自卫反击战

"三藩之乱"。康熙二十一年（1682），圣祖再次以祭拜祖陵的名义，出关巡视东北。与上次出关相比，此番巡视远至宁古塔将军驻地吉林乌拉城（今吉林省吉林市），并且安排更为精心，事先密谕官员将自兴京（赫图阿拉）通往吉林乌拉的道路详细查看并绘成地图，送至北京。圣祖的真正目的是部署反击沙俄的军事行动，所以他才要亲临宁古塔将军驻地，以便规划日后安排。圣祖返京后，立即派八旗副都统郎谈（也作郎坦）等将领，以捕鹿为名前往雅克萨周围侦察沙俄的守城情形。是年八月，郎谈率部下从北京出发，十二月完成侦察任务返回。回京后，他根据所掌握的情况向康熙"上平罗刹之策"，提出"雅克萨可下，罗刹可破"[①]。

康熙二十二年（1683），福建水师提督施琅率师平定澎湖、台湾。至此，清朝完成了统一全国的大业，可以全力对付沙俄对中国东北的入侵。而且此时东北驻防的八旗兵规模已经接近1万人，仅宁古塔和吉林乌拉2城的满洲八旗兵就已超过3000人，完全具备了驱逐沙俄侵略军的条件。

圣祖在进行雅克萨之战的准备过程中，充分认识到劳师远征中后勤供应的重要性。因此，在从盛京、吉林、宁古塔等地将粮食等军备物资运往黑龙江上游的同时，圣祖决定在黑龙江上游地区择地筑城，派兵驻守屯垦。当时宁古塔将军远离黑龙江抗俄战争前线，不便对这里的军民进行指挥和管理，因而设立一个同级别的八旗驻防将军也成为当务之急。这样，一方面可以领导军民筑城屯垦，使黑龙江沿岸肥沃的土地得到开发，保证驻防军队的粮食供应；另一方面也便于在这些地方长期派兵驻守，保障黑龙江上游地区的安全。因此，圣祖在雅克萨战争之前，就调派宁古塔副都统萨布素前往黑龙江中游地区建城屯田，永戍黑龙江。于是萨布素率2000多官兵修筑瑷珲城（旧城，今位于俄罗斯境内），与沙俄形成对峙之势，待时机成熟发动总攻，这也为黑龙江将军的设置奠定了基础。

与此同时，为了加强与抗俄前线的联系，清政府在东北地区还修建了很多驿路和驿站，如在吉林至瑷珲之间设置了19个驿站，由当地的蒙古、达斡尔、索伦等族承担驿站牲畜的饲料供应和器械修理。同时，将参与三藩之乱的吴三桂旧部发配到东北，在齐齐哈尔等地的驿站充当驿站卒，负责前线与内地的联络和军事物资的运输。

---

① 乾隆《钦定八旗通志》卷一五三。

为了反击沙俄对黑龙江的入侵,以及加强对黑龙江地区各民族的管理,康熙二十二年(1683)十月二十五日,圣祖根据兵部提名,补授萨布素为镇守瑷珲等处将军,礼部侍郎温岱为左翼副都统,给事中雅齐纳为右翼副都统。① 镇守瑷珲等处将军即后来的黑龙江将军,他所率领的军队也成为黑龙江最早的驻防军。黑龙江将军之下,又设副都统2员,协领、骁骑校各24员,防御8员,满洲兵1000名,索伦达斡尔兵500名,驻于黑龙江。由此,清政府于黑龙江初设将军、副都统辖之。② 黑龙江将军设立后,清政府将原由宁古塔将军管辖的恒滚河上源支流哈达乌喇河、黑龙江北岸的毕占河以及东流松花江等河流以西的地方划归黑龙江将军管辖。

为了掌握雅克萨城俄军的情况,驻瑷珲城的清军统帅还派人前往雅克萨城进行侦查。康熙二十三年(1684)二月十五日,清军统帅派遣达斡尔副总管乌木布尔代、牛录章京罗尔本及贤能随从男丁15名,秘密埋伏在雅克萨城附近的高山密林之中,负责捉拿出城砍柴割草的俄国人,并查明雅克萨城及周围情况。达斡尔族副头目倍勒儿,曾经两次奉命率族人秘密潜入雅克萨城侦察俄军驻防情况,出色地完成了任务。同年夏,倍勒儿等在雅克萨城附近侦探该城俄军布防情形时,路遇俄军巡逻队,他们机智勇敢,"杀其二人,生擒一人",使清军完全了解了雅克萨城俄军的布防情况。③

4. 第一次雅克萨战争

康熙二十四年(1685)正月,圣祖命令黑龙江前线的都统彭春、副都统郎谈及首任黑龙江将军萨布素率领集结于此的八旗官兵及夫役等共计4000余人,携带火炮和刀矛、盾牌等武器,从瑷珲出发,水陆并进,沿

---

① 《康熙起居注》,康熙二十二年癸亥十月二十五日。
② 《清朝文献通考》卷二七。
③ 〔清〕佚名:《平定罗刹方略》卷二。

三、雅克萨自卫反击战

黑龙江顺江而上，向俄军盘踞的雅克萨城进军。参战部队主要是"自吉林宁古塔调来二千人，自北京调来上三旗一百七十多人，自山东调来官兵五百多人，自福建调来藤牌兵三百余人，又征当地索伦兵五百人，配备有船只火炮，包括夫役在内总计四千人左右"①。这些官兵分别来自北京、山东、山西、河南、福建、盛京、吉林等地，其中来自宁古塔等黑龙江地区的官兵及当地索伦兵至少有3500人，占参战官兵的大半。当时黑龙江地区的军队主要集中在东部的宁古塔，军队的成员主要有满洲、汉军和新满洲，同时还有由中原发配来的汉族流人组成的水师营。其中满洲及汉军旗人是从盛京等地迁入的，新满洲则主要是由黑龙江下游等地被招抚编入八旗的赫哲、费雅喀、鄂伦春等士卒组成。清政府还将"先流徙宁古塔、乌喇罪人，俱入兵数发往"前线。② 如在宁古塔，"流人除旗下及年逾六旬者，一概当役；选二百服水性者为水军，习水战"，"山阴祁奕喜、李兼汝、杨友声；宜兴陈卫玉、苏州杨骏声，同牟伍谋公皆当水手，以二月十一日往乌喇"。③ 在黑龙江西部地区，清政府"于杜尔伯特、扎赉特派兵五百人，并索伦兵"一起参战。④ 由此可见，在参战的清军中，黑龙江地区的满洲、汉、蒙古、达斡尔、索伦、鄂伦春、赫哲、费雅喀等族官兵占有极大比例。他们能骑善射、作战勇猛，是围攻雅克萨城堡的中坚力量。

四月初九日，副都统玛喇派去雅克萨侦察的达斡尔副头目倍勒儿等擒获了7名沙俄兵而归，使清军了解了雅克萨当地的情况。五月二十日，清军领兵统帅彭春等率领大军到达杭屋莫（在今黑龙江省富裕县盘古河注入黑龙江处）。遵照圣祖的谕令，派遣沙俄战俘费奥多尔等3人，携带咨文先去雅克萨城递送。咨文要求俄军退出雅克萨城，并交回中国叛逃之人根特木尔。俄雅克萨城督军托尔布津收到咨文后，拒不接受警告，一面派人向尼布楚督军和叶尼塞斯克督军求援，一面组织雅克萨城内所有人员准备固守顽抗。

---

① 傅孙铭等编：《沙俄侵华史简编》第54页，吉林人民出版社，1982。
② 《清圣祖仁皇帝实录》卷一二二，康熙二十四年九月甲申。
③ 〔清〕吴振臣：《宁古塔纪略》，杨宾等著，周诚望等标注《龙江三纪》第234页，黑龙江人民出版社，1985。
④ 《清圣祖仁皇帝实录》卷一二〇，康熙二十四年四月乙未。

保卫东北边疆之战

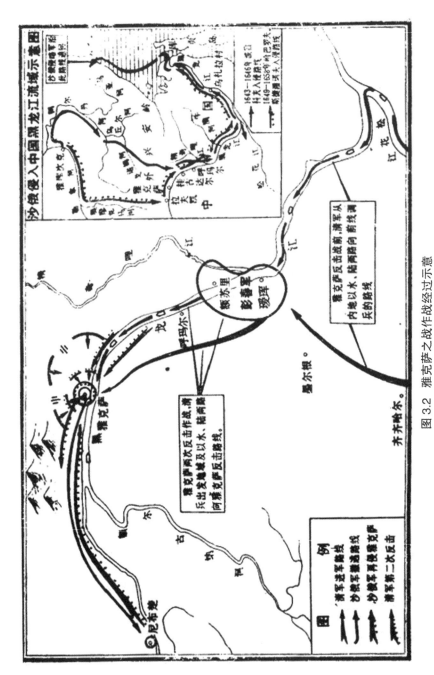

图 3.2 雅克萨之战作战经过示意

（图片来源：刘毅政《中俄雅克萨战争史》第 116 页，黑龙江人民出版社，1991）

三、雅克萨自卫反击战

五月二十二日,清军进抵雅克萨城下。领兵都统彭春等再一次向托尔布津宣谕圣祖好生不杀之意,劝其放下武器,撤离雅克萨城。当时雅克萨城内有近1000人,其中沙俄正规军450人,武器有炮3门、鸟枪300支。托尔布津虽然内心害怕,但自恃雅克萨城城防坚固,拒不接受劝告,并"出言不逊",据城顽抗。①

在劝说不成的情况下,彭春同郎谈、关保、班达尔沙等巡视雅克萨城周围,观察地形,研究并进行了作战部署。五月二十三日,清军水陆兵分别在江上和陆地列营布阵,完成了对雅克萨城的包围。清军的部署是:副都统雅钦、营门校尉胡布诺"于城南进兵,设挡牌、土垒,施放弓弩,作欲攻之势";副都统温岱、护军参领瓦哈纳、汉军提督刘兆奇等率部"潜进红衣炮于城北攻之";护军参领博里秋、营门校尉乌沙、绿营左都督何佑"于两翼放神威将军炮夹攻之";副都统雅齐纳、镇守达斡尔提督白克"进战船于城东南,以备水战",防止敌人从江上出击。②

五月二十四日,天蒙蒙亮,有俄兵40余人,从黑龙江上游乘木筏悄悄来到雅克萨城附近,想冲入城内。清军护军参领雅勒泰等早有防备,立即率兵驾船将其截住,劝他们投降。俄兵不听劝说,并"持兵器来犯"。清军遂"直跃上筏,格杀三十余人,掳其子女十五人,纤筏而还"③。当晚,清军开始向雅克萨城发动全面进攻。雅克萨城周围,清军炮矢齐发,一时间,杀声阵阵,炮声隆隆。俄军据城顽抗,几次派兵出城突围,都被清军击退。经过1夜激战,雅克萨城受到重创,城楼被击毁,城中的教堂、钟楼、店铺、粮仓等多处起火。战斗进行到五月二十五日上午,雅克萨城还是没有攻下来。雅克萨城是以圆木围成的,都统彭春等决定采取火攻,烧毁城墙,于是下令清军在"城下三面积柴,将焚城"④。

在清军的沉重打击下,俄军伤亡惨重,惶恐不安,已失斗志。托尔布津无计可施,在部下的乞求下,只得派人到清军阵前乞降。清军将领经过商议,决定接受其投降。托尔布津率残部到清军阵前,向彭春、萨布素等投降,并释放了被他们掳去的索伦、巴尔虎等族男妇160余口。彭春等对

---

① 乾隆《钦定八旗通志》卷一五三。
② 乾隆《钦定八旗通志》卷一五三。
③ 乾隆《钦定八旗通志》卷一五三。
④ 乾隆《钦定八旗通志》卷一五三。

托尔布津等的侵略行为加以训诫。托尔布津等痛哭流涕,感谢清军的不杀之恩,并发誓不再入侵中国。清军统帅宽大为怀,允许被围在城内的所有俄国兵民,携其器物,撤回俄国。当时有瓦西里等 45 人,不愿归去,请求留在中国,彭春等准其所请。托尔布津率领剩余 600 余名俄国军民,由清副都统班达里沙、温岱等,率兵押送至额尔古纳河口后,令其自回。清军烧毁了雅克萨城堡,然后班师回到瑷珲。历时 3 天的中俄第一次雅克萨之战,至此以清军的胜利而告终。

图 3.3 雅克萨之战

5. 第二次雅克萨战争

第一次雅克萨之战胜利后,清军只烧毁了雅克萨城堡,却没有在雅克萨城一带留驻军队进行防守,甚至连雅克萨城附近的庄稼都没有收割。这是一个非常严重的战略错误,致使已经退到尼布楚的沙俄侵略军有机会卷土重来。就在清军撤走后不久,康熙二十四年(1685)六月二十四日,沙俄尼布楚督军伊凡·弗拉索夫在听取了由雅克萨城败退回来的托尔布津的汇报后,派遣哥萨克十人长亚库什卡·捷里增率领 70 人,乘船前往雅克萨城一带侦察。

七月十八日,到雅克萨城一带侦察情况的十人长捷里增等回到尼布

三、雅克萨自卫反击战

楚。他向督军弗拉索夫报告说,中国军队已经撤兵回瑷珲,雅克萨城及其所属各村庄被烧毁,但附近的庄稼却完好无损。弗拉索夫见有机可乘,大喜过望,决意重新侵占雅克萨城。他派遣新到尼布楚城的小贵族阿法纳西·拜顿率领198名军役人员,轻装前往雅克萨城,保护尚未收割的庄稼。接着,他又派遣托尔布津率领原有军役人员123人及新征兵员193人,"火速前往阿尔巴津旧址","不得稍有拖延";到达后要"构筑一个小堡垒","及时收割庄稼","并应派人巡逻放哨"。①

八月八日,托尔布津率领旧部及增援的哥萨克又一次侵入雅克萨城。他们收割了附近的庄稼,不久又在原址修建了一座更为坚固的土城城堡,准备长期固守。

康熙二十五年(1686)正月十九日,黑龙江将军萨布素奏报:"骁骑校硕格色等往探罗刹情形,至旁卧地方,因人少马疲,未抵雅克萨而还。途遇奇勒尔勤定吉尔云:罗刹复来雅克萨,筑城盘踞。臣请于冰消时,督修船舰,亲率官兵,相机进剿。"圣祖认为:"萨布素所奏,乃传闻之言,并非遣人亲抵雅克萨侦取确音,不便遽尔用兵"。为此,"令萨布素及理藩院郎中满丕等,确探情形以闻"②。

二月十三日,理藩院郎中满丕奏报,沙俄人于去年复至雅克萨城,并依旧址筑土城,屯粮固守。圣祖得知沙俄侵略者重返雅克萨城后,立即决定再次出兵反击。圣祖向黑龙江将军萨布素等发出谕旨:"今罗刹复回雅克萨,筑城盘踞,若不速行扑剿,势必积粮坚守,图之不易。其令将军萨布素等,姑停迁移家口,如前所请,速修船舰,统领乌喇、宁古塔官兵,驰赴黑龙江城。至日,酌留盛京兵镇守,止率所部二千人,攻取雅克萨城,并量选候补官员及见在八旗汉军内福建藤牌兵四百人,令建义侯林兴珠率往。"③

五月初三日,清军开抵黑龙江。十四日,清军行至门第茵。将领萨布

---

① Отписка Нерчинского воеводы Ивана Власова Енисейскому воеводе князь Щербатов о вестях про Китайцев о принятыч им мерах по возобновлению Албазина. (涅尔琴斯克督军伊万·弗拉索夫关于中国人围困和攻克阿尔巴津堡的消息致叶尼塞斯克督军谢尔巴托夫公爵的复文) // Дополнения к Актам Историческим, Собр. и изд. Археографической Комиссией, т. 12. с. 112 – 114.

② 《清圣祖仁皇帝实录》卷一二四,康熙二十五年一月丙申。
③ 《清圣祖仁皇帝实录》卷一二四,康熙二十五年一月丙申。

素、郎谈、班达尔沙、玛喇、关保等召开军事会议，决定："自厄尔合河水陆分兵，进攻雅克萨城。"①

五月二十八日，清水陆大军齐集查克丹地方，接近雅克萨城。在距雅克萨城10余里处，萨布素派沙俄俘虏奥克先卡·费奥多罗夫前往雅克萨城送信，劝说沙俄侵略者投降并撤离雅克萨城。这封信送到雅克萨城以后，俄军头目托尔布津不听劝告，不仅拒不撤离雅克萨城，还派人出城，于城壕边施放铳炮，遥击清军。郎谈率护军参领马世基等立即架起龙炮还击，城壕边的俄军招架不住，仓皇退入城内。清军水陆并进，包围了雅克萨城。

六月初一日，为防止尼布楚方面俄军的增援，郎谈派水军绕过雅克萨城堡，逆流经河岔在靠近雅克萨城的黑龙江上流两岸驻扎。清军架起大炮，自四面八方攻击雅克萨城。郎谈夜间率众兵于雅克萨城北以红衣炮攻城，副都统班达尔沙、雅钦等由城南率兵攻城。雅克萨城俄军出城反攻，被班达尔沙等击退。清军"遂直逼城下，自夜攻至旦，城坚不能下"②。

六月初八日，郎谈于夜间率温代、白克、边武礼、殷达浑、领藤牌军绿旗官杨士茂等，往雅克萨城南攻取土阜，遇敌伏兵，又击败之。清军即于土阜处设伏兵固守。初九日，郎谈又在夜间率兵至江边，逼近雅克萨城下筑垒，俄军于城上以铳炮射击，守护其地。清军以炮、矢仰攻1夜，于城下筑垒，设伏兵3处。

六月初十日，雅克萨城俄军乘大雾，派兵出城争夺城外土阜，清军伏兵齐起，击退俄军。六月十二日，沙俄雅克萨守军，乘雾再次出战，被清军击退。郎谈认为"若不断其水道，则持久难为力"，于是"率副都统班达尔沙，进兵贼城，掘长堑，立土垒以困之"。俄军发觉，恐失水道，拼命来争，鏖战4昼夜，堑垒修成，设兵严守。③在这次激战中，托尔布津被清军炮火击伤双腿后死去。

七月初八日，雅克萨城俄军出城，企图夺取城北的清军炮台，被守炮台的清军击败，并生擒2人。俄军遭此败仗后，不再出战。于是清军"合

---

① 乾隆《钦定八旗通志》卷一五三。
② 乾隆《钦定八旗通志》卷一五三。
③ 乾隆《钦定八旗通志》卷一五三。

三、雅克萨自卫反击战

水陆军，周城作长围困之"。①

在清军围攻雅克萨城的过程中，黑龙江地区各族人民积极参战，给沙俄侵略军以沉重打击。当清军开赴黑龙江准备收复雅克萨的消息传出后，长期受沙俄侵略者侵扰的黑龙江地区各族人民受到极大鼓舞，他们纷纷起来袭击沙俄侵略军，配合清军作战。居住在贝加尔湖以东地区的蒙古人在雅克萨战争前后，经常袭击俄军的城堡和据点，牵制了俄军的大量兵力。俄军首领拜顿在率领沙俄侵略军支援雅克萨城的途中，就经常遭到布里亚特蒙古人的袭击和阻拦，因而不能及时赶到雅克萨城。蒙古人的袭击行动，给围攻雅克萨城的清军以极大的支援。黑龙江流域的索伦、鄂伦春、达斡尔、赫哲、费雅喀等族人民，也积极配合清军，打击窜扰的沙俄侵略者。康熙二十二年（1683）六月，索伦总管博克等率达斡尔、索伦等族官兵在精奇里江遇上一股俄军，俘获了30余人。② 据守在西林穆丹斯克的哥萨克闻讯后慌忙逃跑，当地的索伦、鄂伦春人"中途袭击了哥萨克，打了他们个措手不及，结果有15人被打死，人质也被他们夺回，剩下的哥萨克抛弃了雪橇，四散逃命"。③ 同年，黑龙江将军萨布素等向圣祖疏报："牛满河之奇勒尔奚鲁噶奴等，杀十余罗刹，携妻子来归。鄂伦春之朱尔坚格等，于净溪里乌喇杀五罗刹，并获鸟枪来报。又闻飞牙喀三人，击罗刹甚众"。④ 康熙二十三年（1684）正月，来自牛满河和鄂霍次克海的2股沙俄侵略军侵入恒滚河一带烧杀抢掠，遭到当地费雅喀、赫哲、鄂伦春人的围攻。俄军退守河洲进行顽抗。黑龙江将军萨布素闻讯后，立即派夸兰大等率兵300人，以费雅喀人噶克当阿为向导，于"正月十一日抵罗刹地方，遣宜番等造其居，开谕之，先取其鸟枪二十具，并鄂罗春留质之子三人，招抚罗刹米海罗等二十一人"。⑤ 正是黑龙江各族或自发或配合清军围歼小股俄军的一系列战斗，使黑龙江地区的沙俄侵略军除了雅克萨城一处据点还存在外，其余在黑龙江下游及其支流的据点都被摧毁了。清军于是集中全力围攻雅克萨城，让被困俄军陷入孤立无援的境地。与此同

---

① 乾隆《钦定八旗通志》卷一五三。
② 《清圣祖仁皇帝实录》卷一一一，康熙二十二年七月戊戌。
③ ［苏］谢·弗·巴赫鲁申：《哥萨克在黑龙江上》（中译本）第60页。
④ 《清圣祖仁皇帝实录》卷一一三，康熙二十二年十一月癸未。
⑤ 《清圣祖仁皇帝实录》卷一一四，康熙二十二年正月乙酉，二月辛酉。

时，黑龙江各族人民也积极参加围攻雅克萨城的战斗。他们从四面八方赶来助战，"许多通古斯人（指索伦、鄂伦春等族）从邻近各地来参加中国军队。事实证明他们是一些可怕的弓箭手"①。

托尔布津死后，被围困在雅克萨城的哥萨克由新头目拜顿率领。他一面死守雅克萨城，一面派人赶往尼布楚报告情况，请求增援。由于雅克萨城防坚固，清军只有大炮、刀矛、弓箭等武器，俄军不仅有火炮，还普遍使用火枪及手榴弹，清军一时难以攻破，便采取掘筑壕堑长期围攻的战术。经过清军的长期围困，沙俄侵略军死伤惨重，缺衣少食，饥寒交迫。到康熙二十六年（1687）春天，盘踞并固守雅克萨城的826名沙俄侵略军，已经有670多人被击毙或病死，剩下150余人还在不断死亡，最后"惟余二十余人，亦皆羸病"②。在中国军民的打击之下，沙俄侵略军"已经根本谈不上继续实行抵抗"③。在这种情况下，沙俄政府不得不派遣使臣与清朝和谈，乞求清军解除雅克萨之围。圣祖同意了沙俄的请求，撤除了雅克萨之围，清军取得了第二次雅克萨之战的彻底胜利。

6. 中俄《尼布楚条约》的签订

当中国军队围攻收复雅克萨城的时候，沙俄政府正处于内忧外困、焦头烂额之中。当时沙俄国内各种矛盾异常尖锐，统治集团内部勾心斗角，下层人民的反抗斗争也十分激烈，政治局势动荡不安。为转嫁国内矛盾，沙俄积极推行领土扩张政策，一方面出兵夺取瑞典在波罗的海沿岸领土，另一方面又派军队从奥斯曼土耳其支持的克里米亚汗国手中夺取黑海沿岸领土。在这种情况下，沙俄政府根本就派不出大量军队到中国黑龙江进行

---

① ［英］拉文斯坦：《俄国人在黑龙江》（中译本）第44页，商务印书馆，1974。
② 乾隆《钦定八旗通志》卷一五三。另，瓦西里耶夫《外贝加尔哥萨克》记载为66人存活，见该书第一卷（中译本）第263页。
③ ［苏］谢·弗·巴赫鲁申：《哥萨克在黑龙江上》（中译本）第69页。

三、雅克萨自卫反击战

增援。因此,沙皇不得不接受中国皇帝曾多次提出的和平谈判建议,于康熙二十五年(1686)急派使臣来到北京,宣称沙俄政府已派费奥多尔·阿列克谢耶维奇·戈洛文(Ф. Л. Головин, 1650—1706)为全权大使,与中国举行两国边界谈判,请求清政府停止围攻雅克萨城,"撤雅克萨之围"①。

康熙二十五年(1686),沙皇伊凡五世和彼得一世以及摄政公主索菲娅②正式下达谕令,任命侍臣戈洛文为全权大使、御前大臣、勃良斯克总督,率领使团前往西伯利亚色楞格斯克寨,同中国使臣进行谈判。同时任命尼布楚督军伊凡·弗拉索夫和叶尼塞斯克秘书官伊凡·尤金为全权大使的助理。随同这个使团前往西伯利亚色楞格斯克寨的还有5名贵族和拉丁文翻译、贵族安德烈·别洛鲍茨基,以及3名书吏。西伯利亚衙门还决定派出2名上校、1名中校和5名大尉,并调集西伯利亚各城市军役人员1400人护送使团。③

康熙二十七年(1688年)五月,清政府也派出使团前往谈判地。"这个使团是清朝开国以来,甚至也是中国有史以来第一次正式派出的并有权签约的谈判使团",圣祖十分重视,亲自指派领侍卫内大臣索额图、都统公国舅佟国纲及尚书阿喇尼、左都御使马齐、护军统领玛喇等,"往主其议"。④ 随行人员包括1000名骑兵和六七十名官员。由于发生准噶尔部噶尔丹叛乱,清使团途中为噶尔丹部叛军所阻,只得折返。清政府派人通知戈洛文,说明使团阻于战火,不能前来,建议第二年再举行谈判。双方经过协商,决定将中俄谈判的地点定在尼布楚附近。尼布楚位于贝加尔湖以东,石勒喀河支流尼布楚河河口附近,由尼布楚河得名,史书中亦作"尼布潮""尼布抽"等,原为中国蒙古人茂明安等部游牧区。清初,沙俄侵入其地,建立据点,改称"涅尔琴斯克",这是黑龙江中上游一带沙俄殖

---

① 康熙二十五年九月二十八日大学士明珠等为俄使呈递奏书仪式及撤围雅克萨事与文纽科夫交涉记事,《清代中俄关系档案史料选编》第一编第69页。
② 1682—1696年,沙俄因为权力斗争因素,立伊凡五世与彼得一世为共治沙皇,两沙皇的长姐索菲娅公主则担任摄政,直至1689年她被废黜后,彼得一世才开始亲政。
③ 《满人入侵阿穆尔河沿岸地区和1689年的尼布楚条约》,《十七世纪俄中关系》第二卷(中译本)第8页。
④ 黄定天:《中俄关系通史》第20页,黑龙江人民出版社,2007。

民势力的中心。

此时，沙俄政府在对外远征克里米亚汗国的战争彻底失败，同时又遭到国内贵族和商人普遍反对，社会矛盾激化，危机四伏。沙皇迫切希望早日同中国议和，因此又给戈洛文下达了第三道训令，提出了中俄谈判中两国分界的四种方案：①以黑龙江为界；②以雅克萨为界；③沙俄撤出雅克萨；④"必要时还可让步"。①

康熙二十八年（1689）四月二十四日，清谈判使团成员都统郎谈、黑龙江将军萨布素等率军由瑷珲乘船出发，前往尼布楚参加会谈。2天后，即四月二十六日，钦差大臣索额图、佟国纲等率谈判使团从北京出发，前往尼布楚。清政府第二次派遣使团与俄谈判，使团成员是领侍卫内大臣索额图、都统公佟国纲、黑龙江将军萨布素、护军统领玛喇、都统班达尔沙、理藩院侍郎温达以及耶稣会修士徐日升、张诚等。"随行的军士，除令萨布素率领黑龙江兵一千五百人，由水路赴尼布楚之外，还有北京八旗军士二千人。总计军中夫役及官员私仆，共有八千人之多。"②

当时，噶尔丹率叛军已经占领了喀尔喀地区，一场艰巨的平叛战争已迫在眉睫。为了避免清军同时与俄军、噶尔丹叛军作战，清政府希望迅速与俄缔结和约。因此，圣祖指示索额图："尔等初议时，仍当以尼布潮为界。彼使者若恳求尼布潮，可即以额尔古纳为界。"③ 由此可见，清政府调整了谈判方针，决定先以尼布楚为界，如俄方不同意，则让出尼布楚。

六月十日，清使团使者深图等到达尼布楚，会见了沙俄督军弗拉索夫。同日，清谈判使臣郎谈、萨布素等率军队由水路抵达尼布楚郊外。六月十五日，清钦差大臣索额图等率领使团到达尼布楚。但直到七月初四日，沙俄全权大使戈洛文才到达尼布楚城。中俄双方商定了谈判的时间和地点，并做了相应的准备。

七月初八日，中俄尼布楚谈判正式开始。"中俄双方各派二百五十人，只佩带马刀，各自守卫自己的使节帐篷。五百名沙俄人列队在涅尔琴斯克

---

① 《洛吉诺夫奉派携带几种条约方案前往北京》，《俄中两国外交文献汇编（1619—1792）》（中译本）第80页。

② 孙西、张维华：《清前期中俄关系》第102页，山东教育出版社，1997。

③ 《清圣祖仁皇帝实录》卷一四〇，康熙二十八年四月壬辰。

三、雅克萨自卫反击战

城外,五百名中国人站立在涅尔查河岸中国船只旁。"① 在当天的会议上,戈洛文漫天要价,提出以黑龙江为中俄边界,妄想占有中国黑龙江地区的大片领土。中国使臣索额图有理有据予以驳斥,痛斥俄军侵略中国领土的事实,指出黑龙江流域和贝加尔湖一带,早在元朝以前就已是中国领土。双方争执不下,没有达成一致,约定次日再议。第二天,戈洛文稍稍降低要价,提出以牛满河或精奇里江为界。索额图坚决反对,但也做了让步,表示可以把尼布楚让给沙俄。可是俄方对中方这一重大的领土让步仍不满足,竟一笑了之,双方不欢而散。由于俄方顽固坚持侵略立场,中俄会议被迫中断。

　　从七月十日到二十三日的整整半个月中,两国全权大臣一直没有会面。尼布楚谈判进入了会外谈判阶段,双方通过译员进行商谈。中方担任译员的耶稣会士徐日升、张诚便在中俄使团之间往返奔走,传达联络。中俄双方围绕着中俄边界线的具体划法、沙俄撤出雅克萨后如何处置该城、遣返俘虏和"逃人"、通商贸易、互派使节、如何签署条约、宣誓的誓词以及宣誓方式等问题进行谈判。中俄双方都有激烈争议,但是最终过两教士反复多次奔走于中俄两营地进行折冲周旋而获得了解决。"他们身着中国长袍、头戴中国帽,梳着中国式长辫,将头部周围剃光"②,并按中国习惯施礼。经过近半个月的谈判,中俄双方基本达成协议,一致同意在七月二十四日签订中俄第一个条约。

　　康熙二十八年(1689)七月二十四日,中俄两国正式签订《尼布楚条约》。晚六时许,在尼布楚城外举行中俄会谈最后一次会议。双方使臣都带有具有仪仗队性质的卫队,沙俄士兵又一次违反协议,偷带手榴弹到会。两国使臣以庄严、隆重的形式进入会场。出席这次会议的中国钦差大臣有领侍卫内大臣索额图、都统公佟国纲、都统郎谈、都统班达尔沙、黑龙江将军萨布素、护军统领玛喇、理藩院侍郎温达;沙俄使臣有御前大臣、勃良斯克总督戈洛文,尼布楚督军弗拉索夫,秘书官科尔尼茨基。会议开始后,两国译员分别宣读了各自缮写的条约文本,然后两国使臣分别在用自己文字写成的文本上盖章,并在拉丁文本上共同盖章,接着两国使

---

① [俄] А. П. 瓦西里耶夫:《外贝加尔的哥萨克(史纲)》第一卷(中译本)第275-276页。

② 《费·阿·戈洛文出使报告》,《十七世纪俄中关系》第二卷(中译本)第765页。

臣进行宣誓，并互换了条约文本，至此，中俄《尼布楚条约》正式签订。①

中俄《尼布楚条约》有中文、俄文、拉丁文3种文本，以拉丁文本为准，并勒石立碑。碑文用满、汉、俄、蒙、拉丁5种文字刻成。条约的拉丁文本之中文译本内容如下：

一、以流入黑龙江的绰尔纳河，即鞑靼语所称乌伦穆河附近之格尔必齐河为两国之界。格尔必齐河发源处为外兴安岭，此岭直达于海，亦为两国之界：凡岭南一带土地及流入黑龙江大小诸川，应归中国管辖。惟界于兴安岭与乌第河之间诸川流及土地应如何分划，今尚未决，此事须待两国使臣各归本国，详细查明之后，或遣专使，或用文牍，始能定之。又流入黑龙江之额尔古纳河亦为两国之界：河以南诸地尽属中国，河以北诸地尽属沙俄。凡在额尔古纳河南岸之墨里勒克河口诸房舍，应悉迁于北岸。

二、俄人在雅克萨所建城障，应即尽行除毁。俄民之居此者，应悉带其物用，尽数迁入俄境。两国猎户人等，不论因何事故，不得擅越已定边境。若有一二下贱之人，或因捕猎，或因盗窃，擅自越界者，立即械系，遣送各该国境内官吏，审知案情，当即依法处罚。若十数人越境相聚，或持械捕猎，或杀人劫掠，并须报闻两国皇帝，依罪处以死刑。既不以少数人犯禁而备战，更不以是而至流血。

三、此约订定以前所有一切事情，永作罢论。自两国永好已定之日起，嗣后有逃亡者，各不收纳，并应械系遣还。

四、现在俄民之在中国者或华民之在沙俄者，悉听如旧。

五、自和约已定之日起，凡两国人民持有护照者，俱得过界来往，并许其贸易互市。

六、和好已定，两国永敦睦谊，自来边境一切争执永予废除，倘各严守约章，争端无自而起。②

---

① 《费·阿·戈洛文出使报告》，《十七世纪俄中关系》第二卷（中译本）第580－599页。

② 《中外旧约章汇编》第一册第1－2页；满文文本见《清圣祖仁皇帝实录》卷一四三，康熙二十八年十二月丙子。

三、雅克萨自卫反击战

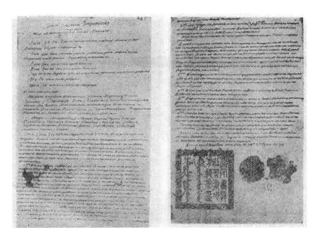

图 3.4 中方缮写的《尼布楚条约》正式拉丁文本

图 3.5 1689 年中俄《尼布楚条约》划定中俄边界示意图

（图片来源：《中国古代史地图册》第 29 页，中国地图出版社，1988）

中俄《尼布楚条约》是中俄两国经过谈判签订的第一个条约，是中国在领土上做了重大让步的结果。条约明确以格尔必齐河、额尔古纳河及外兴安岭作为中俄两国边界，从法律上肯定了外兴安岭以东以南的黑龙江流域、乌苏里江流域的广大地区都是中国领土。中国收回了被沙俄侵占的一部分领土，阻止了沙俄对黑龙江流域的进一步侵略，保证了东北地区疆域的安定和领土完整。沙俄则把中国让予的贝加尔湖以东尼布楚一带地方纳入了它的版图，把乌第河流域划为待议地区，并获得了商队到中国通商的权利。

四、战后东北的防俄军事体系

四、战后东北的防俄军事体系

清政府对于沙俄的武装入侵,始终采取坚决抵抗的态度,并积极将之落实。但是,东北因地理位置相对偏远,防备力量比较薄弱,又直接毗邻俄国国境,如何进行有效、长期的防御,并巩固东北边疆,成为清政府面临的一大难题。清政府在对这个问题的认识和实践上,经历了一个动态转化的过程。早在顺治时期,东北的抗俄斗争就已经开始,清政府与沙俄侵略者之间经过多次的较量,虽然取得了一些胜利,但沙俄侵略者往往不久又卷土重来。圣祖即位以后,中俄关系随即开始进入新的历史阶段。在圣祖对臣僚的话中就可见他对于东北抗俄的重视。"治国之道,期于久安长治,不可图一时之便","征罗刹之役,似非甚要,而所关最巨","朕亲政之后,即留意于此"。① 圣祖总结了顺治年间及之前东北抗俄斗争的经验和教训,对东北防情以及敌情都做了比较详细的了解和研究,待时机成熟后,决心谋求东北边疆的"久安长治"。

而谋求东北边疆的"久安长治"的方法,莫过于在东北建立严密的防备体系。雅克萨之战爆发后,清廷为之震动,强烈意识到了在东北建立防俄军事体系已然成为刻不容缓的事。因而,清政府在与沙俄交战的同时,即着手加快东北防俄军事体系的建设,如驿路、驿站的设立,瑷珲城的兴建和驻军屯田永戍等。

实际上,东北防俄军事体系成规模、成体系的布置,还是发生在雅克萨之战以后。战后,圣祖再三强调,雅克萨之战"今既告成功,防御断不可已"。于是,待东北局势稍缓和,清政府有大力布置防备的时间和精力,为了防止沙俄的再次入侵,开始着力布置东北的防俄军事体系,其中最为重要的是建筑城镇设官驻防、修建卡伦设官驻防和定期巡察边界等。

---

① 《清圣祖仁皇帝实录》卷一二一,康熙二十四年六月癸巳。

1. 建筑城镇设官驻防

雅克萨之战后,为了有效地防备沙俄再次入侵,圣祖对东北防务作出了明确的指示:"今虽与鄂罗斯和好,边界已定。但各省有官兵防例,应仍照前议,于墨尔根、黑龙江设官兵驻防。"① 于是采取了"建城永戍"的战略方针,在黑龙江上游沿岸建筑驻防城,并设官驻防。

中俄雅克萨之战前后,清政府设立了黑龙江将军,并在黑龙江流域修建驻防城,派兵驻守。在黑龙江将军辖区,康熙二十三年(1684),清政府修建了旧瑷珲城,次年修筑黑龙江城(新瑷珲城);康熙二十五年(1686),开始兴建墨尔根城;康熙三十年(1691),开始修筑齐齐哈尔城(卜魁城)。为了加强对南迁嫩江流域的达斡尔族等的管理,康熙三十年(1691),清政府在齐齐哈尔设置布特哈总管衙门,专门负责管辖打牲官兵。雍正十年(1732),清政府兴建呼伦贝尔城,设置呼伦贝尔统领(后来改为副都统衔总管),专门负责对额尔古纳河边界地区的防备。同年,在松花江北的呼兰设置官兵,实施驻防。在东部宁古塔将军辖区,除原有的宁古塔城、吉林乌拉城之外,清政府于康熙三十一年(1692)兴建伯都讷城,增设了伯都讷副都统。康熙五十三年(1717),在宁古塔东北,牡丹江与松花江交汇处设置了三姓协领,第二年(1718)兴建了三姓城;又在宁古塔东南,珲春河的东岸设置了珲春协领,兴建珲春城,并且在这些地方分别设置官兵,驻城防。从康熙二十三年到雍正十年,清政府先后在东北地区的黑龙江将军和宁古塔将军辖区兴建了10余座规模较大的驻防城镇,并设置官兵,分城驻防。

黑龙江城的建筑与驻防

黑龙江城又称瑷珲城,初为黑龙江将军驻地。康熙十三年(1674),

---

① 《清圣祖仁皇帝实录》卷一四三,康熙二十八年十二月丙子。

四、战后东北的防俄军事体系

清朝就在黑龙江左岸之精奇里江口建筑了瑷珲城（今在俄罗斯境内），派兵屯田。与此同时，出征雅克萨官兵及黑龙江驻守官兵的兵粮、饷械都囤积储备在瑷珲城，使瑷珲城作为清朝抗击沙俄入侵的前线基地，在抗俄斗争中发挥了重要作用。雅克萨之战爆发时，康熙二十一年（1682），圣祖曾命郎谈（坦）、彭春以猎鹿为名从瑷珲城出发，到雅克萨附近侦察当地的地理和军事情况。次年二月，郎谈等向圣祖回奏道，沙俄侵略者"久据雅克萨，恃有木城，若发兵三千，携红衣大炮二十具，即可攻取"①。圣祖虽当即表示认可，但仍提出更为保险的意见："据郎坦等奏，攻罗刹甚易，朕亦以为然。第兵非善事，宜暂停攻取。调马喇、宁古塔兵一千五百，置造船舰，发红衣炮鸟枪，及演戏之人，于黑龙江、呼玛尔二处，建立木城，与之对垒，相机举行。所需军粮，取诸科尔沁十旗，及席北乌喇之官屯，约可得一万二千石，可支三年。且我兵一至，即行耕种，不致匮乏"，并调索伦部设驿站，"接济牛羊"②。在这里，圣祖就做出了在黑龙江修筑城镇的战略决策。

康熙二十二年（1683），任命萨布素为镇守瑷珲等处将军（简称瑷珲将军，即黑龙江将军），负责黑龙江城的兴建。黑龙江城的兴建，最初选址并不是在瑷珲，而是在额苏里（今黑龙江省漠河市东北黑龙江南岸）。同年，圣祖"命将军巴海留镇乌喇，副都统萨布素等领兵移驻额苏里。先是令乌喇、宁古塔兵往驻瑷珲、呼玛尔……巴海等奏言，瑷珲、呼玛尔距离雅克萨城辽远，若驻兵两处，则势分道阻，难于防御……勘得瑷珲、呼玛尔之间的额苏里地方可以藏船且有田垄旧迹，宜建立木城。即令大兵建立木城于此驻扎……"③ 萨布素认为："额苏里地寒霜早，迁移官兵家属难以糊口"，并不适宜建筑城镇长期驻守。同时，郎谈、彭春也向圣祖奏陈："从瑷珲到雅克萨，舟楫可通，无险阻之患，两岸均可迁缆而行。从瑷珲至黑龙江和松阿里江汇合处，马行可半月程。从两岸会口至雅克萨城，马行可一月程，舟行逆流可三月程。舟行虽稍迟时日，凡军饷、重器皆可至于雅克萨城下。"④ 因此，圣祖决定在瑷珲修筑城池，命令首任黑

---

① 《清史稿》卷二八〇《郎坦传》。
② 《清圣祖仁皇帝实录》卷一〇六，康熙二十一年十二月庚子。
③ 〔清〕佚名：《平定罗刹方略》卷一。
④ 乾隆《钦定八旗通志》卷一五三。

龙江将军萨布素掌领宁古塔、吉林等地的八旗官兵 2000 余人开始兴建瑷珲城。由于人力不足，圣祖来又增派驻防盛京等地的八旗兵丁 600 余人前往黑龙江帮助建城。经过广大官兵的辛勤努力，到康熙二十三年（1684），瑷珲城竣工。

这次筑成的瑷珲城，方 940 步，门 5 扇。内城以草堡垒砌，两米多高，各城门置带车轮的大炮 2 门，城外环以 2 米多深的壕沟，沟外又围以 1 米多高，2 米多厚的木桩。① 据英国人拉文斯坦记载："它从前占地仅七英亩，以后扩大到十三英亩半，在城中央，有一座面积是二点七英亩的堡垒拱卫着这座城。城堡高十二到十八尺（残余的土墙依然可见，外围墙所围的面积是三十三英亩，而中央的方块是五英亩）。四周都是肥沃的土壤。满洲人在这里进行相当数额的贸易。"② "新建的城池，四周围以覆盖着草土块的土垒，高达一俄丈，土垒外是一俄丈深的环城壕。靠陆地一侧，设置了刺障，高可及腰，宽约三俄尺左右。"③

瑷珲城建成后，黑龙江将军衙门便设置于此，同时有 2000 名八旗官兵驻守。粮食、给养和武器则全部由吉林和宁古塔供给。

中俄雅克萨之战以后，黑龙江将军萨布素根据黑龙江上游地区的地理形势，认为瑷珲城地处黑龙江江东，与内地往来交通极不方便，因而奏请朝廷，建议在黑龙江南岸下游距瑷珲城 12 里远处另建新瑷珲城（今黑龙江省黑河市爱辉区瑷珲镇）。萨布素的建议得到朝廷的批准。康熙二十四年（1685）四月，黑龙江将军萨布素领着 1500 余驻守兵丁建造瑷珲新城。清政府对瑷珲新城的建造十分重视，特派奉天副都统穆泰等率所部兵丁会同黑龙江官兵修建瑷珲新城。瑷珲新城"由四月十一日始营造，六月二十五日竣工。城四周长一千三十度，内外俱立木桩，其间以土充填，城外掘双重水壕"。④ 瑷珲新城建成后，黑龙江将军、副都统等随后都移驻到新城，"艾（瑷）珲遂永为重镇"⑤。由此，瑷珲城就分为位于黑龙江左岸旧

---

① 顾丽华：《清代黑龙江将军的设置沿革及其社会功用》第 16 页，东北师范大学硕士论文，2004。
② ［英］拉文斯坦：《俄国人在黑龙江》（中译本）第 37 页。
③ ［苏］谢·弗·巴赫鲁申：《哥萨克在黑龙江上》（中译本）第 62 页。
④ 黑龙江将军衙门档案 1684 - 04 - 4 康熙二十三年兵部来文抄档。
⑤ ［清］方式济：《龙沙纪略·方隅》，杨宾等著，周诚望等标注《龙江三纪》第 183 页。

四、战后东北的防俄军事体系

瑷珲城和右岸的新瑷珲城,又因位于黑龙江沿岸,也被称为黑龙江城。据《盛京通志》记载:"新城内植松木为墙,中实土,高一丈八尺,周围一千三百步,门四。西南北三面,植木为廓,南一门,西北各二门,东临江,周围十里。"①

黑龙江城建筑完成后,除了作为黑龙江将军驻地,还设置了副都统2员,与将军同城。康熙二十九年(1690),黑龙江将军移驻墨尔根城,黑龙江城则由黑龙江副都统在此率兵驻守作为当地的最高的军事长官,他的主要职责就是秉承黑龙江将军之命,负责本辖区的军政、外交、旗务、地亩,并兼管民刑及黑龙江将军衙门责办的各项事宜。② 光绪二十六年(1900),中国爆发了义和团运动,沙俄在参加八国联军的同时,又单独出兵侵略中国东北。黑龙江城军民与进攻的沙俄军队展开激战,最终沙俄侵略军攻陷黑龙江城,洗劫并焚毁了这座边疆重镇。黑龙江副都统衙门被迫迁往齐齐哈尔城。光绪三十二年(1906)五月,清政府复建黑龙江城,黑龙江副都统衙门又由齐齐哈尔城迁回到黑龙江城。

墨尔根城的建筑与驻防

"墨尔根"为满语,翻译成汉语就是"聪慧、善射的猎人"。墨尔根城(今黑龙江省嫩江市),位于嫩江东部的墨尔根河南岸,因此得名。墨尔根城"南至齐齐哈尔城四百三十五里"③,东与蒙古,北与沙俄相距较近,交通便利,地理位置非常重要。

墨尔根城是清政府为抗击沙俄入侵、加强军事防御而修建的。康熙二十四年(1685年),随着第一次雅克萨之战的胜利,圣祖意识到在黑龙江西部地区建城驻防的重要性,因而"谕令大学士勒德宏、学士马尔图、图纳,同关保、郎坦等及议政王大臣,共同研究具奏,应于何地永驻官兵弹压"。"议政王大臣等议覆,查墨尔根地方最为紧要,应筑城设兵。令将军萨布素及副都统一员驻扎于此……上允行,令温代、纳秦留驻黑龙江,副都统博定筑墨尔根城。筑城兵丁外,再量增夫役"。④ 由此,黑龙江将军

---

① 乾隆《钦定盛京通志》卷三二。
② 李书:《清代黑龙江将军衙门的建置与沿革》,《满语研究》1991年第1期。
③ 乾隆《钦定盛京通志》卷三二。
④ 《清圣祖仁皇帝实录》卷一二二,康熙二十四年九月甲申。

萨布素与副都统博定率领官兵及夫役在墨尔根筑城。经过 1 年的修建，康熙二十五年（1686），墨尔根城竣工。清政府在此设城守尉工员驻守，以及佐领、骁骑校、防御各 8 员，索伦达斡尔兵 480 名。①

墨尔根城在修筑设计上与黑龙江城相近，"内城植松木为墙，中实以土。高一丈八尺。周围一千三十步，门四。四隅皆有角楼，城外有郭，土砌，周围十里。东西南各一门，北二门"②。"其制则内城、外郭。内城之垣，松木为栅夹于外，中实以土。高一丈八尺。垣宽一丈。周围四百五十四丈。女墙皆备，东西南各一，北二门。"③ 与黑龙江城相比，墨尔根城增加了角楼、女墙等设计，突出其军事防御性能。

墨尔根城也是军政合一的驻防城，其副都统公署在城内，康熙二十九年（1690）设为将军公署。康熙四十九年（1710），改为墨尔根副都统公署，"大堂五间，堂司房二间，户、兵、刑、工四司各三间，仓司二间，档子房二间。内宅住房十六间。仪门一间，大门三间"④。《墨尔根志》也记载，副都统公署有"正房五间，穿堂五间，两配房各三间。左附门班房，右附夫役房各三间。印务处在西间，左右翼领催听事房各二间"。此外，墨尔根城还有"贮俸饷备用银两库二间，在衙门内。看库班房二间，贮船上应用器物库六间，在城北一里。看守班房二间"⑤。墨尔根城的粮仓名为"通积仓"。《墨尔根志》记载，"备仓六十四处，每处各三间，一百九十二间。公仓二十七处，八十一间、仓务司一所，二间。康熙二十九年设"⑥。"康熙三十五年（1696），初建贮米仓十五间。在署内贮谷仓一百八十六间，在南门外半里。乾隆年间迭次增减，现实存备用仓二百三十四间，公仓一百五十间。"⑦ 作为军事驻防城，墨尔根城还建有军器楼、炮局、演武厅、火药局、前锋营、看船坊等军事设施。墨尔根城还建有八旗官学学堂，有"满官学三间，大门一间，照壁一座，以及缭垣，在东门

---

① 《清朝文献通考》卷三〇。
② 乾隆《钦定盛京通志》卷三二。
③ 民国《嫩江县志》卷六。
④ 乾隆《钦定盛京通志》卷四六。
⑤ 光绪《墨尔根志》卷七。
⑥ 光绪《墨尔根志》卷七。
⑦ 乾隆《钦定盛京通志》卷四六。

四、战后东北的防俄军事体系

内,康熙五十八年(1719)建"①。据《墨尔根志》记载,墨尔根城还有很多庙宇。城东南有先农坛、城隍庙,城东北有关帝庙、娘娘殿,城内北关有马神庙、药王庙、火神殿、财神殿,城东门外有龙王庙。"墨尔根等地康熙二十九年奏请修缮木城,康熙三十八年(1699)再次奏请修缮,至今已四十五年。"② 墨尔根城外城于乾隆元年(1736)重修。"乾隆八年(1743)奉旨重修。"③ 乾隆五十五年(1790)又再次重修。

康熙二十九年(1690),黑龙江副都统随同将军移驻墨尔根,是为墨尔根副都统设置之始。"康熙二十九年,黑龙江将军移驻墨尔根城,自黑龙江城移驻黑龙江将军一人,副都统一人,增设佐领、骁骑校各七人,并移驻黑龙江驻防满洲兵员五百于此,由增设达呼尔、索伦兵四百二十名。"④ 康熙三十二年(1693),清廷正式批准于墨尔根设立黑龙江将军衙门。康熙三十三年(1694),"命黑龙江副都统移驻墨尔根城内"⑤。康熙三十七年(1698),墨尔根副都统移驻齐齐哈尔城。第二年,黑龙江将军也由墨尔根移驻齐齐哈尔,墨尔根设城守尉驻防。康熙四十年(1691),墨尔根增设协领2员,佐领、骁骑校各4员,兵丁240员,以加强该地区的防御。⑥ 康熙四十九年(1710),墨尔根重设副都统。墨尔根副都统管辖的疆域,"南至齐齐哈尔城四百三十五里,东至内兴安岭一百七十里,岭东黑龙江界。西至内兴安岭、诺敏河源三百里,岭外呼伦贝尔界,河西齐齐哈尔界。南至纳谟尔河一百六十里,河南齐齐哈尔界。北至内兴安岭、伊拉古尔山一千三百一十里,岭北黑龙江界。东南至内兴安岭、纳谟尔河源四百里,岭东黑龙江界。西南至纳谟尔河,入嫩江河口二百二十里,江南齐齐哈尔界。东北至内兴安岭、额尔克山二百九十五里,岭北黑龙江界。西北至伊克库克图山一千二百七十里,山北黑龙江界,山西南呼伦贝尔界"⑦。雍正五年(1727),增设汉军佐领、骁骑校各2员。《龙沙纪略》记载,"墨尔根,副都统一员,八旗共协领四、防御二。旗各佐领

---

① 光绪《墨尔根志》卷八。
② 录副奏折03-0172-0759-003 乾隆五年十一月十一日黑龙江将军博第折。
③ 乾隆《钦定盛京通志》卷三二。
④ 民国《黑龙江志稿》卷二九。
⑤ 《清圣祖仁皇帝实录》卷一六二,康熙三十三年三月乙丑。
⑥ 《清朝文献通考》卷三〇。
⑦ 乾隆《钦定盛京通志》卷二八。

二、骁骑校二。惟镶蓝旗佐领、骁骑校各一。无火器营,而先锋营如卜魁制","兵九百,皆索伦、达呼里人",人口"五千七百三十八"。① 由此可见,墨尔根副都统主要统率900名八旗驻防军,管理着索伦、达斡尔、汉族等民众5700余人。

齐齐哈尔城的建筑与驻防

齐齐哈尔城建筑的时间比较晚。在齐齐哈尔建城之前,齐齐哈尔所在地为达斡尔、锡伯、卦尔察等部族游猎放牧之地,打牲人长期居住于此。

齐齐哈尔,达斡尔语意为"边疆""天然牧场"。本为"旧站名,距今城十五里,战移今城,名亦因之,一名卜魁"②,又写作"卜奎",由于康熙三十年(1691)于嫩江东卜魁村地方筑城,邻近齐齐哈尔村,即以为名。齐齐哈尔地处松嫩平原的嫩江东岸。"巨野为襟,长江作带,近怀属国,远镇边羌,扼四达之要冲,为诸城之都会,是齐齐哈尔之形胜也。"③这里原是嫩江科尔沁蒙古及其所属锡伯、卦尔察游牧耕种之地。顺治年间,由于沙俄入侵黑龙江,达斡尔、索伦迁居于此。齐齐哈尔"西至呼伦贝尔城八百四十里,西北至布特哈城三百四十里。南至茂兴站四百五十里,接吉林省属伯都讷界,东南至呼兰城三百七十七里,北至墨尔根城四百五十里"④。清政府为加强对索伦部的管理,约于顺治六年(1649)在齐齐哈尔屯(在今齐齐哈尔市梅里斯达斡尔族区)设立索伦总管(亦称齐齐哈尔总管)及总管府。清政府还在齐齐哈尔等诸村设村佐领、防御、骁骑校及小领催等,协助总管管束、训练八旗官兵和管理地方各族事务。由于齐齐哈尔军事战略地位非常重要,康熙二十三年(1684),清政府就"因征罗刹于嫩江西岸,去今城十五里之齐齐哈尔屯设立火器营,参领驻守"⑤。

康熙二十九年(1690),准噶尔部首领噶尔丹发动叛乱,率军攻破漠

---

① 〔清〕方式济:《龙江纪略·经制》,杨宾等著,周诚望等标注《龙江三纪》第202页。
② 〔清〕徐宗亮:《黑龙江述略》卷二,第24页,黑龙江人民出版社,1985。
③ 光绪《黑龙江外记》卷一。
④ 〔清〕徐宗亮:《黑龙江述略》卷一,第17-18页。
⑤ 魏毓兰、馨若氏:《龙城旧闻》卷一,第3页,黑龙江人民出版社,1986。

四、战后东北的防俄军事体系

北喀尔喀蒙古,大量喀尔喀蒙古人迁往岭东地区,引起了嫩江流域达斡尔等部族的不安。由于齐齐哈尔屯"周围无城郭,绵延而居者相距遥远,将难以收聚、保护"①,时任索伦总管的玛布岱等联名上疏:"康熙二十八年(1689),据齐齐哈尔等村佐鄂博托、阿尔斌、苏喇勒图……库特内,小领催等共呈大臣等:我等祖、父辈等自黑龙江来嫩江归顺圣主以来四十余载。散居六百余里……今闻厄鲁特,喀尔喀相互征伐,若众巴尔虎等穷寇得知我等诸村散居而肆意侵扰,则欲保妻孥,亦非一时所能收……据此,我等情愿披甲,于我等住所附近,择一形势之地,筑城聚居,如有行动,则豁命致死效力。"②康熙三十年(1691),黑龙江将军萨布素也奏请修建齐齐哈尔城,"自吉林乌拉至嫩江口约五百余里,嫩江至齐齐哈尔约五百里,齐齐哈尔至墨尔根约五百里。其中有齐齐哈尔最为紧要形势之地,蒙古、锡伯、索伦、达斡尔等所居之地总汇于此,且距通大兴安岭北呼伦等地及尼布楚之道堪近,应于齐齐哈尔一带驻兵"③。圣祖批准并旨令黑龙江将军萨布素,"著不误农时,乘闲筑城。传旨于总管等,一同详察地方,于嫩江东岸卜奎驿站地方丈量筑城处所,以达斡尔等人力,动工修筑,至种田季节后,宣布来年竣工,将力夫遣回各村"④。同年,圣祖升索伦总管玛布岱为齐齐哈尔城副都统,负责监管修筑齐齐哈尔城,并设齐齐哈尔城守尉1员,佐领、骁骑校各8员,兵丁1000名。⑤同年,齐齐哈尔城建成竣工。

齐齐哈尔城的修筑,基本上沿用黑龙江城和墨尔根城的传统方法和布局。《盛京通志》记载,齐齐哈尔"内城植松木为墙,中实以土。四门皆有楼橹。高一丈八尺,周围一千三十步。门四。城外有郭,用土堡包砌,周围十里。东南北各一门,西二门。环城有重壕,广一丈五尺,本嫩江南伯克依庄地"⑥。其"内城四门,东、西、南、北面各设一门,东曰承晖,西称平定,南谓迎恩,北名怀远"⑦。齐齐哈尔城"外郭因沙阜高,下甃

---

① 《黑龙江将军衙门满文档案》第28页。
② 《黑龙江将军衙门满文档案》第27页。
③ 《锡伯族档案史料》第27页。
④ 《黑龙江将军衙门满文档案》第28页。
⑤ 《大清会典事例》卷一一二七。
⑥ 乾隆《钦定盛京通志》卷三二。
⑦ 魏毓兰、馨若氏:《龙城旧闻》卷一,第3页。

以土堡，方十里。东南北各一门，西二门，有大小西门之称，各名其名曰：南薰、东启、北朝、西阙如。康熙三十一年（1692）筑"①。

齐齐哈尔城的内部格局较为合理。康熙三十八年（1699），黑龙江将军移驻齐齐哈尔城后，在城内设将军公署。黑龙江将军公署共有"大堂五间，后堂五间，堂司房三间。户、兵、刑、工四司房各三间。看守银库房各三间，档子房三间，仓司房二间，内宅住房二十四间。厢房五间，仪门一间，大门七间"②。对此，《黑龙江外记》有更为详细的记载："将军廨，在齐齐哈尔木城中偏东"，"正门三楹，辕门东西向，缭以鹿角，中建双牙，朔望及拜疏，揭黄旗正门内，户、兵、刑、工四司，左右列仪门，内东西复有四司，夏日治事所，中为大堂，次后堂，皆五楹。后堂左曰暖堂，冬日坐之。右曰印房，俗称堂司。东北隅，楼房数十楹，军器贡物等库也。大堂东瓦楼三楹，银库也。库后正房三楹，主事治事所也。屋后有屋，守库者居之，每日官二员，兵十名，协领等轮班稽察之。将军廨旧有钟鼓楼，以传更点"③。其他附属建筑尚有数处。黑龙江将军的私宅称为将军府，"在廨舍西北，中静舍三楹，叠石为假山。将军观明栽种野芍药数本，颜曰'芍药厅'，厅前有李一株，尝秋月再花，将军有诗记之"④。齐齐哈尔副都统公署也在城内，"共十六间，康熙三十八年建。设户兵刑工四司，银库、军器楼、进贡楼皆在署内"⑤。齐齐哈尔城内大堂西侧建有军器楼6间，东门内建有炮局15间，其中3间贮"无敌大将军"炮，6间贮"神威将军"炮，6间贮子母炮。城外设有演武厅3间。此外还建有弓匠房、火药局以及贡物房等。

齐齐哈尔建城初期，设索伦、达斡尔佐领各16人，索伦、达斡尔兵1000名。康熙三十七年（1698），清政府令墨尔根副都统喀特护移驻齐齐哈尔城，其成为第一任齐齐哈尔副都统。⑥ 与此同时，裁齐齐哈尔城守尉，增设协领4员。⑦ 副都统为齐齐哈尔城的最高军政长官，武职正二

---

① 光绪《黑龙江外记》卷二。
② 乾隆《钦定盛京通志》卷四六。
③ 光绪《黑龙江外记》卷二。
④ 光绪《黑龙江外记》卷二。
⑤ 〔清〕英和：《卜魁纪略》，见《黑龙江述略》第119页。
⑥ 民国《黑龙江志稿》卷一。
⑦ 《清朝文献通考》卷三〇。

四、战后东北的防俄军事体系

品，主要由满洲及蒙古贵族担任，其主要职责是防守分地，管理军政事务。齐齐哈尔副都统下辖八旗协领 8 员、佐领 40 员、防御 8 员、骁骑校 40 员、领催 160 员。齐齐哈尔副都统衙门是圣祖在位期间在东北设置的最后一个副都统衙门，它的设立标志着康熙时期东北八旗军事驻防布局的基本形成。

康熙三十八年（1699），黑龙江将军移驻齐齐哈尔城，齐齐哈尔副都统与黑龙江将军同驻一城，受将军统辖；齐齐哈尔副都统衙门也与黑龙江将军衙门合并，同署办公。黑龙江将军衙门内设档司、兵司、刑司、工司、户司等 5 司及银库。由此，"卜魁，将军、副都统各一员，统八旗。旗各协领一、佐领五、防御一、骁骑校五"。"兵三千有四十。满洲、汉军暨索伦、达呼里、巴尔虎充之。"齐齐哈尔副都统与其他专城副都统不同，地位相当于将军的副职；按惯例每隔 5 日到将军衙门办公 1 次，有权过问全省事务，可与将军联衔奏事；如遇黑龙江将军离开齐齐哈尔城外出，一般由齐齐哈尔副都统来署理其事务。

齐齐哈尔城建城意义重大，它不仅成为沟通黑龙江城到盛京、吉林乃至北京等地的军事枢纽，随着黑龙江将军的迁入，这里又成为黑龙江地区的政治、经济、文化中心。

呼伦贝尔城的建筑与驻防

呼伦贝尔，在清代文献中称为"呼伦布雨尔"，其所辖区域广袤，"东至齐齐哈尔城七百六十里"[1]，"南北纵八百一十二里，东西广七百二十里，东南至西北袤六百四十四里，西南至东北袤一千三百三十六里"[2]，"其地有池，一曰呼伦，一曰贝尔，官军屯驻二池之间，因以名地"[3]。呼伦贝尔原为蒙古的游牧地区，清初，许多游牧于此的蒙古人部落被迁往其他地区，这里成为荒无人烟之地。

雍正五年（1727），清朝与沙俄签订《布连斯奇条约》，确定了中俄中段的边界。中俄中段边界由西向东，由沙宾达巴哈（位于今俄罗斯萨彦岭西）到恰克图，东至额尔古纳河，以南为清朝领土，以北为沙俄领土。

---

[1] 乾隆《钦定盛京通志》卷三二。
[2] 〔清〕屠寄：《黑龙江舆图说》，不分卷。
[3] 光绪《黑龙江外记》卷一。

《布连斯奇条约》的签订使呼伦贝尔地区成为与沙俄相邻的边境要地,于是,清政府开始重视呼伦贝尔的驻防工作。此前,呼伦贝尔地区的防御以设立卡伦为主,但这已经不能适应形势发展的需要,因此,调兵遣将以加强呼伦贝尔地区的防御力量迫在眉睫。呼伦贝尔地广人稀,为少数民族聚集之处,疏于管理,为防沙俄侵袭,"黑龙江将军卓尔海以呼伦贝尔地广而腴,且邻俄境,疏请筑城"①。雍正十年(1732),卓尔海奉旨派兵驻防呼伦贝尔并设立呼伦贝尔总管。他派达巴哈负责巡查呼伦贝尔地区。达巴哈奏报:"巡查哈尔哈河、呼伦池等地方,海拉尔河由东北流来会与呼伦池,扎拉木台河由南流入海拉尔河。扎拉木台河与海拉尔河汇流之处,土地肥沃,可耕地建城,水草丰美,山林茂密,鱼兽丰富。北与俄境额尔古纳河相近,西南与喀尔喀蒙古毗邻。"②据此,卓尔海等奏称,"据达巴哈、博尔本察等相视呼伦贝尔附近之济拉嘛泰河口处,地方辽阔,水草甚佳,树木茂盛,可以种地、筑城"③。可见,呼伦贝尔总管初设之时,根据达巴哈之前所奏,选择驻防建城的地点在扎拉木台(今内蒙古自治区扎兰屯市),但由于该地降霜较早,故"拟暂于一二年游居,试之耕种,如能丰收,再行呈请建城"④。后证明该地确实不适合建城,故于雍正十二年(1734)在伊敏河左岸建立呼伦贝尔城,将呼伦贝尔总管衙门驻地设于此,隶属黑龙江将军。

呼伦贝尔城,名义上虽为驻防城,却未建城郭,"均系蒙旗游牧区域,向无乡市之分"⑤。雍正十年,建造呼伦贝尔"总管公署,大堂五间,左右司房各四间,大门三间"⑥,在总管公署周围修筑土房以围之。设有军器房26间,鸟枪房2间,火药库3间,还有银库、档子房等。

同年,黑龙江将军卓尔海奉令调兵遣将驻防呼伦贝尔,"挑选索伦、打虎儿、巴尔虎、鄂伦春之兵三千名,迁移其地,将伊等编为八旗。左翼自修城处至鄂罗斯交界处游牧,右翼在喀尔喀河游牧。共编为五十佐领。

---

① 民国《呼伦县志略》,不分卷。
② 内蒙古自治区编辑组:《达斡尔族社会历史调查》第23页,内蒙古人民出版社,1986。
③ 《清世宗宪皇帝实录》卷一一七,雍正十年四月戊申。
④ 吴廷燮:《东三省沿革表》,不分卷。
⑤ 民国《呼伦县志略》,不分卷。
⑥ 乾隆《钦定盛京通志》卷四六。

四、战后东北的防俄军事体系

各添佐领一员、骁骑校一员,每旗各添副总管一员,并铸给总管官防,设笔帖式二员"。① 2名总管分辖左右两翼,"达巴哈管辖左翼,博尔本查管辖右翼,两个人共同协商办事"②,成为当时呼伦贝尔地区的最高长官。然而不久,清廷"闻管辖呼伦贝尔地方居住索伦、达呼尔兵丁之博尔本查、达巴哈,并不和衷共事,不可不派大臣总统,著护军统领博第前往"。③因博尔本查和达巴哈不和,清廷决定"由京简派大臣一员,加副都统衔,以三年为任期,坐镇其地资统率焉"④。因此,总管虽然为本地区的最高长官,但是要受自京拣派大臣的监管。自博第之后,清廷又陆续自京城调派多位大臣赴呼伦贝尔替换镇守。同年,又将察哈尔旗下之厄鲁特兵丁拨来100名,"自成一翼,自成一旗,下设两佐,并设总管一员,副总管一员,佐领和骁骑校各一员,护军校二员,领催八名,前锋八名,甲兵六十六名"⑤。雍正十二年(1734),原属喀尔喀部的布里亚特巴尔虎蒙古移牧于呼伦贝尔,清廷将其"照索伦之例,挑选二千四百人充兵,分为八旗,编为四十佐领,每佐领各设佐领、骁骑校一员,领催六名。每翼各设总管一员,每旗各设副总管一员"⑥。人们将这些后编入旗的巴尔虎蒙古人称为新巴尔虎,而将雍正十年(1732)以前就已编入旗的巴尔虎蒙古人称为陈巴尔虎,以示区别。

呼伦贝尔总管辖区辽阔,"东至齐齐哈尔城七百六十里,岭东齐齐哈尔界,西至哈玛尔山四百七十里喀尔喀界,南至穆固图尔山四百四十余里车臣汗界,北至安河七百一十余里、河北黑龙江界,东南至内兴安岭额赫噜尔山四百余里齐齐哈尔城界。西南至边境四百余里车臣汗界,东北至伊克库克图山九百二十里、山北黑龙江界、山东南墨尔根界。西北至额尔古纳河一百二十里俄罗斯界"⑦。

呼伦贝尔总管设立后,呼伦贝尔地区八旗共设有92佐领,任命自京拣派副都统衔大臣1员,总管5员,副总管17员,佐领92员,骁骑校92

---

① 《清世宗宪皇帝实录》卷一一七,雍正十年四月戊申。
② 内蒙古自治区编辑组:《达斡尔族社会历史调查》第23页。
③ 《清世宗宪皇帝实录》卷一二六,雍正十年十二月辛酉。
④ 民国《呼伦贝尔志略》,不分卷。
⑤ 民国《呼伦贝尔志略》,不分卷。
⑥ 《清世宗宪皇帝实录》卷一四六,雍正十二年八月乙卯。
⑦ 乾隆《钦定盛京通志》卷二四。

员、护军、领催、笔帖式等若干，旗下兵丁5500余人，初步形成了一定的防御能力。

三姓城的建筑与驻防

"三姓"，满语称为"依兰哈拉"，依兰为"三"，哈拉是"姓"，故汉译为"三姓"。三姓城（今黑龙江省依兰县）是一座具有悠久历史的古城，也是清初东北地区七大重镇之一。辽代为五国部之越里吉部居住地。金代属胡里改路，被金朝俘虏的北宋皇帝徽宗和钦宗父子就曾于此地"坐井观天"。元朝于此地设胡里改万户府、斡朵里万户府。明朝在此地设置和屯卫。建州女真前身（史称"斡朵里"）曾生活于此地。这里是清太祖努尔哈赤的六世祖猛哥帖木儿家族曾经居住过的地方，被视为爱新觉罗家族的发祥地。

三姓地处松花江、牡丹江交汇之处，是连接吉林、黑龙江下游及乌苏里江流域的交通要道。这里盛产人参、貂皮、东珠等名贵珍宝，尤其以貂皮最为珍贵。据史书记载，在顺治初年至康熙五十三年（1714）以前，三姓地方主要生活着赫哲等渔猎民族，居住着葛依克勒、努耶勒、胡什克里和舒穆禄4姓赫哲居民，由姓长（满语"哈喇达"）、乡长（满语"噶山达"）及袍官（满语"西吉坚"）进行管理，"边民计以户"，每年定期"每户纳貂皮一张"。①

三姓地区地理位置重要，为了防御沙俄入侵，加强对黑龙江东部地区赫哲、费雅喀、鄂伦春等少数民族的管理，康熙五十三年（1714），清政府开始在这里设置协领衙门，隶属于宁古塔副都统。与此同时，清政府"将四姓赫哲编为四佐领，从贡貂皮的牲丁中挑选二百名，又从吉林拨来披甲八十名，每佐领下编七十名，从姓长、乡长中选拔四佐领、四骁骑校，并拔协领一员、防御四员、衙署无品级笔帖式四"②。此后不久，四姓中的舒穆禄姓就奉命迁往宁古塔，故该城居民实存三姓赫哲而得名。

在三姓设置协领的第二年，即康熙五十四年（1715），三姓"筑城，

---

① 光绪《吉林通志》卷二八。
② 《三姓副都统额尔伯克为造送颁赏乌林数目清册事咨吉林将军衙门》，《三姓副都统衙门满文档案译编》卷七七，第35页。

四、战后东北的防俄军事体系

周五里,壕深七尺"①。清代的三姓城是以驻防官兵为主修建的一座土城。城四周筑土为墙,周围1026丈,城墙基宽5尺,顶宽2尺5寸,高7尺,东西南北各设1城门。

雍正九年(1731)十一月,"添设三姓地区副都统一员,佐领六员、防御四员、笔帖式二员、披甲八百名。从宁古塔将军请也"②。次年二月,任命觉罗七十五为三姓副都统,下设左、右翼协领各1员,左、右翼协领下设佐领各8员,防御4员,骁骑校各8员,防御各6员,催领共95员。

随着三姓副都统的设立和兵丁人口的增加,原有的三姓土城已经不适应形势发展的需要,清政府决定再修建土城。"查三姓地方宽阔,应筑城池。领三姓、八姓官兵等,一并驻扎。"③ 由此,"自雍正十一年(1733),经副都统修筑土城,方形,宽长各一里半"④。修筑城墙的同时,在城内东北隅开始修建衙署。此后,三姓城又经过多次维修。如乾隆十七年(1752),三姓驻防八旗官兵对该城城墙进行了补修,又对三姓城的东、南、西、北各个城门进行修造,并在各城门楼以土坯为墙,建造三梁草房作为门卫用房。此后,乾隆三十四年(1769),三姓城的东、西、南城门又由草房换修成了瓦房;次年,三姓城的北门也换修成了瓦房。

三姓副都统设立之初,管辖的范围只限于库页岛,而黑龙江下游、乌苏里江流域以及沿海地区由宁古塔副都统管辖。然而,由于宁古塔副都统所辖地域过于辽阔,在公务处理上着实有诸多不便,因此,乾隆四十五年(1780),在吉林将军的奏请下,原属宁古塔副都统管辖的赫哲、费雅喀、奇勒尔等族的2250户供貂居民移交三姓副都统管辖。至此,三姓副都统的管辖范围则包括黑龙江下游、松花江与乌苏里江流域以及库页岛和滨海各岛屿的赫哲、费雅喀、鄂伦春及库页等族人民。

三姓副都统所辖区域的情况与其他副都统有所不同,其统辖制度除驻防八旗制以外,还有边民姓长制并存,这一政策的实行,其实远在清入关之前。早在清太宗时期,清政府就已经开始对黑龙江东部地区的各族居民实行编户管理。这一地区少数民族众多,且多没有固定的族称,主要以姓

---

① 嘉庆《大清一统志》卷六八。
② 《清世宗宪皇帝实录》卷一一二,雍正九年十一月辛巳。
③ 《清世宗宪皇帝实录》卷一一九,雍正十年五月乙亥。
④ 民国《依兰县志》,不分卷。

氏相区别,至三姓副都统设立之时仍然多达56姓,其中库页岛上集中有6姓,其余50姓分布于黑龙江下游、松花江与乌苏里江流域。收服之初,清政府曾将一部分人编入八旗,成为迁往驻防地的"新满洲",对绝大多数的人则就地编户为民进行管理。例如,崇德五年(1640)五月,清军将俘获和归降的虎尔哈(库尔喀)男子"共四百八十五人,内有捕海豹人二百四十三人,捕貂鼠人一百九十八人,令仍居彼地",俘获及归降家属"共一千二百七十七口,内留一千一百九十四口,仍居彼地"①。清政府根据他们的姓氏血缘以及居住的村屯分别设立姓长、乡长和袍官对其进行管理。姓长、乡长一般都是各姓氏及村屯的头目担任,由清政府任命并颁发顶戴、文凭,其职位可由长子世袭。姓长管辖几个村屯(满语"噶山"),每个村屯则由乡长管辖,他们的职责主要是管理户籍、催纳贡物,并负责处理乡内不平不法诸事。② 其中,最主要的事务要数每年定期组织和率领辖下居民到清政府指定的地点交纳贡貂,并接受清政府回赏的财帛(满语"乌林")。顺治年间,这些贡貂居民要长途跋涉到北京交纳贡貂,甚为辛苦。宁古塔将军设立后,纳贡地点改在宁古塔,后来则只需到三姓副都统处交纳贡貂即可。姓长、乡长之下的袍官是协助管理的差役,由姓长、乡长长子之外的子弟担任,不世袭,因每年贡貂时可得到政府赏赐的1套缎袍而得名。三姓副都统设立之后仍然继续沿用边民姓长制对所辖地区进行管理,各地姓长、乡长、袍官皆归其下,而每年定期收纳贡貂、回赏乌林则成为三姓副都统的一项重要职责。三姓副都统除了固定在三姓城收贡颁赏之外,每年还定期派出官兵,在距离三姓城较远的地方设点收贡以方便当地居民,同时是对其加强管理的重要措施。

三姓副都统除替清政府管辖该地区的收贡回赏这一重要职责外,同其他副都统一样,还要管理该地区的城防建设、官庄旗地、商贾杂税、缉拿刑狱等事务。

三姓城从此成为祖国最东北隅的政治、军事、经济、文化中心。

布特哈城的建筑与驻防

布特哈,满语为"打牲"或"狩猎"之意。布特哈是清政府对南迁

---

① 《清太宗文皇帝实录》卷五一,崇德五年五月甲辰。
② [日]间宫林藏:《东鞑纪行》(中译本)第90页,商务印书馆,1974。

四、战后东北的防俄军事体系

到嫩江中游的索伦诸族部落的统称,即文献中所记载的"国初,索伦、达斡尔、锡伯、卦尔察诸打牲部落杂居之,总名布特哈"①,他们居住的地区也被称为布特哈地区。布特哈城是随着布特哈总管的建立而得名的,"布特哈,在齐齐哈尔东北三百余里,未建城。本朝康熙三十年(1691),设总管等员驻防"②。布特哈部落以渔猎打牲为生,因而布特哈总管衙门所在地并无城郭,但因其也是黑龙江地区重要的驻防区之一,故被称为布特哈城。

康熙初年,沙俄对黑龙江流域的侵略不断加剧,清政府对嫩江流域索伦诸部的管理也在逐步加强,陆续对其编设佐领,以加强黑龙江地区的军事实力。康熙四年(1665),"那恩地方二十九索伦佐领温察太、木朱虎等,入贡貂皮"③。"那恩地方"是"嫩地方"的谐音,即嫩江流域,此时这里的索伦部族已被编成29个佐领了。《达斡尔族简史》记载:"一六六七年(康熙六年),理藩院大臣绰克图等人,遵旨先把乌莫迪、齐帕、岳库达为首的三百一十一名壮丁编为三个佐领。"④ 在对南迁的达斡尔、索伦、鄂伦春等索伦部族编设佐领的基础上,清政府又设立了索伦总管对其进行管理,归理藩院管辖。康熙八年(1669)议准,"索伦总管定为三品,副总管定为四品"⑤。索伦总管相当于"副都统品级",如康熙十一年(1672)"索伦副都统品级扎木索等,进貂皮"⑥。由此可见,清政府对南迁的达斡尔、索伦、鄂伦春等部族的管理由松散逐渐趋于严密。

为了更有效地管理这些南迁的少数民族,清政府根据布特哈地区达斡尔、索伦、鄂伦春等族的区域分布情况,将其分编为8个管辖范围,其中索伦分为5个"阿巴"(满语"围猎场"),即诸敏河一带的叫阿尔拉阿巴,阿伦河一带的叫涂格冬阿巴,雅鲁河及音河一带的叫雅鲁阿巴,济沁河一带的叫济沁阿巴,绰尔河一带的叫托信阿巴。⑦ 达斡尔人编为都博浅、莫日登、讷莫尔3个"扎兰"(满语"连"或"队")。这5个阿巴和

---

① 〔清〕屠寄:《黑龙江舆图说》,不分卷。
② 嘉庆《大清一统志》卷七一。
③ 《清圣祖仁皇帝实录》卷一六,康熙四年七月乙酉。
④ 《达斡尔族简史》第47页,内蒙古人民出版社,1986。
⑤ 《大清会典事例》卷七四〇。
⑥ 《清圣祖仁皇帝实录》卷三九,康熙十一年闰七月己亥。
⑦ 《鄂温克族简史》第46页,内蒙古人民出版社,1984。

3个扎兰的设立为日后布特哈八旗的形成奠定了基础。

黑龙江将军设立后，布特哈地区从由理藩院直接管理改为由黑龙江将军进行管辖。康熙二十八年（1689），"设置总管衙门，驻防于嫩江右岸宜卧奇地方，辖理该处八旗事宜。清治国，专由旗户分旗编练，以备用武。布特哈地方，因有达呼尔、索伦等部落人杂居，设二十九佐，分编八旗，统设总管衙门。一置索伦、达呼尔、满洲三总管合理之衙署，建于西北，倚金辽边堡，东南临嫩江流域及尼尔吉渡口，山环水抱之宜卧奇"①。由此可见，布特哈总管衙门建于嫩江右岸宜卧奇地方（今内蒙古自治区莫力达瓦达斡尔族自治旗治所尼尔基镇）。布特哈"总管所驻伊泊河西岸，无城。有昭忠祠，有军器库，有卡伦五所"②。布特哈总管衙门虽无城郭，但治所也有昭忠祠、军器库等辅助设施。

康熙三十年（1691），布特哈地区正式归属黑龙江将军管辖。"设布特哈满洲总管一员，驻嫩江西依倭齐之地"③，统领索伦、达斡尔总管。雍正五年（1727），设立2个满洲协领，后又增加索伦、达斡尔各8个协领，满洲协领也增到8个，管辖布特哈8围之事。④ 黑龙江将军根据清政府的指令，在原有的3个扎兰和5个阿巴的基础上，将布特哈部落各族编为八旗，"达斡尔人聚居的都博浅扎兰扩编为镶黄旗，莫日登扎兰为正黄旗，讷莫尔扎兰为正白旗，索伦人聚居的阿尔拉阿巴为正红旗，涂克敦阿巴为镶白旗，雅鲁阿巴为镶红旗，济信阿巴为正蓝旗，托信阿巴为镶蓝旗"⑤。布特哈八旗下设92个佐领，其中达斡尔人39个佐领、索伦47个佐领、鄂伦春人6个佐领。⑥ 雍正十年（1732）又增加到108佐领。⑦

布特哈总管的独特之处在于，其管辖范围没有严格的疆界，而是随着旗下打牲部族狩猎范围的需要而扩大或缩小。"布特哈专辖牲丁，其牲丁

---

① 民国《布特哈志略》，不分卷。
② 〔清〕徐宗亮：《黑龙江述略》卷二《建置》，第28页。
③ 〔清〕屠寄：《黑龙江舆图说》，不分卷。
④ 《鄂温克族简史》第47页。
⑤ 周喜峰：《清朝前期黑龙江民族研究》第116页，中国社会科学出版社，2007。
⑥ 《达斡尔族简史》第48页。
⑦ 刘小萌：《清前期东北边疆"徙民编旗"考察》，吕一燃主编《中国边疆史地论集》第220页，黑龙江教育出版社，1991。

所至之地，皆布特哈总管巡查之地。故外兴安岭鄂博归布特哈巡查，而逊河等处鄂博亦归管辖，故布特哈所辖之地最广。"①

布特哈总管的一项重要职能，就是每5年要在布特哈八旗中进行1次测定检查，索伦、达斡尔等族中年满15岁、身高5尺的男子都要被编为"西丹"（满语"余丁"），即正规军的预备役，待到年满18岁，再转为披甲。各旗下的西丹、披甲每年都要定期在佐领和骁骑校的带领下，集中于布特哈总管衙门进行军事训练，以备战时之需。"自康熙以来，编旗给糇，训以纪律，平时自应其役，军兴皆听调拨。"② 除军事训练、巡边和对外征战外，布特哈八旗的主要任务是向朝廷进贡貂皮。由于布特哈地区索伦、达斡尔、鄂伦春各族能骑善射，因此，他们也是清朝贡貂的重要来源。清政府通过编制布特哈八旗及设立布特哈总管，不仅能对布特哈地区的索伦、鄂伦春、达斡尔等族的军事征调、狩猎贡貂、屯田垦荒进行统一管理，同时也促进了各族社会经济的发展。

伯都讷城的建筑与驻防

伯都讷驻防城，旧名纳尔浑，也写作纳尔珲、讷拉红，有新、旧伯都讷城之分。据《吉林通志》记载："旧伯都讷城在今新城东二十五里。新城即伯都讷城，在吉林西北五百二十里。旧伯都讷城在今新城东二十五里。……因有旧城，故名今城为新城。康熙三十二年建造。城砌土坯，高一丈二尺，周七里半，门四，城阔七尺，深九尺。乾隆三十九年、四十四年重修城门。同治五年，副都统乌里布捐修土城，墙高一丈二尺，周一千四百二十六丈三尺，外濠深、广各一丈，费钱一万三千六百五十三串有奇。"③ 伯都讷驻防城有4座城门，东、南、西、北各1门。

伯都讷地理位置非常重要，是连接齐齐哈尔、盛京和吉林的交通枢纽，康熙二十一年（1682）设有伯都讷驿站。康熙三十二年（1693）五月，清政府在伯都讷驿站以南20里外建伯都讷新城（位于吉林省松原市宁江区），添设伯都讷副都统。以吉林副都统巴尔达由吉林城移驻伯都讷，担任伯都讷副都统，管理伯都讷辖区内的军事、政治事务，率八旗官兵驻守

---

① 〔清〕屠寄：《黑龙江舆图说》，不分卷。
② 〔清〕何秋涛：《朔方备乘》卷二。
③ 光绪《吉林通志》卷二八。

伯都讷城。伯都讷东与阿勒楚喀（今黑龙江省哈尔滨市阿城区）接壤，南与吉林副都统辖区接壤，西面和北面与蒙古郭尔罗斯部接壤，可为清朝提供大量的边疆驻防兵源，有效削弱蒙古的势力，解决清军的军粮问题。伯都讷城建立后，逐渐成为伯都讷地区的政治、军事、经济、文化中心。

宁古塔城的建筑与驻防

宁古塔，"南瞻长白，北绕龙江，允边城之雄区，壮金汤之帝里"①。宁古塔城分旧城和新城。清朝建立后，宁古塔旧城是驻守宁古塔梅勒章京吴巴海于崇德元年（1636）在北靠海浪河的宁古塔原城区内建造的石城，也称宁古塔老城。《宁古塔山水记》中对"石城"记载："城方二里，垒石成垣，城内居民，寥寥数家。东西各一门，以通往来，大帅公署在焉。"宁古塔旧城建成后，宁古塔昂邦章京、宁古塔将军衙门驻于此。这里成为东北重镇和黑龙江东部地区的政治、军事中心。宁古塔旧城分内城和外城，内城是黑龙江地区建设的第一个城镇，城镇规模较小，只有东、西两座城门。康熙五年（1666），随着宁古塔将军的设立和驻军及人口的增加，规模较小并经常水患成灾的旧宁古塔城已经不适合发展的需要，于是宁古塔将军巴海决定另外选址建造新城。巴海将军建造的宁古塔新城位于吉林城东南540余里、牡丹江北岸的台地之上（今黑龙江省宁安市），这里四面环山，地势较高。宁古塔新城内城以桅木隔石修造城墙，外城城墙为土筑。"植木为墙，高二丈余，周二里半，东西南三门，外城周十里，门四，西南滨瑚尔哈河，本朝康熙五年，自旧城迁建于此。"② "有木城两重，系国朝（康熙）初年新迁，去旧城六十余里。内城周二里许，只有东、西、南三门，其北因有将军衙署，故不设门。内城中惟容将军、护从及守门兵丁，余悉居外城。周八里，共四门。南门临江。汉人各居东、西两门之外。……后因吴三桂造逆，调兵一空，令汉人俱徙入城中，……内有东西大街，人于此开店贸易。从此人烟稠密，货物客商络绎不绝，居然有华夏风景。"③ 从康熙五年至十五年（1666—1676），宁古塔将军驻于此城11

---

① 光绪《吉林外记》卷二。
② 嘉庆《大清一统志》卷六八。
③ 〔清〕吴振臣：《宁古塔纪略》，见杨宾等著，周诚望等标注《龙江三纪》第231页。

四、战后东北的防俄军事体系

年,宁古塔新城成为当时黑龙江地区的政治和军事中心。

据史料分析,宁古塔副都统的设立时间,应追溯至顺治九年(1652)梅勒章京沙尔虎达驻兵宁古塔时。如前文所言,顺治九年(1652)七月,清政府"命梅勒章京沙尔虎达、甲喇章京海塔、尼噶礼统官兵驻防宁古塔"①,此时的沙尔虎达尚隶属于盛京昂邦章京之下。顺治十年(1653年)五月,沙尔虎达晋升为宁古塔昂邦章京,与盛京昂邦章京并立,下设梅勒章京2人。②《清世祖章皇帝实录》记载:

> 谕兵部,以后固山额真满字仍称固山额真,汉字称为都统。梅勒章京满字仍称梅勒章京,汉字称为副都统。甲喇章京满字仍称甲喇章京,汉字称为参领。牛录章京满字仍称牛录章京,汉字称为佐领。昂邦章京满字仍称昂邦章京,汉字称为总管,尔部即传谕遵行。③

由此可见,梅勒章京即是副都统的前身,昂邦章京则是总管的前身,所以宁古塔副都统的设置时间应追溯于宁古塔梅勒章京设置之时,即顺治九年,比宁古塔将军的正式设置还要早1年。

宁古塔梅勒章京最初同宁古塔昂邦章京共同驻兵于宁古塔旧城,康熙元年(1662),在宁古塔昂邦章京升为宁古塔将军的同时,梅勒章京也改称为副都统。康熙五年(1666),宁古塔副都统同宁古塔将军共同移驻到宁古塔新城,因此宁古塔新城成为东北重要的驻防城之一。康熙十五年(1676)宁古塔将军迁驻吉林城后,留宁古塔副都统1名驻守宁古塔城,统辖黑龙江下游及乌苏里江以东的广大地区。

宁古塔副都统衙门作为其所辖地区内的最高管理机构,负责管理辖区内的各种事务,下设不同的职能部门来处理日常工作。其设置的具体办事机构为左司、右司、印房、银库、办理仓务处、税课司、果子楼等。"宁古塔副都统衙署,康熙八年修建,位置在城南门内,有草正房五间,草厢

---

① 《清世祖章皇帝实录》卷六六,顺治九年七月丁亥。
② 〔清〕杨宾:《柳边纪略》卷二,杨宾等著,周诚望等标注《龙江三纪》第46、55-56页。
③ 《清世祖章皇帝实录》卷一三三,顺治十七年三月甲戌。

房六间。"① 康熙十五年宁古塔将军移驻吉林城后，把将军衙署改为副都统衙署，具体位置在内城正北隅，有"大堂五间，穿堂五间左右司办事房各三间，档房各三间，印房三间，前锋营虎枪房共六间，仪门三间，大门三间，栅栏全照壁一座"②。

宁古塔副都统设立之初，下辖协领 2 员、佐领 12 员、防御 4 员、骁骑校 9 员，"内防守宁古塔兵三百五十名"③。此后，随着宁古塔地区军事战略地位的日益升级，驻兵的人数也不断增加。顺治十二年（1655），添设防御 4 员。顺治十八年（1661），添设佐领 10 员、防御 2 员、骁骑校 10 员。康熙三年（1664），增设佐领、骁骑校各 1 员，兵 66 名。康熙七年（1668），增设协领 2 人。康熙十年（1671），移副都统 1 员，佐领、骁骑校各 11 员，兵 700 名移驻吉林。康熙十三年（1674），增设宁古塔防御 15 员。康熙十七年（1678），增设宁古塔佐领、骁骑校各 3 员，兵丁 290 名。康熙二十九年（1690），增设宁古塔防御 3 员、兵丁 156 名。康熙五十二年（1713），增设宁古塔佐领、骁骑校各 1 员，兵丁 450 名。乾隆二十五年（1760），打牲乌拉佐领、骁骑校各 2 员，移驻宁古塔。宁古塔副都统辖区的官兵来源主要是由满洲和赫哲、费雅喀等族编入八旗而形成的新满洲。

副都统作为驻防边疆的二等官员，其设置的目的主要为"各守分地，以赞将军之治"，其职责权限仅次于驻防将军，并且其任免权均由皇帝和兵部、吏部决定，遇事可直接向皇帝奏事，甚至可以参奏将军。例如乾隆七年（1742）三月十七日，"宁古塔副都统常升奏遣犯沈柱造谣滋事逃脱应议处将军鄂弥达、巡察御使官福折"④，以佐其证。

副都统按照其衙门所设地区，可分为与将军同城驻防的同城副都统和单独驻守一城的专城副都统。同城副都统由于与将军同在一城，其职能主要为辅佐将军治理所驻之城，大小事宜主要由将军掌管，职权一般来说比专城副都统要小一些。而专城副都统的职权则与将军类似，只不过职权范围仅限于其统辖区域之内，其所受重视程度自然也比同城副都统要高。宁

---

① 民国《宁安县志》卷一。
② 光绪《吉林外记》卷七。
③ 〔清〕杨宾：《柳边纪略》卷二，杨宾等著，周诚望等标注《龙江三纪》第 47 页。
④ 中国第一历史档案馆等编《清代边疆满文档案目录》第 2 册第 12 页，1999。

古塔副都统在设立之初为同城副都统，与宁古塔将军同驻宁古塔城，在将军移驻吉林城之后，则成为专城副都统，其地位和职责也随之更为重要。乾隆三十七年（1772）三月，"富椿奏，宁古塔副都统系专任办事之处，甚属紧要，非吉林可比"①。由此可见，专城副都统与同城副都统的重要性有别。

吉林城的建筑与驻防

吉林又称吉林乌拉，因早在明代这里就是东北地区的造船重地，因而也被称为船厂。至顺治时期，清政府就开始在吉林建立大型船厂，为抗击沙俄侵略军建造船舰，训练水手，运送军粮。清政府于此造船是因沙俄数犯黑龙江流域，有几次甚至窜至松花江口抢夺粮食。顺治十年（1653），沙俄入侵者斯捷潘诺夫一伙侵入松花江，将当地居民的庄稼抢割一空，装满船只运往黑龙江下游久切尔人驻地过冬。②清军奋起反击，在与俄军的交战的过程中，清军暴露出了船只落后和不善水战的弱点，屡有败绩。因而，要想有效防御沙俄的入侵，建立一支强有力的水师成为必然，选址建立配套的大型船厂也就因之提上了日程。顺治十三年（1656），清政府在吉林建立船厂，也就是文献所说的"昂邦章京萨尔吴代（沙尔虎达）造船于此"③。

康熙十二年（1673），清政府决定在船厂附近兴建吉林城，由宁古塔副都统安珠瑚指挥驻防的吉林八旗官兵负责修建。吉林城"南邻混同江，东、西、北三面皆有木城，北二百八十九步。东西各二百五十步，东西北各一门，城外凿池，池外筑土墙，周七里一百八十步，东西各一门，北门二"。④康熙十五年（1676），宁古塔将军巴海把将军府移镇吉林城。吉林城驻有由满洲、汉、锡伯、巴尔虎等族组成的八旗军队。吉林城建立后，很快就成为宁古塔将军（后改称吉林将军）辖区的军事、政治、经济

---

① 《清高宗纯皇帝实录》卷九〇四，乾隆三十七年三月乙巳。

② ［俄］А. П. 瓦西里耶夫：《外贝加尔的哥萨克（史纲）》第一卷（中译本），第134页。

③ 〔清〕杨宾：《柳边纪略》卷一，杨宾等著，周诚望等标注《龙江三纪》第14页。

④ 〔清〕杨宾：《柳边纪略》卷一，杨宾等著，周诚望等标注《龙江三纪》第13－14页。

中心。

吉林城，"其境南至讷秦窝集七百三十里，至长白山一千三百里；东至都岭河，宁古塔界四百里；西至威远堡，盛京界五百七十里；北至法特哈门、黄山咀子，伯都讷界一百九十五里。远迎长白，近绕松花，扼三省之要冲"①，水陆交通十分便利。从水路来看，吉林地处第二松花江上，其西连辽河，北上可达松花江上游和嫩江口，极尽水上交通之要。吉林船厂规模扩大后，担负起向抗俄前线运送军粮的任务。陆路方面，吉林还是清代东北的驿路中心，从盛京到吉林经由盛京的懿路站、高丽屯站、开原站、棉花街站、叶赫站、克尔素站、阿尔滩额墨勒站、伊巴丹站、刷烟站、依儿门站、嵬登站，最终到达吉林的尼什哈站，全程760里。粮草运输可水陆兼行，较为便利。抗俄斗争的日益深入提升了吉林的战略地位，为前线造船，运兵运粮成为吉林城的主要任务。据统计，到了康熙二十二年（1683），吉林又造运粮船30艘，加之先前所造的，共计80艘，往来抗俄前线运送军粮。

2. 修建卡伦派兵驻守

雅克萨之战后，为了有效防御沙俄入侵，清政府不仅在东北边疆接连修筑了城镇作为军事防御的基地，还在黑龙江地区靠近边境的地方设立卡伦，派兵驻守，加固战后东北的防俄军事体系。

卡伦，清代史书多写作喀伦，满语作 karan，蒙古语作 karool，意为哨所。《黑龙江外记》作者西清认为："更番守望之所曰台，国语谓喀伦，俗称卡路。"② 清末学者徐宗亮也认为，"卡伦犹汉时边塞亭障，国语谓之喀伦，台则瞭望烽火，亦递文报，犹内省大道烟墩云"③。清朝前、中期，

---

① 光绪《吉林外记》卷二。
② 〔清〕西清：《黑龙江外记》卷二。
③ 〔清〕徐宗亮：《黑龙江述略》卷二，第38页。

四、战后东北的防俄军事体系

清政府在全国设置的卡伦种类很多,有围场卡伦,国家禁区、牧场、屯田卡伦以及稽查卡伦等。黑龙江地区设立以防御外来侵略、巡察边境、稽查贸易的卡伦为主。中俄《尼布楚条约》签订后,清政府对黑龙江地区中俄边界的防卫非常重视,曾于康熙二十九年(1680)派郎谈等查看新定边界。郎谈等"至厄里古纳(额尔古纳)立碑于河口石壁上,镌清、汉、鄂罗斯、蒙古、里的诺(拉丁)五样字毕而还"①。

中俄边界确定后,由于"黑龙江徼外境壤牙错,地无边墙,各处俱设喀伦所以防御俄罗斯"②。康熙中期以后,清政府便在黑龙江北部边境地区设置卡伦,但这些边境卡伦并不完全设在边境线上,有的离边境线非常远。如中俄东段北部边境线是外兴安岭,而康熙年间设立的乌鲁苏穆丹卡伦及呼玛尔卡伦等主要在黑龙江上游地区沿江而设。雍正五年(1727),中俄《恰克图界约》签订后,清政府进一步整顿和增设了黑龙江地区的边境卡伦。由于呼伦贝尔边境地区即额尔古纳河一带和黑龙江上游地区是沙俄入侵中国的重要通道,因此清政府在设置卡伦时,以"呼伦贝尔最重,布特哈、黑龙江次之"③。同年,又在中俄中段边境地区设立了59座卡伦,其中东部的珠尔特依等12座卡伦在呼伦贝尔境内,归黑龙江将军统辖。乾隆二十七年(1762),清政府在呼伦贝尔城东北增设库勒都尔河等15座卡伦,西南设喀卜齐哈图等16座卡伦。由此,到乾隆中期,黑龙江边境地区的卡伦设置已经初具规模。据《盛京通志》《黑龙江外记》《朔方备乘》《宁古塔地方乡土志》以及《中国历史地图册(清时期)》等史书和图集的记载统计,清朝前中期,黑龙江地区的卡伦及其所属大致如下:齐齐哈尔副都统辖区有特穆德赫卡伦、温托挥卡伦、多算卡伦、塔勒哈卡伦、古鲁卡伦、乌兰诺尔卡伦、托馨卡伦、四家子卡伦、阿拉克泰卡伦、拜塔拉卡伦、阿拉鄂佛卡伦、温德亨卡伦、苏克台苏苏卡伦、莽算卡伦、绰罗卡伦、博尔齐勒卡伦16处;黑龙江副都统辖区有巴拉毕喇昂阿卡伦、伊玛毕喇昂阿卡伦、精奇哩江卡伦、乌鲁苏穆丹卡伦、科洛尔卡伦、喀塔齐卡伦、库墨勒卡伦、额叶尔卡伦、纽勒们河卡伦、逊河河口卡伦、呐墨尔河河源卡伦、乌鲁苏湾卡伦、毕喇拉河口卡伦、黑龙江混同江

---

① 乾隆《钦定八旗通志》卷一五三。
② 乾隆《钦定盛京通志》卷五二。
③ 〔清〕徐宗亮:《黑龙江述略》卷五,第70页。

两江会口卡伦 14 处；墨尔根副都统辖区有诺敏河巴延和罗卡伦、甘河商和哈达卡伦、喀穆尼卡伦、博尔多卡伦、拉哈卡伦、宁年卡伦、塔拉尔卡伦、塞楞额山卡伦、喀穆尼峰卡伦、库雨尔卡伦、诺敏河卡伦、喀布齐勒峰卡伦、绥楞额山卡伦、布尔札木卡伦 14 处；布特哈总管辖区有喀尔开图卡伦、乌尔布齐卡伦、吉尔吉哈诺尔卡伦、温托挥卡伦、喀拉山卡伦 5 处；呼兰副都统辖区有珊延富勒卡伦、绰罗河口卡伦、诺敏河口卡伦、布勒喀里卡伦 4 处。上述卡伦主要是在黑龙江将军统辖区内。另外，在吉林将军统辖区内的还有：宁古塔副都统辖区的宁古台卡伦、塔拉卡伦、兰沙卡伦、必尔罕河卡伦、塔拉河卡伦、挥春河卡伦、新官地卡伦、玛勒瑚哩卡伦、老松岭卡伦、萨库库卡伦、虎珠岭（骚站）卡伦 11 处；三姓副都统辖区的黑龙江口卡伦、宛里和屯卡伦、锡伯卡伦、音达穆卡伦、毕尔卡伦、西汾卡伦、武斯浑卡伦、佛勒霍鸟珠卡伦、玛尼兰卡伦、穆棱河口卡伦、黑背卡伦、挠力河口卡伦、汤旺河卡伦、玛延卡伦、老岭卡伦、呢满卡伦、雅齐卡伦 17 处卡伦。

　　边境卡伦设立后，"每卡伦驻官一员，兵或九名，或十名，置有卡房，携眷驻守，或一月一更，或三月一更，专任巡防"①。这些驻守卡伦的官兵主要是由黑龙江地区的满洲、达斡尔、索伦、鄂伦春、蒙古、锡伯等官兵组成，定期换防驻卡。

　　根据《盛京通志》记载，乾隆中期黑龙江边境地区的卡伦设置及驻守卡伦情况大致如下：黑龙江上游地区主要有乌鲁苏穆丹卡伦，设驻防官 1 员、领兵 17 名，每月一更；巴拉毕喇昂阿卡伦，设驻防官 1 员、领兵 5 名，每月一更；伊玛毕喇昂阿卡伦，设驻防官 1 员、领兵 4 名，每 3 个月一更；另有库雨尔卡伦、诺敏河卡伦、喀布齐勒峰卡伦，这 3 个喀伦各设驻防官 10 员、领兵 9 名，每月一更。雍正五年（1727）设于呼伦贝尔与俄罗斯交界处边境地区的 12 座卡伦有：珠尔特侬、锡伯尔布拉克、巴延珠尔克、乌雨勒赫齐、巴雅斯呼朗温都齐、巴图鲁和硕、孟克锡哩、萨巴噶图、苏克特侬、察罕鄂拉、库克多博、额尔德尼托勒辉。这些卡伦每处设驻防官 1 员，领兵 30 名，每 2 座卡伦之间设一鄂博（即石头堆，蒙古牧民用以祭祀之处），卡伦官兵每日巡察，每 3 个月一更。遇有越境俄罗

---

① 〔清〕徐宗亮：《黑龙江述略》卷五，第 70 页。

四、战后东北的防俄军事体系

斯人及偷盗牲畜者,由总管呈报办理。乾隆年间设于呼伦贝尔城境东北的15处卡伦:库勒都尔河、特尔墨勒沣河、阿尔噶图谷口、特尼河、崇吉林谷口、墨尔根河、喀喇鄂索谷口、萨奇勒图山、开拉哩河翁昆、温鄂尔额垍苏、乌兰昂阿、布拉克图舍哩、摩该图舍哩、托勒辉图舍哩、鄂勒图舍哩。这些卡伦主要处于游牧处北面且跨拒俄罗斯来路的地方,每处设驻防官1员,领兵20名,每月一更。另外在呼伦贝尔城西南与喀尔喀车臣汗部分界处设有16座卡伦:喀卜齐哈图、阿拉勒图、扎拉、布尔克尔、和尔哈图、哈萨图、音辰、阿噜布拉克、穆敦哈萨图、扎穆呼都克、贝尔布隆德尔苏、鄂尔逊河乌兰昂阿、额布都克、拉门罕布尔都哩、乌默克依布拉克、纳尔苏,这些卡伦每2处设驻防官1员,每处派兵10名,每月一更。① 此后,清政府在边境地区和黑龙江内地陆续增设了许多卡伦。如乾隆三十年(1765),清政府在"珠尔特至莫哩勒克河口,添设二卡,于索博尔罕,添立鄂博,逐日巡查"②,以防止俄人偷越边境。

清政府对黑龙江地区边境卡伦的驻防管理非常严格,如有换防误期或旷卡误哨者,要受到严肃处理。康熙三十七年(1698)发生了锡伯、达斡尔佐领阿穆呼郎、巴琳等旷卡误哨的事件。圣祖对此非常重视,特下谕旨:"今旷误防哨,不可不严加处分。佐领阿穆呼郎、巴琳俱革职,交萨布素惩治。嗣后若有此等不遵法纪者,令萨布素酌量治罪以闻。"③ 对于玩忽职守的驻守卡伦官兵更是严加惩处。乾隆四十四年(1779),黑龙江边境发生了驻卡佐领收受俄罗斯越境者马匹,并将其私行释放的案件。当时任黑龙江将军傅玉报请将"胆敢收受俄罗斯物件、私行释放"的驻卡佐领衮布等"革职枷号"。高宗却颁布谕旨:"此事若止照傅玉所奏,革职枷号,不足示惩,着齐布,将佐领衮布等,拿至卡上,眼同俄罗斯人正法,将军等交部严加议处。"④ 结果驻卡佐领衮布等被处死,黑龙江将军傅玉、黑龙江副都统官福等也因此受到革职留任的处分。

在清前期,像驻卡佐领衮布这样玩忽职守的官兵毕竟还是极少数,大多数的各族守卡官兵都能忠于职守,默默地驻守在祖国的边防线上。尽管

---

① 乾隆《钦定盛京通志》卷五二。
② 《清高宗纯皇帝实录》卷七四三,乾隆三十年八月癸亥。
③ 《满汉名臣传》卷二四《萨布素列传》第667页,黑龙江人民出版社,1991。
④ 《清高宗纯皇帝实录》卷一○八九,乾隆四十四年八月己卯。

守卡官兵所处的环境非常恶劣,驻防生活极其艰苦,但他们仍然一批接一批、一代接一代地驻守在偏远的卡伦里,为保卫东北边疆做出贡献。

3. 定期巡察边界

中俄《尼布楚条约》签订后,清政府为了加强东北边疆的安全、防止沙俄的越境入侵,在东北边疆地区实行了巡边制度。这项措施的实施,在一定程度上维持了东北边界170余年的和平与稳定。

巡边即巡查边界,是清前期东北边疆防御的重要组成部分。中俄《尼布楚条约》签订后,清政府在沙俄可能入侵的黑龙江上游及沿江地区设置了许多卡伦,派遣各族官兵驻守,以防止沙俄侵扰和偷越国境。对于黑龙江以北没有设立卡伦的边境地区,清政府则采取了定期巡边制度,即定期派官兵前往巡查,以防止沙俄入侵。

黑龙江地区的定期巡边制度,从康熙中期中俄划定外兴安岭边界后便开始建立,由齐齐哈尔城、墨尔根城及黑龙江城派出当地各族官兵分段巡查。据《龙沙纪略》记载,每年五月,"三城各遣大弁(低级武官),率百人巡边,至鄂尔姑纳河,河以西俄罗斯地。察视东岸沙草有无牧痕,防侵界也。往返各五、六十日"。巡边官兵分成3路,"卜魁往者,渡诺尼江,指西北,过特尔枯尔峰、兴安岭,涉希尼客河、开拉里、俄木等河。草路弥漫,无辙迹,辨方而行。刳大树皮,以识归路。墨尔根往者,亦渡诺尼江西北过兴安岭,盘旋层嶂中,其路径为易识。艾浑(瑷珲,即黑龙江城)往者,从黑龙江溯舟北上,折而西,过雅克萨故墟,至界碑(即格尔必齐河界碑)"①。在巡边过程中,"每年齐齐哈协领与墨尔根协领会,墨尔根协领与黑龙江协领会,各书衔名月日于木牌瘗山上。明年察边者取归,以呈将军副都统"②。从上述记载来看,康熙末年黑龙江各族官兵的

---

① 〔清〕方式济:《龙沙纪略》,杨宾等著,周诚望等标注《龙江三纪》第205页。
② 光绪《黑龙江外记》卷五。

四、战后东北的防俄军事体系

巡边范围大致在格尔必齐河、额尔古纳河及黑龙江上游之中国边境地区,还没有到达外兴安岭。

随着清朝国力的增强和东北边防设施建设的不断加强,黑龙江地区的巡边制度也日益健全和完善。乾隆三十年(1765),黑龙江将军富僧阿根据黑龙江地区"与俄罗斯接壤处,有兴堪山(外兴安岭),绵亘至海,……第自康熙二十九年与俄罗斯定界,查堪各河源后,从未往查"的情况,组织黑龙江各族官兵进行了一次大规模的巡边活动。这次巡边共分4路:一路由副都统瑚尔起率领,巡查格尔必齐河源,"自黑龙江至格尔毕齐河口,计水程一千九百九十七里,自河口行陆路二百四十七里,至兴堪山,其间并无人烟踪迹";一路由协领纳林布率领,巡查精奇里江源,"自黑龙江入精奇哩江,北行至托克河口,计水程一千五百八十七里,自河口行陆路二百四十里,至兴堪山,其地苦寒,无水草禽兽";一路由协领伟保率领,巡查西里木第河源,"自黑龙江经精奇哩江入西里木第河口,复过莫肯河,计水程一千三百五里,自英肯河口行陆路一百八十里,至兴堪山,地亦苦寒,无水草禽兽";一路由协领阿迪木保率领,巡查钮曼河源,"自黑龙江入钮曼河,复至西里木第河,入乌默勒河口,计水程一千六百十五里,自河口行陆路四百五十六里,至兴堪山,各处俱无俄罗斯偷越"。① 这次巡边,既有水路又有陆路,其行程长者2244里,短者1485里,在当时交通工具非常落后的情况下,能完成如此艰巨的巡边任务,可谓巡边官兵的一大壮举。

在总结这次巡边经验的基础上,黑龙江将军富僧阿对巡边制度进行了调整,并报请清政府批准,使之进一步规范化。新的巡边制度规定,由"打牲总管,每年派章京、骁骑校、兵丁,六月由水路,与捕貂人,同至托克、英肯两河口及鄂勒希、西里木第两河间遍查,回报总管,转报将军。三年派副总管、佐领、骁骑校,于冰解后,由水路至河源兴堪山,巡查一次,回时呈报。其黑龙江官兵,每年巡查格尔毕齐河口,照此,三年亦至河源兴堪山,巡查一次,年终报部"②。由此,便形成了每年到黑龙江上游各河口巡边一次,每3年到外兴安岭巡边一次的定期巡边制度。这种定期巡边制度代代相传,终始不断,一直保持到咸丰初年。尽管这种巡

---

① 《清高宗纯皇帝实录》卷七四三,乾隆三十年八月癸亥。
② 《清高宗纯皇帝实录》卷七四三,乾隆三十年八月癸亥。

边制度仍然存在边界防卫松弛的问题,但它在防御沙俄侵扰方面所起的作用是不容忽视的。

清朝前期参加巡边的人员主要是驻防于东北地区的满洲、达斡尔、索伦、鄂伦春等族官兵,同时还有达斡尔、索伦、鄂伦春等族的打貂猎人。巡边是一件非常艰苦的差事,一般都在夏季进行。每年的五六月,巡边官兵及猎户要自带粮食给养,开始长途跋涉。他们所要巡查的边境地区,往往都是人迹罕至的边远地区,不仅路途遥远,而且要跋山涉水,穿越草莽森林。方式济在《龙沙纪略》中写道,巡边官兵巡边时,"草路弥漫,无辙迹,辨方而行。刳大树皮,以识归路","路多蝱,如蜂,其长径寸,天无风或雨后更炽。行人尝虚庐帐以纳蝱,而宿于外。帚十数齐下,人始得餐。螫马、牛流血,身股尽赤。马轶,觅深草间,见蝱高如邱,知其必毙,弃不顾矣。囊糇粮于树,归时取食之。近颇为捕生者所窃,乃埋而识之。渡河,伐树为筏,马冯水以过。"① 从以上描述中,可以看出巡边官兵在巡边时所遭遇的艰辛。实际上,他们在巡边时所经历的艰难困苦甚至远远超出方式济所描述的情形。

---

① 〔清〕方式济:《龙沙纪略》,杨宾等著,周诚望等标注《龙江三纪》第205页。

五、沙俄对东北边疆的军事渗透及不平等条约的签订

五、沙俄对东北边疆的军事渗透及不平等条约的签订

中俄《尼布楚条约》的签订使中国东北边疆获得了长期的和平安宁，但是，沙俄政府一直没有放弃侵占中国黑龙江流域的既定方针，千方百计通过各种手段侵占中国东北领土。清道光年间中英鸦片战争以后，沙俄利用清政府日益衰落、内忧外患不断加深之机，通过军事渗透、武装占领和外交讹诈等方式，逼迫清政府签订不平等条约，从而侵占了东北边疆的大片土地。

1. 沙俄的军事渗透

沙俄对东北的野心

沙俄是个侵略成性的国家，它在欧洲、亚洲推行疯狂的扩张政策。沙皇彼得一世热衷于抢夺领土，他直言不讳地指出："俄国必须占有涅瓦河口、顿河口和黑龙江口。"① "将来必须在濒临大洋（太平洋）的黑龙江口建立俄国的城堡。"② 他要求出使中国的义杰斯侦察中国军队在黑龙江流域的动向，以便待机而动。同时，彼得一世要求加强远东外贝加尔地区的军事力量，并力图把伊尔库茨克和雅库茨克建成沙俄由西向东和由北向南入侵黑龙江的基地。1722年（康熙六十一年），陆军军官弗·索依莫诺夫

---

① [苏] П. И. 卡巴诺夫：《黑龙江问题》（中译本）第30页，黑龙江人民出版社，1983。
② [俄] Е. В. 冈索维奇：《阿穆尔边区史：沙俄如何占领阿穆尔，并如何在那里站稳脚跟》（中译本）第55页，商务印书馆，1978。

向彼得一世直接提议：应探索一条沿石勒喀河和黑龙江通往堪察加然后到达日本的道路。沙皇回答说："我全知道了，但不是现在，而是必须缓些动手。"①

彼得一世之后，历代沙皇继承了其侵略中国东北黑龙江地区的既定方针。女沙皇叶卡捷琳娜一世在即位后不久，便着手研究入侵中国黑龙江的方案。1725年（雍正三年）9月，沙皇政府命令为划分中俄中段边界和扩大贸易而出使中国的外交官员萨瓦·弗拉季斯拉维奇，要"尽可能慎重地探知中华帝国的军事实力和物质资源"②，并查明取道黑龙江开展对远东贸易的可能性。此后，沙俄多次组织勘察队对黑龙江流域进行勘察。1754年（乾隆十九年），索依莫诺夫等人从尼布楚地区出发，顺石勒喀河到达额尔古纳河口，企图闯入黑龙江，但遭到中国当地各族人民的阻止，索依莫诺夫等被迫折回。18世纪中叶，女沙皇叶卡捷琳娜二世把夺取中国黑龙江作为沙俄"远东政策的中心"③，声称："假如黑龙江真是一条向我国堪察加和鄂霍次克海领地供应粮食的通道，那么占有这条河流对我们极为重要。"④ 为了取得通往北太平洋的黑龙江河口，沙俄在远东地区调整军事力量，部署重兵，随时准备对清朝进行军事勒索。1763年（乾隆二十八年）2月，她下令调整中俄边境地区的边防体制，将有关加强尼布楚和色楞格斯克边防的全部事务集中于"特别军事委员会"，并计划在东线"和中国人作战，从尼布楚方面进攻，以便夺取黑龙江"。她在一次讨论"中国问题"的会议上承认：1768年（乾隆三十三年）第五次俄土战争爆发前，沙俄"正要着手解决中国问题，已有六个团作好了准备"⑤；"要是不把土耳其人驱逐出欧洲，不把中国的傲慢加以制服，不同印度建立贸易关系，我是死不瞑目的。"⑥ 最终，由于中国实力强大且北部边防严备，同时又赶上俄土战争爆发，叶卡捷琳娜二世不敢冒东西两线同时作战的危

---

① Y. N. Semenov, *Siberia: Its Conquest and Development*. pp. 149 – 150.
② ［法］加恩著，江载华译：《早期中俄关系史：1689—1730》（中译本）第111页，商务印书馆，1961。
③ ［苏］霍多罗夫：《波克罗夫斯基和远东研究》，［苏］《新东方》1925年第25卷。
④ ［俄］根·伊·涅维尔斯科伊：《俄国海军军官在沙俄远东的功勋：1849—1855年》（中译本）第44页，商务印书馆，1978。
⑤ Y. N. Semenov, *Siberia: Its Conquest and Development*. p. 253.
⑥ 伍小涛：《中俄〈瑷珲条约〉背后的故事》，《文史天地》2008年第2期。

五、沙俄对东北边疆的军事渗透及不平等条约的签订

险对中国东北轻举妄动。

沙俄对土耳其的战争结束后,叶卡捷琳娜二世又试图着手解决"黑龙江问题"。1777年(乾隆四十二年),叶卡捷琳娜二世下令从乌第堡派出30名哥萨克士兵,侵入中国恒滚河地区。当地鄂伦春族人民发现沙俄入侵者后,迅速通过当地官员向清廷报告。清政府随后向沙俄提出强烈抗议,要求沙俄停止侵略活动,不然,中国就关闭恰克图的一切贸易。① 在当地军民的反对和中国政府的抗议下,沙俄政府不得不将哥萨克士兵撤去。

18世纪末19世纪初,俄国资本主义商品经济得到迅速发展,因此需要扩大原料产地和商品市场,但是农奴制的束缚使其国内市场难以扩大。与此同时,农奴争取解放的斗争越来越激烈。沙皇政府为转移国内人民的视线,同时为满足资产阶级向外倾销商品、扩大市场的需要,从而进一步巩固沙皇专制统治,又一次走上了对外扩张之路。这一时期的中国,仍然是俄国在亚洲的最大的国外市场。

为扩大海外市场,1799年(嘉庆四年)7月,俄国在谢里霍夫等人创办的美洲公司的基础上,成立了"沙俄美洲公司",用以巩固沙俄在北太平洋的霸主地位。俄国美洲公司是以英国东印度公司为样板建立起来的殖民机构,实际上充当了"政府在一切不便以它自己的名义出面的特殊情况下所不可缺少的一个最忠实,可靠的代理机构"②。此后,俄国美洲公司在沙俄侵略中国黑龙江流域、向远东扩张的罪恶活动中扮演着重要的角色。

1801年(嘉庆六年),沙皇亚历山大一世即位后,继续积极推行侵略中国黑龙江的政策。1802年(嘉庆七年),亚历山大一世指派海军军官克鲁逊什特恩率"环球航行探险队"到远东地区进行海上考察,其主要目的之一,就是刺探关于中国黑龙江航运的情报。在从海上窥测中国黑龙江口的同时,亚历山大一世还企图通过外交谈判实现其侵占中国黑龙江的目的。1805年(嘉庆六年)2月,亚历山大一世正式任命戈洛夫金为特使,出使中国。戈洛夫金出使中国的主要目的,就是要求清政府允许俄国商人

---

① [俄]根·伊·涅维尔斯科伊:《俄国海军军官在沙俄远东的功勋:1849—1855年》(中译本)第51页。

② [苏]谢·宾·奥孔:《俄美公司》(中译本)第212页,商务印书馆,1982。

在整个中俄边界上通商,并准许沙俄商人在广州贸易,同时要求在中国黑龙江口和广州设置商务代表,给予沙俄商队在中国内地城市经商的权利,准予沙俄派公使常驻北京。同年7月,戈洛夫金率随员及卫队共240余人从彼得堡启程,10月到达恰克图。清政府给予了隆重的接待,但由于戈洛夫金不遵行清政府的传统礼仪被拒绝入京,沙俄的谈判计划又成为泡影。

沙俄的军事准备

19世纪中叶是沙俄侵夺中国领土的有利时机。这时,清朝社会正经历着由盛转衰的巨大变化。1840年(道光二十年)中英鸦片战争爆发,英国用武力打开了中国的大门,逼使清政府签订了中英《南京条约》。随后,西方资本主义列强也通过一系列不平等条约,使中国一步一步地沦为受帝国主义列强欺侮与压迫的半封建半殖民地国家。而19世纪中叶的沙俄,仍然是一个保守、野蛮的军事封建帝国主义国家。沙皇政府顽固地维护贵族地主阶级的利益,对内极力强化国家机器,镇压人民的反抗;对外,沙皇政府继续充当"欧洲宪兵",绞杀欧洲革命。与此同时,沙俄还疯狂地实行侵略扩张政策,掠夺别国领土,扩大封建统治和剥削的范围,并力图利用对外侵略来转移国内人民斗争的视线,摆脱国内的革命危机。

推行侵略扩张政策符合俄国贵族地主阶级的利益,因而得到他们的全力支持。俄国的对外侵略扩张,也是沙俄资本主义发展的必然结果,得到沙国俄新兴资产阶级的坚决拥护。从19世纪30年代起,资本主义经济在俄国获得了发展,在许多手工业部门中,机器生产逐渐代替手工工场劳动。1851—1860年(咸丰元年至咸丰十年)这10年间,俄国机器制造业的生产总额增加16倍以上。①蒸气动力从19世纪30年代初至19世纪50年代末增加37倍多。作为当时俄国工业重要部门的棉纺织业,因普遍采用新技术而获得了急速发展:19世纪头50年,棉纱产量增加15倍,到19世纪50年代末,纺锭数已占世界第五位。②雇佣工人在工人总数中的比重也大大增加。然而,俄国资本主义的形成和发展,遇到来自封建农奴

---

① [苏]米·瓦·涅奇金娜主编:《苏联史》第二卷第一分册(中译本)第17页,生活·读书·新知三联书店,1957。

② 彭迪先:《世界经济史纲》第262页,生活书店,1948。

五、沙俄对东北边疆的军事渗透及不平等条约的签订

制的强大阻力和国际资本主义的激烈竞争。先天不足的俄国资产阶级为了谋求自身的发展,不仅指望沙皇实行"从上而下"的社会改革,而且仰赖沙皇政府用军事力量来弥补俄国经济竞争能力的不足,为扩大国内市场创造条件,通过对外征服为自己夺取国外市场和原料产地开辟道路。

1825年(道光五年),沙皇尼古拉一世上台后,进一步加快了侵略中国的步伐。沙皇不断叫嚣中俄《尼布楚条约》对沙俄是不平等的,沙俄要"收复黑龙江"。中英鸦片战争后不久,尼古拉一世就发誓:要不失时机地"实现他的高祖父和祖母(指彼得一世和叶卡捷琳娜二世)的遗志"①,他计划动用武力吞并中国黑龙江,夺取沙俄通往太平洋的出海口。根据尼古拉一世的意图,沙俄政府加紧研究中国的时局,调查中国的实力,特别是黑龙江一带的情况。沙俄违反中俄《尼布楚条约》,多次派出"勘察队"秘密潜入中国黑龙江流域进行勘察,违约入侵的事件日益频繁。

1847年(道光二十七年),年方38岁的穆拉维约夫被沙皇委任为东西伯利亚总督。② 尼古拉·尼古拉耶维奇·穆拉维约夫(Н. Н. Муравьёв-Амурский,1809—1881)出身于贵族家庭,从小接受贵族正规军事教育,成为军官。他在少年时期就经常出入宫廷,善于揣测君主的心意;沙皇尼古拉一世穷兵黩武的政策使得他积累了丰富的军事经验,所有的这些都使穆拉维约夫得到了最高统治者的垂青,被任命为东西伯利亚总督,与尼古拉一世臭味相投。穆拉维约夫担任东西伯利亚总督后,便秉承沙皇尼古拉一世的旨意,开始了向中国黑龙江流域扩张的侵略计划。穆拉维约夫认识到沙俄若是控制了中国黑龙江地区并在黑龙江开辟了航运通道,"用不了两个礼拜,便可以把大批移民和所需要的一切物资从涅尔琴斯克(即尼布楚)运到堪察加"③。他认为:沙俄在与中国的恰克图贸易一蹶不振的情况下,通过黑龙江的航运线路的开通,就可以把沙俄的纺织品运到中国东北各地销售。

1848年(道光二十八年)年底,沙俄东西伯利亚总督穆拉维约夫亲

---

① [俄]根·伊·涅维尔斯科伊:《俄国海军军官在沙俄远东的功勋:1849—1855年》(中译本)第67页。
② 张宗海:《穆拉维约夫与中俄〈瑷珲条约〉》,《黑河学刊》1988年第2期。
③ 张宗海:《穆拉维约夫与中俄〈瑷珲条约〉》,《黑河学刊》1988年第2期。

自考察外贝加尔地区，足迹远至中国边境城镇恰克图、祖鲁海图一带。①
1851年（咸丰元年），穆拉维约夫又派卡札凯维奇和斯基勃涅夫非法"勘
察"中国黑龙江上源音果达河、鄂嫩河和石勒喀河，探明从石勒喀河到额
尔古纳河完全适宜航行。② 同年末，穆拉维约夫在伊尔库茨克主持成立了
俄国皇家地理学会西伯利亚分会，规定该会的任务是："积极执行沙皇意
志"，"在学术上"为沙俄夺取中国黑龙江服务。

在穆拉维约夫为侵略黑龙江而做的准备活动中，最重要的一环是扩建
武装部队，这是穆拉维约夫推行侵华政策的主要手段。穆拉维约夫就任东
西伯利亚总督后，立即着手扩充外贝加尔的军事力量。他计划于正规军之
外，建立一支庞大的外贝加尔哥萨克军队作为入侵中国黑龙江的主力部
队。尼古拉一世同意并大力支持穆拉维约夫的扩军方案，使外贝加尔哥萨
克军的扩建极为迅速，到1851年（咸丰元年）6月，沙俄在东西伯利亚
的军队总数已接近5万人，内有战斗部队17000多人。次年9月，穆拉维
约夫向沙皇报告：哥萨克军"已扩建完毕"。至此，外贝加尔地区的男性
适龄居民，几乎都已被编入沙俄军事组织之中。他在给沙皇尼古拉一世的
奏疏中承认："我每到一个营，便再次亲自向哥萨克宣谕圣上恩典，把他
们从矿井农奴解放出来编入哥萨克军，他们听了异口同声高呼感谢皇恩，
并一致表示愿意为国效忠。"③ 1852（咸丰二年），穆拉维约夫在各个集训
地新编成了12个步兵营、12个俄罗斯连以及第三骑兵旅（布里亚特旅）
全旅，这些军队成为沙俄随后4次武装航行黑龙江的军事后盾，而且其数
量还在不断增加。

穆拉维约夫不仅竭力扩建哥萨克军，做陆上入侵的准备，而且力主在
太平洋创建海军，以便侵占中国东北沿海港湾和岛屿。④ 早在1849年
（道光二十九年）3月上旬，穆拉维约夫就在一份奏疏中强调，沙俄必须
在中国黑龙江口设置要塞，在黑龙江口和彼得罗巴甫洛夫斯克港之间派西

---

① ［俄］巴尔苏科夫：《穆拉维约夫－阿穆尔斯基伯爵（传记资料）》第一卷
（中译本）第200－201页，商务印书馆，1973。

② А. И. Алексеев: *Амурская Экспедиция 1849－1855 гг.* （《1849—1855年阿穆
尔勘探队》）с. 144.

③ 张宗海：《穆拉维约夫与中俄〈瑷珲条约〉》，《黑河学刊》1988年第2期。

④ 黎际涛：《俄人东侵史》（上册）第363页，哈尔滨商务印书局，1930。

五、沙俄对东北边疆的军事渗透及不平等条约的签订

伯利亚区舰队巡航,并从俄国内地派部队到这些要塞和西伯利亚区舰队服役。同年12月,沙皇批准将鄂霍次克海和堪察加的全部舰只组成西伯利亚区舰队,归穆拉维约夫统辖。1853年(咸丰三年),尼古拉一世指示穆拉维约夫说:中国理应满足俄国的全部要求,"倘若不允,尔今手握雄兵,可以武力迫其就范"。① 在军事上做了充分准备以后,穆拉维约夫便从海上和陆上发动了对中国黑龙江流域的武装入侵。

军事渗透

侵略和占领黑龙江口及库页岛,是沙俄侵占中国整个黑龙江地区的关键所在。当时沙俄人对于中国黑龙江口能否通航并不了解。为此,沙俄利用清朝内忧外困,东北地区边防空虚的时机,派遣海军军官涅维尔斯科伊(Г. И. Невельской,1812—1876)率领水兵乘军舰"贝加尔"号入侵中国黑龙江口等地。涅维尔斯科伊等人于1849年6月24日到达库页岛东岸,转而向北,开始了在中国领海内的"探险"活动。通过这次海上入侵,涅维尔斯科伊才知道"库页岛是一个岛屿,船只从南北两方都可以进入黑龙江河口湾和黑龙江"②。这是沙俄有史以来第一次对中国黑龙江口一带做比较接近事实的描述。沙俄侵略者认为这是"重大的地理发现",他们并不知道的是,中国很早就有对库页岛的记载。明朝对于"在奴儿干海东"的"苦夷""苦兀""库兀"即库页岛的记载更是屡见不鲜。③ 涅维尔斯科伊在对黑龙江口调查之后,又按照穆拉维约夫的指令,窜到鄂霍次克海西南海岸进行测绘。他在黑龙江河口北面,先后将2处优良的港湾擅自命名为"幸运湾"和"圣尼古拉湾"。1850年(道光三十年)7月9日,涅维尔斯科伊等与俄美公司派往当地的奥尔洛夫会合,随后占领了离黑龙江口很近的海岸,并于7月11日在那里建立了沙俄第一个侵略据点——彼得冬营。④ 7月24日,涅维尔斯科伊亲自率领6名水兵和2名译员乘坐小

---

① [俄]巴尔苏科夫:《穆拉维约夫-阿穆尔斯基伯爵(传记资料)》第一卷(中译本)第501页。

② 张宗海:《穆拉维约夫与中俄〈瑷珲条约〉》,《黑河学刊》1988年第2期。

③ 见《明宣宗实录》卷六九,宣德五年八月庚午;《寰宇通志》卷一一六;《大明一统志》卷八九;《辽东志》卷九等。

④ А. И. Алексеев: *Амурская Экспедиция 1849 – 1855 гг.*(《1849—1855年阿穆尔勘探队》)с. 144.

艇，携带火炮1门，进一步闯入中国黑龙江，到达特林（中国明朝奴儿干都司衙门和永宁寺所在地）。8月13日又窜到江口附近的庙街。当天，涅维尔斯科伊强迫附近各村居民到庙街集合，宣布在该地建立以尼古拉一世的名字命名的侵略据点——"尼古拉耶夫斯克哨所"。随后，他把同来的6名水兵、1门火炮留下，实行军事占领，他本人经彼得冬营回到阿扬。

1851年（咸丰元年）7月，涅维尔斯科伊从鄂霍次克率领一批军官、水兵和哥萨克，乘船第3次闯入幸运湾，与彼得冬营的俄军会合。8月中旬，涅维尔斯科伊亲自率领博什尼亚克中尉和25名武装人员，再次侵入库艾格达岬。他煽动当地费雅喀人"不要听满洲人的话"，妄图达到分化瓦解的目的。他曾说：沙俄人就是凭借大炮和十字架来建立他们的殖民统治的。① 为了搜集更多的情报，涅维尔斯科伊以彼得冬营为基地，一再派遣武装的小分队到黑龙江下游、库页岛等地活动。9月到12月，沙俄侵略者的足迹已扩大到亨滚河一带、黑龙江下游右岸和鞑靼海峡沿岸的广大地区。1852年（咸丰二年）1月到2月，涅维尔斯科伊又陆续派出4个小分队，分别侵入土古尔河上游、奇集湖，克默尔湾（迭卡斯特里湾，又名南格玛尔湾）和库页岛。这伙侵略者又于3月间分别占领了克默尔湾和奇集屯；6月上旬，他又派兵侵入"世界上最优良最宽阔的海湾之一"哈吉湾，并命名为"尼古拉一世皇帝港"（今苏维埃港）。② 1853年（咸丰三年）8月11日，涅维尔斯科伊乘船到达库页岛最南部阿尼瓦角，因没有找到合适的停泊场，便驶入鞑靼海峡。18日，涅维尔斯科伊等乘船进入哈吉湾。尽管沙皇的命令没有要求侵占哈吉湾，但涅维尔斯科伊认为在这里建立哨所后，"俄国人就会成为全部沿海地区的实际主人"，因此，仍然决定在该地最大的内港建立"康士坦丁哨所"，实行军事占领。③ 21日，"贝加尔"号继续北上，驶入克默尔湾，涅维尔斯科伊登陆后就地建立了"亚历山大哨所"，之后前往奇集湖，于阔吞屯旁强建了"马林斯克哨

---

① ［俄］根·伊·涅维尔斯科伊：《俄国海军军官在沙俄远东的功勋：1849—1855年》（中译本）第148页。

② ［俄］根·伊·涅维尔斯科伊：《俄国海军军官在沙俄远东的功勋：1849—1855年》（中译本）第247页。

③ И. Флорич и И. Винокуров, Подвиг Адмирала Невельского. （涅维尔斯科伊海军上将的功勋）с. 123.

五、沙俄对东北边疆的军事渗透及不平等条约的签订

所",再取道庙街,于 29 日返回彼得冬营。奥尔洛夫等人则驾船驶往库页岛西岸,在北纬 50°附近修建了沙俄在该岛的第一个侵略据点——"伊利印斯克哨所"。9 月 6 日,穆拉维约夫的专差官少校尼·布谢从彼得罗巴甫洛夫斯克带领军队,乘"尼古拉"号到达彼得冬营。与涅维尔斯科伊会合后,两人乘同一艘船再度南侵库页岛,于 10 月 2 日进入该岛优良港湾——阿尼瓦湾。经过两天的侦察与准备,10 月 4 日,涅维尔斯科伊指挥布谢、鲁达诺夫斯基等带领 25 名水兵在该湾登陆,随即在岸上升起沙俄军旗,架设大炮,并在该湾东面的高地设立了以穆拉维约夫的名字命名的哨所,蛮横地声称:"库页岛作为黑龙江下游的延续地区,属俄国所有。"① 尼古拉一世对涅维尔斯科伊"行动坚决和占领库页岛主要据点一事十分满意",在涅维尔斯科伊的报告上亲自批了"很重要"2 个字,并且还赏给他勋章 1 枚。② 同时,沙俄海军上将康士坦丁亲王也下令嘉奖"黑龙江勘察队"。涅维尔斯科伊对中国黑龙江下游沿海地区的侵略活动,使沙俄通过军事渗透等方式实现了对中国的阔吞屯(马林斯克)、庙街(尼古拉耶夫斯克)、克默尔湾(迭卡斯特里湾)、哈吉湾(皇帝港)等战略要地和海港的非法侵占,将中国黑龙江下游地区大片领土置于沙俄的军事控制之下,为沙俄后来侵占中国黑龙江以北和乌苏里江以东的广大地区并攫取黑龙江的航行权奠定了基础。

在经过涅维尔斯科伊和阿赫杰等人先期对中国黑龙江流域、外兴安岭的勘察和侵略后,1854 年(咸丰四年)夏季,在穆拉维约夫的直接指挥下,大批沙俄兵船运载哥萨克部队,从外贝加尔强行闯入中国黑龙江,揭开了沙俄全面占领黑龙江左岸地区的序幕。1853 年(咸丰三年)10 月,克里米亚战争爆发,英、法军队的主力被牵制于近东战场;这时,正在欧洲游历、密切注意事态发展的穆拉维约夫决定充分利用这一形势。尽管中国并未介入战争,他却借口战争的需要,力图加紧向中国实行扩张,并把这一侵略性的军事政策伪装成对付英国的"防御"措施。沙俄在远东的军事部署,目标直接针对中国。穆拉维约夫声称,当时沙俄"在外贝加尔省

---

① [俄]根·伊·涅维尔斯科伊:《俄国海军军官在沙俄远东的功勋:1849—1855 年》(中译本)第 284 页。

② [俄]根·伊·涅维尔斯科伊:《俄国海军军官在沙俄远东的功勋:1849—1855 年》(中译本)第 336 页。

有将近一万六千名步兵和五千多名骑兵处于战斗准备状态。其中有一万三千名步兵和骑兵,配备二十门大炮,可以随时毫不费力地开赴国外,必要时,这个数字还可以增加到一万六千名"。① 他自恃有了这支规模可观的军队,就可入侵中国"开辟黑龙江航线"。

当时,沙俄驻北京东正教传教士团首领、修士、大司祭巴拉第(Архимандрит Палладий,1817—1878)是刺探中国情报的重要间谍。从1840—1878 年(道光二十年到光绪四年),他 3 次来中国,在中国生活了 30 年,是一个典型的"中国通",文化素养极高,精通中国的语言文字,熟悉中国的方方面面,且与中国上流社会有着非常广泛的交往,《南京条约》的签订者耆英便是他的要好的朋友。② 巴拉第提供的"经常的、十分详尽的关于中国事态的情报"③,使沙俄对清政府的对俄态度了如指掌。通过情报,穆拉维约夫了解到:清朝"军机处开了一个会议,内阁成员、皇上的弟弟为俄罗斯说话,他说俄罗斯对中国的友谊已经延伸了 200 年了"④。穆拉维约夫正是根据来自各个不同渠道的情报,得出了"中国政府由于内乱四起,不得不对我国采取妥协政策"的结论。他正是凭借这些情报所得出的结论,在宫廷中为自己的主张进行游说,为夺取黑龙江地区而采取的每一步行动寻找借口和支持。⑤

穆拉维约夫的对华侵略策略是:在黑龙江上武装航行,完成对黑龙江左岸的武装占领,然后再寻找适当的机会(也就是中国国内外形势处于最困难的时候),逼迫中国承认既成事实。接着,穆拉维约夫向沙皇政府报告:准备实施在外贝加尔边境地区向中国"大显兵威"的方案,以及在 1854 年(咸丰四年)黑龙江流域解冻后立即率领俄军"取近路开赴黑龙江口"的计划,并要求授予他"便宜行事的权力"。沙皇命令皇太子亚历山大召集"特别会议"进行研究。1854 年 1 月 23 日,会议接受了穆拉维

---

① 《呈海军大将亲王殿下的秘密报告》(俄历 1853 年 11 月 29 日),[俄] 巴尔苏科夫:《穆拉维约夫-阿穆尔斯基伯爵(传记资料)》第二卷(中译本)第 102 页。

② 李随安:《巴拉第与〈瑷珲条约〉——读陈开科的〈巴拉第与晚清中俄关系〉》,《西伯利亚研究》2009 年第 2 期。

③ [苏] П. И. 卡巴诺夫:《黑龙江问题》(中译本)第 203 页。

④ 李随安:《巴拉第与〈瑷珲条约〉——读陈开科的〈巴拉第与晚清中俄关系〉》,《西伯利亚研究》2009 年第 2 期。

⑤ 张宗海:《穆拉维约夫与中俄〈瑷珲条约〉》,《黑河学刊》1988 年第 2 期。

约夫的意见，悍然决定：不管清政府同意与否，都要"沿黑龙江航行"。①这一决议标志着沙俄对中国黑龙江地区的侵略已进入决定性阶段。"沿黑龙江航行"的命令下达后，穆拉维约夫立即派主要助手卡尔萨科夫赶赴伊尔库茨克，加速进行准备工作。3月下旬，穆拉维约夫回到伊尔库茨克，立即派札博林斯基携带给理藩院咨文前往北京。咨文诡称：为了"防范敌人占据我国东部岛屿与大陆领土"，他奉沙皇之命率领军队取道黑龙江赶赴太平洋，希望清政府不要"误会"。②库伦办事大臣以其不合旧例，不准札博林斯基赴京，来文按一般外交程序由库伦转送北京。穆拉维约夫不等清政府答复，便决定采取行动。5月1日，他离开伊尔库茨克，前往航行的起点站石勒喀河畔的小村镇石勒喀札沃德。5月19日，当他从边金诺到达该地的时候，石勒喀河上已停泊着满载军需物资的大小船只，岸上沙俄军队来来往往，"使人觉得石勒喀札沃德好像一座大兵营"③。

1854—1857年（咸丰四年到七年）间，穆拉维约夫在黑龙江组织了4次大规模的武装航行，将中国黑龙江下游、及中上游左岸地区全部占领。④ 1854年（咸丰四年）5月26日，穆拉维约夫正式发布入侵黑龙江的"出征"令，随即亲自率领由第十三、十四、十五西伯利亚边防营组成的"远征军"近1000名，携带大炮、枪支、弹药和其他军需物资，分乘"额尔古纳"号轮船等70余只船、筏顺石勒喀河下驶，开始了对黑龙江的第1次大规模武装航行，随行的还有俄国地理学会东西伯利亚分会的一些会员。⑤ 6月9日，俄船到达精奇里江口，穆拉维约夫派专差官斯韦尔别耶夫前往瑷珲，要求守城官"放行"。署黑龙江副都统胡逊布因清政府没有准许俄船"假道"黑龙江的命令，不许船队通过。次日，穆拉维约夫亲

---

① ［俄］А.П.瓦西里耶夫：《外贝加尔的哥萨克（史纲）》第三卷（中译本）第73页，商务印书馆，1978。

② 《俄罗斯东西伯利亚各省总督、勋章获得者尼古拉·穆拉维约夫中将致大清国理藩院咨文》（俄历1854年10月30日），［俄］巴尔苏科夫：《穆拉维约夫－阿穆尔斯基伯爵（传记资料）》第二卷（中译本）第112页。

③ ［俄］巴尔苏科夫：《穆拉维约夫－阿穆尔斯基伯爵（传记资料）》第一卷（中译本）第371页。

④ 张宗海：《穆拉维约夫与中俄〈瑷珲条约〉》，《黑河学刊》1988年第2期。

⑤ А.И.Алексеев, Амурская Экспедиция 1849－1855 гг. (《1849—1855年阿穆尔勘探队》) c. 144－155.

自前来瑷珲，准备同胡逊布"交涉"，同时窥探当地守军虚实。临行前，他指示卡尔萨科夫，如果中国方面不放行，"一俟得到他的命令，立即攻城"①。俄船驶近南岸后，胡逊布等上船诘问。穆拉维约夫蛮不讲理，硬说："本属东面各岛，被英吉利侵占"，他奉命由黑龙江"抄近前往，……今不放行，殊非取和之道"，并表示俄船决不退回。胡逊布"坚执不许经过"。②穆拉维约夫不听劝阻，命令俄船强行通过瑷珲。由于清政府在当地"向未设有战船，亦无水师"，对突如其来的沙俄侵略军毫无戒备，因此，俄船得以顺流东下。最后，俄船于6月24日、25日陆续驶抵阔吞屯，随即将大多数俄军部署在阔吞屯、庙街至克默尔湾一带，"占据村屯"，"砍木垫道，烧砖盖房，打铁练兵，沿江摆列铜炮"，实行野蛮的军事占领。③首次武装航行黑龙江得逞后，穆拉维约夫立即派卡尔萨科夫飞奔俄京告捷。尼古拉一世接见了卡尔萨科夫，"对黑龙江航行的空前胜利再三表示感谢"，下令嘉奖穆拉维约夫等全体入侵人员，晋升卡尔萨科夫为上校，涅维尔斯科伊为海军少将，卡札凯维奇为海军上校。④为了掩盖自己的侵略罪行，并麻痹清政府，穆拉维约夫于7月初命令修士大司祭巴拉第行文理藩院说，俄军这次"由中国黑龙江地面行走"，"并无丝毫扰害中国，且绝无出人不意因而贪利之心！"还说"此次用兵，不惟靖本国之界，亦实于中国有裨，但愿中国同心相信，勿以兵过见疑"。⑤穆拉维约夫强行武装航行黑龙江之日，正是英、美、法向清政府要求修改条约，扩大在华侵略特权之时，陷于内外交困境地的清政府此时正忙于镇压太平天国革命，对列强的侵略特别是沙俄入侵没有采取任何积极的防御措施。

---

① [俄] A. П. 瓦西里耶夫：《外贝加尔的哥萨克（史纲）》第三卷（中译本）第76-77页。

② 咸丰四年五月二十八日吉林将军景淳奏俄船经过黑龙江境内现在饬属防范情形折，《筹办夷务始末（咸丰朝）》第一册第272页。

③ 咸丰四年八月二十六日吉林将军景淳奏俄人在费雅哈设防其分界事请俟五年春再查并请敕库伦及黑龙江委员查明分界处所折，《筹办夷务始末（咸丰朝）》第一册第309页。

④ [俄] 巴尔苏科夫：《穆拉维约夫-阿穆尔斯基伯爵（传记资料）》第一卷（中译本）第396、398页。

⑤ 咸丰四年六月三十日沙俄达喇嘛请假道黑龙江运输俄兵公函，《筹办夷务始末（咸丰朝）》第一册第291页。

五、沙俄对东北边疆的军事渗透及不平等条约的签订

在第一次武装航行黑龙江成功之后，沙俄看到清政府的软弱无能，也洞悉了清朝东北边防的极度薄弱，穆拉维约夫便于1855年（咸丰五年）5月中旬悍然下令第二次武装"航行"黑龙江。这次入侵共出动哥萨克军3000人，分乘120余艘船只，分3批陆续出发。随行的有481名哥萨克"移民"（军屯户）、以马克为首的俄国地理学会西伯利亚分会的"黑龙江考察队"及一些西伯利亚商人。运送的"主要物资是供加强尼古拉耶夫斯克各炮台火力用的要塞重炮"。① 首批俄船闯入黑龙江后，于5月27日到达瑷珲附近。署黑龙江副都统、协领富勒洪阿等登船拦阻，面见穆拉维约夫，"将钦奉谕旨剀切晓谕，告以令其由外海行走，不准由内江行驶"②。穆拉维约夫置之不理，强行启碇东行。6月下旬，沙俄侵略军陆续到达黑龙江下游，随即屯兵占地，建筑房屋，安设炮位，③ 并且在阔吞屯至庙街间长300多公里的地带，建立起第一批哥萨克"移民点"和粮食、物资仓库。截至1855年（咸丰五年）冬，聚集在该地的沙俄侵略者已多达7000余人。④ 经过1854年和1855年（咸丰四年和五年）两次大规模的武装"航行"，沙俄基本上实现了对中国黑龙江下游地区的非法占领。

沙俄侵略军武装占领黑龙江下游地区后，立即着手扩大侵略，图谋进一步吞并整个黑龙江以北的中国领土。当时沙俄刚刚在克里米亚战争中惨败，在欧洲方向上的扩张受到了巨大的挫折，国内矛盾也被激化，沙皇尼古拉一世因而自尽。为了摆脱困境，他们打算"失之西方，取之东方"。1855年（咸丰五年）6月，当第二次"黑龙江航行"尚在进行的时候，刚刚即位的沙皇亚历山大二世决定："必须坚决地使整个黑龙江左岸属沙俄所有"。⑤ 同时，他企图通过外交谈判使沙俄对黑龙江地区的非法占领

---

① ［俄］巴尔苏科夫：《穆拉维约夫－阿穆尔斯基伯爵（传记资料）》第一卷（中译本）第433页。

② 咸丰五年四月二十四日黑龙江将军奕格奏俄兵船自黑龙江行驶请敕理藩院令其仍由外海行走折，《筹办夷务始末（咸丰朝）》第一册第390页。

③ 咸丰四年五月二十八日吉林将军景淳奏俄船陆续过境尚为安静折，《筹办夷务始末（咸丰朝）》第二册第395页。

④ Vladimir, *Russian on the Pacific and the Siberian Railway*. p.224. 按：其中一部分人员是由堪察加半岛彼得罗巴甫洛夫斯克迁来的。

⑤ ［俄］A. П. 瓦西里耶夫：《外贝加尔的哥萨克（史纲）》第三卷（中译本）第87页。

合法化，并强迫清政府割让更多土地，因此责成穆拉维约夫同中国谈判，签订条约。清廷方面，由于此时正焦灼地同太平天国作战，根本无暇顾及黑龙江流域，在沙俄的要求下便同意与其谈判。

咸丰五年（1855）八月初十日，吉林将军代表富尼扬阿一行到达阔吞屯。次日，富尼扬阿等登上俄船，同俄海军少将扎沃依科举行会晤。在会谈中，扎沃依科强词夺理，硬说为了防止英、法舰队在太平洋上"对沙俄造成威胁"，沙俄需要"保卫黑龙江"！① 他蛮横地要求中国把黑龙江左岸"分与俄罗斯人占据，设卡守护"，并允许沙俄"夏由（黑龙江）水路乘船，冬则冰上骑马，上下不断行走"。清廷原以为此次划界仅是为解决《尼布楚条约》中未划界的乌第河部分之归属问题。当这一狂妄的领土要求大出清方代表预料，富尼扬阿等当即严正指出：黑龙江左岸"系天朝（中国）地界"，不能让与。扎沃依科"无言可答"，声称"俟复穆拉维约夫再定"。②

八月十二日，穆拉维约夫派人向富尼扬阿等提出一份《划界意见书》，强逼中国接受。《意见书》要求："沙俄在该地占据的一切地方以及整个沿海地区应该永归沙俄所有"，"在整个黑龙江左岸设立居民点"，把黑龙江作为两国"最无可争辩的天然疆界"。《意见书》还大肆威胁说："只有这样划界，中俄两国才能消除它们之间现在和将来可能引起误会的一切根源。"③ 面对沙俄方面的无理要求，富尼扬阿等援引《尼布楚条约》及咸丰三年（1853）五月二十二日沙俄枢密院致理藩院的照会，严词拒绝。穆拉维约夫蛮不讲理，竟宣称："由于同英法发生了战争，这一照会已失去约束力"。④ 接着，他取出俄方擅自绘制的标明黑龙江左岸"属于"沙俄的地图，荒谬地说："黑龙江系由俄国发源，理应将左岸均为俄国地界，

---

① ［俄］巴尔苏科夫：《穆拉维约夫－阿穆尔斯基伯爵（传记资料）》第一卷（中译本）第442页。

② 咸丰五年十月十五日吉林将军景淳奏分界委员会晤俄使情形折，《筹办夷务始末（咸丰朝）》第二册第425页。

③ 《全俄君主皇帝陛下钦命沙俄政府全权代表、东西伯利亚各省总督、勋章获得者穆拉维约夫中将对划界的意见》（俄历1855年10月19日），［俄］巴尔苏科夫：《穆拉维约夫－阿穆尔斯基伯爵（传记资料）》第二卷（中译本）第135页。

④ ［俄］А.П.瓦西里耶夫：《外贝加尔的哥萨克（史纲）》第三卷（中译本）第91页。

五、沙俄对东北边疆的军事渗透及不平等条约的签订

乌特河（乌第河）、松花江（指混同江，即松花江口以下的黑龙江——引者）既未分界，即将松花江左岸分给俄国。"富尼扬阿等据理驳斥，重申：中俄两国东部"自（外）兴安岭山梁至东海为界，山阳地面，为中国所属，山阴地面，俱系俄国所属"，只有乌第河一带为"公中之地"，尚待分立界牌。①同时指出："黑龙江、松花江左边有奇林、鄂伦春、赫哲、库业（页）、费雅哈（喀）人等，系为我朝贡貂皮之人，业已居住年久。"②穆拉维约夫无词以对，不得不承认精奇里、西林木迪、牛满等河"系大清国地方"，但仍要求中方些地区割让给沙俄。富尼扬阿等回答："不遵旧制办理，不但有伤和好，我等亦不能擅专。"③穆拉维约夫硬要富尼扬阿等将他的《划界意见书》带回，促理藩院"作速回复"，并扬言：来年春季，俄军还要取道黑龙江，"运送比去年和今年更多的兵力，物资和大炮"。④由于俄方态度蛮横，谈判遂告中断。

十月十五日，吉林将军景淳将谈判经过奏报清廷。文宗以黑龙江左岸"为我国所属之地，诚无可疑；俄罗斯意欲分踞，其心甚为诡诈"⑤，命令景淳等向沙俄政府提出抗议。咸丰五年十一月二十六日（1856年1月3日），库伦办事大臣、吉林将军、黑龙江将军会衔，照会沙俄枢密院，严正驳斥俄方所谓"黑龙江至东海地方至今尚未划分"及"黑龙江发源于沙俄应归俄有"的谬论，重申中国对黑龙江地区的领土主权。照会指出：穆拉维约夫率俄军东来，"自松江（黑龙江）口至阔吞屯，占据若许地方，均为大皇帝产贡之所，赫哲、费雅哈人等居住地方，捕打为业，历有年所。再精奇里、西林（木）迪、牛曼（满）河源，亦应本省每年派委官兵巡查。我大清国所属地方，由别国流入界内，及我国流入尔俄罗斯等国河汊，不止一处。此等河汊（归属），岂有以流出之处为辞之理！"接

---

① 咸丰五年十月二十二日吉林将军景淳奏分界委员与俄使辩论情形折，《筹办夷务始末（咸丰朝）》第二册第430页。
② 咸丰五年十月十五日吉林将军景淳奏分界委员与俄使辩论情形折，《筹办夷务始末（咸丰朝）》第二册第425页。
③ 咸丰五年十月二十二日吉林将军景淳奏分界委员与俄使辩论情形折，《筹办夷务始末（咸丰朝）》第二册第430页。
④ ［俄］巴尔苏科夫：《穆拉维约夫－阿穆尔斯基伯爵（传记资料）》第一卷（中译本）第443页。
⑤ 《清文宗显皇帝实录》卷一八一，咸丰五年十月辛亥。

着，照会谴责了穆拉维约夫违反《尼布楚条约》，非法占据中国黑龙江口一带的罪行，驳斥了沙俄"仍欲将黑龙江松花江左岸分去"的无理要求，并且要求沙俄政府饬知穆拉维约夫，按照咸丰三年（1853）五月二十二日俄方来文，"于早年所定地方，迅速立界，以免误越。唯各饬所属，于近海地方，详加履勘。其未分界址地方，比对两国原定档案，秉公酌办"①。这一抗议照会再次有力地证明：后来穆拉维约夫之流硬说清政府对俄方侵占黑龙江"从来无人提出疑议""长期缄默"等等，纯属无稽之谈；经过阔吞屯谈判，沙俄"阳请分界，阴图侵疆"②的强盗面目暴露无遗。但是，文宗不仅没有采取必要的防御措施，反而继续从东北边防前线抽调大批清军入关镇压太平天国。长期在北京活动的修士大司祭巴拉第熟知清政府的内情，密报穆拉维约夫说："毫无疑问，中国政府由于内乱四起，不得不对我（俄）国采取妥协政策。"③因此，穆拉维约夫不仅对清政府的抗议置之不理，反而更加肆无忌惮进行了第三次黑龙江武装航行。

1856年（咸丰六年）5月，卡尔萨科夫率领大小船只120余艘，运载哥萨克军1660名及大批牲畜、军需物资，分3批从石勒喀河侵入黑龙江。④ 6月2日，卡尔萨科夫在炮艇护送下，带领第一批船队驶抵瑷珲，狂妄地通知瑷珲副都统魁福，沙俄船只和军队今后将经常在江中往来，因此已决定"在黑龙江左岸若干地方贮备粮食，派人保护"；同时威胁说，沙俄在黑龙江口已有军队1万人，还有5000人左右在年内陆续开到，其中500人将驻守瑷珲对岸的海兰泡，"言毕回船，分起开行"。在随后的2个多月内，沙俄侵略军以"借地囤粮"为名，在黑龙江中游左岸强行建立了4个军事据点：呼玛哨所（呼玛河口对岸）、结雅哨所（海兰泡地方）、兴安哨所（今俄罗斯帕什科夫北面）、松花江哨所（松花江口对岸），在黑龙江下游强建诺沃米哈依洛夫斯克。8月21日，穆拉维约夫下令：黑龙

---

① 咸丰五年十二月初一日景淳奕格德勒克多尔济为立界而照旧制办理给沙俄咨文，《筹办夷务始末（咸丰朝）》第二册第441-442页。
② 咸丰九年九月十七日吉林将军景淳奏派员守候俄官并筹办地方情形折，《筹办夷务始末（咸丰朝）》第五册第1654页。
③ 《外交报告》（俄历1856年1月4日），[俄]巴尔苏科夫：《穆拉维约夫-阿穆尔斯基伯爵（传记资料）》第二卷（中译本）第140页。
④ [俄] А. П. 瓦西里耶夫：《外贝加尔的哥萨克（史纲）》第三卷（中译本）第104页。

五、沙俄对东北边疆的军事渗透及不平等条约的签订

江左岸各哨所的沙俄占领军一律"留在原地过冬","待明春首次航行时,将他们的家眷、全部家产也迁去,使他们在该地定居下来"。① 不久,他又命令卡尔萨科夫建立黑龙江哥萨克团,待来年开春后增强从乌斯季-斯特列尔卡到阔吞屯的各哨所;同时命令步、骑、炮兵"处于战备状态",随时准备向黑龙江南岸进攻。1856年10月,英国为了扩大在华侵略权益,故意制造事端,炮轰、焚掠广州,挑起第二次鸦片战争。不久,英国决定联合法国增派军队侵华,扩大战火。沙俄从战争一开始就密切注视着中国局势的发展,蓄谋趁机渔利。1857年1月初,巴拉第从北京密报说,沙俄应利用目前时机,在中国采取"坚决的行动"。他强调:"我对兼并黑龙江左岸已不再怀疑。""我意此事可以毫不声张地解决,但是要行动!"② 同年年初,穆拉维约夫返回伊尔库茨克后,"便立即下令准备把原定于今年迁往黑龙江的哥萨克及其家眷按期运往目的地",为此而进行的"各项准备工作从未稍停"。其中,黑龙江哥萨克团的头3个连已准备就绪,"有关的最后指令一到,便可立即出发"。③ 穆拉维约夫始终认为,武力是实现侵华计划的基本手段。

同年5月底6月初,在穆拉维约夫和卡尔萨科夫的指挥下,大批哥萨克军及其家属、一些商人和"科学家",分批从石勒喀札沃德出发,第4次武装侵入中国黑龙江。6月中旬,哥萨克军主力七八百人,在亚兹利夫少校率领下,不顾清朝官员的劝阻,由黑龙江上游到达目的地结雅哨所。入侵者一边就地建造营房,屯兵驻守,"演练枪炮",并在海兰泡架设大炮,对瑷珲军民进行威胁;一边派先遣部队抢占中国黑龙江上、中游左岸的重要据点,为后续部队铺平道路。④ 不仅如此,穆拉维约夫还悍然宣布:从明年航期开始,凡留在黑龙江左岸的居民,均属沙俄管辖;不愿受沙俄管辖的,都须迁到右岸;中国方面要是稍有反抗或集结兵力,沙俄就

---

① [俄]巴尔苏科夫:《穆拉维约夫-阿穆尔斯基伯爵(传记资料)》第一卷(中译本)第482页。
② [俄]А.П.瓦西里耶夫:《外贝加尔的哥萨克(史纲)》第三卷(中译本)第115页。
③ 《呈陆军大臣的报告》(俄历1857年2月27日),[俄]巴尔苏科夫:《穆拉维约夫-阿穆尔斯基伯爵(传记资料)》第二卷(中译本)第148页。
④ 咸丰七年闰五月十四日奕山等奏俄督穆拉维约夫拥众猝来侵地设防要求通商折,《清代中俄关系档案史料选编》第三编第319页。

要进攻右岸，收缴他们的武器，占领瑷珲。① 7月7日，穆拉维约夫发布军令，宣布在整个黑龙江左岸建立所谓"黑龙江防线"，下设2个军分区，分别属外贝加尔驻军司令和滨海省驻军司令管辖。② 沙俄对中国黑龙江以北大片领土非法的军事占领体制，至此基本确立。就这样，沙俄坚持武力侵华政策，利用第二次鸦片战争的时机，于1857年（咸丰七年）又侵占了中国黑龙江上、中游左（北）岸大片土地。在同一年通航期，又向黑龙江流域"移民"2400余名，其中，包括被释放的苦役犯（大多是强盗杀人犯）1000名。③ 到同年年末，黑龙江北岸的沙俄"移民"已达3000多人。④ 同时，由于在松花江，乌苏里江口建立了军事哨所，沙俄把黑龙江上、中游左岸新占领区和1857年（咸丰七年）年以前占领的黑龙江下游地区连成了一片。旧俄学者在记述这一年穆拉维约夫的侵华活动时，曾毫不掩饰地写道：1857年的"基本目标，即造成由哥萨克定居黑龙江的既成事实……已出色地完成了。这样，当中国人着手边界谈判时，他们面临着黑龙江已被（俄国人）占据的事实"⑤。

清政府对于沙俄上述侵略行径曾多次提出抗议。1857年（咸丰七年）五月间，沙俄侵略军刚闯到海兰泡，瑷珲副都统魁福即派员前往交涉，"诘其何日折回"。穆拉维约夫倚仗其"人众势炽，性近骛悍"，先则向中国官员炫耀武力，"视以利器"，继则宣称"后起人数尚多"，"请仿照恰克图通商，或可彼此相安"，否则，"兵丁实难保其不无滋扰"。⑥ 而对中方的责问，竟不做正面回答。六月十一日，黑龙江将军奕山命令呼伦贝尔总管吉拉明阿携带抗议照会，往见穆拉维约夫，严正指出俄军在海兰泡盖

---

① ［俄］巴尔苏科夫：《穆拉维约夫－阿穆尔斯基伯爵（传记资料）》第一卷（中译本）第514页。

② ［俄］А. П. 瓦西里耶夫：《外贝加尔的哥萨克（史纲）》第三卷（中译本）第137页。

③ 苏联国家中央历史档案馆，1315全宗（西伯利亚委员会）5卷宗第94页，转引自［苏］П. И. 卡巴诺夫《黑龙江问题》（中译本）第224页。

④ ［苏］П. И. 卡巴诺夫：《黑龙江问题》（中译本）第225页。

⑤ ［俄］А. П. 瓦西里耶夫：《外贝加尔的哥萨克（史纲）》第三卷（中译本）第141页。

⑥ 咸丰七年闰五月二十日奕山又等奏俄人拥众猝来要求通商折，《清代中俄关系档案史料选编》《筹办夷务始末（咸丰朝）》第二册第446页。

房,"是强占中国地方",要求俄方"即早将人船撤回"。七月初五日,理藩院与瑷珲副都统魁福又分别照会沙俄枢密院与穆拉维约夫,谴责沙俄"不遵旧章,任意妄为",强烈要求沙俄政府遵守《尼布楚条约》,"即将海兰泡等处人船撤回,以后兵船往他国者,仍在外海行驶","阔吞屯亦不可留人住居"。① 九月十五日和九月二十三日,理藩院再向沙俄枢密院发出照会,谴责沙俄"任意占踞中国地方",要求沙俄把入侵者从"向为中国地界"的海兰泡、阔吞屯等处撤走。② 这一次次的抗议没有、也不可能阻止沙俄入侵,但是,它们却记下了沙俄侵华的滔天罪行。经过4次大规模武装航行黑龙江,沙俄在黑龙江左岸的军事力量大为增强,反观清廷不断从东北调兵入关作战,造成在黑龙江流域形成敌强己弱的不利局面,这使得在之后的谈判中,清政府注定是处于被动的一方。

2. 东北边疆防御力量的削弱

自中英鸦片战争爆发后,清朝便陷入内忧外患之中。面对西方列强咄咄逼人的嚣张气焰,清朝统治者一再妥协退让。中英《南京条约》签订后,列强纷至沓来,沙俄也不例外,它趁清政府忙于应付国内战争之际,对中国领土主权大肆践踏。面对沙俄不断将其侵华野心付诸军事实践,东北边疆防御力量却遭到削弱:文宗即位之初,面对日益兴起的太平天国运动,清政府手慌脚乱,只得从全国各地调兵遣将前往堵剿太平军;就连被称为"八旗劲旅"的东北边疆驻防八旗军也被大量地从东北调往关内,镇压太平天国。而此时,正是沙俄在远东地区不断向黑龙江流域武装渗透、准备侵吞黑龙江流域的关键时期。

---

① 咸丰七年七月初五日理藩院为要求沙俄遵守成约撤回入侵人船事致俄枢密院咨文,《清代中俄关系档案史料选编》第三编第351页。
② 咸丰七年九月二十二日理藩院为询普提雅廷明年何时抵黑龙江给沙俄咨文,《筹办夷务始末(咸丰朝)》第二册第604页。

清王朝把东三省视为"龙兴之地",出于保持旗人淳朴尚武风俗,维护当地旗人生计,垄断当地自然资源等目的,入主中原后即对东北长期实行"封禁"政策,禁止汉人出关进入东三省。为此,清政府从顺治年间开始修筑柳条边,至康熙年间完成。柳条边墙共有两条,初修的一条南起奉天省凤凰城(今凤城市),东南至海,西北经开原县威远堡,西南至山海关接长城,周长1900余里,称"旧边";新边北自吉林省法特哈(在今舒兰市法特镇),南至威远堡,周长690余里。新老边墙设边门20座,每道边门各设防御、笔帖式和旗兵守卫,稽查出入人员,严禁关外旗民越过篱笆,赴边外进行采参、狩猎、放牧等活动,同时严禁外族人进入关外。同时,还对闯关进入东北的汉族流民实行"清边"政策,将其查出后遣返原籍。而东北驻防八旗的存在很大程度上也是为其"封禁"政策提供军事保障。

清廷不仅用"封禁"政策限制关内汉人向东北移民,同时,清政府对东北地区社会经济及文化的发展也是非常不重视的,而它带来的消极后果也非常严重:东北地区长期以来人烟稀少,人口增长缓慢;因长期得不到有效开发和建设,东北地区一直保持着荒凉的面貌,社会经济和文化远远落后于关内地区。在这样的情况下,东北边疆驻防军队不但无社会基础,且缺乏经济依托,无法有效管理边远地区,更无法建立强大的边防,抵御沙俄的侵略。所以,东北边疆在近代面临的危机日益严峻,从根本上说,是因为清王朝对东北地区的治理机制是落后的,不能适应当时形势的发展。

自中俄签署《尼布楚条约》之后,东北边境地区保持了较长时期的安定和平局面。与关内十八省不同,清朝对东北的管理,是实行八旗驻防、军政合一的体制。东北广大地区由盛京、吉林、黑龙江3位驻防将军分区统辖,将军之下设副都统进行管辖。据统计,鸦片战争前夕,东北地区八旗兵的驻防分布情况是,盛京将军辖区:盛京城6830人、义州城1181人、锦州城960人、熊岳城952人、开原城855人、岫岩城708人、水师营700人、凤凰城635人、复州城583人、兴京城474人、辽阳城449人、广宁城400人、盖州城385人、牛庄377人、抚顺130人,铁岭、巨流河、白旗堡、小黑山、闾阳驿、小凌河、宁远、中后所、中前所各200人;吉林将军辖区:吉林城3678人、三姓城1403人、宁古塔城1400人、伯都讷1000人、打牲处700人、五路官庄505人、珲春451人、阿勒楚喀406

五、沙俄对东北边疆的军事渗透及不平等条约的签订

人、拉林406人、长白山261人、伊通200人、双城堡160人、额穆赫索罗120人；黑龙江将军辖区：齐齐哈尔城3107人、呼伦贝尔2496人、黑龙江城2054人、布特哈1984人、墨尔根城1101人、呼兰城529人；以上不包括柳条边诸边门驻守兵数。①

嘉庆朝《大清会典》载，"东三省各城驻防四十有四，兵三万五千三百六十一人"②。咸丰末年编撰的《皇朝兵制考略》记载的东北地区驻防军队数量为：盛京19862人、吉林13267人、黑龙江11423人，东三省总兵力当在44000余人。③ 东北三将军辖区兵额与内地各省基本持平，不同之处在于，东北因是清朝"龙兴之地"，驻军以八旗兵为主。黑龙江与吉林虽与沙俄远东地区接壤，但清政府并未对这一边境地区给予高度重视，军事防御力量的部署也是内重外轻。只是由于中俄双方之间持久的和平，沙俄还没有做好侵占东北地区的准备，清朝东北边疆军事防御上存在的问题才暂时没有显露出来。

东北驻军长于骑射，继承了满洲八旗的传统，历来为清政府所倚重。雅克萨之战时，东北驻军展现了自己骁勇善战的一面。此后，在清朝历次重大战争中，东北的八旗劲旅均发挥了重要作用。康熙年间"调盛京兵一千名，令副都统鄂泰率之赴京"，以充实京师兵力。乾隆年间平定大小金川叛乱时，"调吉林索伦兵二千赴剿"。嘉庆年间镇压川楚白莲教民起义，"命吉林、黑龙江官兵驰赴河南，围剿白莲教"④，赴山东镇压天理教起义军。这些外调的"吉林黑龙江官兵，击败贼，得旨嘉奖"⑤。道光初年，新疆发生了张格尔叛乱，清政府也"挑派吉林、黑龙江马队兵各一千名，驰赴回疆会剿"。由此可见，黑龙江、吉林的八旗驻防军队在维护国内稳定、保卫边疆安全方面功勋卓著，战斗力突出。

中英鸦片战争爆发后，清廷征调东北驻军更加频繁，东北防务逐渐空虚。与穆拉维约夫在远东地区组建哥萨克军团，逐渐扩充沙俄在远东地区的军事防御力量相比，清政府此时因太平天国运动的兴起已无力应对东北

---

① 孔艳波：《穆拉维约夫武装侵华与清朝东北边防》，《东北史地》2008年第3期。
② 嘉庆《大清会典》卷六九。
③ 〔清〕翁同爵：《皇朝兵制考略》卷三。
④ 民国《黑龙江志稿》卷三一。
⑤ 《清仁宗睿皇帝实录》卷二六，嘉庆三年正月壬辰。

边衅。太平天国自咸丰元年(1851)开始,至同治三年(1864)天京被攻破而失败。在此期间,为维护自身统治,清政府全力扑杀太平天国,不断将东北边疆驻防军队征调入关。咸丰二年(1852)年末,清政府就迫不及待地从东北三将军辖区调遣兵员入关作战。① 自咸丰三年至六年(1853—1856年),清政府先后从瑷珲、呼伦贝尔、布特哈等处抽调入关的边防军7000余名。② 咸丰五年(1855)十二月黑龙江将军奕格奏称:"黑龙江除带伤征兵外,仅有兵四千余名。"吉林省原有守军10010名,至咸丰六年(1856)初4次征调入关的共7000名,已回者不及800名,地处边防要冲的三姓、珲春、宁古塔3处仅剩老弱兵丁800余名。直到同治三年(1864),大约3年的时间内,清廷从东三省调正规马步兵近2万人,最多的一次是谕令盛京将军"拣选精兵四千名驰赴天津"③。据统计,"清政府镇压太平天国运动时期间,于吉林将军辖区移调兵员八次,补额两次,换防四次。除换防兵员不计外,共移调8970人。黑龙江将军辖区内移调兵员九次,补额两次,换防四次,除换防兵员不计外,共移调7731人"④。频繁的内调使东北地区的八旗军队日益减少,清政府只得将闲散、余丁等编入八旗调往关内前线。咸丰六年(1856),吉林、黑龙江两地就已经开始征用闲散、余丁来应对清廷的调遣。征调的人数有数千人到几百人不等,其中最少的一次是"著景淳、奕山,于各该处认真挑选西丹各一百名"⑤。由此,东北边疆地区的驻防军队人数急剧减少。

与此同时,第二次鸦片战争期间,英法等国于咸丰八年(1858)将战火引至清朝京畿之地,清廷为应对危局,不顾东北此时严峻的边境形势,仍然从东北调兵。"第二次鸦片战争时期,清政府于吉林将军辖区内移调兵员四次,共移调4500人。于黑龙江将军辖区内移调兵员四次,换防一

---

① 许虹:《清代晚期东北兵员移调外省问题研究——以两次鸦片战争、太平天国运动为例》第49页,黑龙江大学硕士论文,2014。
② 民国《黑龙江志稿》卷三一。
③ 《清文宗显皇帝实录》卷八八,咸丰三年三月壬戌。
④ 许虹:《清代晚期东北兵员移调外省问题研究——以两次鸦片战争、太平天国运动为例》第22、39页。
⑤ 《清文宗显皇帝实录》卷二〇九,咸丰六年十月乙未。

次。除换防兵员不计外，共移调 4500 人。"① 边陲辽阔的黑龙江将军辖区因朝廷屡次提调官兵，库存军器短绌，一切掣肘，"各路无防"；吉林既无粮而兵员短缺，形成了"今当多故之秋，又乏御侮之力"的严重局面。

自穆拉维约夫任东西伯利亚总督后，沙俄步步紧逼，妄图造成实际占据黑龙江的事实，并形成对黑龙江的鲸吞之势。在穆拉维约夫开始从黑龙江武装航行后，文宗在获悉"俄罗斯乘船拥众，由黑龙江东驶"后，虽然对穆拉维约夫"所称与英人争岛之语"，表示"未可尽信"，并下令将黑龙江北岸乌鲁苏木丹卡伦"畏葸无能"的守卡官员革职查办，将不敢堵御俄船，"辄行退回"的巡查边界官"交部严加议处"，将"并未亲率兵丁前往堵御、查问俄罗斯船只"的署黑龙江副都统胡逊布"交部议处，以为坐卡官之戒"。② 但对于沙俄的入侵，文宗也不敢公然对抗，他在给吉林将军景淳的指示中说："如果该国船只经过地方，实无扰害要求情事，亦不值与之为难"；对入侵船只"只宜勤加侦探"，"密探情形，随时奏报"。文宗这种消极退让的态度无疑助长了沙俄侵略者的嚣张气焰。东北一些地方大员也屡屡向清廷请求补充兵力，咸丰六年（1856）十二月二十六日，吉林将军景淳向京城告急，要求从抽调入关的军队中撤回 2000 名，补充三姓、珲春、宁古塔 3 地的兵力"以资防守"。此时，内有太平天国和捻军的反清起义，外有英法联军发动的第二次鸦片战争，处于内忧外困的文宗无可奈何地表示："此时粤匪（指太平军）未平，正在攻剿吃紧之际，调出官兵，万难遽行撤回。"但鉴于东北局势日趋紧张，清廷此后未再从东北大规模调兵。文宗对沙俄侵略给予的回应，除了发出抗议外，又搬出了"天朝上国"的架子："从来抚驭外邦，唯有设法羁縻，善为开导，断无轻率用兵之理。""倘该国来春复至，别有要约，务须妥为驾驭，勿启衅端。"③ 清廷对内竭力镇压太平天国，甚至不惜以对外妥协、丧权辱国为代价的态度，最终使沙俄的侵略一步步得逞。

随着第二次鸦片战争的扩大和沙俄对黑龙江以北地区武装占领的基本完成，沙俄终于摘下"帮扶大清"的面具，开始上演以武力逼迫清政府签

---

① 许虹：《清代晚期东北兵员移调外省问题研究——以两次鸦片战争、太平天国运动为例》第 52、55 页。
② 《清文宗显皇帝实录》卷一三二，咸丰四年六月己巳。
③ 《清文宗显皇帝实录》卷一八七，咸丰五年十二月乙卯。

订《瑷珲条约》的丑剧。1857年（咸丰七年）12月29日，英法联军攻占广州，逼迫清政府签订新的不平等条约。沙皇得知这一情报后，立即于1858年1月5日召开"特别委员会"会议，就如何侵略中国进行密谋。在这次会议上，穆拉维约夫极力主张继续向中国黑龙江进行武装"移民"，同时还要以武力为后盾同中国进行外交谈判。穆拉维约夫的意见得到会议的同意。沙俄政府决定派穆拉维约夫前往黑龙江"加强移民工作"，"赶紧把中国人置于既成事实的面前"，并授予他同清政府进行边界"谈判"的权力。会议决定普提雅廷继续留在中国，负责观察英法联军的动向和英法两国的对华政策，同时刺探清政府的举措和局势，以配合穆拉维约夫在黑龙江地区的侵略活动。会议之后，沙俄政府通知清政府：沙俄已经授权穆拉维约夫与中国谈判中俄边界问题，如果中国政府愿意解决"黑龙江问题"，可以与穆拉维约夫进行会商。

咸丰八年（1858）元月至二月间，穆拉维约夫回到伊尔库茨克后，立即派恰克图边务委员携带给清朝理藩院的照会前往库伦，一方面向库伦办事大臣表示沙俄"爱好和平"和"对中国友好"的意愿，要中国政府对沙俄"有所信任"；另一方面利用英、法对中国的战争进行勒索，说沙俄完全了解清政府"处境的危急"，为了"防堵英夷，请将海兰泡空旷之地给予我（俄）国"，"为了两国的共同利益"，沙俄明年即将向黑龙江左岸和乌苏里江沿岸各地"移民"。① 接着，穆拉维约夫又派信使通告瑷珲副都统：黑龙江开江之后，他将去黑龙江口，不能在海兰泡耽搁过久，如果中国代表准备谈判，最好在他返回时进行。其实，穆拉维约夫明知当时的黑龙江将军奕山在黑龙江等他去谈判，但他还是故作姿态，借以抬高身价，以便在"谈判"中使自己处于更有利的地位。在做了一番精心准备之后，穆拉维约夫于三月初五日从伊尔库茨克出发，取道赤塔，准备再度入侵黑龙江。这时，第二次鸦片战争的形势对清政府极为不利，英、法军舰闯入白河口，逼近北京，英法专使邀请俄、美代表同赴天津。沙俄利用英、法联军对清朝京畿地区的进攻，开始对清政府进行外交讹诈和勒索。三月二十一日，驻海兰泡沙俄占领军亚兹科夫少校奉命致书瑷珲副都统：穆拉维约夫将于三四月间到达瑷珲。卡尔萨科夫少将"率领数百人船，下

---

① 《黑河文史资料》第一辑第8—9页，黑河市政协文史资料委员会，1998.

五、沙俄对东北边疆的军事渗透及不平等条约的签订

驶前来,如果(奕山)将军在此,一切事件,即可商办"①。三月二十四日,穆拉维约夫率领俄军从斯列田斯克顺流而下,直驶瑷珲城。当黑龙江将军奕山于四月初五日从齐齐哈尔到达瑷珲并准备与穆拉维约夫会晤谈判时,俄军已经兵临瑷珲城下。当清政府内外交困、黑龙江地区防卫衰弱空虚时,强大的沙俄军队已经陈兵黑龙江北岸,对清朝的地方官员构成了巨大的威胁和震慑。"穆拉维约夫的最后一步只需要清政府承认这一既成事实了。"②

3. 中俄《瑷珲条约》的签订

时任黑龙江将军的奕山,字静轩,满洲镶蓝旗人,圣祖第十四子胤禵的玄孙,宣宗的族侄。侍卫出身的奕山,历任塔尔巴哈台领队大臣、伊犁参赞大臣、伊犁将军、黑龙江将军等职;自小养尊处优,是典型的纨绔子弟。在第一次鸦片战争时期,当英军进攻广州时,宣宗就曾委任奕山为靖逆将军,统兵1.7万去驰援广州,而这位"既不知兵又无主见的清朝贵族"③,到广州后竟然"不问军旅之计作何整顿,地势之谋作何防堵,以及运筹决胜之策,折冲御海之计,一无所出,惟知爱购钟表,喜买呢羽而已,惟知供应丰盛,养尊处优而已"④。结果被英军打得一败涂地。不仅如此,他还谎报军情说:"海洋陡发飓风,漂没大小夷船,淹死夷人不计其数,所筑码头坍为平地。"一直被蒙在鼓里的宣宗直到后来得知奕山在广东胡作非为、欺君罔上、贪图个人享受等实情后,才将其撤职查办。

道光二十三年(1843),由于新疆边防事务紧急,奕山又被任命为伊

---

① 咸丰八年四月初七日黑龙江将军奕山奏木哩斐岳幅有信到黑龙江城当即启程前往会办折,《筹办夷务始末(咸丰朝)》第三册第789页。
② 张宗海:《穆拉维约夫与中俄〈瑷珲条约〉》,《黑河学刊》1988年第2期。
③ 牟安世:《鸦片战争》第227页,上海人民出版社,1982。
④ 孙国志:《奕山与晚清边疆》,《中国边疆史地研究》1996年第2期。

犁将军。在担任伊犁将军期间，奕山禁不住沙俄政府的一再要求，遂于咸丰元年（1851）与沙俄代表签订《伊塔通商章程》。按照《伊塔通商章程》的规定，沙俄可以在伊犁和塔尔巴哈台两个城市建立中俄贸易圈，并且享受免税待遇，准许沙俄在这两个城市派驻领事管理俄商。这一规定从表面上看似乎是沙俄希望能够取得在中国西北地区的通商权，"实际上在政治关系上也具有重要的意义，它成为（俄国）深入中亚细亚继续进攻活动的强有力的动机"①。《伊塔通商章程》引起了当时中国有识之士的担忧，国子监祭酒胜保就明确指出沙俄"意在贪利"，日久必生边衅，"不可不防"，请求文宗严格限制，以"弥边患于未然"。②而迂腐怯懦的奕山竟然以"抚驭外夷以信为主，既已议定章程，旋改必有藉口"③相对，推卸责任，致使沙俄对中国西北的侵略日益加深。这件事之后，奕山不但没有因为损害国家主权而遭到任何处罚，反而还得到加官晋爵："1854年升奕山为内阁大臣，一年后又命其在御前大臣上学习行走，并赐紫禁城骑马。"④

咸丰五年（1855），清廷又调任奕山为黑龙江将军。清政府一直惯用软弱和退让作为和外国列强打交道的手段，这也就基本决定了黑龙江地区的命运。此时，奕山就算有莫大的能耐也只是奉命行事，其作为封建统治阶级的一员，也只是对朝廷的命令亦步亦趋、明哲保身而已，而最重要的则是"清政府腐败无能，实力衰败，推行安内攘外、以夷制夷政策"⑤。

咸丰七年（1857），"12月末，英法联军攻陷广州，逼清政府签订新的不平等条约"。⑥得知消息的沙俄东西伯利亚总督穆拉维约夫见时机已到，立即从巴黎回国并迅速赶到黑龙江地区。咸丰八年（1858），穆拉维约夫利用英法联军占领大沽口这一天赐良机，决定尽快与清政府代表、黑龙江将军奕山进行谈判。四月十一日，中俄开始谈判。穆拉维约夫首先要

---

① ［俄］伊·费·巴布科夫：《我在西西伯利亚服务的回忆：1859—1875》（中译本）第142页，商务印书馆，1973。

② 咸丰元年闰八月二十五日国子监祭酒胜保奏伊犁塔尔巴哈台通商须照恰克图办理以资限制折，《筹办夷务始末（咸丰朝）》第一册第171页。

③ 《清史稿》卷三七三《奕山传》。

④ 孙国志：《奕山与晚清边疆》，《中国边疆史地研究》1996年第2期。

⑤ 韩来兴：《〈瑷珲条约〉的签订和奕山的历史责任》，《黑河学刊》1988年第2期。

⑥ 韩来兴：《〈瑷珲条约〉的签订和奕山的历史责任》，《黑河学刊》1988年第2期。

五、沙俄对东北边疆的军事渗透及不平等条约的签订

求中国割让领土给沙俄,奕山依据中俄《尼布楚条约》据理力争。谈判进行了4个小时毫无结果,临行前,穆拉维约夫蛮横地将俄方已拟好的边界条约草案交给奕山,限其翌日答复。四月十二日和十三日,沙俄代表、外交部官员彼得罗夫斯基和中国代表、佐领爱绅泰继续进行谈判。谈判双方针锋相对,中国代表爱绅泰反驳了沙俄代表提出割让领土的无理要求,将俄方的边界条约草案退回,"拒绝讨论"①。四月十四日,穆拉维约夫又亲自出马,带领大批随员和卫队到瑷珲城,见到奕山后,"以最后通牒形式提出条约的最后文本"②,扬言不签订条约就对中国发动进攻,然后不辞而别。穆拉维约夫决定采取武力威胁的方式,逼迫昏庸懦弱的奕山签订条约。当晚,停泊在瑷珲对岸的沙俄炮艇和侵占海兰泡的沙俄军队,鸣枪放炮,进行武力威胁。面对数以千计、装备精良、虎视眈眈的沙俄军队,反观黑龙江边防军队兵力单薄、武器落后、战斗力衰弱,早已吓破了胆的奕山不得不向沙俄妥协。四月十六日,奕山被迫与穆拉维约夫签订了中俄《瑷珲条约》。

图5.1　黑龙江上的"阿穆尔哥萨克"号客轮

---

① [俄]根·伊·涅维尔斯科伊:《俄国海军军官在沙俄远东的功勋:1849—1855年》(中译本)第421页。

② [俄]根·伊·涅维尔斯科伊:《俄国海军军官在沙俄远东的功勋:1849—1855年》(中译本)第422页。

中俄《瑷珲条约》规定：(1)中俄两国以黑龙江为界，黑龙江左岸至河口属俄国，右岸至乌苏里江属中国，保留瑷珲对岸精奇里江（今俄罗斯结雅河）上游东南的一小块地区（后称江东六十四屯）中国方面的永久居住权和管辖权。(2)乌苏里江以东的中国领土划为中俄共管。(3)在两国界河上，只准中俄两国船舶航行、自由贸易。

中俄《瑷珲条约》的签订，使中国失去了黑龙江以北、外兴安岭以南约60万平方公里的领土，并将乌苏里江以东的中国领土划为中俄共管之地。正如恩格斯所说的那样："由于进行了第二次鸦片战争，帮助沙俄获得了鞑靼海峡和贝加尔湖之间最富庶地域，俄国过去是极想把这个地域弄到手的，从沙皇阿列克谢·米哈伊洛维奇至尼古拉一世，一直都企图占有这个区域。"① 中俄《瑷珲条约》彻底否定了中俄《尼布楚条约》，使中国东北地区的主权和领土完整受到极大损害，它标志着19世纪中后期中国北部边疆危机的加深和割地狂潮的开始。

由于奕山根本无权私下与沙俄签订条约，中俄《瑷珲条约》签订后，清政府没有对《瑷珲条约》予以承认，并对奕山予以革职留任的处分。而沙皇亚历山大二世得知消息后则特颁嘉奖，以表扬侵略签约"有功"的穆拉维约夫，晋封他为阿穆尔（即黑龙江）伯爵；沙俄还将瑷珲城北岸的海兰泡改名为"布拉戈维申斯克"，即"报喜城"，以庆祝《瑷珲条约》的签订和黑龙江以北领土的获得。

4. 中俄《北京条约》的签订

中俄《瑷珲条约》签订后，由于清政府拒绝承认和批准《瑷珲条约》，沙俄政府便决定"必须以实际占领地方的方法来支持沙俄外交上的

---

① 恩格斯：《沙俄在远东的成功》，《马克思恩格斯全集》第12卷第625－626页，人民出版社，1972。

五、沙俄对东北边疆的军事渗透及不平等条约的签订

要求"①。一方面先后派遣彼得罗夫斯基和伊格纳切夫（Н. П. Игнатьев，1832—1908）到北京逼迫清政府承认《瑷珲条约》有效并签订新的割地条约；一方面出动军队，强行占领乌苏里江以东地区。穆拉维约夫提出：要以强制手段和在边界上集结军队作为后盾，迫使中国让步，以"圆满解决边界问题"。②

咸丰十年（1860）四月二十六日，沙俄政府在远东地区的代表伊格纳切夫赶到上海，与英、法、美等国进行外交勾结，向英法联军提供了"北塘未设防"的"极为有利的情报"。正如江苏巡抚兼署两江总督薛焕在奏章中所提到的那样：伊格纳切夫到达上海后，极力怂恿英、法打仗，"在京日久，述及都门并津沽防堵各情形，言之凿凿"，"今美酋甫到，俄酋旋即踵至，是该酋等明系相约而来，互通消息，狼狈为奸"。③

六月十五日，英法联军在北塘登陆，没有遇到清军的任何抵抗。紧接着大沽口、天津、通州相继沦陷。伊格纳切夫再次向联军提供了北京城的详细情报和地图。八月二十九日，英法联军攻入北京城。九月初三日，伊格纳切夫赶到北京，恭亲王奕訢请他出面调停。伊格纳切夫则以调停为名，逼迫清政府接受沙俄的苛刻条件。由此，咸丰十年十月初二日，恭亲王奕訢和伊格纳切夫签订了中俄《北京条约》（又名中俄《续增条约》）。

中俄《北京条约》有俄、汉两种文本，全约共 15 条，主要内容如下：

（1）中俄两国东部疆界，从石勒喀河和额尔古纳河汇合处起，沿黑龙江顺流而下，到该江与乌苏里江汇流处。黑龙江以北土地归俄国，以南到乌苏里江口的土地属中国。然后，从乌苏里江口往南至兴凯湖，边界线顺乌苏里江和松阿察河而行，河东之地归俄国，河西之地归中国。又从松阿察河河源跨兴凯湖到白棱河，从该河河口沿着山脊到瑚布图河口，再从此沿珲春河和海之间的诸山到图们江口。此处

---

① ［俄］伊·费·巴布科夫：《我在西西伯利亚服务的回忆：1859—1875》（中译本）第 257 页。
② ［俄］巴尔苏科夫：《穆拉维约夫－阿穆尔斯基伯爵（传记资料）》第一卷（中译本）第 587 页。
③ 咸丰十年五月十五日署理钦差大臣暂署两江总督江苏巡抚薛焕奏俄使到沪怂恿英法打仗并许同去折，《筹办夷务始末（咸丰朝）》第五册第 1973 页。

仍是以东归俄国，以西归中国。边界线的终点在图们江入海处以上20华里紧靠图们江的地方。上述划归俄国的地方系指空旷之地。如遇有中国人居住之处和渔猎之地，俄国均不得占，仍准中国人留住原地照常渔猎。

（2）中俄两国未经划定的西部疆界，今后应顺山岭的走向、大河的流向及中国常驻卡伦路线而行，即从沙宾达巴哈界碑起，往西直到斋桑湖，再由此往西南到特穆尔图淖尔，南至浩罕边界。

（3）由两国政府派出大员，会勘中俄东段和西段边界，然后交换地图和关于边界线的详细记文。同时应拟定议定书，作为本约的补充条款。

（4）重申俄国人在华享有领事裁判权，并规定两国边民免税自由贸易，中国增开陆路商埠喀什噶尔，准许俄国商人在库伦、张家口零星贸易，俄国在库伦、喀什噶尔等处增设领事馆。

中俄《北京条约》是沙俄在中国内忧外患之际，逼迫清政府签订的又一个不平等条约。根据这个条约，清政府不仅承认了中俄《瑷珲条约》的合法性，还将乌苏里江以东（包括库页岛）约40万平方公里的领土割让给了沙俄。由此，中国失去了黑龙江以北、乌苏里江以东100多万平方公里的领土，也彻底失去了东北地区在鄂霍次克海和日本海的出海口。该条约的签订，不仅使沙俄占据了中国东北的大片领土，又为其进一步侵略中国东北创造了条件。

六、第二次鸦片战争前后东北人民武装抗俄

沙俄以武力手段强迫清政府与之签署了中俄《瑷珲条约》和《北京条约》之后，中国失去了包括黑龙江以北、乌苏里江以东的领土。即便如此，沙俄方面还是不满足于其从中国东北边疆地区攫取的这100余万平方公里的领土和不平等条约所带来的利益。沙俄侵略者变本加厉，继续着侵略东北的行径，他们在其侵占的地区推行殖民统治，戕害当地的民众百姓。面对沙俄肆无忌惮的入侵意图和无耻行径，东北地区的守将与官兵，以及那些世代居住在东北地区的少数民族同胞们不甘于受压迫和奴役，纷纷奋起反抗，与沙俄侵略者展开了不屈不挠的斗争。

1. 黑龙江官兵的防俄抗俄

19世纪中期，沙俄的侵略活动已然是明目张胆，他们肆意入侵，强占边地，残害百姓，破坏中国的领土与主权完整。黑龙江地区因与沙俄边境接壤，更是首当其冲。为了防御沙俄的入侵势力，黑龙江将军与其下属的官兵们自然任务最重，责无旁贷。

穆拉维约夫在咸丰四年到七年（1854—1857）间先后4次组织了大规模的入侵活动，俄军在黑龙江沿岸建立了多个哨所，并且先后向黑龙江北岸和下游移民6000多人。他的侵略行径遭到了边地官兵们的抗议和警告，由于沙俄侵略者的武装力量过于强大，黑龙江官兵及民众的反击活动大多失败，但在一定程度上起到了震慑侵略者的作用。

在沙俄侵略者的武力威胁下，黑龙江将军奕山最终还是害怕并屈服了，他在不平等条约上签了字，放弃了黑龙江以北的大片领土。

中俄《瑷珲条约》签订的消息传来，中国朝野群情激奋。文宗只得将奕山革职,并勒令其回京,由特普钦接任黑龙江将军一职。

此时的清政府内外交困,边疆地区更是危机四伏。沙俄侵略者在通过中俄《瑷珲条约》《北京条约》强占了中国近100万平方公里的领土后仍不满足,继续制造事端,妄图继续蚕食中国黑龙江以南与乌苏里江以西之地。面对这样紧迫的情形,黑龙江将军特普钦临危受命。到任后,他立刻开始整顿军备,加强防御,"形神交瘁,寝食不遑,谋补救于万一"。他主张"就现有兵力,勤加训练","挑备兵丁,以备不虞"。① 在积极筹办江右团练的同时,又从附近的墨尔根、布特哈征调了后备兵丁557人,令其"无事则不动声色,各于该处勤加操练",如遇到战事,就立即开赴黑龙江城以备策应。但即便这样,他还是担心"恐兵力不敷",于是又从齐齐哈尔、墨尔根、布特哈、呼兰4城旗民内挑选500壮丁作为步队,遣戍黑龙江城,"择要驻扎,扮作民间团练,以期声势联络"。② 特普钦还将库玛尔等5路鄂伦春人收为团练,分布要隘,"遇有缓急,随时征调"。除了征兵之外,特普钦还在各军事要处,增设台卡,令军士驻守,"巡守瞭望",以便及时掌握军情,防止俄军入侵。

"足兵"之外,更紧要的问题是"储饷"。然而,此时清政府内部已然腐朽不堪,外有强敌环伺和大量赔款借款,内有官僚集团的贪得无厌,穷奢极欲,同时还有太平天国等农民起义需要应付,财政上早已捉襟见肘,入不敷出,从中央到地方,各地都是自顾不暇。而黑龙江地区的财政之前就是主要依靠关内各省协济银两供给的,黑龙江一省"岁额二十六七万金,或报解五六万金,或竟分厘不到",从咸丰八年到十年(1858—1860),2年的亏空就已经达到60余万两,财政问题尤为严重;财政问题不解决,就不可避免地导致了"士马交馁,操防多疏"的局面,从而大大削弱了军队的战斗力,黑龙江防御力量自然是不堪一击了。

清廷内部也有人意识到,不解决粮饷问题,就不能保证边疆地区的防务。恭亲王奕䜣曾给文宗上奏折,建议饬充吉林将军、黑龙江将军勤练军队,朝廷需拨足饷需以防俄。奕䜣的奏章内写道:"俄夷自历次侵占界限,

---

① 咸丰九年十一月十八日署黑龙江将军特普钦奏查沙俄历年侵占黑龙江以北情形及现筹预防片,《清代中俄关系档案史料选编》第三编第859页。
② 咸丰十年三月初四日署黑龙江将军特普钦奏拟从四城旗民内挑选壮丁开赴黑龙江城防俄折,《清代中俄关系档案史料选编》第三编第915页。

吉林、黑龙江均与该夷相邻，边防尤关紧要，未可稍涉大意……""应请饬令该将军等，于东三省各营兵丁，勤加训练，弓马之处兼习技艺抬枪，按斯操演。各路军营，以后不得再调该军队，以重边隅……拟请俟奉天牛庄通商后，所收外国税，积有成数，即报部酌拨东三省兵饷"。①

但是，只靠关内其他省份和中央的财政调拨只能解一时之急，并非长久之计。为了彻底解决筹饷问题，特普钦经过深思熟虑之后，于咸丰十年（1860）七月二十一日上疏朝廷，奏请招民垦荒。特普钦奏道："臣等反复熟商，筹计地方既属拮据，私垦之民，一时又难驱逐。与其拘泥照前封禁，致有用之地，抛弃如遗，而仍不免于偷种，莫若据实陈明，招民试垦，得事一分租，即可裕一分度支。且旷地既有人民，预防俄夷窥伺，并可借资保卫，亦免临时周章。"② 清政府对东北一直实行封禁政策，不仅阻碍了当地的发展，也在一定程度上为沙俄的入侵提供了有利条件。所以特普钦认为，只有放松封禁才可以"借度裕支，兼防窥伺"，并且"于经费不为无补，防务亦属有益，并可安置私垦人丁"。③

实际上，在东北地区招民垦荒的问题曾经也有人提出过，早在咸丰四年（1854）与咸丰七年（1857），时任黑龙江将军奕格与御史吴悼就曾奏请在呼兰地方招垦充饷，但"奏经部议，于参务、珠务、屯务、防务有碍"而被否决。朝廷内部对此事的争议非常大，特普钦如今"旧事重提"也不免遭到颇多非议和攻击，一时之间，反对派"众口沸腾，有阻以事不可为者，有讽以绩用弗成者"。但是特普钦意志坚定，力排众议，"劳怨不避，毅然自任"，清政府也认识到非常时期必行非常之策，再不能墨守成规，因此批复同意了特普钦的建议。

事实证明，特普钦的建议是完全正确的，而且成效显著。招民垦荒政策实行之后不过几年，便"收租钱百数十万串，每年抵饷银四万余两"。时人赞之曰："保此富庶，推而广之，将见十数年后，江省额饷不待他省协济，就地可以取盈，此实先生（特普钦）大有造于江省"。财政问题解

---

① 咸丰十年十二月十四日奕䜣等又奏请敕东三省练兵并筹划饷需折，《筹办夷务始末（咸丰朝）》第七册第2704页。

② 咸丰十年七月二十一日开垦折，《黑龙江将军特普钦诗文集》第32页，天津古籍出版社，1987。

③ 咸丰十年七月二十一日开垦折，《黑龙江将军特普钦诗文集》第33页。

决了,军饷不足的问题自然也就迎刃而解。此后的黑龙江地区"地愈开愈广,粮愈收愈多",逐渐形成了"饱腾乐岁"的局面,以至于"近则奉天、吉林,远则山东、直隶之民,闻风踵至"。

人口增加,粮饷充足,兵士渐多,边防力量也在逐步增强。尽管沙俄侵略者一直窥伺中国东北地区的领土,企图继续蚕食鲸吞,但是特普钦在任期间,黑龙江地区的军事力量大大增强,沙俄惮于其势力,也只敢在边地制造一些小型的侵扰活动。直到义和团运动爆发之前,黑龙江地区没有再遭受过似咸丰年间沙俄公开的、大规模的武装侵略。

可以说,特普钦是一位敢于抗争、锐意改革的爱国将领,他在清政府内忧外患之际接手黑龙江地区的防务,接过抗俄防俄的重担。在担任黑龙江将军期间,特普钦整顿军备,招民垦荒,筹集粮饷,加强了黑龙江地区的军事武装力量,同时也为东北边陲的开发、经济的发展做出了巨大的贡献。

除黑龙江将军特普钦之外,黑龙江地区的官兵们也积极进行着抗俄的斗争。清政府在顺康年间就开始着手在东北地区招抚库雅喇人入旗,分别编入满洲正白、正黄、镶黄3旗,并设置库雅喇协领,下设3佐领(后逐渐增加至8佐领)。这些库雅喇人以服兵役为主,世代从军,"既为旗籍,遵清室征兵之制,生子即报本旗,注于册档。成丁后遇有征伐之事,即须入伍从戎,泊承平之世,除服职旗署外,余皆耕读为业"。① 为防止沙俄入侵,署珲春库雅喇协领新满洲泰楚拉氏台飞音阿积极布置东北东部地区的边境防御,不仅"添立台卡六道",还经常派遣珲春的库雅喇三旗驻防官兵,到东部沿海各要地巡查边防,侦察俄军动向。驻扎在绥芬河口霍勒吞洪阔地方的库雅喇佐领松恒,也经常和宁古塔副都统衙门的官员一起,"带领兵丹联络刨揽各夫"②,在东部边境地区巡查,保护山场,防止俄人越境盗伐。珲春协领下属的库雅喇官兵还乔装打扮,与揽头张登瀛等相互联络,扮作普通百姓,到各处巡视,看见沙俄哨卡便予以摧毁。库雅喇骁骑校伯兴和库雅喇笔帖式阔布通武等人还将当地分散带枪打猎的恰喀拉人

---

① 《卢氏宗谱》谱序,转引自张嘉宾《赫哲族研究》第5页,哈尔滨出版社,2003。

② 咸丰九年八月十四日宁古塔副都统衙门为迅速前往海参崴等处剿办所居俄夷的札文,《宁古塔副都统衙门档案选编》上册第283页。

六、第二次鸦片战争前后东北人民武装抗俄

聚拢在一起，组建了 2 个营加以训练。并将其驻扎在绥芬河口的霍勒吞洪阔等地，每天乘船沿河上溯到半拉碇子地方（位于双城子南 15 公里），"以捕猎为名，上下梭巡"①，一旦发现俄军侵边，立刻出击，随时准备打击侵略者。

库雅喇满洲八旗官兵与当地各族军民紧密协作，共同御敌保边。他们不仅为东北边疆防御提供了充足的兵源和大量的的物质供应，还积极参战支前，在战斗中勇猛顽强，屡立战功。库雅喇佐领及其下属的官兵对防御沙俄入侵及守卫东北东部海疆起了重大的作用。库雅喇满洲八旗官兵亦为反击沙俄侵略、保卫东北边疆安全做出了巨大贡献，在一段时期保证了东北边疆的安全和社会稳定。

在陆上官兵积极备战抗俄的同时，黑龙江水师也在发挥功用。康熙二十三年（1684），在设置了黑龙江将军之后，清政府又在瑷珲城设立了黑龙江水师营，水师营每年都要进行大规模的军事演习，同时还担负着黑龙江地区水上粮草、兵员、军械的运输任务。水师营在呼兰、瑷珲、齐齐哈尔等多地都设有驻兵，以防止沙俄侵略者的沿江骚扰。水师营与陆上的驻守官兵通力合作，有力抵御了沙俄侵略者。

除此之外，瑷珲地区的守将官兵在穆拉维约夫等人入侵的时候也曾有过抵抗，瑷珲协领率下属兵士 600 余人奋起反抗，虽然最终没能挡住侵略者的脚步，但也显示了中华民族反抗侵略、决不投降的决心。

在东北这片美丽富饶的白山黑水间，曾经发生过那样多的惊心动魄的反侵略抗争。沙俄侵略者始终觊觎着这片沃土，想要将之彻底吞并，他们的狼子野心昭然若揭。然而尽管沙俄侵略者兵精粮足，尽管他们的武器装备比清军及民众武装要先进得多，他们也依旧不可能得逞。即便是坚船利炮也不可能跨越那些英勇顽强的官兵们用其血肉之躯铸就的钢铁屏障，以特普钦等人为首的爱国官兵们为了反抗沙俄侵略者所做出的牺牲与贡献，值得永远铭记。

---

① 咸丰十年十一月二十三日宁古塔副都统为在边境抚恤恰喀拉人的札文，《宁古塔副都统衙门档案选编》上册第 485 页。

2. 黑龙江沿岸少数民族奋起抗俄

在富饶祥和的黑龙江流域一带，除满、汉两族外，还生活着包括鄂温克、达翰尔、鄂伦春、赫哲、库页、费雅喀等少数民族同胞。① 他们大多或是居住在额尔古纳河以东，黑龙江中上游和外兴安岭南麓一带，或是在黑龙江中下游、乌苏里江以东，包括库页岛在内的广大地区安家落户。他们大多以渔猎为主要的谋生手段，或出没于山林，或巡游于江河，促进了当地渔猎事业的发展。广大少数民族同胞们是这一带的主要开发者和建设者，他们与满、汉两族人民一起，共同开发和守护着东北边疆这片沃土。

然而好景不长，沙俄侵略者的暴行打破了边疆地区人民一直小心维护的和平宁静的环境。沙俄侵略者肆无忌惮地闯入中国境内，在各地建立军事据点，奴役甚至屠杀当地的无辜平民。无数居民惨遭杀害，家破人亡，侥幸逃生者亦流离失所，无家可归；田园荒芜，生产凋敝，当地正常的生产生活都遭到了前所未有的破坏。

在此情况下，各族人民们都不甘心受侵略者奴役欺凌，纷纷奋起反抗，开始了艰难的对俄反击的斗争。

鄂伦春族的抗俄斗争

1847年（道光二十七年），沙皇尼古拉一世为实现其侵占中国东北边疆的罪恶意图，任命了狂热的扩张主义分子穆拉维约夫为东西伯利亚总督，让其作为沙皇意志的"代言人"，以尽快实现其吞并黑龙江地区的野心。

1848年（道光二十八年），穆拉维约夫奏禀尼古拉一世后选定了中尉瓦加诺夫组建"考察队"刺探黑龙江流域的虚实。瓦加诺夫和穆拉维约夫

---

① 19世纪60年代以后，由于不平等条约的签订导致版图变更，库页人和费雅喀人已不属于中国少数民族行列，变成国外民族。

六、第二次鸦片战争前后东北人民武装抗俄

一样,也是沙俄侵略计划的忠实执行者,曾在 1842 年(道光二十二年)参加过以科学院院士米登多尔夫为首的西伯利亚东部"考察队",并且曾经与米登多尔夫在离开土古尔湾从鄂霍次克返回外贝加尔省途中,公然进入了中俄未定界地区和外兴安岭南麓一带的中国领土,考察了中国牛满河、古里河一带,窃取了大量情报。所谓的"考察队"打着"考察"的旗号,披着"科学家"的外衣,实际上是"明修栈道,暗度陈仓",别有用意,包藏祸心。他们怀着将中俄边界向南推移的政治目的,别有用心地在中国领土上寻找"界标"。他们以"考察"为名刺探情报,占领据点,为进一步的侵略做准备。

瓦加诺夫此次被任命为"考察队"队长,也算是轻车熟路了。他带领哥萨克 4 人,于 1850 年(道光三十年)从斯特列尔卡出发,偷越库克多博卡伦,潜入中国领土。瓦加诺夫一行人先后"考察"了外贝加尔地区,恰克图、祖鲁海图等边境一带,还曾潜入黑龙江上游地区刺探军事情报。瓦加诺夫等人的行径引起了居住在黑龙江上游一带(即石勒喀河和额尔古纳河汇合处至精奇里江口一段)的鄂伦春族同胞的注意。他们的先辈曾与沙俄侵略者头目哈巴罗夫、斯捷潘诺夫等人进行过殊死搏斗,曾与清朝官兵同心同力,协同作战,驱逐了嚣张的沙俄侵略者,捍卫了中国东北部边疆的完整与和平,有着光荣的抗俄传统和丰富的对俄作战经验,并且对沙俄侵略者有着相当高的警惕心。当地的鄂伦春同胞们密切配合"坐卡官兵",防御沙俄侵略者的进攻,当瓦加诺夫一行人偷偷潜入中国国境之时,就被机智的鄂伦春族同胞们所发现,他们当机立断,立刻采取行动,对瓦加诺夫一行人进行了打击。瓦加诺夫等人显然没想到会这么快暴露,更没想到鄂伦春族人们会给予他们迎头痛击。包括瓦加诺夫本人在内的几名"考察队"队员"被德绷额、克勒特和尔氏(女)、乌尔齐尹等多人击毙"①,余下的 2 名哥萨克侥幸保住性命,但也被吓破了胆,慌忙奔逃回国,再不敢进入中国领土。

此次鄂伦春人击毙瓦加诺夫等人的军事行动具有重大的意义,它"瓦解"了瓦加诺夫的"考察队",避免了他们下一步的行动所窃取到的情报将给中国方面带来的损失。同时,此次事件对野心勃勃的东西伯利亚总督

---

① 咸丰二年五月二十六日黑龙江将军英隆等奏枪杀越境俄人之犯审明定拟折,《筹办夷务始末(咸丰朝)》第一册第 185 页。

穆拉维约夫而言也是一个警告。

瓦加诺夫等人死亡的消息传回之后，穆拉维约夫甚至还不相信，"还在希望这个消息也许不完全可靠"。在确定了瓦加诺夫等人确实已死的消息之后，他悲痛欲绝，并慌慌张张地向沙皇尼古拉一世奏报，称此事为"东西伯利亚发生的重要事件"。穆拉维约夫在奏疏中还恬不知耻地将瓦加诺夫的死称之为"为了这一大胆而必要的事业以身殉职"，并为其向沙皇请求褒奖，以及对另外2名被击毙的哥萨克的家属给予抚恤。①

由此可见，被鄂伦春族同胞们击毙的并不是3个普通人，而是经过沙皇尼古拉一世批准、东西伯利亚总督亲自选拔派往中国的一个"侵略先锋队"的成员，而这个"侵略先锋队"显然是沙俄在预备大规模入侵中国领土前的一个试探。因此，鄂伦春族同胞们消灭了瓦加诺夫一行人，对于沙俄侵略者也是一个重大的打击。此后数年，鄂伦春族同胞们也多次与沙俄侵略者交锋，令其闻风丧胆。"俄人觊觎兴安岭中林、矿，而惧鄂伦春人，乃遣其国最勇之哥萨克兵一千人来剿袭之。不半年，死八百人，俄人乃深惊鄂伦春之雄强焉。"②

沙俄政府在得知瓦加诺夫等人的死讯后，居然还向清政府讨要说法。他们与清政府进行交涉时，绝口不提"考察队"一事，却以"逃兵"越界进入中国为名，要求清政府交人。而昏庸无能的清政府竟然相信了这一说法，在得知瓦加诺夫等人已经被杀后，并以"图财害命"的罪名将抗俄义士们逮捕处罚。

尽管如此，瓦加诺夫的死还是给了沙俄侵略者一个警告，表明鄂伦春人是不会轻易屈服投降的。鄂伦春族同胞们的勇悍给侵略者留下了深刻的影响，"鄂伦春人向以游猎为生，排枪每发辄中，矫悍过人……俄人亦颇畏之"③，他们用生命和鲜血换取了消灭一个沙俄"考察队"的重大胜利，维护了边境的安全。

---

① 《上皇帝疏》（俄历1852年9月17日），[俄]巴尔苏科夫《穆拉维约夫－阿穆尔斯基伯爵（传记资料）》第二卷（中译本）第98页。
② 民国《黑龙江志稿》卷一一。
③ [清]徐宗亮：《黑龙江述略》卷二，第33页。

六、第二次鸦片战争前后东北人民武装抗俄

费雅喀族的抗俄斗争

在黑龙江上游一带鄂伦春族同胞抗击沙俄入侵者的战火熊熊燃烧的时候,在黑龙江下游地区也同样进行着一场反抗侵略的斗争。这一地区战场的主角是英勇的费雅喀族同胞们。

沙俄侵略者制定的侵略计划的第一个步骤仍是组建"考察队",以便探查黑龙江流域一带的上下游的军事情况。他们先后派遣2批"考察队"非法入境,对中国领土进行"考察"。一批就是上文中提到的以瓦加诺夫为首的陆上"考察队",他们的目标是潜入黑龙江上游地区进行刺探情报工作;而另一批队伍则是以涅维尔斯科伊为首的海上"考察队",他们的目的是侵入中国黑龙江下游地区。这两批"考察队"兵分2路,几乎同时踏上中国领土,而机智英勇的沿岸少数民族同胞们也有勇有谋,果断出击,粉碎了侵略者的美梦。在以瓦加诺夫为首的陆上"考察队"被鄂伦春族同胞痛击的时候,下游的涅维尔斯科伊为首的海上"考察队"也遭到了当地居民费雅喀族同胞的当头一棒。

涅维尔斯科伊也是一个野心家,是沙俄侵略者中的急先锋。早在1847年(道光二十七年),他就曾作为沙俄运输舰"外贝加尔"号的舰长,借负责定期往堪察加半岛的彼得罗巴甫洛夫斯克运送军需物资的便利条件,与穆拉维约夫合作,对黑龙江下游地区进行过非法"考察"。他在"考察"了库页岛和黑龙江口之后,竟将此作为地理"新发现"而大肆鼓吹。而后,他又继续借着"考察"之名从海上深入内地,先后"考察"了土古尔河、阿姆贡河、奇集湖、古默尔湾等地,非法攫取了大量的军事情报。

在刺探军事情报的同时,涅维尔斯科伊一伙人还公然进行武装占领和殖民统治。1849(道光二十九年)8月13日,涅维尔斯科伊等人侵入中国黑龙江口附近的庙街,并强迫附近的费雅喀居民到此集会。在众目睽睽之下,涅维尔斯科伊等人在鹰炮声中升起了俄军军旗,并宣布在此地建立以尼古拉一世命名的军事哨所——尼古拉耶夫斯克。此后,沙俄侵略者还不满足,他们以此为据点继续扩大侵略范围,依靠武装力量强行占领了中国许多边防要地、交通要冲、重要村屯和优良港湾,建立了包括康斯坦丁(哈吉湾)、亚历山大(古默尔湾)、马林斯克(阔吞屯)、伊利印斯克(库页岛的久春内)、穆拉维约夫(库页岛的阿尼瓦湾)等在内的多个军

事哨所,还公然宣称,外兴安岭以南,黑龙江中下游一带,包括库页岛在内都是沙俄的领土。

在建立了军事据点之后,沙俄侵略者对当地少数民族同胞实行殖民统治,用残忍血腥的政策压制他们。稍有反抗者,轻则鞭笞,重则拘捕惩办。同时,他们还以一些小恩小惠企图笼络费雅喀民众,挑拨他们和清政府之间的关系。又利用宗教手段进行渗透,诱骗或是强迫当地居民信奉东正教,希望以此瓦解民众们的斗志,进一步将其全数"纳入沙俄之籍"。①

侵略者的无耻行径并没有让费雅喀人们屈服,反而更激起了他们的斗志,他们在涅维尔斯科伊等进入中国领土之初,就多次提出抗议,严正声明此乃中国之领土,不容他人染指,要求涅维尔斯科伊等人立刻撤离中国境内。在多次抗议无效之后,1851年(咸丰元年)年底,沃依德屯的费雅喀族人联合满人商定了一项计划,约于第二年夏季举行起义,准备将这伙侵略者彻底赶出中国境内。然而消息不幸泄露,涅维尔斯科伊等人察觉了当地民众意图反抗,他派遣军官别列津率领侵略军前往镇压,别列津在沃依德屯大开杀戒,强行逮捕了策划起义活动的领导人。而涅维尔斯科伊仍不满足,他将附近3个村屯的近100名费雅喀人抓起来投入彼得冬营,被捕的费雅喀人被剥光衣服,受到鞭打和苦役的残酷折磨。尽管这场反侵略的爱国行动还没来得及付诸实践就被扼杀于摇篮之中,但它依然给了侵略者以警告,向他们表明了抵抗的态度。

发动起义的计划失败之后,英勇顽强的费雅喀族人们并没有放弃抵抗。他们依旧团结起来对沙俄侵略者进行反击,或团队作战,或小股出击,出其不意地对沙俄的哨所和据点进行"扫荡"。费雅喀民众的反俄呼声越发高涨,反俄势力与斗争决心与日俱增,这也给了沙俄侵略者以极大的心理压力。俄国诗人沃尔科夫写道:"他们提心吊胆,生怕中国人将他们消灭干净。"② 即便是涅维尔斯科伊也不得不哀叹:"在那里,我们一方面被当地居民包围,他们人数比我们多几百倍,一旦有人大胆而聪明地从中挑唆,或者一旦我们采取错误的和怯懦的步骤,他们便会奋起反抗我

---

① 《特别条陈》(1850),[俄]巴尔苏科夫《穆拉维约夫-阿穆尔斯基伯爵(传记资料)》第二卷(中译本)第84页。

② [俄]E. B. 冈索维奇:《阿穆尔边区史:沙俄如何占领阿穆尔,并如何在那里站稳脚跟》(中译本)第14页。

们。另一方面,二百多万满洲人可以轻而易举地从松花江和阿穆尔河派出大批兵力,以至这些人把帽子抛向我们,也会把我们压倒。"① 费雅喀族同胞们自发的持续的反俄反侵略行动给沙俄侵略者以极大的威胁,他们不得不专门派遣士兵巡逻,大量修筑防御工事。不少俄军士兵由于承受不住巨大的压力而军心涣散,进而纷纷溃逃。

3. 吉林军民的抗俄战斗

19世纪50年代,中国爆发了太平天国运动。文宗为镇压太平天国,从东北的黑龙江和吉林2个将军辖区(与今日的黑吉两省领土范围并不一致)调走骑兵13000余名。此次调集的主要是吉林驻军,当时吉林全省兵额不过10100名,他们的被调离导致东北边防更加空虚。沙俄侵略者又觊觎起了吉林将军辖区的松花江流域。

吉林军民抵抗沙俄入侵松花江

通过松花江潜入东北腹地,掠夺资源,是沙俄蓄谋已久的计划。沙俄东西伯利亚总督穆拉维约夫在刚刚上任之时,就已提出:鉴于恰克图贸易日渐萧条,沙俄政府应把"定点互市"改为"贩运贸易"。② 企图霸占东北腹地市场。

咸丰八年至十年(1858—1860),沙俄占领黑龙江以北、乌苏里江以东地区,并在此大规模移民驻军,使物资及粮食的供应出现困难,导致殖民扩张计划无法正常运行。仅通过黑龙江进行运粮,已无法满足正常的需

---

① [俄]根·伊·涅维尔斯科伊:《俄国海军军官在沙俄远东的功勋:1849—1855年》(中译本)第210页。

② 《必须占领阿穆尔河口和河口对面的萨哈林岛(与河口相对部分)及阿穆尔左岸之理由》(1849年),[俄]巴尔苏科夫《穆拉维约夫-阿穆尔斯基伯爵(传记资料)》第二卷(中译本)第45-46页。

求。为此,沙俄政府和穆拉维约夫一致认为,只有获取东北内地的贸易权,才能从根本上解决沙俄当时所面临的粮食危机,从而完成对黑龙江以北及乌苏里江以东地区的吞并计划和殖民统治。

俄人向来重视松花江的水运问题。俄国学者马克西莫夫供称:"倘使在获得阿穆尔河和在河口辟设港口的同时,使人烟稠密的和富饶的松花江也为沙俄贸易买卖开放的话,那么兼并阿穆尔河的两个目的都会十分顺利地达到。"同时还可以解决阿穆尔河流域及乌苏里江上游沙俄居民的食粮供应问题。所以,马克西莫夫认为,掌握松花江航权,是眼下沙俄所有问题中的重中之重,同时对阿穆尔州全境和乌苏里地区而言也具有非常重要的经济意义。因此,攫夺松花江航权,对沙俄入侵中国意义重大。①

沙俄政府故意曲解《瑷珲条约》中"松花江"一词的含义,借此大做文章,企图以此获得松花江航权。并且,穆拉维约夫于咸丰八年(1858)六月初四日,以前往三姓等处贸易为借口,公然闯入松花江勘察附近地形。自咸丰八年至光绪二十三年(1858—1897),沙俄入侵松花江流域有10余次之多。

沙俄的无耻行径,遭到当地军民奋力抵抗。

咸丰八年(1858)六月初四日,穆拉维约夫乘坐"阿穆尔"号带领官兵抵近黑河口,声称"欲进松花江,验看地势",遭到黑河口卡伦官兵抵抗,被迫掉头返航。

咸丰九年(1859)四月十三日,穆拉维约夫派遣俄商契勃塔列夫带领哥萨克公然闯入黑河口,进入三姓。这批人沿途刺探情报,强行贸易,甚至公然污辱妇女。当地人民奋起反抗,契勃塔列夫也被村民当场打死。

同治三年(1864)六月,沙俄政府组建规模庞大的松花江远征军。在穆拉维约夫的亲信希什马廖夫和契尔涅耶夫的率领下,于七月初一日再次闯进黑河口,声称奉命经三姓前往吉林将军处,议办要事。在未得到中国卡官允许的情况下,俄军强行启航。防御(官职)葛浑带兵拦截俄船,要求面见俄官,契尔涅耶夫谎称奉沙皇之命持公文面交吉林将军,非来贸易。俄船继续前行,协领永祥继续追阻,最后俄官交出一份公文,"声明由三姓进省,如遇水浅,轮船不能上驶,即就陆路遄行",要求中国"为

---

① А. Я. Максимов, *Наши Задачи на Тихом Океан, Политические Эмюды.*(《我们在太平洋的任务》)с. 30 – 33.

其筹备车马"。抵达吉林省城后,俄方2名代表要求面见吉林将军,但遭到将军景纶拒绝,仅派承办边务大员明常、明禄接见俄方代表。次日,协领那斯洪阿当面向俄官指出:"和约未有两国大员面议的字样,且吉林也并非通商之地,俄方航船深入内河松花江,实属大错。"俄官理亏词穷,谎称欲赴街购物,遭到拒绝。而10多名俄军竟强行登岸,欲用沙俄货币私自购买货物,遭到商民拒卖,最终被巡街兵役赶回俄船。在吉林商民和官兵的排斥下,俄船于六月二十三日被迫返航,八月初四日驶出黑河。

但此次沙俄军队往返松花江"在沿途观绘山川形势",调查"航道情况、船舶可航区段",并在三姓等处进行天文观测,为其以后入侵松花江做足了准备。

同治五年至光绪四年(1866—1878)间,沙俄政府派官方及私人"远征队"入侵松花江,前后有9次之多。俄船沿江驶入三姓、呼兰、伯都讷、阿勒楚喀、巴彦苏苏,直抵齐齐哈尔,进入了嫩江等支流。俄船所到之地,均遭到当地军民的极力拦阻,严禁登岸。

光绪四年(1878)秋,内大臣崇厚被派赴俄解决伊犁问题。在交涉过程中,沙俄将松花江航权问题作为谈判的重点之一。沙俄不但不承认对松花江流域的划分,俄方代表毕佐夫甚至提出修改条约,要求"将约内松花江添写'上游'字样"。① 崇厚在沙俄的威逼利诱下,于次年十月,订立了丧权辱国的中俄《交收伊犁条约》(也称《里瓦几亚条约》)。

《交收伊犁条约》中关于松花江的补充条款(也称《瑷珲专款》)规定:

> 按照咸丰八年(1858)中俄两国《瑷珲条约》规定,准许沙俄人在松花江上行船,并准许俄人与沿江一带中国地方居民贸易,嗣因《瑷珲条约》讲解各异,致生阻塞,今欲免去阻碍,不废原约本意,两国全权大臣彼此商酌意见相同,议定如下:
>
> 瑷珲和约准其行船、贸易,仍旧全留不改,今欲遵照此章,如有开办行船、贸易等事,于两国未经商之前,准许俄民在松花江行船,至伯都纳,并与沿江一带地方居民贸易,或运货前往,或由该处贩运

---

① 光绪五年十月十九日使俄崇厚奏与沙俄议明交收伊犁修定约章谨陈办理情形折,《清季外交史料》第2册第337页。

各种土产货物亦可,中国官员并不阻止俄民与该处居民贸易。①

沙俄通过这一条约进一步侵犯了东北地区的主权,为其牟取松花江航权提供了便利。

崇厚签订卖国条约之事传入国内,举国哗然,国人纷纷谴责崇厚的卖国行径,要求清政府严惩崇厚,拒认专约。光绪六年(1880)年初,右庶子张之洞奏陈:"东三省国家根本,伯都讷吉林精华,若许其乘船至此。即与东三省全省任其游行无异。陪京密迩,肩背单寒,是于绥芬河之西,无故自蹙地二千里。且内河行舟,乃各国历年所求而不得者,一许俄人,效尤踵至。"②

清政府在全国人民,尤其是东北人民的强烈反对下,拒绝承认《交收伊犁条约》,并将崇厚判以"斩监候"以安抚民愤。光绪六年(1880)正月初十日,清政府正式向沙俄政府声明不承认崇厚所签之约,并派曾纪泽同俄谈判。第二次谈判废除了《瑷珲专款》,并重申了《瑷珲条约》的相关规定,但并未能从根本上解决松花江问题。此后,沙俄仍不死心,继续谋求松花江航权。由此引起许多爱国封疆大吏的忧虑。

光绪六年(1880)年初,吴大澂被调赴吉林帮办。在沙俄的侵略威胁和吉林人民的抗俄呼声下,吴大澂上任后实行了许多防御措施。在亲自去三姓详细考察了松花江下游的形势后,立即与吉林将军锦安共同上奏朝廷于松花江口附近设立水关。奏准后,吴大澂于"护江关"设立水关。此处距三姓城200里,是要隘之地。候补道顾肇庆和协领德昌被派驻扎水关附近,严防俄船闯入;如发现擅闯俄船,立即"告以此关系奏明设立,非奉谕旨,不能私自放行"。③

在沙俄的强大军事威胁下,吴大澂奏请清廷编选赫哲族入旗"披甲",加强边疆防卫力量。当时松花江口至乌苏里江口沿岸原住着许多赫哲族人,自中俄《北京条约》签订后,黑龙江以北、乌苏里江以东地方划归沙俄,于是,同饮一江水的赫哲人"半居界内,半居界外",成为中俄跨界民族。沙俄政府对生活在被侵占的中国土地上的赫哲人实行剿抚并用的手

---

① 《中外旧约章汇编》第1册第363页。
② 《光绪朝东华录》,光绪五年十二月甲辰。
③ 录副奏折03-6015-010 光绪六年六月二十三日吉林将军铭安折。

段，对于反抗的赫哲人予以屠杀镇压，同时又采取"赏赐银牌、分给幼孩衣服"等笼络政策，用威逼利诱的手段使赫哲人加入俄籍。但赫哲人具有浓厚的爱国情怀，憎恨沙俄，许多被划入俄境的赫哲人举家南迁，回到中国境内，使东北赫哲人人口大增，增强了抗俄力量。赫哲人皆以渔猎为生，淳朴坚韧，骁勇善战。为了加强东北东部边疆的防御，吴大澂从"七姓赫哲"中挑选400名"精壮"，编为"披甲"。所选"披甲"，饷银优厚，每名拨饷银12两。并按八旗兵制设立官兵，在其中较大的富替新屯设立衙署实行统一管理。指令被编入"披甲"的赫哲人"居常无事之时，仍听其渔猎谋生，各安本业，设遇江防紧要，随时调遣，就近分布各口，以资扼守"①。

同时，吴大澂还创建了规模较大的"松花江水师营"，以防御俄军从水上入侵。虽然装备落后，却是近代东北历史上首次建立的防御水兵。

为增强防俄力量，吴大澂亲自选定在三姓巴彦通修筑炮台。巴彦通是松花江、倭肯河和巴兰河三江汇合口中的一个沙洲，南距三姓城30里，背山面水，居高临下，扼守江口，形势险要。在此处修建炮台有效地阻止了俄船沿江入侵。巴彦通炮台仿大沽口炮台修筑而成，"每台周围数十丈，裹用素土，外包以三合土，上盖炮棚，中置格堆，下筑药库，砌做圈洞、马道，外加土垣"，共筑炮台5座。②"每座长二十丈、宽十丈、高二丈，各置十五厘米半后腔炮一座。派哨官一名，领兵四十人，常川驻守。"③但吴大澂在任期间炮台尚未竣工。在清政府对沙俄侵略一味妥协的局势下，吴大澂带领东北军民积极备战、加强江防的举措是值得肯定的，彰显东北人民同沙俄作战到底的勇气。

吉林"揽头""刨夫"的抗俄斗争

早在嘉庆年间，在中国东北部南乌苏里地区一带，就有从事挖参、捕

---

① 光绪六年六月十三日吉林将军铭安为议奏添设富克锦协领衙门以固赫哲民心而绥边圉事咨三姓副都统衙门，《三姓副都统衙门满文档案译编》第436页。

② 光绪七年五月十九日宁姓珲等处督办吴大澂等奏边务紧要请拨部款建机厂造炮塔台折，《清代吉林档案史料选编·工业》上册第2页。

③ 顾廷龙：《吴愙斋先生年谱》第85页，哈佛燕京学社，1935；光绪《吉林通志》卷五三。

貂、捡木耳、伐木、种秧参的百姓，他们由于长年穿山越岭，被称为"沟民"，又被称为"穿山沟的"或"林中人"。他们按照所从事的行业划分为"采参营""定碓营""黑菜营""木营""棒槌营"等民间组织。沙俄对中国乌苏里江以东地区的入侵，引起吉林地区沟民等各族人民的强烈不满。其中"刨夫"（靠挖参为生计的劳动者）和"揽头"（领票参商）反抗呼声尤为激烈，"俄人甚畏此辈"①。

乌苏里江及绥芬河流域，自古就是东北各族挖参、补貂、打珠之地。采参之事有专门打牲总管衙门管理，有专门的机构发放参票，揽头只有领有参票才可以召集刨夫上山采参。揽头采到人参后，向官府上交优等人参，挑剩下的人参方可对外出售。沙俄侵入乌苏里江以东地区后，严重威胁当地刨夫和揽头的生计。因此，他们义无反顾地举起了反俄大旗。

此时，在小绥芬河一带，已有刨夫徐得林和揽头张登瀛等自发组织的抗俄武装。他们共设营12座进行联防，保护山场和自己的利益；但他们的活动是秘密进行的，不敢让官府知道。清政府最初并不赞成揽头、刨夫私自建立抗俄武装，随着沙俄的入侵逐步加深，吉林地方官府在无可奈何之下，决定将刨夫和揽头建立的抗俄队伍收编利用。

吉林将军景淳上书朝廷，奏请"利用揽头、刨夫之力抗击沙俄，捍卫东北边界"。清政府批准了景淳的上奏，但又强调勿使揽头、刨夫"散而无纪，转贻后患"，为"杜绝夷人勾结"，必须"官为钤束"。② 命令景淳务必掌控这股力量。

徐得林等得知官府允许他们设营联防后，于咸丰十年（1860）前往吉林城，求见当地官员，表示甘心全力抗俄，"武器自备，勿须官府发给"。吉林官府当即发给腰牌20面，令其"妥为招募，以资兵力"。徐得林返回后，即刻与张登瀛等商定，仍旧在珲春以东沿海一带的玛延河及苏城等地招募营夫，共设营84座。

接受任命后，刨夫纷纷感激朝廷，并当即表示如有沙俄入侵，必当奋力杀敌，誓死不归。同年三月，揽头张登瀛、张廷选、宋祥泰、牟甲春等人纷纷四处动员，组织各沟刨夫。如此下来，共设营150多座，人数估计

---

① 〔清〕姚元之：《竹叶亭杂记》卷三。
② 咸丰九年九月十三日吉林将军景淳署黑龙江将军特普钦奏会筹保护参山藉杜侵越折，《筹办夷务始末（咸丰朝）》第四册第1650页。

有上万人。徐得林对招募的营夫进行整编,将其分划布防,严格管理,各营营夫如无事,则采捕,有事则"或以铳声为号,或以信牌是从"。规定刨夫必须定期集合,时刻准备抗击俄军。

除汉、满刨夫等主动联合抵抗沙俄入侵外,生活在乌苏里江以东地区东南沿海一带的恰喀拉等少数民族人民,因不甘忍受沙俄殖民统治者压迫也纷纷内迁回到中国。沙俄的不断侵犯,使吉林许多爱国官兵也十分愤怒,巡防之际只要见到沙俄搭建的房屋,立即全部烧毁。咸丰十年(1860)春,巡防变装恩骑尉明禄带兵出巡,至兴凯湖西岸哲鲁马和北岸恰博子地方时,发现有俄房数间和羊草数千捆,统统付之一炬。①

抗俄告示和抗俄传单也成为吉林军民反俄斗争的一种方式。咸丰十年(1860),当地百姓向哥萨克(曾侵入乌苏里江以东地区)传发了策划倒戈的传单(用满文书写),呼吁哥萨克撤离,要求他们"杀死派遣他们前来的公爵,因为公爵将他们置于必死之地;或成为饿殍,或亡于满人的利剑之下"②。抗俄告示时常在乌苏里江上游一带传播,内容主要是痛斥穆拉维约夫。当时,有些报刊也刊印了同类文章。一系列的抗俄传单和告示使穆拉维约夫的声誉遭受很大的打击。

青岛淘金工人的抗俄战斗

青岛是南乌苏里江的著名盛产金区,森林茂密,盛产梅花鹿,是世界上罕见的梅花鹿繁殖地,资源十分丰富;位于海参崴东南100余里的日本海海面上,距离大陆最近处仅10余里。生活在岛上的居民靠捕鱼、打猎和淘金为生。沙俄侵占后改名为阿斯科尔德岛。

沙俄侵占青岛后,将此地作为狩猎专区,导致乌苏里江地区梅花鹿数量急剧减少,当地居民的生活来源受到威胁。除捕鱼打猎外,当地居民最重要的收入来源就是淘金。"青岛先年出金最旺,华人偷采者多至数万。

---

① 咸丰十年五月初三日吉林将军景淳奏俄人掠食已将卡官撤回代以赫哲又俄人俘去扎拉探悉木里斐岳幅占地情形折,《筹办夷务始末(咸丰朝)》第五册第1941页。
② 《致亚历山大·米海洛维奇·戈尔恰科夫公爵》(俄历1860年7月3日),[俄]巴尔苏科夫《穆拉维约夫-阿穆尔斯基伯爵(传记资料)》第二卷(中译本)第292页。

俄人争此岛甚力，累与构衅。"① 由此可以看出华人早已在此地定居、淘金。

同治六年（1867）冬，沙俄为驱逐青岛华人，派遣"阿留申人"号兵舰载满水兵，全副武装向青岛进攻。在沙俄舰队的突袭下，青岛淘金工人寡不敌众，被迫潜逃撤退，金矿遭到沙俄水军的疯狂洗劫。

沙俄水军撤退后，青岛淘金工人准备武器、增强防备，全副武装返回金矿等待俄军的到来。俄军得知淘金工人继续在青岛淘金，于同治七年（1868）年三月十四日，再次派遣"阿留申人"号进攻青岛，对淘金工人进行猛烈攻击。工人们看见舰队远远袭来，立即埋伏在沿岸的树林里，等待敌军的到来。

由于"阿留申人"号军舰在青岛附近抛锚，沙俄水军被迫换乘短艇强行登陆。正当敌军登岸之际，突然伏兵四起，枪声震耳，淘金工人主动进攻，俄军迅速陷入慌乱之中，死伤惨重。俄军立即向"阿留申人"号求救。"阿留申人"号急忙发动进攻，并从海参崴处调兵救援，包围青岛。淘金工人"昼则围攻，夜则退伏"②，他们殊死奋战、顽强抵抗，终因寡不敌众，武器落后，只得突围撤至苏城（今俄罗斯游击队城）一带。

苏城一带人民有着英勇的抗俄斗争传统。咸丰十年（1860）前后，当地刨夫、揽头就曾自发组织队伍，抗击沙俄入侵。青岛淘金工一到苏城，就得到了当地人民的响应，起义队伍得到了扩充。起义军决定"复闯青岛，乘时攻袭"③，抢回被俄军占领的金矿。

聚集在苏城的刨夫、揽头和淘金工一起举义，在出击青岛之前，主动进攻俄军哨所及驻地，"将黄岛、石庙子、蛤蟆塘一带俄卡禁毁"④，俄军死伤惨重。"烧毁俄人村三处（特伊姆里河的什科托沃、绥芬斯克、尼古

---

① 〔清〕曹廷杰：《西伯利亚东偏纪要》，丛佩远、赵鸣岐编《曹廷杰集》第108页，中华书局，1985。

② 同治七年四月初十日吉林将军富明阿为俄界匪人肇衅会同俄官和议助剿事的咨文，《珲春副都统衙门档案选编》上册第319页。

③ 同治七年四月初十日吉林将军富明阿为俄界匪人肇衅会同俄官和议助剿事的咨文，《珲春副都统衙门档案选编》上册第319页。

④ 同治七年四月初十日吉林将军为俄界匪人肇衅会同俄官和议助剿事的咨文，《珲春副都统衙门档案选编》上册第320页。

六、第二次鸦片战争前后东北人民武装抗俄

拉斯克)。"① 然后,北上双城子,向兴凯湖边的俄军重要据点红土崖进军。在起义军的猛烈进攻下,敌军落荒而逃,当地民众欢欣雀跃,争先加入起义者的战斗中,起义队伍再次得到扩充。

起义队伍的组成人员以青岛淘金工、苏城民众、秦梦河附近的炮手、珲春民众等劳苦大众为主体,同时,也有少数"富家"加入起义队伍。

斗争的深入和队伍的扩大,使起义目标由"夺回青岛"转变为"欲悉杀此地露〔俄〕人"②"全部消灭欧洲居民"③"把俄人逐出本地区"④,并且提出"攻破海参崴,即进取摩阔崴"的行动计划⑤。

"海参崴是乌苏里地区南部门户,自古以来就以盛产海参著称,故取名海参崴。"⑥ 海参崴自然条件优越,内外有高山、群岛做屏障。因此,沙俄将其称为"金角"⑦,十分重视。俄人后来声称:"宁弃本国京城,

图6.1　占领海参崴的俄军

---

① 〔俄〕普尔热瓦尔斯基:《乌苏里边区旅行记》(中译本) 第135－136页,哈尔滨,1943。
② 作新社:《哥萨克东方侵略史》第66页,作新社印刷局,1939。
③ Н. Алябьев, Дальная Россия: Уссурийский Край.(《乌苏里边区》)с. 111.
④ 〔俄〕翁特尔别格:《滨海省:1858—1898年》(中译本) 第190页,商务印书馆,1980。
⑤ 同治七年四月初十日吉林将军为俄界匪人肇衅会同俄官和议助剿事的咨文,《珲春副都统衙门档案选编》上册第320页。
⑥ 〔日〕鸟居龙藏:《东北亚搜访记》第8页,商务印书馆,1927。
⑦ 〔英〕斯图尔特·柯尔比:《苏联的远东地区》(中译本) 第169－170页,上海人民出版社,1976。

不弃海参崴。"① 沙俄在咸丰十年（1860）占领海参崴后，立即对其修建，并于同治元年（1862）将其确定为军港，为进一步遥控中、日做准备。因此，海参崴成为两军的首争对象，起义军做足准备，以待进攻。

摩阔崴（又名波谢特湾），距岩杵河海口约20里，地理位置极其优越。早在咸丰九年（1859）沙俄就扬言要将其收为己有，借此"把边界一直推到朝中边界的图们江"②。

这两个军事港口被沙俄占领后，吉林的所有出海口皆被阻断。因此，起义军将海参崴和摩阔崴确定为首攻目标。起义军在南乌苏里大陆转战抗俄，同时，派人侦察海参崴和摩阔崴俄军的举动，为此次军事行动做了充足准备。

起义军一路势如破竹，让沙俄政府极度震惊。沙俄政府在派兵镇压的同时，又通知清廷派兵助剿。1868年（同治七年）5月中旬，沙俄绥芬军区和海参崴驻军司令部宣布进入战争状态。6月上旬，乌苏里地区全部驻军处于"战争状态"③，俄军严阵以待。与此同时，沙俄还从阿穆尔省调来大量援军，决定对义军进行镇压。

俄军参谋长普尔热瓦尔斯基派遣苏城河一带的哥萨克围剿当地义军，同时又命令陆军中尉杜宾尼斯基带领乌苏里哥萨克进攻双城子一带的义军主力。在俄军的疯狂进攻下，抗俄义军英勇抵抗，浴血奋战，终因敌众我寡、武器落后，死伤惨重，被迫转移作战。

腐败无能的清政府担心起义军转战国内，危及东北局势的稳定，同时又害怕沙俄以此为借口对中国东北发起进攻，遂同沙俄一起围剿义军。清政府命令宁古塔副都统乌勒兴阿"驰往助剿"，并委派吉林将军富明阿拣派"演练官兵"自带军资，以便策应。

起义军行至双城子附近时，军火用尽，不得不向中国边界官员求救，但遭拒绝，并遭清兵围追堵截。清政府派两路官兵对起义军进行截击，一

---

① 〔清〕邹代钧著，陶新华校点：《中俄界记》第194页，岳麓书社，2010。
② 《致滨海省驻军司令兼西伯利亚区舰队及东洋海港司令、海军少将卡扎凯维奇先生》（俄历1859年11月15日），〔俄〕巴尔苏科夫：《穆拉维约夫-阿穆尔斯基伯爵（传记资料）》第二卷（中译本）第178-279页。
③ 〔俄〕尼·费·杜勃罗文：《普尔热瓦尔斯基传》（中译本）第75页，商务印书馆，1978年。

路由全福、瑚图哩带领，前往萨其库以北一带驻军；一路由摩尔根率领"演练官兵"50名在穆棱河关口驻军等候。在青沟子战中，专门负责起义军军火供应的姜石岩等被清军逮捕。7月中旬，六七十名义军持枪向穆棱河一带进军，抗击清军。瑚图哩得知后，率军在赶面石附近截击义军。在起义军大举横渡穆棱河时，清军到来，义军被迫登岸抗击，终因势单力薄，领袖石才、宋俊、许元丰、李罄得等皆被清军俘获。由邓卓、周发率领的这支义军，于豆菇娘川同沙俄军队交战后，由黑石道亦向西退移。

在清军的配合下，沙俄军队对义军进行残酷镇压。义军首领许元丰、姜石岩惨遭杀害；石才、宋俊、李罄得在被押途中因伤势过重，不幸死亡。沙俄和清廷将义军首领"戮尸传首"，"悬竿枭示"在中俄交界的长子岭。虽然起义军骁勇善战、不惧死亡，但终因敌我双方实力悬殊，在沙俄军队和清军的疯狂夹击下，起义以失败告终。这次起义虽然失败了，但青岛淘金工人英勇奋战、不怕牺牲的斗争精神，仍然鼓舞着备受压迫的当地民众继续同沙俄入侵势力做斗争。

4. 乌苏里江以东华人抗俄之战

乌苏里江以东地区，明代归奴儿干都司管辖，清代先后归宁古塔将军（后改为吉林将军）属下的宁古塔副都统、三姓副都统以及珲春协领直接管辖。这里是赫哲、费雅喀和库页等族世代居住和生活的渔猎采捕之地。

咸丰元年（1851），沙俄利用中国内乱和日益衰落之机，派遣以涅维尔斯科伊为首的黑龙江下游"考察队"，在这一地区的黑龙江下游（包括库页岛）一带进行非法考察，并建立了许多军事哨所，拉开了沙俄侵占该地区的帷幕。

咸丰八年（1858）中俄《瑷珲条约》签订后，沙俄政府不顾清政府的反对，欲将"中俄共管"的乌苏里江以东地区占为已有，积极进行作战准备。穆拉维约夫率军乘船驶入伯力地区，闯过乌苏里卡伦，占领乌苏里江。穆拉维约夫下令组建以布多戈斯基为首的"勘察队"，将占领区继续向南推进。穆拉维约夫返回海兰泡后，立即向海军大臣康斯坦丁·尼古拉耶维奇做了关于武装占领伯力一事的汇报。此后，沙俄不断向外扩张。据统计，至咸丰八年（1858）年底，驻守乌苏里江以东地区的沙俄军队已有3000余人。

在向中国领土派驻军队的同时，沙俄还竭力向乌苏里江以东地区强制移民。在沙俄政府的鼓励政策下，仅1年的时间，俄国移民就在乌苏里江以东地区建立了20多个移民村。至此，兴凯湖以北大部分地区已处于沙俄的掌控之下。

1859年（咸丰九年）6月，穆拉维约夫乘船从庙街出发，闯越图们江东面120里处的大海湾，驶入摩阔崴，欲"把波谢特湾（即摩阔崴）划归沙俄，把边界一直推到朝中边界的图们江口"。[1] 11月，穆拉维约夫指令舰队主动出战，占领大彼得湾内诺夫哥罗德港和海参崴。此时，穆拉维约夫已基本完成了对乌苏里江右岸的"实际占领"，并对占领南部港湾做好了准备。

沙俄在通过不平等条约侵吞中国黑龙江以北、乌苏里江以东100多万平方公里领土之后，仍不满足，19世纪70年代以后，沙俄欲继续蚕食中国东北领土，想要把乌苏里江以东地区作为日后侵吞中国和远东领土的战略基地。同时，沙俄殖民者将当地华人视为其实行殖民统治的障碍，对华人进行迫害和驱逐。

1860年（咸丰十年）6月20日，俄军正式武装占领了海参崴，建立了军事哨所，以此向中国和太平洋地区进行侵略扩张。乌苏里地区的华人问题是沙俄殖民政策的必然产物。中俄《北京条约》中规定，只许沙俄占领"空旷之地"，"遇有中国人住之处及中国人所占渔猎之地，俄国均不得占，仍准中国人照常渔猎"。[2] 然而俄军进入乌苏里江以东地区后，公然违背条约，对华人进行残酷的迫害和驱逐，引起当地华人的强烈反抗。

在乌苏里江以东地区华人的反抗下，沙俄政府不得不有所收敛。清政府也派官员李金镛与沙俄交涉，并下令对被沙俄迫害和驱逐的华人"妥为抚绥"，"勿令滋事"。经过与沙俄代表的多次交涉后，李金镛于光绪七年

---

[1] ［俄］巴尔苏科夫：《穆拉维约夫-阿穆尔斯基伯爵（传记资料）》第一卷（中译本）第573页。

[2] 《中俄边界条约集》第28页，商务印书馆，1973。

六、第二次鸦片战争前后东北人民武装抗俄

(1881)闰七月十二日向俄方提出：俄方必须遵照《北京条约》的相关条款保障华人安全和利益，不准"薄待沟民"。又经吉林将军将沙俄迫害、驱逐华人的情况上报清廷。

乌苏里江以东地区的华人，主要从事农业、采集和渔猎，也有在聚居区、城镇、港口开设店铺、贩运货物以及做佣工、"耍手艺"的华商和华工。这些华人绝大部分来自山东、直隶、奉天等地，其中山东人居多，被称为"东帮"。在俄人入侵之前，华人就已在该地定居。乌苏里地区的华人为数甚多，据光绪九年（1883）不完全统计，仅海参崴、双城子、伯力、乌苏里江沿岸和南部沿海一带，共有华人6万多人。①

华人不仅具有人数的优势，其经济力量也是不容忽视的。直到光绪十一年（1885），乌苏里地区的农业、手工业、商业和交通运输业，都控制在华人手中。以华人的经济实力，完全可以控制乌苏里地区的命脉。沙俄殖民者也不得不承认，沙俄在海参崴和南乌苏里地区及其他几个较大的居民点，是"靠了蛮子才获得食物和蔬菜"的；内地和沿海一带的交通是靠华人"才方便起来"的；华人不仅是当地价廉能干的雇工，"还是乌苏里产品的主要输出者"和"零售商品供应者"。② 当地的大小店铺多数都是华人开办，单单伯力、红土崖、双城子、海参崴和岩杵河5处便有华商300多家，从黑龙江下游、乌苏里江到穆棱河口亦有200多家。由此可以看出，华人才是掌控乌苏里地区经济的真正主力。在政治上，当地华人不断掀起抗俄斗争，反对沙俄统治，拒绝加入俄籍。

对于乌苏里地区而言，华人无论在人数上还是在经济地位上，都是"一股非同小可的势力"，因此，沙俄虽然占领这一地区，但在此地区的殖民统治根基并不牢固。沙俄殖民者曾经哀叹："一旦中俄开战，这些蛮子将是中国最好不过的前哨"，"赫哲、鄂伦春人也将以其反俄游击活动为中国效命"。③ 沙俄殖民者对当地华人既恐惧又担心，因而加紧对其进行驱

---

① 〔清〕曹廷杰：《西伯利亚东偏纪要》，丛佩远、赵鸣岐编《曹廷杰集》，第125页。其中海参崴约28000余人，双城子8000余人，伯利（力）4000余人，乌苏里江东岸和南滨海沿一带约20000余人。

② 〔俄〕马丘宁：《我们在远东的邻国》，转引自〔美〕安德鲁·马鲁泽洛夫《沙俄的远东政策》（中译本）第13页，商务印书馆，1977。

③ 〔俄〕伊凡·纳达罗夫：《〈北乌苏里边区现状概要〉及其他》（中译本）第51-52页，上海人民出版社，1975。

逐和迫害。清政府中一些有识之士也已看出"俄人驱逐华民用意甚深"①，意图通过蚕食中国边疆，来消除内顾之忧。实际上，沙俄就是想通过驱逐华人来达到"净化边境"的目的，借以消除当地的抗俄因素和力量，稳固占领区的统治，使乌苏里地区变成沙俄日后侵占中国领土的可靠据点。

从19世纪80年代开始，沙俄政府大造舆论，叫嚣要驱逐被其占领的东北乌苏里江以东地区的华人居民。沙俄外交部顾问马顿斯公然宣称："和半野蛮民族打交道不能考虑国际公理。"② 沙俄军官纳达罗夫也鼓吹：政府必须采取"断然措施"，把占领区所有的华人驱逐出去，"蛮子离开乌苏里地区愈快，该地区的俄罗斯化也就愈迅速"③。在光绪九年（1883）沙俄政府召开的"特别会议"上，与会者一致同意为了"对与中国相邻的亚洲能够施加政治影响和显示我们的力量"，必须加强黑龙江以北和乌苏里江以东地区的统治。④ 在此前后，沙俄政府也曾经召开重要会议，对大规模地驱逐华人的行动予以追认。

于是，沙俄殖民当局在其占领区展开了大规模驱逐华人的行动。沙俄为了驱逐华人无所不用其极。迫害和驱逐华人的事件，"历年据吉林将军咨报者，指不胜屈"，"层见叠出"。⑤

光绪七年（1881），沙俄明火执仗地用武力驱逐石头河附近华人数十户。被驱华人想要携带器具及牲畜移至珲春境内居住，遭到沙俄野蛮的拒绝，将其净身赶出家门。

光绪九年（1883），雷凤河等6沟华人（渔民）也被沙俄殖民当局全部驱逐出俄国国境。光绪十年至十一年（1884—1885），沙俄殖民当局又将南乌苏里地区华人聚居的秦孟河、苏城沟和海参崴等地的华民"尽行驱

---

① 顾廷龙：《吴愙斋先生年谱》第98页。
② [俄] 马顿斯：《沙俄与中国》，转引自 [美] 安德鲁·马鲁泽洛夫《沙俄的远东政策》（中译本）第48页。
③ [俄] 伊凡·纳达罗夫：《〈北乌苏里边区现状概要〉及其他》（中译本）第45、119页。
④ А. Л. Нарочницкий, Колониальная Политика Капиталистических Держав на Дальнем Востоке. （《资本主义列强在远东的殖民政策》）с. 359.
⑤ 光绪八年二月初六日总署奏遵议设所管理海参崴俄界华民折，《清季外交史料》第2册第524页。

六、第二次鸦片战争前后东北人民武装抗俄

逐",并"火其庐舍,收其田里,迁俄民安受其成"。① 只经过十几年的时间,长期聚居在南乌苏里地区的大量华人"沟民",都被沙俄逐杀殆尽。

沙俄对华人烧杀抢掠,随意逮捕,驱逐出境,其手段非常残暴。光绪五年(1879)秋,在靠近中俄边界的沙俄占领区三岔口、柳树河一带发生了骇人听闻的迫害华人事件。当地华人在这里"渔采耕种","历有多年"。八月二十一日,数十名沙俄武装暴徒突然"闯入各屯,肆行焚抢"。这次焚抢长达4天,该地有160余户华人惨遭浩劫,牲畜、粮食被"搜掠一空,烧毁房屋十余间,杀死良民八口,受伤者四名,被拿者三四十名",解往三岔口、双城子"分别拘禁,性命难保"。② 光绪七年七月,沙俄军官马今克率领俄军强行闯入华人居住的昂邦河一带,无故逮捕"铺民"68人,将其押赴库页岛挖煤。俄军的野蛮行动遭到华人的激烈反抗,"华民抵死不前"。惨无人道的沙俄官兵对反抗的华人"痛行鞭打","任用非刑",其中反抗最激烈的杨信竟被"用棉包指,蘸油烧死","惨不可言"。被逐华人在回国途中,往往又于"沿途被劫,甚至伤命"。③

在殖民当局的指示下,沙俄匪徒四处烧杀抢掠,随意囚禁华人,导致俄界旧居内的从事渔猎的华人大都遇难,华人被逼得家破人亡,到处逃命。

沙俄统治者费尽心力,用各种借口肆意勒索敲诈当地华人。他们宣称,按照中俄《北京条约》的规定,沙俄禁止驱逐华人,但允许"课以重税""最大限度地剥削",对华人的"每一幢房子、每一个人和每一种行业征收尽可能多的赋税"的办法,"迫使他们离开沙俄"。④ 沙俄殖民当局每年都向"沟民""猎户"征收2张贵重的貂皮作为赋税。除此以外,从光绪十一年(1885)开始大规模征收"人头税",下令华人一律重新登

---

① 〔清〕曹廷杰:《西伯利亚东偏纪要》丛佩远、赵鸣岐编《曹廷杰集》第98页。光绪八年二月初六日总署奏遵议设所管理海参崴俄界华民折,《清季外交史料》第2册第524页。

② 吉林省档案馆:《为咨复宁古塔将俄人在三岔口抢夺财物焚烧渔采窝铺等情暨扎委员知府余佩恩等妥为据约办理辨由》(光绪五年八月)。

③ 吉林省档案馆:《为据李守以奉扎陈俄官情况确有可疑等情文咨行钦差督办吴查照由》(光绪八年八月)。

④ 〔俄〕伊凡·纳达罗夫:《〈北乌苏里边区现状概要〉及其他》(中译本)第51-52页。

记，领取"身票"后，方准居住。为此，华人必须缴纳一定数量的"手续费"。为了检查"身票"，沙俄当局不顾咸丰十一年（1861）《中俄勘分东界约记》中关于"所有东边界内（指乌苏里江以东地区——引者）原住之中国人民，其向来谋生行走之路，应听其便，俄国不得阻拦"的规定①，只允许有身票的华人在沙俄殖民当局设有关卡的指定地方通行。对于那些"无票华民"，沙俄殖民当局则不论何种缘由，一律驱逐出境。光绪十八年（1892），海参崴的沙俄殖民当局以"无票"为借口，逮捕了双城子一带的421名华人，押往中国珲春。实际上，沙俄殖民当局"查票"是假，以此方式驱逐和勒索华人才是其真实目的。因而在沙俄官员"查票"时，有许多华人"呈出护照者，均被查票官撕毁，不容理说"。此后不久，沙俄殖民当局又无故将红土崖600多名华人逮捕，并将其押往海参崴，"勒令每人给钱八罗布（卢布），方可释放"②。逼迫华人"人头税"，本来是沙俄露骨的排华措施，但沙俄政府却狡称征收此税是为了"设巡捕等人保护他们"。故所谓俄捕不过是一群专门迫害华人之暴徒。除此之外，沙俄殖民者还在罕奇一带驻兵设卡，"稽查出入货物"，对华人从事"采捕鱼菜、小贸营生者创收课税"，致使这些华人"申诉无所"，只得"颠连回华"，或"散外他处"。③ 与此同时，沙俄殖民者还经常向华人"私自派费"，肆意剥削，"派沟民住棚者每人纳五千六百文，佣工者三千六百文"。④ 他们还逼迫秦孟河一带的华人"自膳修道"，并限期（至俄历1881年9月初）筹款1000卢布，违者责。⑤

沙俄殖民当局还通过剥夺华人耕地来迫害华人。光绪八年（1882），沙皇批准《远东殖民条例》。按照条例的规定，在俄华人未经总督准可，无权在滨海省和阿穆尔省获得土地。实际上，大多数华人在当地都有自己

---

① 《中俄边界条约集》第35页。

② 〔清〕许景澄：《照会俄外部崴埠俄官欺虐华人请行文该管官查明按律惩处文》（光绪十九年十二月十六日），《许文肃公遗稿》卷四。

③ 〔清〕曹廷杰：《西伯利亚东偏纪要》，丛佩远、赵鸣岐编《曹廷杰集》第111－112页。

④ 〔清〕李金镛：《珲牍偶存·与俄官问答禀》，李澍田主编《珲春史志》第745页，吉林文史出版社，1990。

⑤ 〔清〕李金镛：《珲牍偶存·严杵河办沟民修道禀》，李澍田主编《珲春史志》第748页。

的耕地,这一规定剥夺了华人在这一地区拥有土地的权利。据光绪十一年(1885)沙俄殖民当局统计,"在北乌苏里地区2040俄亩耕地中,俄人占有1734俄亩,占总数85%,而比沙俄移民众多的华人,只占306俄亩(原文误为316俄亩——引者),仅占总数的15%"①。沙俄殖民当局就是通过剥夺华人土地给沙俄移民的方式,使华人人大多失去了自己的土地,致使其无法在当地生存。正如吴大澂所说:沙俄殖民当局对在俄华人"逼勒迁徙,夺其膏腴","所示俄界被逐各户及被占熟地清折,阅之令人发指"。②

沙俄殖民当局频发禁令,以之作为迫害、驱逐华人的借口,并常常以此治罪华人,使之无法生存。沙俄殖民当局下达过许多禁止华人谋生的禁令。例如在俄华人"不准藏枪""不准生产、贩运烧酒"等。光绪十一年(1885)十二月二十八日,纳达罗夫按照沙俄政府的指示,在阿穆尔边区研究会上,以"乌苏里地区中国烧酒的生产和消费"为题做了专门的报告。烧酒问题之所以引起中俄双方的关注,主要是其涉及华人的生计问题;沙俄想借此与中国争抢酒类市场,并借此捣毁烧锅、关闭酒店和驱逐华人,而中国则由此关注到华人的生存问题。

东北地区冬季极其寒冷,烧酒是渔猎之民生活必需品,同时更是渔猎劳动必备的保护品。李金镛在与俄方交涉时说:"边民不饮不能御寒,海上捕参、采菜(指捞海参、采海菜——引者)者更非多饮不可。"③ 烧酒因销售量极大,所以该地区,尤其是南乌苏里一带,烧酒业异常兴旺。据光绪十一年(1885)沙俄方面统计,南乌苏里地区共有128家"烧锅",多数集中在苏城河、济木河、刀兵河、乌拉河和绥芬河及其支流一带,烧酒年产量高达16.21万斤。即便如此,该地区的烧酒消费量仍远超当地产量,每年需从东北内地经松花江和海路大量输入。

中国烧酒在乌苏里地区非常受欢迎,不仅当地中国各族人民喜欢,许多俄国移民也十分喜欢。烧酒的纯度高于伏特加且价格相对更低,成为其

---

① [俄]伊凡·纳达罗夫:《〈北乌苏里边区现状概要〉及其他》(中译本)第14页。1俄亩≈1.09公顷。

② 顾廷龙:《吴愙斋先生年谱》第98-99页。

③ [清]李金镛:《珲牍偶存·与俄官答问禀》,李澍田主编《珲春史志》第745页。

受欢迎程度超过伏特加的主要原因。据《乌苏里地区的中国人》一书记载：1 维德罗烧酒售价为 10 卢布，而伏特加为 20 卢布。① 在价格上，伏特加显然不能同烧酒相比。因此，沙俄统治者认为，中国烧酒的畅销给沙俄财政带来了巨大损失。对于每天想要在乌苏里地区牟取暴利的沙俄富商大贾而言，中国烧酒在市场上的存在是让他们无法忍受的。

为了借烧酒一事大肆排华，沙俄公然违背中俄《北京条约》的相关规定，在中俄边境和乌苏里江以东地区设立了许多检查站，"凡出售中国烧酒的人都要加以缉捕，查获中国烧酒一概没收"②，据《乌苏里地区的中国人》一书记载，沙俄当局甚至采用暴力措施关闭酒店，捣毁"烧锅"，"勒令迁出"，"烧锅主被捕的事时有发生"。③

与此同时，沙俄殖民当局对生活于俄境的华人推行民族同化政策。强行规定华人说俄语、穿俄服、改俄名，并严禁华人留梳发辫。他们企图通过这些政策使当地少数民族和华人尽早"俄罗斯化"，消灭其原有的文化。沙俄殖民当局还无视中俄《北京条约》的相关规定，以驱逐出境为威胁手段，强迫当地华人加入俄国国籍，并取缔中国政府对乌苏里以东地区华人的行政管理权，宣布华人罪犯由沙俄法庭审判，中国政府不得干预。正如李金镛所说："前者欲遭沟民隶俄界，今则公然视为俄民。"④

当清政府派官前往交涉"华民问题"时，沙俄官员拒不承认，百般狡辩，"或云不知，或云无之"⑤。李金镛在与沙俄当局交涉时提出："不准阻拦在俄境内受迫害的中国百姓回归中国。"⑥ 沙俄界务官一面表示认同，一面又私下利用匪徒对华民施暴、劫杀。在处理华人被害案件时，俄方故

---

① В. К. Арсеньев, *Китайцы в Уссурийском Крае*（《乌苏里地区的中国人》）c. 138. 维德罗是俄制液量单位，1 维德罗 =12.3 升。

② ［俄］伊凡·纳达罗夫：《〈北乌苏里边区现状概要〉及其他》（中译本）第 83 页。

③ В. К. Арсеньев, *Китайцы в Уссурийском Крае*（《乌苏里地区的中国人》）c. 136.

④ 〔清〕李金镛：《珲牍偶存·严杵河办沟民修道禀》，李澍田主编《珲春史志》第 748 页。

⑤ 〔清〕李金镛：《珲牍偶存·与俄官答问禀》，李澍田主编《珲春史志》第 4 页。

⑥ 〔清〕李金镛：《珲牍偶存·照会廓米萨尔》，李澍田主编《珲春史志》第 759 页。

六、第二次鸦片战争前后东北人民武装抗俄

意拖延,久不处理;对于劫杀当地百姓的暴匪却一再放纵,从未追究。李金镛凭借自己对沙俄的了解,将沙俄的外交伎俩总结为:"要之,俄人可诱则诱,可图则图,可欺则欺,可挟则挟,狡展性成,迄无底止。"① 吴大澂曾与沙俄进行过多次交涉,也指出,沙俄驱逐迫害华人,利用匪徒进行排华计划,甚至对遇害华人案件置之不理等一系列丑陋行径,令人发指。

乌苏里江以东地区的华人有着光荣的抗俄斗争传统,面对沙俄的肆意驱逐和疯狂迫害,当地人民拒不屈服,或者拿起武器,进行激烈顽强的武装反抗,或者纷纷逃离迁往中国内地。并且为确保华人利益,当地民众纷纷要求清政府建立领事馆。

光绪六年(1880)春,海参崴殖民当局下令南乌苏里江地区所有沟民全部上缴枪械,并设卡管理,一经发现持枪华人,立即逮捕。当地华人大都以渔猎为生,枪械是他们的生存工具,殖民当局的这一禁令使华人几乎丧失了生存条件。沙俄居然恬不知耻地将"禁止华民藏枪、樵采的禁令"解释为"保护自然资源"。

当地华人愤恨至极,沟民头目刘贵等在苏城、秦孟河、苏子河和大小乌湖一带组织了五六千华人,他们同仇敌忾,齐心协力,与敌人展开殊死拼搏。面对前来搜缴枪械的俄军时,当地民众将俄军一顿暴打,将其驱走。

作为华人代表的刘贵、潘明等沟民头目,再三向清政府地方当局请愿,表示愿意同驻防清军共同抗击沙俄侵略者。此时,吴大澂在宁古塔、珲春一带"招垦实边",屯驻军、筑炮台,在边界一带加紧设防。刘贵等人闻讯"遂举行团练,制造武器,欲与官兵联络声威,暗中协助"。而后,苏城、翠峰(绥芬)两沟猎夫头目潘明也向清政府地方当局请愿:"伊等情愿作为伏兵",同清军共同抗击俄军。刘贵、潘明等人听说中国境内已有"大兵驻扎"(指吴大澂建立的靖边军屯扎于吉林"三边"地区——引者)后,"无不额手相庆"②,表明了广大华人渴望同清军共同抗击俄军的强烈愿望。

光绪八年(1882),沙俄当局实行新的殖民条例,大肆迫害和驱逐华人,侵夺华人既得利益,激起华人强烈不满。愤怒的当地华人揭竿而起,

---

① 〔清〕李金镛:《珲牍偶存·奉札议复交涉禀》,李澍田主编《珲春史志》第759页。

② 《清德宗景皇帝实录》卷一一二,光绪六年四月己酉。

同沙俄侵略者展开殊死搏斗。

　　许多华人因无法忍受沙俄的肆虐迫害而拒入俄籍，潜返祖国。光绪八年（1882）五月，刘贵率家属、佣工20余人移至西崴子地区（在今吉林省珲春市附近），在这里安家落户。除此以外，别处也有许多沟民拒入俄籍，"皆愿来归"①。对此，吉林将军决定3年内将他们全部迁回，妥善安置。

　　沙俄在双城子附近地区强征人头税，遭到当地华人的反抗。1888年，双城子附近的大批华人齐聚武力反抗沙俄统治，双城子附近诸多沙俄村屯皆被捣毁。

　　当地民众一面直接同沙俄统治者开展激烈斗争，一面不断请求清政府出面，同俄方进行交涉，督促沙俄当局遵照中俄《北京条约》有关规定，确保华人在当地的权益。光绪十一年（1885），海参崴华商吉祥店店主陈华銮等曾向东北地方官员曹廷杰控诉沙俄的罪恶行径，说道："俄人欺凌日甚，缘无领事官为之领袖，又有汉奸数人，导俄行凶，故俄人于华商诛求苛索，于华民驱逐侵侮，任其所欲"②。并恳请曹廷杰向清廷上报，依据中俄《北京条约》相关规定，在俄境设立领事。

　　在俄境设立领事的要求完全合理。中俄《北京条约》第八条规定："中国若欲在俄罗斯京城或别处设立领事官，亦听中国之便。"③ 吴大澂、李金镛等积极抗俄的官吏坚持上奏清廷，期望以此来维护华民权益。吴大澂曾多次上折德宗奏请此事，他说："臣愚以为各国商民在中国通商口岸皆设领事官，管理一切商务及诉讼事宜，中国商民在俄界居住者，亦可由中国派员在海参崴一带设立公所，由该员就近经理，或会同俄官秉公商办，庶华民有所依赖。"④ 吴大澂在奏请设立领事同时，派李金镛去往海参崴同俄官交涉，要求沙俄必须遵守《北京条约》，禁止非法迫害华民。

　　清廷按照吴大澂的奏请，命在俄国交涉伊犁问题的曾纪泽向沙俄政府

---

　　① 〔清〕李金镛：《珲腴偶存·阻俄官进省并安插沟目禀》，李澍田主编《珲春史志》第760页。

　　② 〔清〕曹廷杰：《西伯利亚东偏纪要》，丛佩远、赵鸣岐偏《曹廷杰集》第128页。

　　③ 《中俄边界条约集》第29页。

　　④ 光绪七年二月初九日帮办吉林军务吴大澂奏苏城沟等处拟设官理事片，《清季外交史料》第2册第481页。

六、第二次鸦片战争前后东北人民武装抗俄

正式提出禁止俄人迫害华人的要求。然而,沙俄外交大臣吉尔斯竟以"海参崴是屯兵海口,并非一般通商口岸,若中国在此设立领事,英、法各国必将援照,争抢为之"为由,加以拒绝。海参崴是军港,但也是通商口岸,各国商人在此汇聚,往来不绝,俄国和外国货物都由海参崴港口运输;最重要的是,海参崴的华商十居七八,华人达六七千人之多。经反复交涉,沙俄只允在此地设立一名"办理商务之官,不提领事名目"①。望文可知,"商务之官"是专管商务,此外其他任何事务无权管理。所以,领事不设,华人利益就永无保障。

第二次鸦片战争前后,东北各族人民抗击沙俄侵略的斗争,堪称一部可歌可泣的抗击西方殖民主义入侵的民族斗争史。他们英勇奋战,顽强抗俄的斗争精神,彰显了东北人民强烈的家国意识,是中华民族近代史上反抗外敌入侵的英雄篇章。

---

① 光绪八年二月初八日总署奏遵议设所管理海参崴俄界华民折,《清季外交史料》第 2 册第 523–524 页。

——七、甲午战争时期东北的抗日卫国之战

七、甲午战争时期东北的抗日卫国之战

在清朝历史上,沙俄长期以来是中国东北边疆最大的威胁。到了近代以后,经过明治维新的日本逐渐强大起来,便开始对朝鲜和中国东北进行侵略,从中日甲午战争开始,东北军民的反侵略斗争又增加了反抗日本侵略的内容。从平壤之战到黄海海战,从鸭绿江防御战到辽东之战,中国军队英勇抗击日本的侵略,许多爱国官兵战死沙场,但由于清政府的腐败及统治集团内部的斗争,这场反侵略战争最终以中国失败告终。

光绪二十年(1894)六月二十三日,日军不宣而战,向驻守朝鲜牙山的清军发动进攻,标志着中日甲午战争爆发。叶志超、聂士成等率牙山守军北撤到朝鲜北部重镇、平安道首府平壤。与此同时,清朝从内地调军防守平壤。八月十三日,各路日军已经进至平壤城外,中日军队在平壤展开激战。由于清军主帅叶志超弃城逃跑,平壤保卫战以清军大败告终。叶志超一夜狂奔500里,于第二天逃至安州,向朝廷谎报军情后又于八月二十二日渡鸭绿江逃到中国境内。至八月二十五日,清军全部退过鸭绿江,日军完全占领朝鲜全境。

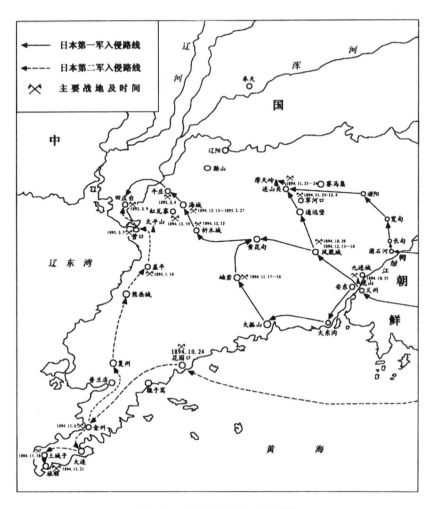

图 7.1 甲午战争辽东战场形势

(图片来源:戚其章《甲午战争史》第 517 页,上海人民出版社,2005)

鸭绿江防御战

集结在鸭绿江沿岸的清军,计有宋庆的毅军、聂士成的芦榆防军、依克唐阿的镇边军、刘盛休的铭军、吕本元的盛军、丰升阿的奉军和倭恒额的齐字练军,合计近 80 营,约 2 万人,分别由四川提督宋庆和黑龙江将军依克唐阿统率。

清政府所布置的鸭绿江防线,以九连城为中心,西起海岸,东到鸭绿

七、甲午战争时期东北的抗日卫国之战

江上游的长甸城（在今辽宁省宽甸县），是由平壤撤返的清军与从全国各地调来的各路兵马匆忙构筑而成的。宋庆虽有节制诸军之名，但却难以节制和指挥整道防线的军队。各路清军或骄横跋扈、不服调度，或拖拉懈怠、行动缓

图 7.2　清军在鸭绿江前线

慢，而且受平壤新败的影响，士气不振，将领多无抗敌决心，加之交通不畅，信息不灵，整条防线漏洞百出，不堪一击。依克唐阿虽为东线指挥，但除了他亲率的黑龙江镇边军外，其他各路军队名义上归其指挥，实际上也是难以掌控。如防守安平河、蒲石河两河口的前线指挥官是练兵大臣定安部下副都统倭恒额，根本不听依克唐阿的指挥。

九月二十六日，日军之一部先于九连城上游的安平河口泅水过江后，向驻防的清军发动进攻。准备不足的副都统倭恒额率领部下仓促应战，不敌，全军溃逃。依克唐阿所派马、步兵各 1 营驰往增援，在四道岭子受阻，未得前进。为了收复安平河口，依克唐阿后又派马队统领侍卫永山带队往助，一举收复了被日军占领的蒲石河口和鼓楼子，但"贼至安平河口南岸，预在山上安炮守御，我军未能经过"①，只得与日军对峙。

九月二十六日夜，另一部日军又在虎山附近的鸭绿江中流架起浮桥，清军并未觉察。次日晨，日军越过浮桥，向虎山清军阵地发起进攻。清军守将马金叙、聂士成率部坚持抵抗，因势单力孤，伤亡巨大，被迫撤出阵地。日军占领虎山后，其余清军各部闻虎山失陷，不战而逃。当时形势非常严峻，据刘盛休电称："贼势甚众。我军退至九连城，急待援救。上游依克唐阿及倭恒额之兵，信息不通。"② 九月二十八日，日军占领了九连城和安东县

---

①　光绪二十年十月初一日黑龙江将军依克唐阿奏派兵击败倭寇收复蒲石河防营情形折，中国史学会编《中日战争》第三册第 201 页，新知识出版社，1956。

②　《清德宗景皇帝实录》卷三四九，光绪二十年九月壬寅。

（今辽宁省东港市）。在不到3天的时间内，2万清军驻守的鸭绿江防线就全线崩溃了。

金、旅之战

甲午战争爆发后，日军大本营在派第一军入侵中国的同时，组建了由陆军大臣大山岩大将出任司令官的第二军，以扩大对中国的侵略。为了尽快夺取金州、旅顺地区，大本营派遣第二军在辽东半岛南部花园口（位于今辽宁省庄河市南部）登陆。光绪二十年（1894）九月二十六日，日本第二军第1批登陆部队25000人搭乘"横滨丸"等16艘运输船，在14艘军舰护卫下，开始在花园口登陆。由于北洋水师的主力舰尚未修竣，而陆军在辽东半岛兵力分散单薄，清军在南部沿海花园口等地根本就没有设防。因此，日军如入无人之境，登陆行动历时12天，人员及装备悉数上岸，而清朝海陆军竟坐视不问。

图7.3　日军在花园口登陆

十月初八日，日本第二军第一师团向金州发动进攻。金州是通往旅顺的门户，当时驻防金州城的清军有副都统连顺的捷胜营步队1营、马队2哨；总兵徐邦道的拱卫军步队3营、马队1营、炮队1营；另外还有总兵赵怀业的怀字军步队6营2哨在外围驻防。总兵徐邦道率拱卫军在通往金州城的要道金州大道阻击日军，作战非常顽强。日军久攻不下，便转攻防御较为薄弱

七、甲午战争时期东北的抗日卫国之战

的复州大道,突入金州城下。十月初九日,日军对金州城发起总攻。守城清军顽强抵抗,但由于日军人数众多,后援不断,攻势凶猛,金州的外围防线皆被突破,最终金州城沦陷。日军占领金州后,乘势向大连湾方向发起进攻。大连湾守军仅有总兵赵怀业所部3000余人,屯驻于各炮台、要地,兵力分散。得知日军来攻,总兵赵怀业率部逃往旅顺。日军只在老龙头炮台遭到爱国官兵的自发抵抗,很快就占领了大连湾的各个清军炮台。

日军占领金州及大连湾后,经过10天修整,立即向旅顺发动进攻。旅顺位于辽东半岛最南端,地理位置极为重要。光绪六年(1880),直隶总督兼北洋大臣李鸿章耗费巨资开始在旅顺建设军港,使之成为北洋水师舰队的主要基地,旅顺就此成为辽东半岛的战略重镇。光绪二十年(1894)十月十六日,尚未修竣的北洋舰队各舰起锚离港前往威海,旅顺失去了海军的保护,形势更加危急。当时防守旅顺的清军隶属于7位统领,共计1万余人,虽有道员龚照玙为前敌营务处总办,但是缺乏统一指挥,加之派系混杂,面对蜂拥而来的日军,各部将领大多惊慌失措。在日军向旅顺进攻途中,除了徐邦道指挥拱卫军英勇抵抗外,前敌营务处总办龚照玙、统领黄仕林、赵怀业、卫汝成等先后潜逃。

十月二十四日早晨7时左右,日本陆海军联合向旅顺清军各炮台发动全面进攻。日本海军联合舰队列阵于旅顺口外,向旅顺军港发炮轰击。与此同时,日本陆军开始向旅顺陆路炮台发起进攻。驻守炮台的清军将士奋勇迎击,与进攻的日军展开激战。由于敌我兵力过于悬殊,至中午12时左右,日军完全占领了旅顺陆路炮台,随即向海岸炮台进攻,东岸炮台守

图7.4 旅顺大屠杀

将黄仕林弃台逃走，炮台陷落。西岸炮台在守将张光前指挥下坚持作战至夜间才率部撤离旅顺。十月二十五日，在日军的大举进攻下，旅顺城沦陷。但清军在船厂、机器局等旅顺城内各处与日本侵略军展开激战，日军亦伤亡惨重。

日军占领旅顺后，对全城进行了长达4天的惨无人道的大屠杀，2万多中国百姓遇难。而且，为遮掩和毁灭屠杀罪证，从十月下旬到十二月中旬，日军先是对旅顺市街的被害者尸体进行了清理和草草掩埋，继而焚尸灭证。

事后，日本侵略者将死难者骨灰集中在4口大棺材内，丛葬于白玉山东麓的安葬岗。坟前立一木桩，写有"清军将士战亡之所"的字样，借以欺骗世人，掩饰其屠杀焚烧包括妇女儿童在内的平民和俘虏的罪行。

光绪二十二年（1896）十月，日军撤出旅顺后，清朝官员顾元勋树立了万忠墓的第一块碑石，手书"万忠墓"3个大字并修建享殿，以示祭奠。后又分别在1922年、1948年维修并树碑，碑阴铭文记述了日军暴行和重修万忠墓的经过。

辽阳东路、西路之战

日军攻破清军鸭绿江防线后，决定兵分辽阳东路和辽阳西路进攻奉天。辽阳东路是从凤凰城经过辽阳之东，辽阳西路是绕道岫岩、海城，出辽阳之西。辽阳东路先由宋庆率军防堵，十月初二日，他放弃凤凰城，退守大高岭（又称大孤岭）。宋庆奉命回援旅顺后，东路守军改由聂士成指挥。聂士成在当地民众配合下，利用大高岭天险抗击日军，从正面阻止日军由辽阳东路进攻奉天。依克唐阿率部驻守赛马集，从侧面牵制凤凰城日军，支援了大高岭的正面防御。十月初四日，依克唐阿得知虎山已失，"宋庆各军又探不知处，奴才腹背受敌，势难兼顾"①，于是率部撤回宽甸。十月初八日，清廷电寄裕禄、依克唐阿："倭寇现在窜过凤凰城，其后路兵必无多。依克唐阿现驻长甸，正可闲道出奇，追截其后，约会宋庆合力攻剿，冀收夹击之效。"② 其后又电寄长顺："现在宋庆以金州告警，督队南下。大高岭及长甸一带防军亟待援助，著长顺迅带现调军兵，拔队先行，到防后与依克唐阿、

---

① 光绪二十年十月十六日黑龙江将军依克唐阿电报档，中国史学会编《中日战争》第三册第205页。

② 《清德宗景皇帝实录》卷三五一，光绪二十年十月辛亥。

七、甲午战争时期东北的抗日卫国之战

聂士成等会商战守机宜。"① 九连城战败后,清政府多次电令依克唐阿往大高岭一带与聂士成协防。十月初九日,依克唐阿率军到赛马集后,接受了当地巡检孙伟"大高岭在西南一百四五十里,宋庆各军现扎岭前,若逼近大高岭,山路崎岖,则赛马集最为紧要"②的建议,在赛马集布防,与西线大高岭的聂士成等部成掎角之势,牵制东线日军,使之不敢直扑大高岭,从而形成了一条东起赛马集,西至大高岭,长约150里的辽阳东路防线。

十月二十三日,当日军一路进攻赛马集时,依克唐阿在赛马集以南的邢家沟附近布置了4门火炮,居高临下轰击日军。经过3个小时的战斗,抵抗住了日军的多次进攻,日军小队长柳原楠次以下14人被击毙,日军不支撤退。依克唐阿率领的军队取得了赛马集之战的胜利。

十月二十六日,日军进占草河口布阵,企图切断辽阳东路清军防线东西两翼的联结以及依克唐阿、聂士成两军之间的联络。二十八日,依克唐阿联合聂士成共同进攻草河口的日军。依克唐阿指挥所部从东、南、北三面开始向日军发起猛烈进攻,战斗在草河口东面的草河岭上打响。依克唐阿亲登山头指挥,清军将士无不攀山而上,奋勇向前,日军只能招架。日军的随军记者报道:"敌人似不使用其惯用的防御手段,奋勇直前,攀岩石、冒弹雨,向我军冲锋。"③ 日军四面受敌,伤亡惨重,第二十二联队第五中队的小队长斋藤正起大尉被击毙,野战炮兵第五联队第二中队中队长池田纲平大尉、小队长关谷谿中尉被击伤,日军死伤42人。④ 而清军损失不大,在战场上"发现尸体格外少,只找到十余名"⑤。依克唐阿联合聂士成部取得了草河岭之战的胜利。此后,依克唐阿又采取机动灵活的战术,击退了日军的多次进攻。

日军见辽阳东路进攻受阻,马上改变用兵方向,把进攻的重点从辽阳东

---

① 《清德宗景皇帝实录》卷三五一,光绪二十年十月甲寅。

② 光绪二十年十月十六日黑龙江将军依克唐阿电报档,中国史学会编《中日战争》第三册第205-206页。

③ 《日清战争实记》第14编,转引自戚其章《甲午战争史》第219页,上海人民出版社,2005。

④ [日]桥本海关:《清日战争实记》(中译本)第170页,山东画报出版社,2017。

⑤ 《日清战争实记选译·辽东之役》,戚其章主编《中日战争》第八册第305页,中华书局,1994。

路转向西路。十一月十七日,日军占领了辽阳门户海城。与此同时,依克唐阿、聂士成二军也想乘胜反攻,夺回凤凰城,以筑起一条防御日军进攻辽沈的坚固防线。

凤凰城(今辽宁省凤城市)位于辽东半岛东部,地近黄海北岸,战略位置非常重要。宋庆所部清军不战而溃、撤离凤凰城后,日军轻

图7.5 凤凰城

而易举地将其占领。据日军记载:"昨夜敌将宋庆撤走,城中没有一兵,于是急行入凤凰城,不劳一兵即予占领。据俘虏说,宋庆和袁世凯从起初即在凤凰城,一闻九连城败报,袁先去北京,元帅宋庆、总统马玉昆、黑龙江将军依克唐阿等先后去奉天府,宋庆和依克唐阿俱有骁将之名,今不战先溃,满清前途可知。"① 凤凰城失守,主要责任在于宋庆不战而溃,和依克唐阿的关系并不大;相反,依克唐阿不仅没有临阵退缩,而且力图奋战收复凤凰城。

十一月十九日,依克唐阿率军发起了反攻凤凰城的战役。据日本人记载:"去年十一月,黑龙江将军依克唐阿率领所属部队向我军开来,在赛马集和连山关两个方向上与立见旅团对峙,多次袭击我军侦察队,神出鬼没,灵活进退,取避众击寡之策略,立见旅团决心以一战把他们赶跑,于十一月二十五日在草河口把他们击败,追其败兵,直到草河庄,敌军向本溪湖方向溃逃。立见旅团于十二月五日暂时挥师返回凤凰城。然而,敌军还没有一败涂地,他们见我军从连山关、草河口撤回,以为我军撤退,于是又兵分两路,齐头南下,似要一举收复凤凰城。在清军将领来说,这样的行动可谓罕有。"②

在日本人的另一则资料中,也记载了依克唐阿攻打凤凰城的战斗情

---

① 《日方记载的中日战史》,杨家骆主编《中日战争文献汇编》第一册第247-248页,台湾鼎文书局,1973。

② 《日清战争实记选译·辽东之役》,戚其章主编《中日战争》第八册第319页。

况:"宽甸城方向的敌军,尽管曾经被立见少将置于困难的境地,但是他们没有忘记曾经一度击退我军得到的好处,也许是为了阻止立见少将向连山关前进,现在他们又陆续南下了,其目的似要收复凤凰城。十二日,这个中队在赛马集大道上与优势的敌军遭遇,不断退却。敌军又尝到了第二次甜头,乘势南进,最后在距离凤凰城约三里之一面山停止。敌军约四千人,其正面约六千米,沿赛马集大道和叆阳边门大道进逼我军。凤凰城一时处于危急之中,友安大佐之凤凰城支队自十四日午前一时三十分发动进攻,击退敌军,追击至长岭子。据俘虏说,敌军约四千人,都是依将军的部下。"① 这次战役中,日军战死12名,伤亡总计74名;而"清军尸体约一百五十具"②,其中,"四品衔三等侍卫永山(后任黑龙江将军寿山之弟)带队剿贼,每战冲锋破敌,奋不顾身。十一月十九日,直薄凤凰城力战,身受多伤立时陨命,死事情形甚为惨烈"。依克唐阿奏请朝廷,以永山为国捐躯,"实属忠勇可嘉。永山著交部从优议恤加恩予谥,并列入昭忠祠,附入伊父富明阿黑龙江省专祠。其战功事迹,宣付史馆立传"③。

由于日军装备精良、训练有素和战术运用得当,依克唐阿所部没有攻下凤凰城并最终败退,但也给予了日军一定打击。

五次进攻海城

光绪二十年(1894)十二月初四日,依克唐阿奉旨亲率马、步兵前往辽阳,会同吉林将军长顺防止日军北犯。依克唐阿与长顺协商了反攻海城、保卫辽阳的作战计划。海城位于辽河下游之左岸,辽东半岛之北端,北靠鞍山和沈阳,南邻营口、大连,地理位置非常重要。由于日军占据海城,并以此为据点威胁辽、沈,依克唐阿同长顺、宋庆等将领决定发起围攻海城的战役,以收复这一军事要地。最初参战的部队以依克唐阿与长顺的部队为主,此后,徐邦道、李光久、宋庆、吴大澄、魏光焘等清军将领也先后率部参加这场战役。

---

① 《日清战争实记选译·辽东之役》,戚其章主编《中日战争》第八册第321页。
② 《日清战争实记》第13编,转引自戚其章《甲午战争史》第225页。
③ 《清德宗景皇帝实录》卷三五五,光绪二十年十二月癸卯。

保卫东北边疆之战

图7.6 海城北门来远门（左）和城墙（右）

十二月二十二日，依克唐阿与长顺部2万人开始反攻海城，分东西两路向日军的欢喜山阵地进攻。战至下午，东路长顺军不支而退，西路依克唐阿指挥所部英勇战斗。据日方材料记载："十七日午前八点左右，敌兵从辽阳街道的头家堡子向五道河子前进，有窥袭海城的模样。兵数约一万三千，阵线长达三千里，黑龙江的依将军、吉林的长将军为将。到午前十一点，敌兵到波罗堡和沙河沿的炮兵阵地前，从一千五百公尺的远距离即开始炮击。我军不应，欲待其接近。到午后一点敌兵还不接近，我军乃从欢喜山的炮兵阵地先向波罗堡开炮，继炮击沙河沿、五道河子附近，从双龙山亦同样炮击。于是两军猛烈互击，交战达三小时。到午后四点，敌势渐沮，粟饭原大佐乃率领他底下的三大队，从徐家园子迅速逼近波罗堡，山上的炮兵亦放开花弹助威。敌兵大败。此役，敌死三百，伤颇多。此为海城敌军第一次反攻"①。

第一次攻打海城受挫后，依克唐阿和长顺不甘心失败，十二月二十七日，他们又发起了第二次进攻。依克唐阿和长顺仍然兵分2路，由北而南，向海城发动进攻。据日方材料记载："在十七日的一战中略受挫败的敌兵，再度企图逆袭海城，以不下两万的大军，于二十一日进到波罗堡。我斥候侦知回报，我军乃部署防备。战线的布置，大约和上次相同。时将近正午，敌军的一队从二台子右进，欲冲进八里河子，被我军击走。敌兵的密集部队又进逼徐家园子，我军不应，敌军乃以破竹之势逼近至二百公尺，我军急起炮击，欢喜山和徐家园后面的炮兵亦用开花弹猛击，瞬时敌

---

① 《日方记载的中日战史》，杨家骆主编《中日战争文献汇编》第一册，第275页。

尸堆积如山，向牛庄街道方面退走。此役，我军预料敌兵必用其主力于徐家园，因在该地布置第六旅团和第十九联队的大部分。此为海城第二次反攻。"①

虽然第二次攻打海城失败，但清军并没有放弃收复海城。在总结前两次的经验教训后，依克唐阿与长顺等军经过休整，联合徐邦道、李光久、宋庆、吴大澂、魏光焘等部重新整合，于光绪二十一年（1895）正月二十二日开始了对海城的第三次进攻。依克唐阿率领黑龙江镇边军主攻海城西北之亮甲山日军阵地。由于日军防守严密，炮火猛烈，清军不得不后撤。据依克唐阿、长顺电奏："（正月）廿二日分队进剿，击毙倭贼不少，我军亦有伤亡。自卯至酉，未能取胜。"②

光绪二十一年正月二十七日，依克唐阿、长顺、徐邦道、李光久、刘树元等清军各部从东、北、西三面第四次进攻海城。依克唐阿负责从西北之大小费屯等处经三里桥向东南进攻双山子、亮甲山等日军阵地。"二十七日会攻亮甲山，将近得手，贼援麕至，势难遽下，现在修理炮位，再图进取。"③ 由于日军凭险据守，火炮多且威力大，进攻的清军火炮少，伤亡较大，中午便被迫撤军。这次进攻海城无果而终，依克唐阿军队撤回大小费屯一带驻地。

二月初三日，依克唐阿、徐邦道、李光久、刘树元等清军各部第5次进攻海城，由于双方武器装备悬殊，清军仍未得手。第二天上午，海城日军倾巢而出，突袭大小费屯一带依克唐阿军队驻地。面对数倍于己的日军的猛烈进攻，依克唐阿从容指挥所部拼死抵抗。经过激战，清军击退了日军的多次进攻，双方互有伤亡，相持不下。到了下午，日军开始分兵包围，企图聚歼清军。在这千钧一发之际，湘军等清军援军赶来支援，依克唐阿指挥所部冲出重围。这时辽阳告急，依克唐阿奉令率部退守辽阳。至此，清军第五次反攻海城宣告失败。

第五次反攻海城的战斗，是清军收复海城的最后一次努力。此役之

---

① 《日方记载的中日战史》，杨家骆主编《中日战争文献汇编》第一册第275—276页；文中"十七日"和"二十一日"分别为公历1895年1月17日（农历十二月二十二日）和1月21日（农历十二月二十六日）。

② 《清德宗景皇帝实录》卷三六〇，光绪二十一年正月戊戌。

③ 《清德宗景皇帝实录》卷三六一，光绪二十一年二月癸卯。

后，日军第一军、第二军开始全面反攻。二月初六日，日本第一军占领鞍山，随后扑向牛庄（今辽宁省海城市牛庄镇）。牛庄是辽河下游平原的一个乡镇，由清将魏光焘所部武威军6个营在此驻守。二月初八日上午，当日军攻入牛庄后，清军奋起抗击。中午时分，清将李光久率军5个营赶到，双方展开激烈巷战，逐屋争夺。日军人数远超清军，清军1000余人战死，魏光焘、李光久率少数清军乘夜突围，牛庄失守。十一日拂晓，日本第二军第一师团向营口发起总攻。营口位于辽河口左岸，为东北的重要通商口岸。营口原有2万清军驻守，其中1.7万人于初九日被宋庆调往田庄台，城内仅剩3000余人。在日军进攻下，清军稍做抵抗即纷纷溃退。十一日中午，营口失守。十三日，日军集中3个师团近2万人的兵力向田庄台发起总攻，经过激战，清军伤亡2000余人，被迫撤退，田庄台失守。此后，宋庆率军退走双台子，吴大澂部退往锦州。至此，辽东半岛大部落入日本人之手。

中日《马关条约》的签订

正当清军在辽东与日军浴血奋战之时，腐朽的清政府却已经开始与日本展开求和谈判。光绪二十一年（1895）正月十九日，在日本提出的必须以割地、赔款为"议和"条件的要求下，清政府派李鸿章为全权大使赴日议和。三月二十三日，李鸿章与伊藤博文分别代表中日两国签订了《马关条约》。《马关条约》共11款，根据《马关条约》关于东北地区的规定，清政府承认朝鲜独立，并割让辽东半岛给日本。这样，朝鲜就不再是清朝的藩属国，取得了名义上的独立，不久后为日本所吞并。《马关条约》签订后，沙俄为了维护其在东北的利益，便联合法、德两国进行干涉，强迫日本放弃辽东半岛，最终清政府以3000万两白银的代价将辽东半岛"赎回"。《马关条约》给近代中国社会带来了严重危害，进一步将中国推入半殖民地半封建社会的深渊。它的签订标志着中日甲午战争以清朝的惨败而告终。

八、东清铁路与东北义和团抗俄

八、东清铁路与东北义和团抗俄

在19世纪末西方列强掀起瓜分中国的狂潮之后,沙俄又一次迫不及待地将侵略的触角伸向中国东北地区。末代沙皇尼古拉二世制定了一个侵略中国东北等地的"黄俄罗斯计划"。为了实现这一计划,沙俄利用甲午战争中国失败和"三国干涉还辽"之机,诱使清政府签订《中俄密约》,取得了在中国东北与清政府合建东清铁路的权利。帝国主义的侵略,激起了中国人民的反抗。光绪二十六年(1900),中国爆发了义和团运动,东北地区也掀起了义和团的抗俄斗争。

1. 沙俄的"黄俄罗斯"计划

到19世纪下半叶,西方国家相继完成工业革命,一些主要的资本主义国家已经开始向帝国主义过渡。随着经济、政治、军事等方面的实力日益强盛,这些帝国主义国家开始凭借着自身强大的经济和军事实力,掀起了瓜分世界的狂潮。日益衰落的中国,更是成为西方列强争相瓜分的对象。

尽管俄国在1861年(咸丰十一年)进行了废除农奴制的改革,在一定程度上使得本国的资本主义经济得到快速发展,但是传统的封建农奴制度根深蒂固,很难将其残余完全清除,使俄国没有办法在经济上与改革进行得很彻底的英、法、美等国家相比;相较于这些国家而言,俄国仍是一个比较落后的国家。因此,在经济上比不过其他欧美国家的俄国,就将其主要精力都放在了自身发展较有优势的军事方面,希望凭借着强大的军事实力来换取其政治话语权。正因如此,俄国陷入了对军事征服的狂热之中。

19世纪80年代，沙俄在近东地区的扩张遇到了来自英国的阻碍，特别是克里米亚战争之后，沙俄已经失去了其在近东地区的军事优势，因此不得不将扩张的目标转移到远东地区。到了19世纪90年代，以乌赫托姆斯基为主要代表的俄国"东方派"大肆宣扬其向远东地区扩张的思想："亚洲——我们一直是属于它的。……亚洲各个种族的人民，从血统上，从传统上，从思想上，都觉得和我们很亲切，觉得是属于我们的。我们只需更加靠近它们就行了。这个伟大而神秘的东方很容易就会成为我们的。"① 这种思想在俄国产生了很大的影响，尤其是对当时俄国的3个主要利益集团的领导者们。这3个集团分别是：代表俄国军阀和地主利益阶层的库罗巴特金集团，代表沙皇尼古拉二世身边的近臣及传统军事强权的别佐伯拉佐夫集团，还有代表着俄国资产阶级利益的维特集团。正是这些人的积极鼓动，使沙皇尼古拉二世下定决心推行向外扩张的远东政策。

所谓的"远东政策"，指的就是为了实现称霸世界的目标，俄国要在太平洋海岸取得一处终年不会结冻的港口，并且以此为跳板，进而将觊觎了很久的中国东北地区收入它的势力范畴，从而将远东地区作为实现称霸世界的基点。而所谓的"黄俄罗斯"计划就是这个政策的具体表现。

在中国近代史上，1894年（光绪二十年）是一个不能忘记的屈辱的年份。这一年爆发了中日甲午战争。这场战争的结果不仅仅是中国失败了，还被迫签订了不平等的条约，从而进一步沦为半殖民地半封建社会。而在这一年，俄国经历了君主更替，老沙皇亚历山大三世去世，其"年轻的、不谙世故的、容易被恶势力包围"② 的继承者尼古拉二世登上了皇位。

库罗巴特金（А. Ю. Куропаткин，1848—1925）在其日记中曾经这样描述尼古拉二世："我们皇上的脑袋中有宏大的计划：为俄国夺取满洲，把朝鲜并入俄国，还想把西藏并入俄国"；他的梦想是"……使俄罗斯皇帝再加上以下一些称号，如：中国皇帝、日本天皇，等等"。③ 从库罗巴特金的描述中，我们能够看出这位刚刚继位的尼古拉二世是极有野心的统

---

① ［美］安德鲁·马鲁泽洛夫：《俄国的远东政策》（中译本）第49页。
② ［俄］维特著，［美］亚尔莫林斯基编：《维特伯爵回忆录》（中译本）第138页，商务印书馆，1976。
③ ［俄］维特著，［美］亚尔莫林斯基编：《维特伯爵回忆录》（中译本）第93页。

八、东清铁路与东北义和团抗俄

治者,其对于"远东政策"非常热衷。除了这个有野心的皇帝,俄国高层里还有一个对于"远东政策"有着异乎寻常热情的人,即非常受老沙皇亚历山大三世信赖的、掌控着俄国财政大权的财政大臣谢尔盖·尤里耶维奇·维特(С. Ю. Витте,1849—1915)。他和"东方派"的代表人物乌赫托姆斯基亲王在机缘巧合下,成为志同道合的同伙。而实际上,维特正如苏联学者罗曼诺夫所说的,"可能在1892年之前,他对远东无兴趣,在他的早年,他是一个斯拉夫文化的优越论者;后来他成为一个'西方派',因为他非常希望俄国能够赶上西欧的工业发展"①。而维特的视野开始转移到远东应该是在他代理交通大臣和财政大臣职务,且将目标转到了有"远东大动脉"之称的西伯利亚铁路上以后。这条铁路的作用就是"将保证供给俄国海军一切必需品,使之在我们的东方港口有坚固的支点","通车后这支海军的力量就会大大增强,一旦欧洲或亚东政局发生动荡,它将由于控制着太平洋水域的全国际贸易动态而具有高度重要的意义"②。就这样,维特通过自身的权力以及影响力将俄国社会各阶级的注意力全部都吸引到修建西伯利亚铁路上面来;除此以外,维特还主张开设银行。就这样,以铁路和银行为工具,一场针对中国的有预谋的、有针对性的侵略活动正逐渐展开。

除维特外,属于军事集团代表人物的库罗巴特金则主张以武力的方式来进行殖民扩张。由于这个集团的大部分人都是通过建立军功来提升地位和获得权力的,所以他们的主张就是使用暴力手段解决问题,使用武力使清政府屈服。有一点值得了解的是,由于维特集团与库罗巴特金集团的思想主张不一样,所以,当维特刚开始提出修建西伯利亚铁路的建议时,后者很是不屑一顾;但当库罗巴特金意识到了修建这条铁路所带来的好处,尤其是对军事活动的好处之后,就成为这个计划的积极支持者和推动者。而在此之前,库罗巴特金曾向沙皇尼古拉二世提出了把中国的东北变成第二个"布哈拉"的计划,而西伯利亚铁路的修建则逐渐显现出他的图谋的可行性。

---

① [苏]鲍里斯·罗曼诺夫:《俄国在满洲(1892—1906):专制政体在帝国主义时代的对外政策史纲》(中译本)第51页,商务印书馆,1980。
② [苏]鲍里斯·罗曼诺夫:《日俄战争外交史纲:1895—1907》(中译本)第25页,上海人民出版社,1976。

对于俄国的统治阶层来说，中国的东北地区在地理位置上有着明显的优势，不仅靠近渤海和黄海，还拥有终年不冻的港口，而这恰恰是俄国所追求的——要在太平洋沿岸拥有一个可以常年通行的港口的目标。因此，他们一定要将中国的东北完全占有。

除了上述的俄国统治阶级的扩张野心外，在中日甲午战争之后发生的"三国干涉还辽"事件以及东清铁路的修建，也是推动"黄俄罗斯"计划实施的一个原因或背景。

19世纪后半期，西方列强在中国东北的利益是错综复杂的。因此，当《马关条约》规定清政府要将辽东半岛等地划归给日本，沙俄表示了强烈不满。沙俄"在太平洋上取得一个不冻港；以及兼并为便于修筑西伯利亚大铁路所必须的那一部分满洲的领土"，"该港应在大陆上（朝鲜的东南部），并务必有一条狭长地带与我们原有的属地相连"①的计划，在付诸实践前就遭到日本从中作梗。于是，沙俄纠集法国和德国联合起来逼迫日本放弃这一要求。沙俄得偿所愿，并且得到了清廷以慈禧太后、李鸿章为首的一伙人的感激，他们因此将沙俄看作恩人，并且坚定地要视沙俄为同盟国。但是可悲的是，清政府并没有认清沙俄干涉"还辽"的真正目的，而其"联俄"的政策对于沙俄来说可谓正中下怀。

就这样，沙俄利用清政府对他们的感激，以"恩人""救星"的身份开始推行"和平的扩张政策"。早在西伯利亚铁路修建到上乌丁斯克（今乌兰乌德）时，关于后段铁路的走向，俄国国内便产生了不同的意见。财政大臣维特极力主张要从中国的东北地区经过直达海参崴的方案。他认为："以图舍弓背而取捷径，横贯松花江以联接赤塔、乌苏里而出海，由此南下以至旅顺大连，南临太平洋之中国海，括东三省为一气。同时，还可用修铁路建银行等经济手段来控制中国之满洲，使其变为我们的黄俄罗斯。"因此，由中国的东北地区"借地筑路"的观点得到了多数人的认可。于是在光绪二十二年（1896），沙俄就曾经向清政府多次提出"借地筑路"的想法，但是都被清政府回绝了。没有达到预期目的的沙俄并未就此罢休，当年适逢尼古拉二世举行加冕礼，沙俄利用清政府想要"牵制东洋"的迫切需求，极力邀请清廷派人参加并商议联盟事宜。就这样，清政

---

① ［苏］鲍里斯·罗曼诺夫：《俄国在满洲（1892—1906）：专制政体在帝国主义时代的对外政策史纲》（中译本）第67-68页。

府派出李鸿章为全权代表，在经过一系列的协商之后，双方于 1896 年签订了《中俄密约》。在这个条约里，沙俄以"共同防御日本"为条件，诱使清政府允许沙俄的西伯利亚铁路经由赤塔穿过中国的东北到海参崴，并且将筑路权交给沙俄。结果，沙俄获得了"无论何时都可以在中国境内运送军队以及军用物资"的权利，而中国仅仅只是获得了沙俄口头上的承诺。"黄俄罗斯"计划就是在这样的情况下逐渐完善的。

2.《中俄密约》的签订

19 世纪中叶，日本在经过明治维新后国力不断增强，并迅速崛起，然后开始像其他老牌资本主义国家一样走上了对外扩张的道路。就像沙俄一样，日本也把扩张的第一目标锁定其邻国——朝鲜和中国。正是目标的一致，使沙俄与日本的矛盾日益尖锐，双方的冲突成为不可避免的事实。尤其是在中日甲午战争爆发之后，日本在战场上取得了压倒性的胜利，清军节节败退。沙俄对此很是不安，害怕其在中国东北的既得利益受到损害。

因此，当听说《马关条约》规定清政府要将辽东半岛割让给日本时，沙俄的财政大臣维特向沙皇尼古拉二世说道："除非我们准备面对一场战争，或放弃远东的广大市场"，否则"我们决不能容许日本在大陆上获得巩固的立足点"和"攫取中国领土的任何部分"。[①] 维特认为，日本对辽东的割占"主要是针对我们的，假如日本占领南满，对我们将是威胁"，而且"假如我们现在让日本人进入满洲，为要保护我们的领土及西伯利亚铁道，就需要数十万军队，并要大大增强我们的海军"。[②] 总之，日本极大地威胁到了沙俄的既得利益，打破了沙俄独霸远东的美梦，这是沙俄绝

---

① 中国社会科学院近代史研究所：《沙俄侵华史》第四卷第 28 页，人民出版社，1978。

② 中国社会科学院近代史研究所：《沙俄侵华史》第四卷第 29 页。

对不能容忍的。因此，在《马关条约》签订后不久，沙俄纠结了法国和德国强势要求日本放弃条约中将辽东半岛割让给日本等相关规定，否则就对日宣战。当时的日本刚刚结束战争，元气大伤，无奈之下只得同意以清政府向其支付"赎金"的方式退还了辽东半岛，这就是著名的"三国干涉还辽"事件。

"三国干涉还辽"对当时的国际关系产生了重要的影响。尤其是对腐朽的清政府来说，"三国干涉还辽"的胜利是其"以夷制夷"外交政策取得的成果，于是他们将事件的主要参与者沙俄看作"救命恩人"，更将外交方针由原来的"联日制俄"转变为"联俄防日"。当时清政府内部很多官员都主张与俄国建立同盟国关系。光绪二十一年（1895）闰五月，两江总督刘坤一向清廷上书《密陈大计联俄拒日以为全局折》，主张与沙俄"深相结纳，互为声援，并稍予以便宜"，认为"虽然俄国不能保全中国沿海各省，但是东三省与俄国毗连，倭定不敢生妄想之心"。① 同年六月，两江总督张之洞也上疏表示："今日救急要策，莫如签订密约以结交强援"，"今欲立约结援，自惟有俄国最便"。在张之洞看来，清政府与沙俄签订《尼布楚条约》之后，两国边境一直很和平；沙俄与其他西方列强侵略中国的行径所不同的是，沙俄"举动阔大磊落，亦非西洋之比。即如同治庚午天津教堂之事，各国争斗，而俄不与其事。伊犁之约，我国将十八条全行驳改，而俄国慨然允从。此次为我索还辽地，虽自为东方大局计，而中国已实受其益，日人凶锋，借此受挫。较之他国袖手旁观，隐图商利，相去远矣"。"……若中俄邦交永固，则倭与各国必有所顾忌，不至视我蔑如，狡焉思启矣。"② 但是，清廷内部却没有认清，沙俄与日本的侵略本质实际上没有两样，反而以结交了新的盟友而沾沾自喜。

清政府的这种"联俄"的想法，对于沙俄来说正中下怀。在中日甲午战争之后，沙俄就开始积极地开展其远东计划，将侵略的目标定为中国的东北地区，借以实现其正在修建的西伯利亚铁路"借道北满"的计划，从而对中国实行所谓的"和平征服"。因此，组织"三国还辽"的沙俄以"恩人"自居，并且取得了与中国在政治上接近的权利。中日《马关条约》中规定战后的赔款数额巨大，对于清政府来说是一笔沉重的财政负

---

① 何汉文：《中俄外交史》第 158－159 页，中华书局，1935。
② 何汉文：《中俄外交史》第 159－160 页。

八、东清铁路与东北义和团抗俄

担,因此不得不大举借外债。西方列强竞相参与,沙俄就是借着这样的机会与中国签订了《四厘借款合同》,通过借款的方式进一步控制了清政府的财政,从而为日后借道中国东北修筑西伯利亚铁路奠定了基础。《中俄密约》就是在这样的背景下签订的。

《中俄密约》的签订过程,可以分为两个阶段。第一阶段,在李鸿章前往俄国谈判之前,由沙俄财政大臣维特以及外交大臣罗巴诺夫(А. Б. Лобанов-Ростовский,1824—1896)与中国驻俄公使许景澄在圣彼得堡进行交涉。与此同时,沙俄驻华公使喀西尼(А. П. Кассини,1835—1896)也在北京与总理衙门直接进行交涉。第二阶段,主要是李鸿章在俄期间与维特、罗巴诺夫以及沙皇尼古拉二世本人进行协商。

图 8.1　李鸿章

其实,沙俄早在准备干涉还辽的时候,就已经开始与清政府就修路之事进行交涉。自光绪二十一年(1895)开始,维特就不断地与许景澄进行商议,甚至在同年八月,沙俄在没有经过清政府同意的情况下就私自派人到中国的东北地区进行勘探。直到这些人回国后,沙俄驻华公使喀西尼才告知总理衙门,还狡辩称:"惟时已晚,已届严寒,该学士等应不稍失时动身,故不能待北京发来护照。"① 清政府对此事非常关注,总理衙门在

---

① 光绪二十一年九月初二日俄使喀希尼致总署拟派员分往东三省查勘铁路照会,《清季外交史料》第 5 册第 2337 页。

上报此事的时候就指出："该使照会以将来或与中国在满洲地方兴造铁路相连为词,是刻下竟有借修路之势!中国于东方铁路,岂能置为缓图?"①中国的一些封疆大吏,包括主张联俄的两江总督张之洞也上疏称:"拟请速与俄议:凡自俄境入华境以后无论鸭绿江南岸、黑龙江南岸,达于海口,其铁路均由中国接造。"于是,清政府派许景澄向沙俄方面表示,中国将自办铁路。但是维特仍然强调:"中国现拟自造铁路,与俄路相连……但本部为代计,目前未必有款,又无熟悉工程之人,办理恐难迅速。……莫如准俄人集立一公司,承造此路,与中国订立合同。"许景澄则以"公司办法,与前奉本国训条不同"予以拒绝。②在维特与许景澄的交涉失败后,喀西尼则加紧了在北京的活动。他数次与总理衙门进行交涉,以"俄国保护中国不再与日本及其他国家相冲突"③为条件,甚至是威胁清政府使其就范。正是因为这样,喀西尼曾经受到总理大臣翁同龢的训斥:"此路汝有八百里,我无分毫之利,勉力成之者,为邦交也。汝为公使,不顾大体耶。"④而总理衙门就喀西尼的要求也做出了正式的回复:"永远不再以此租借权给予任何列强与任何外国公司。这已是坚决的永不变更的答案。"对此,喀西尼只能无奈地向沙皇报告说:"除非俄国政府不得不承认绝对需要把铁路筑在本国领土内,我只余下一种办法了,就是警告清政府,说这次拒绝俄国之要求直接引起了对华十分严重的后果。"⑤在这段时期,清政府始终都坚持"与其彼来,莫如我接"⑥的原则。

第一阶段交涉失败,沙俄不得不采取新的办法来达到自身的目的。恰逢1896年(光绪二十二年)沙皇尼古拉二世将要举行加冕典礼,于是,

---

① 光绪二十一年九月初二日总署奏俄国派员分往东三省查勘修接铁路事宜折,《清季外交史料》第5册第2335页。

② 胡滨:《十九世纪末叶帝国主义争夺中国权益史》第67页,生活·读书·新知三联书店,1957。

③ [苏]罗曼诺夫:《帝俄侵略满洲史》(中译本)第82页,台湾学生书局,1983。

④ 〔清〕翁同龢:《翁文恭公日记》,光绪二十二年丙申三月十六日。

⑤ Keesing's Contemporary Archives, 19 - 26 Feb. 1966, p. 2 - 237; 12 - 18 Feb. 1967, p. 2 - 869.

⑥ 光绪二十一年十月二十八日旨寄张之洞俄修铁路通大连湾与其彼来莫如我接着勿与商借款电,《清季外交史料》第5册第2356页。

八、东清铁路与东北义和团抗俄

沙俄政府就极力邀请清政府派代表参加,并提出进一步商议修路一事。两国对于赴俄参加典礼的人员的选择还有一个小插曲。本来清政府拟派去参加典礼的人选是王之春,但是沙俄政府为了尽快签署条约,属意的人选是亲俄的李鸿章,故而认为王之春不是一个合适的人选,于是提出,"王之春人微口轻,不足当此实,可胜任者独李中堂耳"①。因此,才有了李鸿章赴俄参加典礼并商议签约事宜。李鸿章在临行之前,曾被慈禧太后召见半日之久,两人密谋联俄的一切事宜。在出发之前,李鸿章曾说:"联络西洋,牵制东洋,是此行要策。"可以看出,李鸿章对于联俄是抱着必成的决心的。

值得一提的是,为了使条约能够顺利签订,沙俄也做了充分的准备。首先是将谈判的地点选择在俄国而不是在中国,这是为了防止其他国家从中干预,破坏中俄交涉;行程也是由喀西尼和李鸿章一起商议的,就是为了防止李鸿章在途中被其他国家截走。维特还特别派人前往苏伊士运河迎接清朝使团,并嘱咐相关官员"以若干金钱贿买特使随员中之地位重要者"②。除此之外,当李鸿章到达圣彼得堡后,俄方对于李鸿章的招待很是周到。就这样,在1896年(光绪二十二年)5月3日,维特和李鸿章正式开始进行谈判。

在谈判的过程中,维特按照先前设计好的步骤,将李鸿章一步一步地引入了沙俄设下的陷阱。谈判伊始,维特就先对李鸿章表示,一直以来俄国都在对清政府进行帮助,并且在今后俄国仍然愿意给予帮助。维特说道:"我们既然宣布了中国领土完整的原则,在将来我们也要遵守这个原则,但是,为了保持这个原则,我们必须在发生紧急情况时能够给中国以军事援助。俄国的兵力目前都集中于欧洲部分,在欧洲的俄国和符拉迪沃斯托克没有用铁路同中国连接起来之前,我们就不能进行这种援助。"接着,又对李鸿章说:"中日战争期间,我们确曾从符拉迪沃斯托克派遣了一些军队,但因没有铁路运输,行动过于迟缓,以致当他们到达吉林时,战争已经结束了。为维护中国领土完整,必须有一条路线尽可能最短的铁路,这条路线将经过蒙古和满洲的北部而达符拉迪沃斯托克。"③ 维特将

---

① [苏]罗曼诺夫:《帝俄侵略满洲史》(中译本)第85页。
② [苏]罗曼诺夫:《帝俄侵略满洲史》(中译本)第82—85页。
③ [俄]维特著,[美]亚尔莫林斯基编:《维特伯爵回忆录》(中译本)第15页。

俄方的意图已经表达得很明确，但是，由于李鸿章在出发前与慈禧太后以及一些官员所商议的"联络西洋，牵制东洋"的外交政策并没有涉及这一内容，他不能私自做主，所以对于维特所提及的"结盟御敌"的建议予以赞同，至于维特所提出的"借地筑路"建议则否决。但是，沙俄是不会放弃扩张野心的。不久后，沙皇尼古拉二世单独接见了李鸿章，进一步地对其进行劝解。沙皇对李鸿章说："俄国地广人稀，断不侵占人尺寸土地；中俄交情近加亲密，东省接路实为调兵捷速，中国有事亦便帮助，非仅利俄。华自办恐力不足。或令在沪华俄银行承办，妥立章程，由华节制，定无流弊。各国多有此事例，劝请酌办。将来倭、英难保不再生事，俄可出力援助。"①

沙皇本人的亲自保证使李鸿章的思想产生了动摇。他认为这次商议"较微德（维特）前议和厚。未便于上闻"②。而且俄方还对李鸿章表示，除了日本之外，还会在英国生事的时候给予援助，这对于以"牵制东洋"为目标的清政府来说，已经超出了最初的预想。尽管李鸿章产生了动摇，但是"借地筑路"一事已经涉及了领土主权等方面的内容，李鸿章断不敢自作主张地答应俄方。因此，在5月9日，他向总理衙门发电："该（俄）君臣皆以东省接路为急，微（维特）谓三年必成。……彼谓多费工而直捷合算，中朝自办无款、无期，不如令华俄银行承办较速，姑属妥议章程送核。鸿章此须请旨定夺。至俄皇所称援助，罗（巴诺夫）谓尚未奉旨，……大意以若请派兵，须代办粮饷。华有事俄助，俄有事华助，总要东路接成乃便。俟成准后，另订密约。鸿按：我自办接路实恐无力，又难中止，两事相因，应否先修订援助，后议公司。"③ 但是实际上，通过李鸿章的电报可以看出，如果清政府不答应沙俄提出的"借地筑路"的条件，就不会得到沙俄的帮助；而当时的清政府自身没有能力承办"接路"，只能是通过沙俄获得支持；即便是能够"先修订援助"，也是要在同意沙俄

---

① 光绪二十二年三月二十七日专使李鸿章致总署递国书后俄皇藉回宫验收礼物为名再见密谈情形请代奏电，《清季外交史料》第5册第2394页。

② 《寄译署》（光绪二十二年三月二十五日），顾廷龙、戴逸主编《李鸿章全集（26）：电报六》第242页，安徽教育出版社，2008。

③ 《寄译署》（光绪二十二年三月二十七日），顾廷龙、戴逸主编：《李鸿章全集（26）：电报六》第243页。

八、东清铁路与东北义和团抗俄

的"借地筑路"的前提下,所谓的"后议公司"也只是将沙俄的要求实现。

尽管在"借地筑路"这一要求上双方产生了分歧,但是,李鸿章也不得不权衡利弊。考虑到出发前所议定好的"联络西洋,牵制东洋"的政策,李鸿章担心如果不答应俄国人条件的话,就会引起不但不能"牵制东洋",反而会因此得罪沙俄的后果,因此,他决定答应沙俄的要求。故在之后发给总理衙门的电文中,极力劝说清政府要尽早答应沙俄方面的要求。他写道:"约文无甚悖谬,若回绝必至失欢,有碍大局。"① 当然,在后期的多次商议中,李鸿章在"借地筑路"的相关问题上给沙俄设下了很多的阻碍,但是,都被维特一一破解了(维特私下答应李鸿章,如果建筑铁路一事谈妥,将付给他 300 万卢布②)。对于李鸿章的建议,清政府并没有立刻表示同意。其在 5 月 16 日给李鸿章的回电中表示:"俄君厚意可感,此后邦交益固,李鸿章代达申谢。"又表示"至于接路,我欲自办,一则兴中国商务,一则杜他人援请,非有所指。用俄公司,雇俄工匠,购俄物料,皆可行"。显然对于清政府所表示的要"自己办铁路""雇佣俄国工匠"等一系列意见,沙俄是不会同意的。沙俄外交大臣罗巴诺夫说道:"前拟修路办法即兴华商务。……雇俄工匠,购俄物料……此需巨款,恐华债已多,难再借。"③ 由于清政府给出的理由被沙俄驳回,再加上李鸿章多次劝说"俄既推诚,华亦推诚相与,勿过疑虑云。……时促事烦,求及早请旨电复遵办"④,最后清廷同意了与沙俄签约。于是,在 1896 年 6 月 3 日,李鸿章与维特和罗巴诺夫在莫斯科沙俄外交大臣官邸签署了中俄《御敌互相援助条约》,又称《中俄密约》。密约原文如下:

> 大俄国皇帝陛下和大清国大皇帝陛下,欲巩固有幸恢复的远东和

---

① 《寄译署》(光绪二十二年四月初二日),顾廷龙、戴逸主编:《李鸿章全集(26):电报六》第 245 页。

② [苏]鲍里斯·罗曼诺夫:《俄国在满洲(1892—1906):专制政体在帝国主义时代的对外政策史纲》(中译本)第 106 页。

③ 《寄译署》(光绪二十二年四月初六日),顾廷龙、戴逸主编《李鸿章全集(26):电报六》第 246 页。

④ 《寄译署》(光绪二十二年四月十二日),顾廷龙、戴逸主编《李鸿章全集(26):电报六》第 248 页。

平，防止外国重新侵犯亚洲大陆，决定缔结两国防务同盟。为此大俄国皇帝陛下特派外交大臣、内阁大臣、枢密院大臣、实任御前大臣罗巴诺夫公爵暨财政大臣、内阁大臣、御前大医维特先生；大清国皇帝陛下特派大学士、派赴俄国皇帝陛下的特命全权代表大臣李鸿章伯爵：为全权代表。经双方互换全权证书，校验无误，订立条约如下：

第一条　日本侵略俄国的东亚领土，或中国领土，或朝鲜领土，都将会被认为与本条约有关，应将本约立即付诸实施。

在这种情况下，缔约双方应派各自所能调遣的全部陆、海军，互相支援。各方部队所需粮食，亦应互相尽力支援。

第二条　缔约双方一经商定共同行动，一方非经另一方同意，不得与敌方单独媾和。

第三条　战时遇有紧急情况，俄国军舰可驶入中国任何港口。俄舰只有何需要，中国地方当局亦应尽力帮助。

第四条　为便于俄国陆军到达受威胁地点，并保证其给养供应，中国政府允许修建一条穿过中国黑龙江省和吉林省，通向符拉迪沃斯托克的铁路线。该路和沙俄铁路的衔接，不得作为侵占中国任何领土和损害大清国皇帝陛下任何最高权力的借口。铁路的建筑和经营应交由华俄道胜银行办理。为此，即将签订的合同条款应由中国驻圣彼得堡公使同华俄道胜银行妥善商定。

第五条　双方商定，根据条约第一条，战时俄国有权自由使用本约第四条所述的铁路运兵和运送给养。平时，俄国同样有权运兵和运送给养，但除因运输业务必需停车外，不得借故停留。

第六条　本条约自大清国皇帝陛下批准第四条规定的合同之日起生效。有效期为十五年，期满前六个月，缔约双方再行商定本约的续订问题。

1896年俄历5月22日，于莫斯科①

通过条约的所有6款内容，我们可以清楚地看出，尽管这个条约叫作"中俄'互相援助'条约"，但事实上，条约里面所涉及的内容对清政府

---

①　《中外旧约章汇编》第一册第650页。

八、东清铁路与东北义和团抗俄

和沙俄的约束力是不对等的。铁路是作为中俄共同防御日本的基础,是不可或缺的。就条约内容来看,可以概括为:当日本对中国以及朝鲜进行攻击时,或者是日本侵占沙俄在东亚的属地的时候,这份条约立即生效;当发生军事行动的时候,中国境内的港口都要对沙俄的军舰开放;对于将要经由中国东北的直达符拉迪沃斯托克(海参崴)的铁路的修建,也要交给华俄道胜银行承办;除此之外,即使在和平时期,沙俄依然有权利越境运输给养甚至是军队;条约的有效期限是15年。

也就是说,不论是在战时还是平时,沙俄都能够利用中国的土地、港口等资源,而中国只能是在战时才可以得到某些利益。从条约的结果上看,沙俄实现了将西伯利亚铁路支线由中国的东北"接路"的愿望,其实际上就是名正言顺地将中国东北地区置于沙俄的势力范围内。而清政府从这纸条约中得到的仅仅是沙俄将给予清廷帮助的空头承诺,并且付出了更大的代价。正如当时山东巡抚李秉衡上疏道:"俄之所谓厚施于我者,不过反我江南数州县之地耳,而我亦尝千万赎之于日矣。今复以修铁路,允俄铁道附于我土地,有土地而后有铁路,今我之土地而俄修之,是俄之有矣。夫失之于日者不过奉省数州县,乃俄德之居间排解,不得酬以奉天全省,并吉林、黑龙江两省之地而附益之,恐未有如此失计之甚者矣。"①更为重要的是,结合《中俄密约》签订的过程以及方式来看,沙俄的种种行为对清政府都是具有一定的强迫性和欺诈性的。沙俄利用清政府当时急于寻求外援的心理,趁火打劫,提出了其早就已经制定好的计划,即要求先"借地筑路",再商议援助的相关事宜,以此逼迫清廷答应沙俄的苛刻条件。更加无赖的是,在条约签字的时候,俄国人把之前商议的条约文本换掉,将里面关于中俄同盟所针对的"日本和日本盟国"改为"只有日本",这是赤裸裸的欺诈行为,这样的做法实际上是违背了国际公法的。因此,就《中俄密约》本身来说,它是一份建立在不平等基础上的"互相援助"条约,就其本质来说,它就是一个不平等条约。

这份条约的签订,为沙俄今后在中国掠夺更多的利益提供了依据。比如说,在密约签订的几个月后,沙俄就根据其中的第四条"为便于沙俄陆军到达受威胁地点,并保证其给养供应,中国政府允许修建一条穿过中国

---

① 光绪二十二年十二月初十日鲁抚李秉衡奏中俄密约中国受制太甚请改议折,《清季外交史料》第5册第2447页。

黑龙江省和吉林省，通向符拉迪沃斯托克的铁路线"，强迫清廷签署了中俄《合办东省铁路公司合同章程》（简称《中东铁路合同》），正式得到了在东北修筑铁路的权利。

《中俄密约》签订后所带来的影响远远不止上面所提及的几点。对于沙俄来说，《密约》的签订使其远东计划的进展达到了一个高峰。条约中所提及的华俄道胜银行和铁路是维特所提议的远东政策的侵略"先锋"，是强有力的侵略工具。也就是说，沙俄以其强大的军事力量为依仗，通过维特的"和平扩张渗透"的方式以达到其侵略目的。

通过《中俄密约》，沙俄还强迫清政府依次签订了《合办东省铁路公司合同章程》《东清铁路公司章程》《银行合同》《银行合同条例》等条约章程，攫取了诸如筑路权、警察权、司法权等一系列的特权，实现了进一步对中国的扩张和侵略。

3. 东清铁路的修建及沙俄对东北权益的侵犯

东清铁路是沙俄政府为夺取东北资源和称霸远东地区，在通过和清政府签订的《中俄密约》和《旅大租地条约》等一系列不平等条约的基础上，而修建的一条连接中俄两国的"丁"字形铁路。始建于光绪二十三年（1897），于光绪二十九年（1903）全线通车，全长约2500多公里，起初命名为"满洲铁路"，后在李鸿章的反对之下，改名为"大清东省铁路"，简称"东清铁路""东省铁路"，辛亥革命后先后改称为"中国东省铁路""中国长春铁路"。

沙俄为了进一步向中国扩张，确立其远东霸主的地位，开始积极寻找机会插手中国事务。光绪二十年（1894），沙俄政府决定改变其原有的修建连接海参崴的西伯利亚铁路的计划。按照沙俄政府原先的计划是，将该铁路修至外贝加尔地区的赤塔后，赤塔以东的线路将沿着石喀勒河与黑龙江北岸修建。调整后的方案是从赤塔以东将铁路穿过中国东北的北部地区，直达海参崴。而穿越中国东北境内的这段路线，就是"东清铁路"。

八、东清铁路与东北义和团抗俄

这条铁路的修建,对中国来说是引狼入室,而对沙俄来说则是百利而无一害。正如沙俄财政大臣维特所说:"从政治及战略方面来看,这条铁路将有这样的意义,它使俄国能在任何时间内在最短的路上把自己的军事力量运到海参崴,或集中于满洲、黄海海岸及离中国首都近距离处。相当数量的俄国军队在上述据点的出现,一种可能性是大大增加俄国不仅在中国,并且在远东的威信和影响,并将促进附属于中国的部族和俄国接近。"①

此后,中国驻俄公使许景澄与华俄道胜银行负责人于光绪二十二年(1896)八月初二日在柏林签订《合办东省铁路公司合同章程》。该合同由"前言"以及12条正文构成,主要内容有:中国允准与华俄道胜银行订定建造、经理东省铁路合同;中国政府以库平银500万两入股,与华俄道胜银行合伙开设生意,盈亏均照股摊认;中国政府现定建造铁路,与俄之赤塔城及南乌苏里河之铁路两面相接;所有建造、经理一切事宜,派委华俄道胜银行承办。

通过该章程,沙俄政府获取了大部分其想要侵占的权益。但是值得我们注意的是,在此条约中,沙俄想要获取在东北开矿和护路等特权的问题双方并没有达成共识。为此,沙俄政府在未征得清政府同意的情况下,单方面颁布由维特起草的《东清铁路公司章程》。通过该章程,沙俄政府非法获取了铁路沿线的司法权、派驻警察和在中国开办矿业等特权。清政府对此采取默认态度,这就意味着"东路路线所经之地,几已成为俄国领土,人民前往,有如何安全,如何保障,如何发展,尽情鼓励,无所不用其极。利之所在,人争趋之,不数年而东边形成如是之现象者,俄人侵略计划,殖民政策之大告成功焉"②。

东清铁路的修建

光绪二十二年十二月(1897年1月),俄政府委派尤戈维奇负责铁路的施工和设计,许景澄兼任铁路公司总董事,负责中国事务。光绪二十三年(1897)二月十一日,东清铁路公司正式成立,总部设在圣彼得堡,分

---

① 《沙俄财政大臣维特阴谋侵略我国东北的奏文》(1896年4月12日),《中国近代对外关系史资料选辑》上卷第二分册第77页。

② 《最近十年中俄之交涉》第5页,远东外交研究会,1923。

公司设在北京。

由于《合办东省铁路公司合同章程》规定"自此合同奉旨批准之日起,以十二个月为限,该公司应将铁路开工",同年六月,由尤戈维奇组织的施工队伍进入中国东北,进行铁路修建前的路线勘测和规划。通过对黑龙江、齐齐哈尔、大兴安岭等地区的调查,初步确定了铁路的建设线路:由满洲里入境,经海拉尔、齐齐哈尔、呼兰、阿城、牡丹江,一直到绥芬河。① 随后,沙俄政府考虑到此条线路"偏北",有可能不能有效地实行对整个东北的控制。于是以大兴安岭冬季不利于通车等为由,提议将此线路改为"从海拉尔,经依敏河、绰尔河、扎赉特、郭尔罗斯前旗、伯都讷至吉林,最后由东宁出境"。南移后的路线,不仅需要经过多山地带,而且较之前的需多修建150俄里②,在提高了整个工程成本的同时,也使所需要的时间和人力大大增加。但是比起这些代价,对沙俄来说意义更为重大的是,南移后的路线,不仅经过吉林,并且靠近奉天,从而更有利于其侵占东北腹地。这才是沙俄政府将路线南移的根本原因。但是沙俄要求修改铁路线路的意愿并没有得到实现。原因有两个:其一,清政府认为新线所经过的地区人口密度大,铁路用地难以划割,于是拒绝了俄方的请求;其二,沙俄铁路考察队发现伯都讷地区常有水灾,并且土质难以符合修建铁路的要求。然而真正促使其下定决心放弃改线的原因则是光绪二十四年(1898)《旅大租地条约》的签订。该条约规定:

第一条,为保全俄国水师在中国北方海岸得有足为可恃之地,大清国大皇帝允将旅顺口、大连湾暨附近水面租与俄国。惟此项所租,断不侵中国大皇帝主此地之权。

第二条,因以上缘由所租地段之界,经大连湾迤北,酌视旱地合宜保守该段所需应相离若干里,即准相离若干里,其确切界限以及此约各项详细,俟此约画押后,在圣彼得堡会同许大臣刻即商订,另立专条。此界线商定后,所有划入租界线内之地及附近水面专归俄国租用。

第三条,租地限期,自画此约之日始,定二十五年为限,然限满

---

① 李济棠:《中东铁路:沙俄侵华的工具》第65页,黑龙江人民出版社,1979。
② 1俄里≈1.0668公里。

后，由两国相商展限亦可。

第四条，所定限内，在俄国所租之地以及附近海面，所有调度水、陆各军并治理地方大吏全归俄官，而责成一人办理，但不得有总督、巡抚名目。中国无论何项陆军，不得驻此界内。界内华民去留任便，不得驱迫。设有犯案，该犯送交就近中国按律治罪，按照咸丰十年中、俄约第八款办理。

第五条，所租地界以北，定一隙地。此地之界，由许大臣在圣彼得堡与外部商定。此隙地之内，一切吏治全归于中国官，惟中国兵非与俄官商明，不得来此。

第六条，两国政府相允，旅顺一口既专为武备之口，独准华、俄船只享用，而于各国兵、商船只，以为不开之口。至于大连湾，除口内一港亦照旅顺口之例，专为华、俄兵舰之用，其余地方作为通商口岸，各国商船任便可到。

第七条，俄国认在所租之地，而旅顺、大连湾两口为尤要，备资自行盖造水、陆各军所需处所，建筑炮台，安置防兵，总设所需各法，藉以着实御侮；并认以已资修养灯塔，以及保航海无虞之所需各项标志。

第八条，中国政府允以光绪二十二年所准中国东方铁路公司建造铁路之理，而今自画此约日起，推及由该干路某一站起至大连湾，或酌量所需，亦以此理，推及由该干路至辽东半岛营口、鸭绿江中间沿海较便地方，筑一支路。所有光绪二十二年八月初二日中国政府与华俄银行所立合同内各例，宜于以上所续枝路确切照行。其造路方向及经过处所，应由许大臣与东方铁路公司议商一切。惟此项让造支路之事，永远不得藉端侵占中国土地，亦不得有碍大清国大皇帝应有权利。

第九条，此约自两国全权大臣彼此互换之日起举行。此约御笔批准之本，自画押后，赶紧在圣彼得堡互换。兹两国全权大臣将此约备中、俄二国文字各二份，画押盖印为凭。两国文字校对无讹，惟辩解之时，以俄文为本。此约在北京缮就二本。①

---

① 许同莘、汪毅、张承棨编：《光绪条约》卷五二。

通过该条约，沙俄政府获得了东清铁路南满支线的修筑权，这就使改线变得没有什么必要了。在改线问题得到解决后，光绪二十三年（1897）八月初一日，东清铁路公司举行开工典礼。东清铁路开始动工修建，也标志着沙俄在东北殖民统治的开始。

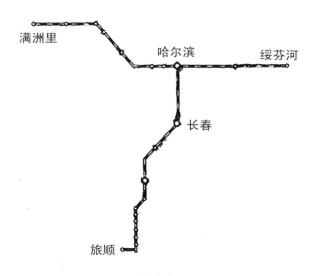

图 8.2　东清铁路线路图

东清铁路以哈尔滨为建设中心，分为 3 条线路，即东、南、西线。为了提高铁路修建的效率，决定由 6 处同时开始，双向施工。其主要干、支线的修建情况如下。

东线：光绪二十四年（1898）二月开始修建，该线从俄国的双城子跨越乌苏里江进入中国的境内，主要负责由海参崴向东清铁路的修建材料的运输。光绪二十四年十二月（1899 年 1 月），中国境内首站绥芬河站完工，然后开始向西铺设铁轨，光绪二十五年（1899）九月修至细鳞河，光绪二十六年（1900），修至穆棱；在另一端，光绪二十四年由哈尔滨向东修建，于光绪二十五年年底修至石头河子。光绪二十六年十二月十七日（1901 年 2 月 5 日），海参崴与哈尔滨之间的直达铁路正式开始运行。

南线：即南满支线，于光绪二十五年（1899）开始修筑，光绪二十七年（1901）全线通轨。北端由哈尔滨向其南修建，在年底已修至第二松花江，并在光绪二十六年（1900）修至窑门；南端于光绪二十四年（1898）

冬季开始,从旅大向北修筑,于同年年底完成一共60俄里的铺轨工程。

西线:光绪二十五年(1899),哈尔滨江北扎屯20俄里的铺轨工程完成后,开始将其修筑方向往西发展。但在施工期间因为东北义和团运动爆发而暂停,直到2年后,即光绪二十七年(1901)才正式复工。并于当年的三、四月间修至扎兰屯,五、六月间修至博克图。另一端则由贝加尔向其东面修建。同年八、九月间在乌固诺尔附近完成西线的接轨。

随着东清铁路干、支线的修建,其配套的建筑、隧道、所属工厂等也陆续完工。光绪二十九年(1903)闰五月二十日,东清铁路正式通车运营。

图8.3　光绪二十四年(1898)九月,东清铁路蒸汽机车第一次开进哈尔滨

沙俄对中国东北权益的侵害

整个东清铁路的修建史,可以说是中国东北人民的血泪史,也是沙俄侵占中国东北权益的侵略史。

侵害东北劳工权益。东清铁路整个修建过程中所需要的人力、物力以及体力劳动,都是由中国来承担;特别是修建铁路过程中的重体力劳动,均由中国劳工负担。在这些中国劳工中,将近90%都是被沙俄欺骗而来的,他们是来自山东、河北以及东清铁路沿线的破产农民和手工业者。在东清铁路开始修建之时,中国劳工人数仅仅1万人,而到了光绪二十六年(1900)五月,中国劳工人数已高达17万人。中国劳工每天都要从事高强度的重体力劳动,无论是严寒还是酷暑,都需日夜不停地赶工修建铁路。

在沙俄监工残酷的压迫和驱使下，中国铁路劳工在不到3年的时间里，完成了1300多俄里的铁路修建工作。但是在如此高强度的工作之下，沙俄政府发放给中国劳工的工资则少得可怜，列宁曾揭露："在修筑中东铁路时，每天只给中国工人十戈比的生活费。"① 沙俄侵略者甚至还要千方百计地克扣中国劳工这点可怜的工资，并且还"枪毙多名"向其索要合理报酬的中国劳工。在沙俄的剥削和压迫之下，他们只能过着"虽日亟劳瘁，不得衣食"的生活。② 由于恶劣的工作环境和铁路沿线瘟疫盛行，被沙俄侵略者迫害致死的中国劳工不计其数。

侵占东北土地。沙俄为了将东北地区变成其殖民地，便以修建东清铁路的借口，恶意曲解有关的合同条文，随意侵占东北地区的土地。按《中东铁路合同》规定，在哈尔滨修建铁路需要用地2453俄亩。但是在修建铁路的过程中，俄方在此基础上，又先后两次占用土地，共计1485俄亩。在东清铁路建成通车之后，沙俄政府又以种种借口，随意侵占东三省的土地。

沙俄在占用民用土地时，不仅不按时价购买，而且利用低价强行收购。例如：1901—1902年，借由在吉林公主岭修建车站，沙俄政府2次通过低于时价2/3的价格强买民用土地900多垧（在东北地区，1垧=15亩）。甚至在有些地区"买民地，每亩仅给银十两。而与之接壤之地，同一亩也，显由他商出价百两以得之"。③ 在侵占民用土地时，"不给谷值，遽强占之"④。沙俄在其侵略的过程中除侵占民用土地外，连用来守孝的庐墓也不放过，在遇到庐墓村庄时，也是强行占有，当时被侵占土地的民众"哭不成声，甚有因忧成疾，恶生欲死者"⑤。对于拒不出售土地的民众，沙俄强制其在限定期限内领取低微的征地款，逾期未领者，则被沙俄护路队强行驱逐，钱地两失。

沙俄用野蛮而强硬的方式侵占土地，激化了东北地区人民对其的抵抗

---

① ［苏］列宁：《中国的战争》，《列宁选集》第一卷第215页，人民出版社，1972。
② 苏莘：《中国铁路纪略》，《地学杂志》1910年第一卷第九期。
③ 李文治编：《中国近代农业史资料》第一辑第246页，生活·读书·新知三联书店，1957。
④ 李文治编：《中国近代农业史资料》第一辑第246页。
⑤ 辽宁省档案馆：《奉天交涉总局》第290号。

八、东清铁路与东北义和团抗俄

情绪,为了控制事态的发展,不使矛盾进一步扩大,吉林、黑龙江地方长官促请清政府就铁路占地的问题与沙俄政府进行商讨。光绪三十三年(1907),两国政府就土地问题达成共识,重新签订《黑龙江省铁路购地合同》和《吉林省铁路购地合同》。规定东清铁路在黑龙江省内占地126000 垧,吉林省内占地 55000 垧。南满支线的占地问题,在这两个合约中均没有明确的规定,但实际上南满支线的占地高达 9500 多垧。据不完全统计,截至光绪三十三年(1907)年底,沙俄在哈尔滨地区以及铁路的3 条线路周边,共计侵吞东北土地高达 200894 垧。其中将近 70% 的土地被沙俄政府非法规划为铁路附属地,这些土地被用来招标和出售。例如"1901 年 6 月到 1902 年 11 月,沙俄在哈尔滨市区前后三次拍卖土地,共得地价一百二十七万余卢布"①。沙俄通过侵占和买卖土地获得巨额利润,连地亩处也承认:它"在很多情况下借助自己的特殊地位没收有利可图的土地"②。而被侵占了土地的东北民众则无家可归。此外,沙俄还在东清铁路沿线建立俄人居住区,将铁路沿线地区变为其"殖民区域,界内一切政权,悉操俄人之手"③。

侵占东北林矿资源。黑龙江、吉林两省,森林及矿产资源丰厚。沙俄政府在修建铁路的过程中进行了疯狂的掠夺。根据光绪二十四年(1898)的《中东铁路支线合同》,沙俄政府获得了在东北地区砍伐森林的权利,于是从"长白山脉之大森林,伐采木材,组以为筏,流而下江。至吉林,更合数组,以为大筏流下哈尔滨。充房舍建筑及铁道枕木之用"④。光绪二十六年(1900),沙俄政府甚至借出兵东北的机会,大肆掠夺黑龙江及松花江周边地区的珍贵木材。光绪三十年(1904),时任东清铁路管理局局长的霍尔瓦特与黑龙江铁路交涉总局总办周冕擅自签订《黑龙江省铁路伐木合同》。根据此合同,沙俄政府取得 3 个地区的伐木权,分别是:从成吉思汗站起至牙克石站止,铁路两旁各宽 35 华里,长 600 华里;由呼兰和诺两河各至水源为止,长 300 余华里,宽 100 余华里;由权林和浓浓两河各至水源为止,长 170 华里,宽 70 余华里。此外,合同还规定,沙

---

① 李济棠:《中东铁路:沙俄侵华的工具》第 97 页。
② 《中东铁路公司地亩处档案》第三册第六号。
③ 《最近十年中俄之交涉》第 5 页。
④ 《白山黑水录》第 15 页,作新社,1902。

俄的伐木权不局限于铁路沿线，而是在整个黑龙江省都享有森林采伐的权利。该合约的签订，激起了当地人民的强烈反对，中俄双方再次进行谈判。经过1年的谈判，双方决定废除旧的伐木合约，然后分别在光绪三十三年（1907）和光绪三十四年（1908）签订《吉林省铁路伐木合同》和《黑龙江省铁路伐木合同》，重新划定森林地段，将黑龙江省的火燎沟、皮洛以和权林河，吉林省的石头河子、高岭子以及一面坡划归沙俄，供其采伐。这就使黑龙江省和吉林省的森林资源遭到沙俄掠夺。据不完全统计，沙俄政府每年通过掠夺木材所获得的收益高达1亿银圆。

沙俄一方面大肆掠夺东北的森林资源，另一方面则在东北地区广建煤矿，掠夺东北的矿产资源。在东清铁路修建之初，沙俄就以修建铁路为名，掠夺铁路沿线的煤矿资源。光绪二十四年（1898），沙俄政府提出要开采铁路沿线的煤矿，但遭到了清政府拒绝。但是沙俄政府并没有放弃在东北开采煤矿的企图，而是更加积极地谋求机会。直到20世纪初，沙俄利用陈兵东北的机会，逼迫清政府于光绪二十七年（1901）和光绪二十八年（1902）分别签订《中俄吉林煤矿条约》和《中俄黑龙江煤矿条约》。凭借这两个条约，沙俄政府取得了在铁路沿线30华里以内和以外的煤矿开采权。

与此同时，沙俄还通过"合办""租借"以及"收买"等一系列方式侵占奉天境内的煤矿。光绪二十四年（1898），通过"租借"取得炸子窑煤矿开采权。同年，又用1万银圆"收买"由华商创办的烟台煤矿的5个矿区。光绪二十七年（1901），以"合办"的名义，占据抚顺煤矿。"凡所采掘，皆归俄人，由火车运去，并不稍给煤价。"[1] 日本的《大阪朝日新闻》报道说："夫俄人之于该各矿也，初则附股，继用术策，终胁势力，据为己有。"[2] 光绪三十三年（1907），东清铁路管理局局长霍尔瓦特分别与黑龙江省和吉林省地方政府签订了《黑龙江省中东铁路煤矿合同》和《吉林省中东铁路煤矿合同》，东北的煤炭资源被进一步掠夺。

控制东北航行权。沙俄不仅通过修建东清铁路来控制东北地区的陆上交通，而且还利用航运来控制东北的水上交通。

沙俄一直以来就想控制东北的航运，在第二次鸦片战争后签订的《瑷

---

[1] 汪敬虞编：《中国近代工业史资料》第2辑第39页，科学出版社，1957。

[2] 汪敬虞编：《中国近代工业史资料》第2辑第40页。

八、东清铁路与东北义和团抗俄

珲条约》以及《北京条约》就将中国内河黑龙江和乌苏里江变成了只允许中国和俄国船队航行的国际河流。同治十年（1871），沙俄成立黑龙江汽船公司，垄断了两江的航运，从而每年可获得几十万卢布的收益。巨大的经济利益，让沙俄政府对东北航运这块"肥肉"势在必得。随后，沙俄便开始在东北境内非法开辟航线，却没有受到清政府的有力制止。清政府的不作为使沙俄变得更加猖狂，光绪二十二年（1896），沙俄恶意曲解《中东铁路合同》第四条中有关水上运输的规定，以运输铁路器材为借口，正式开辟松花江航线。

为了进一步控制东北的航运，光绪二十四年（1898），沙俄政府在与清政府签订《中东铁路南支线合同》时，强迫清政府同意属于铁路公司的或悬挂公司旗帜的船只，可以在辽河、营口以至中立的各海口行驶。从此，沙俄政府不仅取得了在东北内河的行驶权，也取得了在其沿海的航运权。不仅如此，沙俄还在哈尔滨设立"水利会"，由俄国人威勃尔主持和管理事务，该机构主要从事征税活动。这些活动毫无疑问地表明：沙俄已经开始对东北的航运权实行有效的控制。甚至到后来，中国船只要想在东北地区的河流上航行，必须持有由俄官签字的船牌。至民国四年（1915），航行在黑龙江、松花江和乌苏里江的船只，属于中国的汽船只有18艘，而属于俄国的则有80只汽艇、289艘货船以及262艘汽船。这就说明，此时的东北航运权已经完完全全地掌控在沙俄政府手中。

沙俄修建的东清铁路实际上就是其侵略中国东北的工具。列宁曾说："建筑铁路似乎是一种简单的、自然的、民主的、文化的、传播文明的事业。……实际上，……把这种建筑事业变成对十几亿人民（殖民地半殖民地），即占世界人口半数以上的附属国人民，以及对'文明'国家资本的雇佣奴隶进行压迫的工具。"[①] 东清铁路的修建过程将沙俄政府侵略我国东北的野心展现出来，它的修建历史就是沙俄侵略东北的罪恶史，也是东北人民的血泪史。

---

① ［苏］列宁：《帝国主义是资本主义的最高阶段》，《列宁选集》第二卷第733页。

4. 吉林、黑龙江地方的防俄措施建设

第二次鸦片战争后,沙俄趁火打劫,强迫清政府签订一系列的不平等条约。在获得100万平方公里土地的基础上,沙俄政府开始利用中国东北边防虚弱之际,大举入侵中国的东北地区。特别是修建东清铁路,并且借铁路的修建之机,大肆掠夺东北的资源,在东北划定俄人居住区,从而逐步将东北地区变成其殖民地。对于沙俄政府的侵略行为,软弱无能的清政府在某种程度上可以说是无作为的,甚至是默许的。而东北地区的官员则与清廷形成鲜明的对比。他们身处沙俄入侵前线地区,对于沙俄企图将东北变成其殖民地的阴谋是有所警觉的,也是了解最为清楚的。吉林、黑龙江两省的官员,在防御沙俄侵入渗透方面有其独特的见解。

吴大澂的防俄措施

吴大澂(1835—1902),初名大淳,字止敬,又字清卿,号恒轩,江苏吴县人。清代著名学者、金石学家,著有《字说》《愙斋诗文集》《古玉图考》《恒轩所见所藏吉金录》《吉林勘界记》等著作。吴大澂在文学艺术上是毋庸置疑的大家,但是纵观他的政治生涯,其在东北的政绩也丝毫不逊色于在文学艺术上的成就。同治六年(1867),吴大澂中进士被授编修,为官生涯由此开始。光绪六年(1880)起,随吉林将军铭安督办吉林边务。

19世纪80年代以前,吉林省边防虚

图8.4 吴大澂

八、东清铁路与东北义和团抗俄

弱,军队腐败严重,更未建立专门的防卫军队。吴大澂在对吉林的边防情况进行了解后,认为必须要加强边界地区的军事力量。他曾总结:"宁、姓、珲所属边境皆与俄国毗连,泰西各国论势不论理,势足以相抗,使彼不敢藐视,有所顾忌。我不畏事,则事日少而边境相安;我畏事,则事愈激而变幻不测。所谓势者,非恃口舌之争、文字之辩也,一购利器以讨军实,一招屯户以实边土,一通道路以便商旅。"① 其中"讨军实"即改善武器装备,提高军队的作战能力。

建立吉林边防军。吉林当时的军队构成主要是八旗兵和练军。八旗兵主要驻守在衙门所在地区,而边界地带的驻军则很少。此时的八旗兵已非清初具有较强战斗力的精锐,而是一群纪律松散、战斗力低下的游兵散勇;练军则是同治年间吉林将军富明阿创建,但其主要任务是镇压农民起义。也就是说,当时吉林省是没有真正用来驻守边界的边防军的。吴大澂在与吉林将军铭安达成共识后联名上奏,请求在吉林省建立边防军。获得清廷准许后,在吉林原有的八旗兵的基础上,以湘淮地区的练军章程为参照,进行改革,改世袭制为招募制。通过这一改革,一共建立马步13营共500人,命名为巩、安、绥、卫4军和靖边军。其中由12营分别驻扎在中俄的边境,从中可见吴大澂建立的吉林省边防军是用来防御沙俄的入侵。吴大澂建立的边防军中还有水军,为了抵御沙俄从水上侵略,还分别在图们江和松花江各组建1个水师营。边防军建立后,吴大澂非常重视军队的纪律。他强调:"不务粉饰,事事求实在,日与将士申明军律,以期不苟,一兵得一兵之用。"② 此外,为了加强松花江和珲春的防御力量,他在三姓和珲春修建炮台,两处炮台均由3座炮台组成,周围修筑土墙。

吉林边防军的建立,极大地增强了当地的边防力量,也能够对沙俄的入侵起到一定的抵御作用。

创建吉林机器局。吴大澂认为,一支军队的战斗力高低,在一定程度上受武器装备的影响。为了使吉林边防军能够在与沙俄的作战过程中发挥更强大的战斗力,他着手改善边防军武器装备。通过从国外购入,边防军也装备了洋枪洋炮。但是,伴随新式武器而来的则是弹药的供应不足。为了解决弹药的供应问题,吴大澂着手创建吉林机器局。吉林机器局地处吉

---

① 〔清〕吴大澂:《致张幼樵书》,《手书信稿》(稿本)。
② 顾廷龙:《吴愙斋先生年谱》第111页。

林省城附近的松花江北岸，光绪八年（1882）开始兴建，于光绪九年（1883）完工。建成的机器局共有大小厂房272间，厂房内安装有车床、轧铜床等设备165件。此外，还修建有汽炉房、库房、烘铜炉房等。

机器局建成后，生产了大量的适用于新式武器的弹药，不仅可供给于本地驻军，而且从光绪十七年（1891）开始正式向黑龙江边防军供应。黑龙江方面每年拨款3万两给吉林机器局，作为购买弹药的费用。而吉林机器局所生产的弹药在质量上也是属于上等的，吉林将军希元曾评价道："每于校阅时，查该局所造火器，均甚适用。"①

建立招垦局。除以上两项外，吴大澂在吉林实施的又一项防俄措施是建立招垦局，招民垦荒。清朝视东北地区为"龙兴之地"，在很长一段时间内，对东北实行"封禁"，禁止关内汉人迁入。甚至在沙俄侵占黑龙江、乌苏里江的大片地区后，仍然维持封禁政策，使得东北地区大片土地荒芜，人烟稀疏，交通闭塞，社会经济严重落后。这就为沙俄吞并我国边界领土提供了可乘之机，进一步加重了边防危机。

吴大澂认为，增加边界人口，"近可为边氓生聚之计，远可备严疆捍卫之资"②。在经过一番实地考察后，于光绪八年（1882）设立珲春招垦总局，下辖五道沟分局和南岗分局。同年，设立三岔口招垦总局，下辖穆棱河分局。对于招垦的对象，先是针对当地的偷垦者，让其继续耕种；其次就是对山东、辽南地区的穷苦农民进行招垦。对招垦而来的垦民进行统一的编制，1棚为10户，3棚是1屯；对于新开垦的荒地免收"押荒钱"；此外，还提供生产工具给垦民，每2人分1头牛，每人每月有口粮银2两。经过多年的招垦，原先大片的荒地变成良田。仅在宁古塔境内，垦地数就达到了12400余垧。

招垦局的设立，改变了吉林省多年以来地广人稀的状况，充实的人口成为维护东北地区安稳的重要保障。

寿山将军的防俄措施

寿山（1860—1900），字眉峰，汉军正白旗。光绪二十五年（1899）被任命为黑龙江将军。

---

① 中国史学会编：《洋务运动》第4册第407页，上海人民出版社，2000。
② 顾廷龙：《吴愙斋先生年谱》第96页。

八、东清铁路与东北义和团抗俄

寿山就任时,东北正处于边疆危机空前严重的时候。沙俄不仅掠夺了铁路权,而且侵占了旅大,大有一举吞并东三省的意图。面对沙俄借修建东清铁路之机对东北步步进逼事实,寿山提出了"不得不战""不可不战""不可失机"的抗俄主张。首先,清内患。沙俄针对清政府在东北的边防情况,向东清铁路沿线派出 1 万多人的"护卫队",并且在东北地区设立多个据点,从而使清军陷入腹背受敌的困境中。针对这种情况,寿山主张"清内患(指盘踞在东北地区的沙俄势力)",在"内患"清除后,再"专力边防"。其次,填江阻俄。寿山认为,应该利用东北地区天然的地理环境条件,对行驶在松花江上的沙俄船只进行阻截。在松花江的主要关卡,"或用笨船,或用柳条编筐中填碎石,沉之江底"①,从而达到阻截俄船的效果。但是,寿山将军的这些抗俄主张,却遭到时任吉林将军长顺和盛京将军增祺的强烈反对。他们认为,"当此各国合谋,何可再树一敌"②,主张对沙俄的侵略实行"不抵抗"政策。

图 8.5 沙俄东清铁路护路队

(图片来源:李述笑《哈尔滨历史编年(1763—1949)》第 12 页,黑龙江人民出版社,2013)

---

① 光绪二十六年六月初九日吉林将军长顺电报,《义和团档案史料》上册第 248 页。
② 光绪二十六年七月初四日恒春等关于焚毁铁路、线杆暨兵力调配部署情形给长顺、成勋的呈文,《东北义和兵团档案史料》第 320 页,辽宁人民出版社,1981。

其他东北官员的抗俄措施

除吴大澂和寿山外,其他官员也提出了一些防俄措施。例如,爱绅泰主张组建团练抗俄。曹廷杰主张在军事上增编练军,驻守要害;大力发展边境经济,富国强兵;在外交上主张联朝抗俄;在政治上主张取消汉人站丁的"册籍",缓和社会矛盾,保持政治的稳定。还有一些基层的地方官员,在面对沙俄的入侵时,主张与入侵者周旋,维护地方稳定。这些基层官员结合当地的具体情况,通过在统辖地区采取招抚编团、联区互保、兴办保甲等措施,以减少沙俄入侵所带来的社会负面效应。

虽然清廷对沙俄入侵无所作为,但东北地区一些爱国官员并没有放弃守土的职责,并且从实际出发,提出各种防俄的措施。但遗憾的是,没有强大的国家和政府的支持,小部分人的努力作用是微乎其微的,难以从根本上扭转东北边疆严峻的形势。

5、东北义和团的抗俄斗争

义和团运动最先于光绪二十四年(1898)兴起于山东。第二年春,山东的义和团和直隶的义和团会合。到光绪二十六年(1900),义和团运动逐渐高涨。义和团组织高呼"扶保中华,驱逐外洋"的口号,打着"扶清灭洋"的旗号,迅速发展到华北地区,震惊中外。东三省与山东、直隶等地相距较近且交通便利,而且大多数东北关内移民来自山东、直隶两省,与两地的联系较为密切。因此,在声势浩大的关内义和团运动的影响下,东三省的义和团运动也迅猛发展起来。由于在西方列强瓜分中国的狂潮中,沙俄通过强迫清政府签订《中俄密约》等一系列掠夺性的条约,从中国手中攫取了大量权益,尤其是对于东北地区的侵略最为严重暴虐,为害甚深,民怨极大,因此东北的义和团运动就是以反抗沙俄侵略为目标的。东清铁路作为沙俄侵略中国东北的工具,便成为了东北义和团进攻的

八、东清铁路与东北义和团抗俄

主要目标,这是东北地区义和团运动的一个鲜明的特点。

东北的义和团运动是最先是在奉天省出现的。光绪二十六年(1900),在山东、直隶地区义和团运动的影响下,居住在营口附近的居民最先开始进行拳棒的练习,尤以青少年居多。他们毫不隐晦地声称练拳的目的就是复仇杀死侵入东北的洋人。当地的反动人士称,义和团"此术乃白莲教八卦之一。其专诱童子者,因童子幼而习之,久必专精,信心又必坚固,一呼百应,揭竿而起,其祸有不堪胜言者"①。同年二月,在锦州一带开始有"神师降世"的传闻出现:"神师"收童子和少年为徒,教以"咒语",练拳习刀,后"青年壮丁,亦相率从之,乡野村庄,十有九信"。② 此后,义和团运动沿着正在建造的东清铁路一直向北扩展。在奉天地区,义和团由山东的拳师刘喜禄带领,号召广大群众练习刀拳法术,"灭洋保国"。在吉林省则是以长春习拳人数最多。义和团的"法师"们"流入长春,教人书符篆",练拳"仇洋"。③ 与此同时,在黑龙江省的哈尔滨、齐齐哈尔等地也陆续出现了义和团活动的踪迹。他们以"义和团,打江山,保江山""练会义和拳,打跑洋毛子"④ 等反帝性质口号为号召,对东清铁路沿线的俄国侵略者发动袭击。

奉天省的义和团运动

在东北的义和团运动中,以奉天省的义和团运动发展最为迅速和广泛。据《辽阳县志》记载:义和团"蔓延至奉天全省","群起效尤""附合者日多"。在当时"有名张老道者,遍行辽东乡邑,教人拳法","男练义和拳,女练红灯照"。⑤ 辽阳、海城、开原、铁岭等地也陆续建立起义和团组织。很多人都积极地参加义和团,投身反帝爱国运动中。

当时,有很多被俄国征集修筑东清铁路的中国劳工也加入到了义和团

---

① [日]佐原笃介:《拳匪纪事》卷六。
② [日]佐原笃介:《拳匪纪事》卷六。
③ 民国《长春县志》卷六。
④ 黑龙江省博物馆历史部,中国人民解放军81673部队政治处:《黑龙江义和团的抗俄斗争》第7-8页,黑龙江人民出版社,1978。
⑤ 〔清〕李杕:《拳祸记》下册第220页,土山湾印书馆,1905。

运动中。在熊岳城"铁路工人中也出现风潮"①；甚至是在沙俄控制严密的旅顺也出现了号召港口工人"扶保中华，逐去外洋"的揭帖。②

连盛京将军的驻地奉天城也开始出现大范围的群众舞刀练拳活动。在刘喜禄的带领下，义和团先后在北关天后宫、三皇庙、龙王庙等地方设立神坛，教人们练习拳法。参加义和团的人员身份来自社会底层的各个方面，有的是失业的手工业工人，有的是铁路人员，还有的是破产农民甚至衙门仆役，但多数是青少年。由于义和团打的是"保国灭洋"的旗号，所以还得到了一些清朝官员的支持。盛京副都统晋昌就坚定地支持义和团运动，并给予义和团很多帮助。就像俄国人记载的，"甚至正规军队，自他们的军事长官而下也在极力掌握这种思想，无数炮台营垒成了新运动庇护者设坛的地方。咒语和军号战鼓的声音交织在一起"③。这反映出了晋昌率部众和义和团成员协同战斗的情形，东北的义和团运动逐步发展到高潮。

光绪二十六年（1900）五月，义和团在奉天城内贴满了揭露俄人向中国贩卖鸦片、杀害中国人等种种罪行的布告，号召广大民众要将沙俄侵略者从中国的领土上驱逐出去，将沙俄在中国修筑的所有铁路摧毁，坚定地与沙俄帝国主义斗争到底。从六月下旬起，义和团就开始破坏东清铁路，烧毁了设在奉天城内的沙俄铁路公司，继而向城外沙俄护路队哨所发动进攻。沙俄驻奉天车站的护路队队长瓦列夫斯基少尉以及哨所的士兵职员80多人企图抵抗，但是在义和团的进攻下仓皇逃窜，并在逃往朝鲜的路上被义和团击毙。这次战斗的胜利将奉天地区反抗沙俄侵略的斗争推向了高潮。除此之外，义和团还在城内城外烧毁了一些教堂。就这样，在奉天义和团运动的鼓舞下，部分爱国官兵也和义和团成员一起焚烧煤矿、教堂，拆毁"北至开源，南至海城，计五百里，所有俄铁路桥房"，砍断电线。在很短时间内，义和团运动就已经"蔓延至奉天全省"④，只剩下鞍山车

---

① 程德全：《庚子交涉隅录》，《义和团运动史料丛编》第二辑第349页，中华书局，1964。

② 李治亭：《东北通史》第596页，中州古籍出版社，2003。

③ А. В. Рудаков, Общество И-хэ-туань и Его Значение в Последних Событиях на Дальнем Востоке. （《义和团及其在最近远东事变中的作用》）c. 34.

④ 民国《辽阳县志》卷四〇。

站"尚有洋兵数十名忽往忽来"①,"大石桥至旅顺口的铁路亦有多处被毁"。②

吉林省的义和团运动

就在奉天省义和团运动蓬勃发展的时候,吉林省的义和团运动也迅速地发展起来。长春、吉林省城等地的义和团设坛练拳。尤其是在吉林省城,多处的庙宇都挂起红色的三角旗,上书"坎"字,成为教群众学习拳术的场所。与此同时,吉林义和团也对洋人的教堂、医院以及洋人的住处发起进攻。

吉林将军长顺是一个反动官僚,对于沙俄在东北的侵略行径视而不见,但是当义和团兴起的时候,他却感到十分担忧,并使出了两面派的把戏:表面上对义和团成员大加赞赏,私下里却组织假的义和团对真义和团发动袭击,破坏吉林的义和团运动。尽管如此,义和团的反帝爱国运动依然进行着。伯都讷的义和团就一直与长顺进行斗争,他们和一部分爱国官兵一起"在西拉河地方安置拦江大铁索"③,抵挡俄国船只的来往。除此之外,伯都讷义和团还到双城一带,与当地的团民一起不分昼夜地毁坏铁路。长顺对此一筹莫展:"吉林铁路,早经饬所属各军竭力保护,无如拳民遍地,防不胜防。"④

长春的义和团运动也很活跃。根据记载,有义和团的法师"流入长春,教人书符箓",练拳"仇洋",⑤ 而且人数众多。长春的义和团也对当地的火车站、教堂等地发起进攻,焚烧了洋人的教堂、医院等设施。尽管亲俄的长春知府谢汝钦极力阻挠义和团的活动,但是仍然阻挡不了团民们反帝爱国的热情。

---

① 光绪二十六年六月十八日增祺关于奉天严备战守并连日团民与俄兵开仗情形的奏折,《东北义和团档案史料》第9页,辽宁人民出版社,1981。
② 英国驻营口税务司包罗关于义和团在营口活动及俄兵攻占营口情形致总税务司赫德、副总税务司裴式楷、代总税务司戴乐尔的函,《东北义和团档案史料》第33页。
③ 〔清〕嵩崑等:《洋事记册》,《义和团运动史料丛编》第二辑第220页.
④ 《寄彼得堡杨使》(光绪二十六年六月初八日),顾廷龙、戴逸主编《李鸿章全集(26):电报七》,第102页。
⑤ 民国《长春县志》卷六。

黑龙江省的义和团运动

黑龙江省的义和团运动是在与沙俄侵略者斗争的过程中产生并逐步发展壮大的。黑龙江省是沙俄侵略的重点地区，因此当地的义和团运动也主要是针对沙俄侵略者进行的。在光绪二十六年（1900）五月二十五日清政府对外"宣战"并承认义和团的合法性后，黑龙江义和团有了较快的发展。到六月中旬，黑龙江义和团运动发展到高潮。东起宁古塔，西到满洲里，南至双城堡（今哈尔滨市双城区），北达瑷珲城，只要是有沙俄入侵的地方，都出现了群众性的抗俄斗争，其势迅猛异常。

图 8.6　同仇敌忾的爱国军民

（图片来源：李述笑著《哈尔滨历史编年（1763—1949）》第 21 页，黑龙江人民出版社，2013）

黑龙江义和团运动的主要参与者基本都是筑路工人、贫苦农民、手工业者以及城市贫民。广大的筑路工人是义和团的一支重要力量。当时沙俄为修筑东清铁路在中国雇用了大批的筑路工人，他们像奴隶一样在沙俄监工的逼迫下工作，"凡作工者皆戴手镯脚镣"[1]，每天只能获得"少的可怜的工资"，"典衣卖裤，情实可悯"[2]。沙俄对他们的残酷剥削，使他们纷纷加入义和团，投入到抗俄斗争中去。"铁路土工十余万众，因久不得值，

---

[1] 吉林省档案馆藏档案。
[2] 〔清〕嵩崑等：《洋事记册》，《义和团运动史料丛编》第二辑第 257 页。

八、东清铁路与东北义和团抗俄

竟倡罢工","扬言拆铁路,劫银行,与俄人为难。凡铁路一带,其(沙俄)兵士、工匠暨监工者大惧思遁,其洋房电线,一律割毁"。① 可以说,黑龙江的义和团运动之所以能够在短时间内形成如此大的规模和声势,与这 10 多万的筑路工人的支持和参与是分不开的。

贫苦农民是义和团的又一主要参与者。他们生活在封建势力和沙俄的双重剥削和压迫之下,所受到的伤害最深,生活最困苦。因此,为了生存,他们纷纷加入义和团进行反抗斗争,与之命运相近的城市贫民也是如此。

黑龙江的义和团运动在光绪二十六年(1900)三、四月就开始出现在齐齐哈尔等地。在张拳师等人的推动下,当地义和团在齐齐哈尔先后设立了 3 个练拳的神坛,分为成年人拳坛、少年拳坛和妇女拳坛。这些拳坛分别位于京剧院西胡同、城隍庙的顺福胡同和北关三皇庙胡同。在当时,义和团流行一首民歌:"一八庚子年,起了义和团,杀了洋教士,扒了电线杆;拦、拦、拦、拦拦拦,赶走了外国船。"② 这样的歌词反映出广大人民群众对沙俄侵略者的深仇大恨,而义和团就是通过这些歌谣将人民群众组织起来进行抗俄斗争。

黑龙江的义和团斗争首先从进攻教堂和铁路开始。在呼兰、宾州、双城、宁安等地的义和团都对该地区的东正教堂、天主教堂和基督教徒进行攻击,并严厉地惩罚了传教士。呼兰的义和团与当地的筑路工人一起"以烧教堂,杀教民为事"③,"教堂尽毁,唯二三处尚存,育婴堂、小学堂毁灭无遗"④。东清铁路是沙俄侵占中国的重要工具,因此,义和团的群众日夜拆卸当地的铁路设施,"遇桥则烧,线杆则砍"⑤。

为了镇压义和团运动,沙俄于光绪二十六年六月调集了 17 万的兵力,分为 6 路侵入中国东北地区,其中有 4 路大军是在黑龙江地区作战。正是沙俄的武装入侵,使得全东北的义和团抗俄斗争发展到了高潮。黑龙江的

---

① 《寿将军家传》,李兴盛等编《黑水郭氏世系录(外十四种)》第 792 页,黑龙江人民出版社,2003。
② 王魁喜等:《近代东北人民革命斗争史》第 36 页,吉林人民出版社,1984。
③ 光绪三十三年五月廿三日呼兰府官绅纯德等联名恳请为已故倭副都统颁功立祠事给东三省总督徐的详文,《东北义和团档案史料》第 669 页。
④ 〔清〕李杕:《拳祸记》下册第 264 页.
⑤ 〔清〕嵩崑等:《洋事记册》,《义和团运动史料丛编》第二辑第 257 页。

义和团民众与爱国清军联合起来,在瑷珲、北大岭、雅克岭、宁古塔、阿城、呼兰等地同沙俄侵略军进行了大规模的战斗,在中国近代反侵略战争史上留下了光辉的篇章。

哈尔滨是东清铁路的枢纽,同时也是沙俄势力在东北的大本营。为了防止义和团的进攻,哈尔滨驻军设置了3道防线并严阵以待。哈尔滨周围各县的义和团经过商议后决定统一行动,并联合爱国官兵和筑路工人分3路进攻哈尔滨。

七月初一日,围攻哈尔滨的战争开始了。由于前一天北路的部队已经抢先占领了背江子附近的村屯,所以当向俄军发起进攻的时候,团民们就对俄军形成了包围之势。俄军被打得惊慌失措,松花江对岸的道里一带"车船交哄",陷入混乱。此时北路的军民乘胜直追,占领了背江子站,"毙俄数名,获枪数杆,即在该处扎营"①。沙俄的指挥官只能带领着残军狼狈地逃走。

此时,西、南2路大军,在北路军胜利的鼓舞下,也相继攻占了几座建筑物,并以元聚烧锅为据点,向车站发起猛烈的进攻。起初,西、南路军民士气高昂,故进展相对顺利,曾经多次向车站发起了进攻,车站几乎唾手可得。但是俄军援兵不断赶来,爱国军民不得不放弃了对于车站的夺取计划,退回到了元聚烧锅,紧追而来的沙俄骑兵对这些爱国军民进行了疯狂报复。尽管俄军来势汹汹,但是勇敢的义和团战士、筑路工人以及爱国官兵都没有退却,他们与敌人进行了殊死搏斗,战斗至生命的最后一刻。

在各地的义和团积极展开反帝斗争的时候,慈禧太后却指示盛京将军增祺和吉林将军长顺:"至此次衅端,本由拳民而起,拳民首先拆铁路,我仍可作弹压不及之势,以明其衅不自我开。各该省如有战事,仍应令拳民作为前驱,我则不必明张旗帜,放于后来筹办机宜无可窒碍。"② 从慈禧的话中可以看出清朝统治者用心之险恶,清廷并不是真心地承认义和团。因此增祺、长顺等人在后来与沙俄议和时为表诚意,悍然对东北的义和团进行了残酷的镇压。尤其是长顺害怕吉林的义和团"法师"敬际信到哈尔滨对当地的义和团给予援助,就将其杀害。此外,程德全将齐齐哈

---

① 民国《黑龙江志稿》卷九。
② 光绪二十六年七月初八日吉林将军长顺咨文,《义和团档案史料》上册第360页。

义和团的领袖人物张拳师秘密杀害,并且收编了其麾下团众,齐齐哈尔轰轰烈烈的义和团运动就此结束。

中外反动势力的联合绞杀使东北的的义和团运动最终失败了。尽管如此,东北人民的抗俄运动并没有就此偃旗息鼓,他们此后继续与沙俄侵略者进行武装斗争。东北的义和团运动充分的展示了东北人民面对沙俄侵略势力敢于反抗,不屈不挠的精神。与此同时,东北的义和团运动也是中国反帝爱国运动的重要组成部分,它给沙俄侵略者以沉重打击,粉碎了沙俄将中国东北变为其"黄俄罗斯"的计划。

一九、沙俄入侵东北及东北军民的抗俄战争

九、沙俄入侵东北及东北军民的抗俄战争

光绪二十六年（1900），八国联军侵华，清政府陷于困境，无法顾及东北，沙俄便趁机大举出兵入侵，推行"黄俄罗斯"计划，东三省危在旦夕。在自卫战争中，东北军民和义和团联合起来抗击沙俄军队，显示了中国人民保家卫国、不屈不挠的精神。

1. 沙俄入侵东北的狂妄计划

俄国国内资本主义发展比较晚，也比较缓慢，但在19世纪60年代经过农奴制改革后，资本主义发展迅速。19世纪末20世纪初，俄国资本主义逐步进入帝国主义阶段，更加积极地对外抢夺原材料，扩大殖民地。但与其他帝国主义国家相比，其军事封建性更加明显。

发动侵略需要有一支强大的军队，俄军为此开展了一系列的军事改革：降低服役年龄，实行义务兵役制；加强军事训练，提高军事战斗力；裁汰冗员，增加兵种；更换精良的武器装备；进一步加强海军舰队；等等。这样一来，俄国军事实力大增，为侵略活动奠定了基础。

19世纪末，俄国转变了外交政策。之前确定的"先安定西方，再向远东扩张"的外交方针因受其他欧洲列强的阻挠而无法有效实施。于是，沙俄调整了扩张方向，指向远东太平洋地区。沙皇尼古拉二世的父亲亚历山大三世就曾提出应该早些注意远东地区。亚历山大三世去世后，尼古拉二世继位，在如何统治俄国的问题上，他继承了其父的战略思想："脑袋中有宏大的计划：为俄国夺取满洲，把朝鲜并入俄国。还想把西藏并入本

国,要夺取波斯,不仅要占博斯普鲁斯,还要占达达尼尔。"① 他曾经也说过:"从长远看来,特别关心东亚事态的发展,在东亚确立和扩张俄罗斯的势力,正是我们统治世界的课题。"② 所以,为了侵占中国,就要首先夺取东三省,并将其彻底变成"黄俄罗斯"。这就是后来所谓的"黄俄罗斯计划",是沙俄侵掠东三省的战略方针。

中国东北地区土地广阔,资源丰富,战略地位十分重要,长久以来,沙俄通过各种方法不断扩张侵略,尤其在甲午中日战争以后,加紧了对东北的侵略步伐:一方面用经济手段渗透,另一方面用武力扩张。

为了称霸远东,进一步扩大侵略,沙俄急需夺取一个不冻港,建立一个海军基地。光绪二十四年(1898)三月,沙俄故伎重施,再次贿赂李鸿章和张荫桓,并欺骗清政府,提出:俄海军进入旅顺口,有利于"帮助中国人摆脱德国人,只要德国人撤走,我们就撤走"。③ 清政府腐败无能,与之签订了《中俄旅大租地条约》。就这样,沙俄不仅攫取了旅顺、大连两个重要港口,而且拥有了修建东清铁路支线权。沙俄以修建铁路为名,连续不断地往东北输送本国人员,这使沙俄搜集中国东北地区的政治、经济、军事情报更加便利。此外,在沙俄财政大臣维特的策划下,俄国又组建了一支1000人以上的特殊部队,以"护路"为名派往铁路沿线以及东北重要地区。他们经常不经清政府允许,非法越出铁路范围,武装入侵周边重要地带城镇。

为加快侵略东北步伐,沙俄又采取各种手段,控制东北地区的内河航运、公路交通以及外海通路权。光绪二十六年(1900),东清铁路及其沿线支线基本竣工。至此,整个东北交通线路几乎完全被沙俄掌控,他们以铁路为据点,不断掠夺东北地区的矿产、森林资源,还随意践踏中国领土,修房屋、建工厂,霸占中国劳动力,使东北进一步殖民地化。

另一方面,对于东北地区的军事扩张,沙俄也早已做了相应准备。在甲午中日战争以后,俄军除了在与黑龙江毗邻的城镇设兵驻防外,还在统

---

① 《库罗巴特金日记》(俄历1903年2月16日),《红档杂志有关中国交涉史料选译》第271页。

② 《布洛夫致梅特涅》(1908年8月),转引自李济棠《中俄密约和中东铁路的修筑》第10页,黑龙江人民出版社,1989。

③ 中国社会科学院近代史研究所:《沙俄侵华史》第四卷第105页。

九、沙俄入侵东北及东北军民的抗俄战争

辖黑龙江以北、乌苏里江以东大片地区的阿穆尔军区不断增加兵力。据统计,至光绪二十六年五月,远东地区俄军兵力已增加到 9 万余人,对东三省的安全是个巨大的威胁。除此之外,沙俄还加强了旅顺军港的建设,使其成为具有独立作战能力的军事基地。

经济和军事准备基本完成后,沙俄便开始迫不及待地寻找侵略东三省的时机和借口。光绪二十六年四月起,直隶地区的义和团不断发展壮大,并且向东北发展。义和团运动一直备受俄军关注,沙俄企图伺机发动侵略战争。当义和团运动发展到高潮阶段,沙俄政府认为时机已到,便宣布军队进入战争状态,随时为侵入中国东北做准备。沙俄一方面参加八国联军进攻北京,另一方面还单独派兵入侵东北。

图9.1　俄阿穆尔军区炮兵部队

(图片来源:李述笑《哈尔滨历史编年(1763—1949)》第27页,黑龙江人民出版社,2013)

2. "海兰泡惨案"与"江东六十四屯大屠杀"

沙俄的侵略行径给东北人民带来了巨大灾难,侵略者到处烧杀抢掠,无恶不作。其先后制造的"海兰泡惨案"和"江东六十四屯大屠杀"震惊中外。

海兰泡（哈喇泊），原名孟家屯，是黑龙江中上游北岸的一个村落。1858年（咸丰八年）中俄《瑷珲条约》签订后，其被划分到俄国境内，成为俄国的城市，并更名为布拉戈维申斯克（俄语意为"报喜城"）。其人口约4万人，以中国侨民为主，他们多从事商业，开设商号计500余家，其中的一部分人还被迫充当了沙俄政府的苦力。然而，沙俄却在这片美丽的土地上拉开了侵略东北的序幕。

1900年（光绪二十六年）6月，俄国阿穆尔军区实行军事动员，兵分5路南犯，其中北路目标是从海兰泡出发攻取瑷珲、墨尔根、齐齐哈尔等地。7月14日，俄军派满载武器的"米哈伊尔"号和"色楞格"号2艘军舰从海兰泡出发，欲前往支援偷袭瑷珲的军队。15日，两舰顺江而下，进到中国军队防区，严重威胁瑷珲的安全。驻守瑷珲的黑龙江副都统凤翔见状，立即致电黑龙江将军寿山，在寿山"如俄兵过境，宜迎头痛击，勿令下驶"①的命令下，瑷珲守军拒绝俄军过江，并要求其战舰"米哈伊尔"号停止前进，接受检查。一开始"米哈伊尔"号对此命令不予理睬，在清军放两声空枪后，对方才停船上岸。这时，另一艘军舰"色楞格"号前来支援。俄军将领科尔什米特下令强行开走2艘军舰，被阻截的俄军也倍感不满，于是首先起兵发难，向守军轰击。为了自卫，瑷珲守军被迫与之交战，激战中，俄军将领科尔什米特被打伤，俄军20余人被击毙，其战舰也有损坏，最后不得不狼狈而逃。逃回海兰泡后，俄军对这次行动的失败极不甘心，于是以此为借口，决定对海兰泡居民实行大规模屠杀报复。

早在展开屠杀之前，沙俄当局就曾煽动海兰泡地区的俄人排华反华，其并不希望有华人在他们侵占的领土上生活，更不希望华人逃到对岸瑷珲区域。于是，沙俄当局经常派军队骚扰当地百姓，殴打居民，抢劫财物。经过多次排华事件后，俄军认为只有屠杀海兰泡华人才能解决问题。

1900年6月，海兰泡经常出现迫害华人事件，城内外居民忧心忡忡，很多人渡江逃亡到对岸瑷珲区域。为了稳定治安，沙俄政府下令关闭了所有商铺，禁止中国居民出行。

---

① 〔清〕王彦威辑：《西巡大事记》卷首，《清季外交史料》第9册第4643页。

九、沙俄入侵东北及东北军民的抗俄战争

7月14日,华人居民代表向阿穆尔省政府军政长官格里布斯基提请准许华人撤离,但遭到拒绝。对方还信誓旦旦地表示,在俄国领土上,对于和平的外国人均不加害。但15日下午,俄军在偷袭大黑河屯时,就以当地居民与清军里应外合为借口,下令封锁黑龙江,搜捕全村人员,并强制扣留了援送难民的船只,派兵强行驱散了周边渡江人员。

16日,格里布斯基下令逮捕所有华人。此时,全村一片混乱,大街小巷全都贴满了搜捕令,野蛮的俄军志愿兵疯狂地闯入居民的商店和房屋内,不管男女老少通通被押走,就连襁褓中的婴儿也不放过。叫喊声、哭泣声,充斥着整个村落,海兰泡被恐怖的氛围笼罩着。当天下午,俄军志愿兵还搜捕了很多藏匿于邻村的华人,并将他们像牲畜一样随意杀死,尸体反吊着,还不时用刺刀随意乱扎。俄国人将逮捕的男女老幼强行关押在警署里,因为人数众多,关押不下,之后又转移在精奇里江附近的一个木材厂院子里,派兵加以严守。只要华人有丝毫反抗之意,野蛮的俄军就会当场将其杀掉。

17日,俄军谎称要送华人渡江,被抓起来的人大多被强行赶到了10公里以外的黑龙江岸边。这天天气炎热,行途遥远,俄军用枪、斧头逼迫华人快速前行,对于途中因为疲惫不堪而掉队的一些小孩和老人,俄军索性用刺刀刺死或砍死,路上几乎全是"中国人的辫子和头颅。有的还带着肉和脑髓的痕迹以及不完整的尸骨"①。在黑龙江江岸,俄军并没有为华人安排任何一只渡江船只,而是用鞭抽、刀刺、斧砍、枪杀等残酷的手段逼迫他们下水。据目击者说:"忽有俄马队,持枪兵三十名,持斧兵二十名,向商民击砍,枪斧交下,商民出于不意,惶遽奔逃,均堕黑河而死。"②

此处,黑龙江江水最窄处有200米左右,水流湍急。俄军残暴地将华人往水里推,先下水的渡了不到一半,就溺水而亡;后面不敢下水的,俄军就拿枪刺杀,有的用斧头砍;稍加反抗,或企图逃走的人,俄军都乱枪打死,不留一个活口。没过多久,岸上尸体便堆积如山了,连地面都被染红了一大片。不仅如此,野蛮的俄军还用斧头对着尸山挨着一个一个乱

---

① [美]乔治·亚历山大·伦森:《俄中战争》(中译本)第65页,商务印书馆,1982。

② [清]王彦威辑:《西巡大事记》卷首,《清季外交史料》第9册第4644页。

砍，生怕有活人藏在中间。万一出现一个还能呼吸的，他们就三五个把他架起来扔到江里去。对于婴儿和妇女，俄军也是毫不留情，当妇女们乞求俄军饶自己孩子一命时，俄军一手拽过孩子，用刺刀将其割成碎片。其中还有很多妇女抱着孩子在江边和岸上来回徘徊，既害怕孩子会被淹死，又害怕孩子活活被俄军刺死，最后，残忍的俄军挥刀刺向了这些妇女和婴儿。岸边，哭喊声、怒骂声、枪声乱成一片，如同地狱般的惨景。从7月17日到21日，这短短的几天内，俄军总共进行了4次大屠杀，被杀华人人数共6000多人。

这一惨案震惊中外。黑龙江将军寿山听闻，愤怒不已，于是命令瑗珲副都统凤翔派两路清军支援。其中一路清军负责偷渡过江包抄俄军部队，另一路负责向俄军开炮，以吸引敌方注意力，实现两面夹击。经过数小时交战，俄军无法继续前行，被迫撤退，这一战给了俄军教训。其后，为了进一步提高战斗力，增加作战人数，寿山将军一方面主张和义和团联合对抗沙俄；另一方面，发布招抚令，诚招各地能人义士共同加入抗俄行列。

"海兰泡惨案"发生不久，俄军接着在江东六十四屯地区继续展开屠杀。江东六十四屯自古以来属于中国的领土，位于黑龙江东岸，精奇里江西岸，因此处曾经有64个村落组成而得名。这里居住着满、汉、达斡尔等民族，人口共3万多人，土地面积有153万亩。这块土地处于冲积平原地带，土地肥沃，资源丰富，农牧发达，再加上这里湖泊众多，水源充足，很适合粮食的生产。

江东六十四屯的地理位置也十分重要，是沙俄进入东北的一条通道。俄军对这块土地垂涎已久，早期，穆拉维约夫就叫嚣到要派兵占领江东六十四屯。后来，中俄签订了《瑷珲条约》，清政府被迫割让黑龙江北岸大片国土给沙俄，但由于居住江东六十四屯的中国人较多，条约规定，其主权归沙俄，而人民管辖权属于清政府，中国人在此有永久居住的权利。然而，俄军对此规定置之不理，为了获得更多利益，俄军经常通过各种方法蚕食江东六十四屯。

1859年（咸丰九年），沙俄就曾派出1支军队进入江东六十四屯，以武力威胁当地居民，要求他们归顺沙俄；此外，沙俄还私下移民，很多俄人在这里建造房屋，开垦土地。《瑷珲条约》签订以后，沙俄当局常常以黑龙江北部土地属于其领土为借口，在江东六十四屯附近建设村落供俄国移民居住。这些村落与江东六十四屯离得很近，数年后，俄人居住的村落

九、沙俄入侵东北及东北军民的抗俄战争

范围扩大到了江东六十四屯内部,遭到当地人反抗。清廷派人与俄方交涉,双方又重新勘测了两国的边界,设立了"封堆"。然而,这并没有阻止沙俄的侵略步伐,其变本加厉,推翻了"封堆",强行占领了断山屯的领土。清廷又派人进行了第二次勘界,这一次双方以"耕犁划沟"为界,这使原来的"封堆"向西移动了8里,致使原来的江东六十四屯的土地面积缩小了。之后,沙俄又用各种方式占领了江东六十四屯的部分领土,不得已,清廷派人与俄方再次交涉,决定进行第三次勘界。但这次勘界仍无法阻挡对方的侵略。

1893年(光绪十九年),俄军又在当地制造了一起"烧酒惨案"。补丁屯居民以酿酒为业,他们酿出来的酒味道醇正,附近许多客人常常慕名而来,商铺生意兴旺。这引起了俄商的不满,于是他们派人闯入补丁屯,强行搜索存酒,并用大刀将所查收的酒坛全部打碎,这使补丁屯商铺生意严重受损。而后,俄军又在这里建立哨所,并通过各种借口非法调查本地居民户口、房屋、财产等。

1900年(光绪二十六年)6月,侵犯东三省的俄军在阿穆尔军区发起了军事行动。7月,俄军在海兰泡进行大屠杀的同时,也派了1支军队渡过精奇里江,向江东六十四屯驶去。一到达六十四屯,野蛮的俄军官兵便到处焚烧房屋、屠杀牲畜、抢夺财物。第一个遭殃的是补丁屯。补丁屯被俄军放火烧毁,房屋所剩无几,就连华人用来渡江逃跑的船只也被俄军砸得粉碎。屯里的居民见势纷纷抢渡逃命,俄军紧追不放,边跑边开枪,有的人在途中惨遭杀害,有的人渡江渡了一半,就被俄军追上乱枪打死。对于那些还未来得及逃的华人,俄军将他们聚集到一间大房子里,放火焚毙,烟火缭绕,数日不息。《瑷珲县志》写道:"黄童离家长号,白叟恋产叫哭,扶老携幼,逃奔瑷珲对过,长江阻梗,绕越不能,露守江滩,群号惨人。"① 列宁曾在《火星报》上发表文章,强烈谴责沙俄侵略者"杀人放火,把村庄烧光,把老百姓驱入黑龙江中活活淹死,枪杀和刺死手无寸铁的居民和他们的妻子儿女"② 等野兽般的暴行。

面对俄军的疯狂侵略,江东六十四屯和海兰泡的人民并没有退缩,他们心系祖国,不怕牺牲,挺身而出。据目击者报道,"中国居民被虐待所

---

① 民国《瑷珲县志》卷八。
② [苏]列宁:《中国的战争》,《列宁选集》第一卷第215页。

激怒了，他们抛弃了消极态度"①。在手无寸铁的情况下，他们不畏强暴，赤手空拳地与俄军展开斗争。为了拯救同胞，有的人不顾生命危险，抢走敌方枪支，拼命将对方打倒。

沙俄侵略军的兽行激起了瑷珲人民和清军官兵的无比义愤。凤翔于7月17日晚派统领王良臣等带骑步炮兵500余名以及部分义和团悄悄偷渡黑龙江，到精奇里江口的博尔多屯对屠杀中国人的俄军发起反击。博尔多屯是江东六十四屯之一，俄军此前就在这里非法建立了"结雅一号哨所"，以此监视瑷珲地区中国军队的卡伦山阵地，控制江东六十四屯通往瑷珲的江面交通。博尔多屯的居民对此很是不满，于是联合清军与义和团共同抗击俄军。中国军民渡江后悄悄潜伏在"结雅一号哨所"附近。第二天凌晨，100多名参与屠杀中国居民的俄军从"结雅一号哨所"一出来，立马遭到中国军民的截击。经过激战，俄军狼狈退回"结雅一号哨所"。中国军民又对"结雅一号哨所"发起进攻，哨所中的数百俄军仓皇应战。战斗持续4个小时，清军"各将士奋不顾身，大呼直前，俄势不支，败退河北"②。俄军受到重创，有100多人被击毙，连长巴索夫腿部受伤，率领残余部队逃往海兰泡。中国军民炸毁俄军火药库，捣毁俄军哨所后，返回瑷珲。这次战斗的胜利，不仅为死难的同胞报了仇，也为逃难的百姓成功渡江争取到了宝贵的时间；同时，表明了中国人抵抗外敌的决心，也挫败了沙俄侵略者的嚣张气焰。

与此同时，瑷珲守军也调用了几十只商船，赶在俄军到来之际，将5000多名难民送到了对岸。但就在这一天，另一支俄军越过精奇里江到达了江东六十四屯。他们一上岸就进行屠杀，仅博尔多屯就有1000多人遇难，其他村落的房屋建筑也被付之一炬，所有财物也被抢劫一空。

从7月16日到21日，这次屠杀焚烧持续了整整6天，在这次行动中，有7000多名中国人遇难，数千座房屋被毁，所有财产被俄军洗劫一空。最后，俄军强行占领了江东六十四屯。

8月4日，格里布斯基发布公文，指出：《瑷珲条约》规定黑龙江以北地区都划于俄国，命令在江东六十四屯曾经居住过的华人，一旦离开则

---

① ［美］乔治·亚历山大·伦森：《俄中战争》（中译本）第52页。
② 光绪二十六年六月二十九日黑龙江将军寿山等折，《义和团档案史料》上册第381页。

不准重新返回该地区，现有的土地一律归俄人使用。自此，清朝失去了江东六十四屯这块肥沃的土地。

3. 俄军兵分五路不宣而战

义和团运动爆发，并且在东北快速发展、形成一股不小的力量之后，沙俄陆军大臣库罗巴特金就曾叫嚣："这将是我们把满洲变成第二个布哈拉。"① 在侵略中国东北地区的计划上，沙俄政府当时有两种方案。以陆军大臣库罗巴特金和外交大臣穆拉维约夫为代表的一方主张直接出兵进行军事占领；而以财政大臣维特为代表的一方则主张通过经济掠夺的方式实现对中国东北的征服。沙皇尼古拉二世认为这两种方案都有道理，便决定采取双管齐下的侵华政策。对此，列宁曾指出："现在沙皇不仅是欧洲的宪兵，而且是亚洲的宪兵，他力图用阴谋、金钱和最野蛮的暴力，把土耳其、波斯和中国的一切争取自由的运动镇压下去。"②

1900年（从光绪二十六年）6月初开始，沙俄政府即密切注视着中国直隶地区义和团运动发展的趋势，以寻找进攻东北三省的时机和借口，同时加紧进行战争准备。6月8日，沙俄政府宣布关东一带进入战争状态，命令军队进入战备状态。6月15日，陆军大臣库罗巴特金命令驻伯力的阿穆尔军事总督格罗杰科夫中将制订进攻东北义和团及清军的作战计划。6月17日，八国联军侵占大沽口，沙皇尼古拉二世便于6月23日宣布首先在阿穆尔军管区进行战争动员，全区进入战争状态，并立即编组先遣军；接着，在沙俄亚洲部分的西伯利亚、土耳克斯坦军区以及欧洲部分的地区进行战争动员。7月6日，尼古拉二世宣布自任俄军总司令，陆军大臣库罗巴特金任总参谋长。不久，沙俄陆军部下令将原驻阿穆尔地区的西伯利

---

① ［俄］维特著，［美］亚尔莫林斯基编：《维特伯爵回忆录》（中译本），第83页。
② ［苏］列宁：《俄国社会民主工党的选举纲领》（1912年3月），《列宁全集》第17卷第478页，人民出版社，1963。

亚军改编为西伯利亚第一军,并将新征调的部队进行统一编组和部署:

西伯利亚第一军:集结于旅大、海参崴。作战部队 36200 余人,计有步兵 4 个旅(共 32 个营)、骑兵 14 个连、工兵 1 个营又 1 个连、炮兵 2 个营又 6 个连(装备各种火炮 96 门)。

西伯利亚第二军:集结于伯力。作战部队 36200 余人,计有步兵 4 个旅(共 32 个营)、骑兵 1 个混成师(共 27 个连)、工兵 1 个营(一说 1 个营又 2 个连)、炮兵 2 个营又 7 个连(装备各种火炮 90 门)。

西伯利亚第三军:集结于赤塔、涅尔琴斯克(尼布楚)等地。作战部队 31300 余人,计有步兵 4 个旅(共 28 个营)、骑兵 1 个师(共 25 个连,其中有 1 个装备 6 门炮的骑炮连)、工兵 1 个营又 1 个连、炮兵 9 个连(装备各种火炮 70 门)。

登陆军:集结于海参崴、双城子。作战部队 33700 余人,计有步兵 4 个旅(共 32 个营)、骑兵 13 个连(一说 11 个连)、工兵 1 个营又 1 个连、炮兵 3 个营又 1 个连(装备各种火炮 78 门)。

以上共有作战部队 135000 余人,火炮 334 门。此外,各要塞和军区尚有留守部队 4 万余人。

7 月 14 日,八国联军攻占天津。沙俄陆军大臣库罗巴特金在给沙皇的奏折中指出:"目前攻占北京具有世界意义,……只有同北京断绝关系,才有可能迅速扑灭满洲的大火并使蒙古以及东土尔克斯坦的火灾不致发生"。① 清廷因京城危急,已无力顾及东北地区的危局。沙俄陆军部抓住这一时机,分别于 7 月 18 日和 22 日致电在伯力的格罗杰科夫和在旅顺口的关东州军政长官阿列克谢耶夫,指示俄军 3 路从北部(铁岭以北,含吉林、黑龙江)、1 路从南部(奉天)进攻中国东北地区:北部由西伯利亚第二军、第三军及登陆军一部担任主攻,司令部设于伯力,由阿穆尔军事总督格罗杰科夫中将任总指挥;南部由西伯利亚第一军及登陆军一部担任主攻,司令部设于旅顺口,阿列克谢耶夫海军中将任总指挥。沙俄陆军部作战指示的要点是:多路出兵,攻取齐齐哈尔、哈尔滨、吉林、长春、奉天等重要城市,以实现分进合击、速战速决,迅速夺取东三省的战略目的。经格罗杰科夫和阿列克谢耶夫建议对上述方案做了某些调整后,沙俄

---

① 陆军中将库罗巴特金奏(俄历 1900 年 7 月 1 日),《1900—1901 年俄国在华军事行动资料》第一编第一册(中译本)第 89 - 90 页。

陆军部最后决定按以下5路部署进攻.

西北路：以集结于赤塔、涅尔琴斯克的西伯利亚第三军一部为主力，越过阿巴该图，向东南进攻呼伦贝尔、齐齐哈尔，尔后会同北路俄军及东北路俄军一部，向吉林、奉天推进。

北路：以集结于海兰泡的西伯利亚第三军一部为主力，渡过黑龙江，向南进攻瑷珲、墨尔根、齐齐哈尔，尔后会同西北路俄军及东北路俄军一部，向伯都讷、长春推进。

东北路：除派兵一部支援海兰泡俄军作战外，以集结于伯力的西伯利亚第二军为主力，沿黑龙江、松花江水路，向西南进攻三姓、呼兰、哈尔滨；与"护路队"里应外合攻占哈尔滨后，分兵一部向东进攻宁古塔，另一部向西助攻齐齐哈尔，尔后会同西北路和北路俄军，向吉林、奉天推进。

东南路：分两个方向进攻，一部以集结于双城子、海参崴的西伯利亚第一军及登陆军为主力，向西进攻牡丹江、宁古塔；另一部从克拉斯基诺出发，向西进攻珲春、鄂摩和。尔后合力向吉林、奉天推进。

南路：以集结于旅大的西伯利亚第一军和登陆军一部为主力。一部从水路进攻营口；另一部从陆路进攻熊岳（今营口市熊岳镇）、盖平（今盖州市）。尔后向辽阳、奉天推进，并在铁岭同北部战场的4路俄军会合。

在部署上述5路进攻的同时，沙俄又向东清铁路沿线增派"护路队"，使其由原来的6000余人增至11000人，借以牵制东北三省清军的行动，策应各路俄军的进攻。

面对汹涌而来的沙俄侵略军，清政府因八国联军进攻北京而手忙脚乱，顾此失彼。老朽昏庸的慈禧太后为了保住自己的权势，于是利用义和团来打击外国在华势力，以表示对西方列强要求她归政于德宗的不满，并且盲目对外宣战。当八国联军攻占天津，北京形势危急的时候，慈禧太后见义和团难以抵挡外国侵略军，便又通过出卖和镇压义和团来讨好八国联军，屈膝求和。清政府摇摆不定的对外政策，对东北地区的军政官员产生了重大的影响，严重削弱了他们抗俄的信心和决心。而此时正当八国联军准备向北京发动大规模进攻之际，关内战事十分吃紧，清政府只顾保卫京师，无暇也无力顾及东北，因此，东三省只能依靠原有驻军和防御设施，抗击入侵之敌。

据统计，到光绪二十六年（1900）六月底，东北地区共有防军和练军

117营3哨，其中奉天省52个营，吉林省29营3哨，黑龙江省36个营。按编制计算，当时东北地区边防军总数可达58000余人，但实际不足50000人，以后各地又进行了扩军，但人数没有太大的增加。此外，东北地区还有44000余名战斗力很低的八旗兵。除清军外，东北地区还有义和团民众协助清军抗敌，但东北义和团组织分散，根本无力承担较大的作战任务。这样，东北地区各种军队合起来不到10万人，远远少于入侵之敌。而且，进攻东北的俄军训练有素、战争经验丰富、军事装备先进、武器弹药充足，战斗力不俗。与之相比，清东北驻军不仅缺乏训练、军事素质差、战斗力较低，而且武器装备不足并且落后。当时东北地区军队的武器除进口和仿制的毛瑟、曼利夏步枪及克虏伯、格鲁森火炮，还有一些较为落后的抬枪、抬炮及其它旧式火炮。尽管如此，面对强敌，东北地区的爱国官兵还是勇敢地投入到反击侵略、保家卫国的抗俄战争之中，与入侵的俄军展开激烈的战斗。

4. 黑龙江官兵的抗俄之战

光绪二十六年六月下旬，俄军作战部署就绪后，即以"护路"和帮助中国政府"平定叛乱"为名，悍然对中国东北地区发动全面进攻。黑龙江省首当其冲，成为俄军重点进攻的地区。俄军分两路进攻黑龙江：北路是从布拉戈维申斯克（海兰泡）出发攻占瑷珲、墨尔根；西路是从斯列田斯克出发进攻呼伦贝尔，其目标是齐齐哈尔。

九、沙俄入侵东北及东北军民的抗俄战争

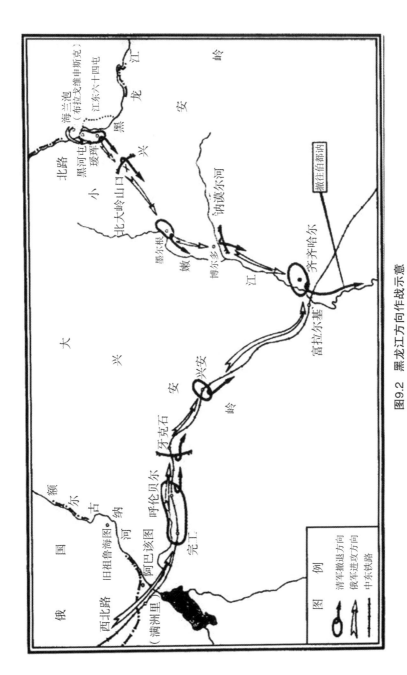

图9.2 黑龙江方向作战示意

(图片来源:军事科学院《中国近代战争史》编写组编《中国近代战争史》第二册第285页,军事科学出版社,1985)

黑龙江战线的清军最高指挥官黑龙江将军寿山是一位具有远见卓识和军事才能的爱国将领。在沙俄重兵压境、形势危急之际，他只能调派黑龙江的地方部队，加强瑷珲、呼伦贝尔等各战略要地的防御。光绪二十六年（1900）年六月十二日，沙俄阿穆尔总督格罗杰科夫以"护路"为名，要求将数千俄军经瑷珲、齐齐哈尔运往哈尔滨，遭到寿山的严词拒绝。为了抗击沙俄军队的入侵，寿山将军坐镇齐齐哈尔，任命瑷珲副都统凤翔为北路翼长，负责指挥瑷珲等地的军队抗击北路俄军；任命呼伦贝尔副都统依兴阿为西路翼长，负责指挥呼伦贝尔等地的军队抗击西路俄军；任命通肯（今海伦市）副都统庆祺为东路翼长，负责指挥通肯等地的军队抗击东路哈尔滨等地的俄军；任命安徽候补知县程德全为行营营务处总理，负责各路与齐齐哈尔的来往联络。除此之外，寿山将军还奏请清廷调拨粮饷，并商请盛京将军增祺、吉林将军长顺向黑龙江支援枪械弹药等军备物资，以抗击沙俄的进攻。

瑷珲，是中国黑龙江流域的历史名城，左临龙江，右环兴岭，是东北边疆地区的军事要地，也是清朝初年黑龙江流域的政治、军事、经济、文化中心。瑷珲分内城和外城，内城是副都统衙门和官邸所在地，外城为商业区、民宅和驻军军营。瑷珲的军事部署，大致可分为北营、南营、船库、军教场等场所：南北营所驻扎的均为清军正规部队；船库设在黑龙江江边，为清军水师营平时停泊船只之处；军教场为军人平日操演场所。有清一代，瑷珲驻防八旗在东北边疆的发展建设中发挥了重要的作用。但是随着中俄之间《尼布楚条约》的签订，沙俄对中国东北边疆的威胁基本消除，黑龙江驻防八旗的防御重心随之转移，黑龙江将军驻地在康熙二十九年（1690）从瑷珲城移至墨尔根城，康熙三十八年（1699）再移至齐齐哈尔城。① 黑龙江将军调走后，瑷珲城就由副都统留驻管理。瑷珲、墨尔根、齐齐哈尔3城成为清代东北边疆主要的驻防点。战前，瑷珲方向驻有清军步、骑兵16个营，由瑷珲副都统凤翔指挥。"凤翔，字集庭，汉军镶黄旗人，吉林驻防。累官协领。光绪二十一年（1895），中日事起，将军长顺赴奉督师，凤翔任馈运，给食不乏。寻擢瑷珲副都统。"② 瑷珲驻军主要负责守卫中国一侧的南至富拉尔基屯、北至五道霍洛卡之间约75公

---

① 吴雪娟：《康熙年间黑龙江驻防八旗的创建》，《满语研究》2004年第2期。
② 《清史稿》卷四六七《凤翔传》。

里的黑龙江沿岸地区。当时中国守军的装备较为落后，只有8门钢制火炮和16门旧式火炮，火炮无论是射程还是威力都远不如俄军。此外，瑷珲水师营还有10余艘小船。

俄军在海兰泡集中了步兵3个营又3个连、骑兵7个连、炮兵2个连，加上地方部队及其他武装力量2000余人，共7000余人，配有28门火炮，由格里布斯基中将指挥，计划兵分3路围攻瑷珲城。他们不断向中国瑷珲城方向射击，中国军队也予以还击，黑龙江两岸枪声不断。为了保证黑龙江的航运和加强进攻瑷珲的俄军兵力，早在7月下旬，俄军指挥官格罗杰科夫按照原定方案，从伯力和斯特列津斯克两地调遣9个步兵营、3个骑兵连、1个炮兵连，携带各种火炮40门，从黑龙江下游向上游西进。

七月初八日，当伯力和斯特列津斯克的两路援军抵达海兰泡后，俄军便开始进攻瑷珲城。为迷惑清军，俄军指挥官格罗杰科夫先派俄军由瑷珲对岸渡江佯攻，俄军出动"色楞格"号等兵船在黑河屯以下的江面上穿行，并不断向岸上开炮。海兰泡的俄军也以猛烈的炮火向瑷珲城轰击。七月初七日，由苏鲍齐奇少将率领俄军主力部队47个半步兵连、8个哥萨克骑兵连，共计6000余人，配备50门大炮和5艘轮船，从上游五道霍洛卡处偷渡黑龙江，随后进攻黑河屯中国守军的侧翼。俄军都打着清军的旗帜，穿着清军的服装，冒充漠河金矿的护矿兵。当时驻守黑河屯一带的中国军队只有3个营，统领崇玉果然把前来进攻的伪装俄军当成护矿兵，放松了警惕。他误认为俄军的意图是在精奇里江口对岸登陆，忽视了侧翼的防守，结果使俄军阴谋得逞，形成从两面进攻黑河屯之势。当崇玉发现是俄军来攻，为时已晚。面对数倍于己、训练有素、武器先进的沙俄侵略军，黑河屯的守军在崇玉的指挥下英勇抵抗，凭壕坚守，同上岸俄军展开激战。据沙俄军官记载，"中国人百折不挠，一个中国士兵被哥萨克砍落马下"，他"仍然仰面向哥萨克开枪"。① 由于敌众我寡，激战4个小时后，黑河屯的中国守军伤亡惨重，不得不放弃黑河屯，向瑷珲方向撤退。俄军占领黑河屯后，进行了血腥的洗劫和屠杀，使这个拥有5000多居民的富庶村庄变成了一片废墟。

---

① А. В. Верещагин, По Манчжурии 1900 – 1901 гг. (《满洲旅行记：1900—1901》) с. 13.

同日，黑河屯的清军撤退到位于黑河屯与瑷珲城之间的卡伦山，在这里修筑防线，阻击俄军。卡伦山林木茂密，地形复杂，中国守军和义和团凭借地利顽强地抵抗俄军进攻。俄军先头部队一到达，就借助强大的炮火掩护，发动猛烈的进攻。中国军队不畏强敌，以密集火力多次打退俄军的进攻。由于俄军炮火猛烈，加之援军不断，清军虽然进行顽强和惨烈的抵抗，但也伤亡惨重，不得不退出卡伦山阵地。来不及撤走的士兵，坚守阵地，与敌人同归于尽。当哥萨克骑兵连长沃尔科夫率骑兵冲上卡伦山夺取中国守军的大炮时，中国炮手毅然引爆坐在身下的火药箱，沃尔科夫和几名哥萨克当即被炸成齑粉。卡伦山失守后，中国守军退入附近的村庄继续抵抗俄军的进攻。俄军人多势众，炮火猛烈，清军弹药库也中弹爆炸，村中房屋起火。守军在失去一切隐蔽物后，退往瑷珲城。

在进攻瑷珲之前，俄军已对其进行了侦察，打听到城内守军1万多人，碉堡固若金汤，城防非常严密。实际上，黑河屯失守后，涌入瑷珲城的各路退兵加上守军只有3000余人。瑷珲副都统凤翔亲自披挂上阵，分兵3路"死力拒敌"①。他将一部分兵力部署在城外阻击俄军，其余坚守城池。俄军则继续以猛烈的炮火轰击瑷珲城。

七月初十日早上7时，俄军14000余人兵分3路，从东、南、北3个方向开始大举进攻瑷珲城。俄军主力从北面进攻，另一路俄军在占领黑河屯后，从南部沿江向瑷珲城推进，还有一路俄军先占领了瑷珲通往齐齐哈尔的驿道，并由此向瑷珲城进攻。俄军首先从江东六十四屯开炮轰击瑷珲城，大批兵船也从江面炮击瑷珲城。俄军哥萨克骑兵团在火炮的掩护下，从右路发起进攻，其第三分队作为主力投入战斗。哥萨克士兵挥动马刀，冲上阵地，清军官兵与之展开肉搏。瑷珲副都统凤翔也将清军分成3路，在瑷珲城外拼死抗敌。中国官兵凭借修筑好的掩体和火力点，不断杀伤俄军士兵。瑷珲城外的一座火药库遭到俄军的攻击，守卫这里的清军从房子里向俄军猛烈射击，围攻的俄军点燃了屋顶，但"盘踞在一幢房子里的中国人不愿投降，便跑到外面自我爆炸"②，在天地轰鸣声中壮烈牺牲。俄军凭借优势的火炮和源源不绝的援兵，争夺中国军队的战壕和工事。"三四百名中国步兵英勇不屈地战斗到底，直至全部牺牲，个别幸存者宁愿自

---

① 民国《瑷珲县志》卷八。
② ［俄］A. B. 基尔希纳:《攻克瑷珲》(中译本)第104页，商务印书馆，1984。

九、沙俄入侵东北及东北军民的抗俄战争

尽也不投降。",经过 5 个多小时的激战,俄军才把"战线推到瑷珲城前"。俄军从江面登陆的部队,也"遇到了比预期更为强烈的抵抗","渡江也被推迟了"。①

在援军不断到达的情况下,各路俄军突破清军的外围防线,攻到瑷珲城下。俄军的各种火炮不断地从江上和陆上向瑷珲城轰击,瑷珲城墙多处被击毁,城内也多处中炮起火。瑷珲城被围困,守城的清军毫不退缩,义和团打着"义和拳"和"扶清灭洋"的大旗,冒着炮火与清军并肩作战,英勇杀敌。在瑷珲城北,黑龙江世管协领玉庆奋不顾身地与俄军战斗,不幸受伤被俘。俄军劝其投降,玉庆坚贞不屈,大骂俄军,最后被敌军残忍地杀害。

瑷珲副都统凤翔见俄军已经破城,清军逐渐不支,遂下令放弃瑷珲城,向西南方的茶棚庵和大桥子方向转移。一股从侧翼迂回的俄军截住西门大桥,企图切断清军通往齐齐哈尔的驿道。清军利用仅剩的 1 门火炮轰击西门大桥的俄军,将其击退,从而打开了通道,为城内居民的撤离赢得了宝贵的时间。在撤退过程中,有 300 余名清军于城郊被俄军包围,他们英勇抵抗,最后全部牺牲。

当俄军攻入瑷珲城时,来不及撤走的义和团与军民继续与俄军展开激烈的巷战。在城内的巷战中,"中国兵勇和中国居民无视让他们放下武器的劝告,进行顽强了抵抗,几乎每幢房子都是战斗取得的"。在瑷珲城保卫战中,面对数倍于己的强大俄军,中国军民表现出了宁死不屈的英雄气概。"在许多房子里,中国人都纵火自焚"。这使沙俄侵略者惊恐万分,他们不得不承认,这些平时和气的中国人,在战斗中"其中有许多人表现为真正的英雄"。②"中国人死守着炮架直至阵亡,有的纵火焚烧房屋,在火焰中死去,表现出最后的宁死不屈的精神。"③ 七月十一日,俄军占领瑷珲城后,便进行了疯狂的屠杀。他们"四向焚烧,满城烟火,鸡犬飞嚎,数千余房,毁尽为墟"④,一把火将这座具有 200 余年历史、上万人口的古城烧成了废墟,只剩一座形孤影单的魁星楼。俄军焚城之前还对瑷珲城

---

① [美]乔治·亚历山大·伦森:《俄中战争》(中译本)第 119 页。
② [苏] A. B. 基尔希纳:《攻克瑷珲》(中译本)第 106 页。
③ [美]乔治·亚历山大·伦森:《俄中战争》(中译本)第 120 页。
④ 民国《瑷珲县志》卷八。

进行了大肆抢劫，除了物资商品外，他们还将清军遗留的枪炮弹药，甚至妇女儿童掠回海兰泡。

俄军攻占瑷珲后，即调整部署，苏鲍齐奇被晋升为中将，并奉命前往旅顺，负责指挥奉天方向的作战，同时调一部分俄军随同前往，以增加南线战场的兵力。其余俄军组成"快速支队"，由伦宁坎普少将指挥，继续追击清军。同时，俄军哥萨克部队一方面沿瑷珲至黑龙江一线建立哨卡，让留守的沙俄民兵剪除当地义和团和地方乡勇的抵抗力量。

从瑷珲城退却的清军，在凤翔的率领下抵达了瑷珲西南42公里处的北二龙屯。此地与南二龙屯遥相呼应，成为通往齐齐哈尔的咽喉要道，易守难攻。北二龙屯东北1.5公里处有座小山，名为匡安岭，山高100余米，地势险峻，是当地制高点，山下即是通往齐齐哈尔的大道，道两旁为茫茫沼泽，人畜难以通行。凤翔命清军在山林里挖掘战壕，构筑防御工事，准备在此与俄国追兵继续作战。

七月十二日晚，追击清军残部的俄军朝着北二龙屯方向而来。冲在最前面的是伦宁坎普的"快速支队"，他是奉沙俄黑龙江总督格罗杰科夫之命，追击瑷珲副统领凤翔，并且攻占嫩江。俄方突击部队队长为拉德任斯基少校，其副官为近卫骑兵预备役旗手萨维茨基。突击队只有沙俄哥萨克骑兵，总人数为491人。俄军骑兵抵达匡安岭附近的一座小庙，派出侦察兵，发现了山林里守备森严的清军和义和团。伦宁坎普令骑兵改作步兵，迅速地发起进攻。齐齐哈尔义和团张首领亲率义和团首先迎战。他们与俄军在山坡的树林里展开了肉搏战，双方各有伤亡，义和团的无畏精神令俄军心惊胆寒，尽管俄军火力凶悍，但依旧败下阵来，骑兵和火炮均陷入泥潭，被清军和义和团四面合围。但未及进攻，凤翔就看见俄军援兵已赶到，使清军两面受敌，乃率部退守北大岭山口（今大青山）。

北大岭山口是小兴安岭的重要隘口，也是通往齐齐哈尔必经之路。凤翔率部抵达这里后，利用这里密布的森林和险要的地势，决定在山口两侧挖掘战壕，阻击俄军。清军只有8个营4000余人，从齐齐哈尔开来的2个营援军以及义和团也赶到这里，清军和义和团兵力增至5000人，并有10门火炮。与此同时，当地的鄂伦春猎人约500人也骑马前来参战。凤翔利用有利地形，将部队埋伏于山口两侧，待小股部队诱敌深入山口岭底，然后从两侧发起突然攻击。七月十六日，俄军"快速支队"进入北大岭山口，埋伏在南侧的清军伏兵不待敌人主力深入，便仓促开炮，过早暴露了

九、沙俄入侵东北及东北军民的抗俄战争

作战意图。① 清军枪炮齐发，向俄军猛烈射击，鄂伦春马队也冲向俄军。俄军遭到伏击，阵脚大乱，仓皇后撤。伦宁坎普一面指挥俄军冲击凤翔的中路和右翼，一面分兵向主阵地后方迂回，对清军实行反包围。凤翔督军反击，粉碎了俄军的反包围，杀敌甚众。在战斗中，"凤翔悉甲出，令曰：有后者斩！而自赴前敌督慑。有材官稍却，立使飞骑斩之。材官惧，大呼陷阵，俄军少却"②。随着俄军援军不断到来，孤军奋战的中国军队逐渐不支。他们虽然英勇战斗，给俄军以巨大杀伤，但自己也付出惨重代价。"署北路翼长恒玉断一臂，俄将卒死伤无算。凤翔战既酣，右臂左足两受弹伤，坠马者三，辄复跃上，鏖战不少休，既还，呕血数升而死。"③ 凤翔作为瑷珲副都统、清军北路翼长，自俄军入侵黑龙江开始，面对数倍于己的侵略军，身先士卒，指挥清军英勇抗击侵略者，史书慨叹"凤翔守瑷珲，虽已无救于大局，而至死不屈"④。凤翔牺牲后，黑龙江将军寿山任命恒玉署理北路翼长，率领清军继续凭险扼守北大岭山口。

伦宁坎普在"快速支队"两次进攻受挫后，认为"以现有骑兵部队的兵力不可能在山地作战"⑤，便改变战术。七月二十一日，俄军增援部队到达后，伦宁坎普集中了6个步兵营，5个半骑兵连，20门大炮，于二十二日黎明再次进攻北大岭。⑥ 俄军先以炮兵逼近北大岭山口，用20余门火炮轰击山口两侧的清军阵地，同时派出2个步兵营利用树林的掩护，悄悄迂回到清军侧后，攻击清军的辎重队。清军虽腹背受敌，但在恒玉指挥下依然浴血奋战，使俄军受到打击。由于孤军奋战，武器落后，清军官兵伤亡惨重，统领崇玉也英勇牺牲，余部被迫于当日撤往墨尔根。因敌众我寡，恒玉率领清军又从墨尔根退守讷谟尔河北岸的博尔多站（今讷河市）。七月二十三日，越过北大岭的俄军进入墨尔根城，该城副都统变节投敌，民众纷纷弃城逃难，城内空无一人。俄军在此只遇到清军400名步兵和

---

① 《瑷珲县志》卷八。
② 《清史稿》卷四六七《凤翔传》。
③ 《清史稿》卷四六七《凤翔传》。
④ 《清史稿》卷四六七《凤翔传》。
⑤ [苏] А. П. 瓦西里耶夫：《外贝加尔的哥萨克（史纲）》第三卷（中译本）第371页。
⑥ 格罗杰科夫陆军中将自哈巴罗夫斯克致陆军大臣（1900年8月16日，No.808），《1900—1901年俄国在华军事行动资料》第三编第二册（中译本）第311页。

100人马队的小规模抵抗，清军没有坚持多久便被击溃，残兵朝城东南方向溃退。俄军在城内缴获了清军的1座武器库，库存计有1000支步枪、3门铜炮和大量弹药装备。俄军占领墨尔根后，暂停进攻，等待西北路俄军到达后会攻齐齐哈尔。

西北路俄军由奥尔洛夫少将率领，其作战任务是沿呼伦贝尔一线进攻齐齐哈尔，吸引齐齐哈尔守军的注意力，以配合北路和东北路俄军进攻齐齐哈尔。呼伦贝尔是黑龙江西部的军事重镇，也是齐齐哈尔的西部屏障。驻守这一带的清军由呼伦贝尔副都统兼西路翼长依兴阿指挥，共有步骑兵10个营，装备克房伯炮4门、小钢炮2门。六月二十九日，奥尔洛夫率领2个营先头部队到达阿巴该图，与1个从中国境内撤出的护路军骑兵连会合后，便越过中俄边界，沿海拉尔河左岸东进。① 俄军最初想从祖鲁海图发起进攻，但在发现依兴阿"以重兵北扼祖鲁海图，……复以偏师驻扎海拉儿（尔）河两岸，西扼阿普（巴）该图"②，便改从阿巴该图进攻完工车站（位于内蒙古自治区陈巴尔虎旗）。由于依兴阿对阿巴该图一线没有实行重点防御，清军防御兵力薄弱，奥尔洛夫率兵长驱直入。八月初四日，俄军仅用3个连的兵力就占领了完工车站，直接威胁呼伦贝尔城。

依兴阿闻讯后，急忙派统领全德率步骑5个营前去夺回完工车站。八月初五日凌晨，清军向完工车站发起进攻。清军攻入俄军阵地，俄军处境危急，但在这关键时刻，清军指挥官却犹豫不前，错失战机。俄军援军到达后，总兵力达2500人，并配备8门大炮。午后，俄军展开反攻，清军损失200余人后，只得边战边退。③ 清军在后撤的过程中依然坚持战斗，阻击敌人，很多官兵英勇牺牲。完工战败后，军纪松弛的呼伦贝尔守军士气低落，"漫散逃走，衙署官兵亦皆因之逃窜一空"④。七月初六日，依兴阿被迫放弃呼伦贝尔，率部退守雅克岭（也称牙克石山口）。七月初十日，

---

① ［苏］B. B. 戈利岑：《中东铁路护路队参加一九○○年满洲事件纪略》（中译本）第134页，商务印书馆，1984。

② 光绪二十六年六月二十九日黑龙江将军寿山等折，《义和团档案史料》上册第382页。

③ 陆军中将库罗巴特金8月3日奏折，《1900—1901年俄国在华军事行动资料》第一编第二册，第8-9页。

④ 光绪二十六年闰八月二十一日齐齐哈尔副都统萨保折，《义和团档案史料》下册第697页。

九、沙俄入侵东北及东北军民的抗俄战争

俄军没有遇到抵抗即占领呼伦贝尔城，屠杀居民3000余人，获得10000普特面粉、700普特燕麦、500普特大米、150箱茶叶，以及大量军需物资。①

俄军占领呼伦贝尔城后，于七月十四日派出六七个连的先头部队穿过无人防守的牙克石车站，进攻雅克岭。扼守雅克岭一带的清军，主要是统领保全所部由扎兰屯赶来的镇边军以及从完工撤退的清军。依兴阿因作战不力被革职后，统领全德代理呼伦贝尔副都统，负责指挥西路清军作战。七月十七日，清军在统领保全和吉祥的率领下对俄军的先头部队展开反击，清军官兵奋勇杀敌，3战3胜，不仅夺回了牙克石山口，而且"踏破俄营九座，压迫二百余里"②。清军的反攻使俄军大为惊慌，奥尔洛夫急调1个旅的后续部队发动全线反攻。保全督令全军奋勇出击，从清晨6时起，清军与俄军激烈交战，多次打退俄军，并一度突至呼伦贝尔附近的小桥子、黑山嘴一带。下午2时，俄军后续部队到达，总兵力计4000余人；而清军孤军深入、后援不继，很快陷入俄军的包围之中。面对数倍于己的俄军，清军官兵毫不畏惧，奋勇突围；由于俄军人数众多、装备精良、训练有素，清军在突围中死伤惨重，统领保全冲锋在前，英勇牺牲。此时天降大雨，清军阵地被淹，俄军乘机大举反攻，清军伤亡巨大，统领吉祥被迫督军后撤，雅克岭被俄军侵占。雅克岭是黑龙江西北路大兴安岭的重要据点，它的失守使齐齐哈尔失去了西北屏障，俄军遂从西北路长驱直入。

七月二十七日，北路俄军进占博尔多，清军退守讷谟尔河南岸，与对岸的俄军对峙。此后，西北路俄军未遇到任何抵抗就到达富拉尔基。在齐齐哈尔朝不保夕的形势下，黑龙江将军寿山一方面命令北路翼长恒玉坚守讷谟尔河南岸，同时令副都统萨保在齐齐哈尔城挖壕备战，准备固守。正在这时，寿山忽然接到了清廷于七月十三日命李鸿章为全权大臣向八国联军求和谈判的上谕。寿山将军于是派行营营务处总理程德全赴讷谟尔河北岸俄军军营议和。八月初一日，经过谈判，俄军承诺不进入齐齐哈尔城内，只驻于城外。八月初四日，俄军抵达齐齐哈尔城郊后，竟背信弃义地

---

① 马齐耶夫斯基陆军少将自赤塔致总参谋部（1900年8月8日，No.3784），《1900—1901年俄国在华军事行动资料》第三编第二册（中译本）第301－302页。

② 光绪二十六年十一月二十七日黑龙江将军寿山遗折，《义和团档案史料》下册第896页。

炮击后撤的清军。八月初六日，寿山自杀殉国。俄军于当天进占齐齐哈尔城，清军南撤至伯都讷。

齐齐哈尔城被俄军占领后，黑龙江的武装抗俄斗争并没有停止。这些由民众组成的抗俄武装主要集中在北部海伦，西部哈尔滨附近的呼兰、巴彦、五常等地，以大青山为中心开展抗俄反清武装斗争。这里的抗俄武装主要有光绪二十六年（1900）年七月在呼兰起义的刘振棠领导的"义胜军"和孙本荣领导的"义效军"。此外，同年年末，薄老五、陶四机匠、丁老疙瘩、王三老虎、郝天波等各股抗俄武装也先后兴起，远近"悉归之"，后部分成员南下转移至吉林东部，继续抗击俄军。

在黑龙江的抗俄战争中，大部分军民表现出了同敌人血战到底的英勇气概。在敌强我弱、武器装备落后、孤立无援的情况下，黑龙江爱国官兵为保卫祖国边疆拼死作战，血染战场。他们的斗争虽然失败了，但他们坚强不屈的爱国精神是永存的。

5. 黑龙江将军寿山壮烈殉国

在黑龙江军民的抗俄战争中，黑龙江将军寿山殉国的事迹最为悲壮。这里，再补写一段他的经历及壮烈殉国的业绩。寿山（1860—1900），袁姓，字眉峰，是明末著名抗后金将领、兵部尚书、蓟辽总督袁崇焕的七世孙。袁崇焕被诛杀后，其子孙在清初即被编入宁古塔汉军正白旗。寿山之父富明阿作为佐领参与镇压太平天国起义，凭其战功先后担任副都统、都统、江宁将军，同治五年（1866）官至吉林将军。

寿山出生于黑龙江瑷珲，自幼好学，欲以功业报效国家，初为六品荫生，光绪三年（1877）在学差行走，光绪五年（1879）因办理中俄联络事务得力而赏赐五品顶戴。光绪八年（1882）富明阿死后，十二月初四日"内阁奉上谕，前任吉林将军富（明阿）于道光咸丰年间效力戎行，转战河南、江苏、安徽等省，迭着战功，历任都统、将军，克勤厥职，前因患病开缺，兹闻溘逝较惜，殊深加恩，著照将军例赐恤，任内一切处分悉予

九、沙俄入侵东北及东北军民的抗俄战争

开复,伊子寿山、永山着俊百日孝满后,由该汉军正白旗带领引见,以示笃念奢臣至意。"① 寿山以父荫为员外郎兼袭骑都尉世职,以三品衔补用郎中候选员外郎,其弟永山承袭四品衔三等护卫。此后,寿山以其忠勇不断获得提升。"九年八月,奉旨以员外郎选用,兼袭骑都尉世职,供差神机营。十一年,调入通州防营,十二年,从醇贤亲王巡阅北洋,十三年,神机营奏保,俟选员外郎后,以郎中升用。十四年,充颐和园工程处监修。十七年海军衙门奏保,俟选缺后,在任仍以六部郎中遇缺即选。二十年,恭逢孝钦显皇后六旬万寿,正月,赏加三品衔。"② 光绪二十年(1894),中日甲午战争爆发,寿山请求管理神机营王大臣代奏:情愿前往黑龙江军营效力。获准后,即单身一人轻骑简从,前往辽东前线参战,在黑龙江将军依克唐阿部下任镇边军步队统领。③

图 9.3 寿山将军

(图片来源:李述笑《哈尔滨历史编年(1763—1949)》第 23 页,黑龙江人民出版社,2013)

在战争中,寿山与弟弟永山率部"数与日军战,复草河岭,克连山关,进薄凤凰城。敌援至,永山殁於阵,寿山被重创。以敢战,兼领镇边军马队。逾岁,降敕褒嘉。官军既克海城,寿山领七十骑诣辽南诇敌势,遇之汤冈子,搏战,枪弹入右腹,贯左臀出,战愈猛,敌稍却,驰还壁,血缕缕满衣袴。"④ 寿山的英勇表现得到了时任盛京将军依克唐阿的赞赏,依克唐阿和吉林将军长顺先后奏荐寿山,请求朝廷对其破格录用。黑龙江将军恩泽得知寿山的英勇与才能,便奏请将其调充镇边军左路统领。光绪二十三年(1897),寿山遂率中营移驻瑷珲城,调任黑龙江镇边军左路统领。在瑷珲城,寿山捐修营垒,训练士兵,

---

① 光绪朝《黑龙江将军衙门汉文档案》卷二六八〇、卷二六八一。
② 《清史列传》卷六一《新办大臣传五·寿山》。
③ 光绪朝《黑龙江将军衙门档案》卷一七五六三。
④ 《清史稿》卷四六七《寿山传》。

加强边疆防备。

光绪二十四年（1898）八月初，朝廷补授寿山为河南开封府遗缺知府。当时寿山39岁，为骑都尉，其妻42岁；长子西丹庆恩18岁，妻20岁；次子庆伦14岁，妻18岁；女10岁；故次弟三等侍卫永山妻35岁，子庆顺14岁。① 正当寿山准备携家到河南赴任之际，情况发生了变化。黑龙江将军恩泽爱惜寿山之才，上奏朝廷举荐，寿山被破格提拔为瑷珲副都统。次年二月，寿山进京入觐，德宗"垂询边事甚悉，遂奉帮办边防练军事宜之命，并令添募十五营，专归管辖"②。当时沙俄对东北虎视眈眈，黑龙江省边防形势严峻。寿山上任瑷珲副都统后，即与黑龙江将军恩泽会商，致力于加强边防力量。他选调了解和擅长边防事宜者，十余人帮办黑龙江边防及军务。寿山又亲自到上海采办军事装备，并特意经日本长崎、俄国海参崴、伯力回到黑龙江，沿途密觇形势，为战守做准备。

光绪二十五年（1899），黑龙江将军恩泽于任上病故。十二月，清廷命寿山署理黑龙江将军。寿山上任后，"剔厘奸弊，手订行阵操法，图绘要隘，申明赏罚，颁发在外将领，并更番调省，授以方略。下至末弁，亦令该管将领出具切实考语，接见时分别籍记，以备擢用"③。

光绪二十六年（1900）夏，义和团运动兴起，沙俄不仅参加八国联军在京津一带进行侵略，而且以保护东清铁路为名要出兵东北。远东俄军数千人集结于海兰泡，向寿山要求借道黑龙江保护铁路。寿山将军义正言辞加以拒绝："敌逼我都，我假敌道，如大义何！"④ 面对如此强大和嚣张的沙俄侵略者，寿山将军意识到战争不可避免，便立即调动力量，积极部署作战守卫。五月二十五日八国联军攻陷大沽口后，清廷下诏宣战，并令寿山严密防范俄军。寿山将军便将黑龙江全省兵力分为北、西、东三路，对抵御沙俄入侵作了周密的军事部署。六月十五日，寿山又电令瑷珲副都统、北路翼长凤翔：一旦俄船过境，一定要迎头抗击，勿要让其军船下驶。

此时，沙俄已经集结20万大军，随时准备进攻中国东北，并以"保

---

① 光绪朝《黑龙江将军衙门汉文档案》卷一五七四六。
② 《清史列传》卷六一《新办大臣传五·寿山》。
③ 《清史列传》卷六一《新办大臣传五·寿山》。
④ 《清史稿》卷二五四《寿山传》。

护铁路、兼保良民"为名，寻找借口。寿山深知"俄人觊觎东三省久矣，但无所藉口，未得侵入耳"。而东北边疆长期以来边防军备废弛，根本抵抗不了蓄谋已久、装备先进、数倍于己的俄军。因此命令部下严加戒备、不得浪战，下令军中"保铁路，护难民，全睦谊"①。为了阻止俄军进攻东北，寿山将军也进行了外交努力。他照会俄伯力总督及哈尔滨铁路总监工，并由中国驻俄专使杨儒转告沙俄政府，提出"江省既无教堂，无庸置议，所有阖省铁路，当力任保护，如有损失，照数赔偿"②，请求俄国不要出兵中国东北。

六月十九日，俄军悍然进攻瑷珲，遭到清军迎头痛击。六月二十日，俄军制造了震惊中外的"海兰泡惨案"，次日又制造了"江东六十四屯惨案"。寿山将军得知惨案后，义愤填膺。面对沙俄侵略和同胞被屠杀，寿山认为：我军越是后退妥协，俄军就更会进军侵略，我军越是畏惧，俄军就更会欺凌我民众。故而决心率军抗战到底。六月二十四日，清廷谕令寿山："如果俄军闯入边界，自当迎头截击。力遏寇氛，不可畏缩示弱，但不必先为戎首"，"总以保土守疆为第一要义"。③六月二十五日，寿山分兵三路迎击入侵俄军。在此前，寿山曾电约盛京将军增祺、吉林将军长顺合攻哈尔滨，以分散和牵制沙俄兵力，可惜两将军并未积极响应，三方无法配合行动，以致失去战机。

寿山将军指挥黑龙江清军英勇抗击沙俄军队的入侵，由于沙俄军队武器装备先进、人多势众，而且援兵不断，黑龙江清军寡不敌众，外无策应，瑷珲于七月十一日失守。随后，北路、西路、东路连连失利，各处战略要地被俄军占领，齐齐哈尔岌岌可危。当清军退至北大岭时，寿山将军想要将将军印交予齐齐哈尔副都统萨保，自己亲赴前线督战。在萨保的苦劝下，寿山才打消这一念头，改派行营营务处总理程德全前往前线督战。程德全（1860—1930），字纯如，号雪楼、本良，四川云阳（今属重庆）人，本籍江苏吴县。廪贡生出身，光绪十六年（1890）入国子监肄业。光绪二十四年（1898）寿山任瑷珲副都统时，程德全来到黑龙江，深得寿山的信任。寿山署理黑龙江将军后，程德全全力以赴辅助寿山，积极筹战。

---

① 《寿将军家传》，李兴盛等编《黑水郭氏世系录（外十四种）》第792页
② 《清史列传》卷六一《新办大臣传五·寿山》。
③ 齐齐哈尔市地方志办公室：《齐齐哈尔大事编年1674—1985》，第38页。

程德全于七月二十一日前往北路收集败兵，随机行事。七月二十二日，寿山致函程德全，要求程无论如何设法要保全各省数百万军民的性命。七月二十三日，程德全抵达博尔多站。当时俄军已占据墨尔根，由瑷珲各城南逃的10余万难民与败兵掺杂聚集在讷谟尔河畔等待过河，船少人多。程德全一面向寿山汇报，一面"昼夜渡济难民"①。此时，直隶总督李鸿章发来"俄外、户两部颇愿停战，公（指寿山）即飞饬各路一体遵照"②的电报，于是寿山照会俄方"请缓五日限，将难民赶紧送回，我军从此亦决不再战矣"③，并下令休战。同时，命令已在博尔多站的程德全赴俄营议和。此时，清军与俄军夹岸相对峙，程德全数次入俄营会谈，俄方以"军规甚严，不敢停留，兵马已临河岸，即当速渡"④为由，坚持渡河。程德全以"即贵国兵强器利，我兵如尚有一人亦当攻击，决不准任意渡河"⑤相抗。在程德全的坚决抗争下，俄军允诺暂时停止进攻3日。之后，程德全又数次入俄营会谈，誓死抗争。俄军才与其"议定不攻城、不夺财产、不伤生命、人民官吏愿去者不阻拦，俄军在城北二十里安营，我军向南撤退"⑥的协议。程德全立即派人将此信飞报寿山将军，自己也随队南撤回到齐齐哈尔城。

八月初三日，俄军渡讷谟尔河，寿山准备赴俄营与俄将会晤，又被属下阻拦而未能出城。他面对丧师失地的形势，悲愤万分，誓守"军覆则死"之义，从容安排后事。另外还写遗书给萨保、程德全，说明必欲尽节的决心，并嘱程德全等共同协助萨保收拾残局。然后将王命旗牌印信交给萨保，自谓辜负国恩，既不能战也不能守，更不会与俄军相见。还希望程德全能够保全齐齐哈尔全城人命。

八月初四日，俄方轻信流言，认为城外设有埋伏，便挥军绕向城南，做攻城态势。寿山闻讯急命程德全出城询问，并对程德全说："如俄人不食前言，幸甚。否则，城亡与亡，今为生死别矣。但全城生灵百万责在汝

---

① 〔清〕林崇山编：《宦海伏波大事记》卷六，第384页，黑龙江人民出版社，1994。
② 佚名：《寿将军家传》，李兴盛等编《黑水郭氏世系录（外十四种）》第793页。
③ 程德全：《庚子交涉隅录》，《义和团运动史料丛编》第二辑第328页。
④ 程德全：《庚子交涉隅录》，《义和团运动史料丛编》第二辑第330页。
⑤ 程德全：《庚子交涉隅录》，《义和团运动史料丛编》第二辑第331页。
⑥ 程德全：《庚子交涉隅录》，《义和团运动史料丛编》第二辑第350页。

九、沙俄入侵东北及东北军民的抗俄战争

身,汝其忍耐,为我保全。"① 程德全奉寿山命令急赴俄营,诘问俄军为何违约。双方反复辩论,行至五里墩,正在商议俄军安营事宜,猛然看到清军南撤的队伍,俄军官误以为是清军的伏兵,立即命令开炮,接连发20余炮。程德全在千钧一发的危难之际,为保全城人民生命财产安全,置生死于度外,挺身挡住炮口,拼死不让俄军发炮,俄官颇为所动,才令停止轰击。

由于俄军背信弃义,向齐齐哈尔城发动突然袭击,此时寿山知道大势已去,他耻堕敌手,誓死不降。临终前手书《遗疏》,要俄军勿杀平民,即从容卧柩中,暗服鸦片被灌救,吞金不能速死,于是命其子袁庆恩上前补枪。儿子不忍,他又跪求卫士以枪击之。卫士强忍悲痛举枪,手颤机动,击中寿山左胁,没能致死,又击小腹,仍不死;寿山更厉声大呼,卫士含泪再击,最后气息才绝,时年41岁。

八月初六日,俄军进占齐齐哈尔城,把将军府物品掳掠一空,又将练饷、兵饷及各项杂款银钱,并军械、军装、火药库、军械库库存及一切官物,或用车拉走,或派兵看守。将军衙门档策楼内所藏自康熙二十二年起至光绪二十五年(1683—1889)年底止所有满、汉档案及银库收藏的书籍、图籍、铜玉印记亦均被俄人掠去。城内居民及外来逃难者聚集一处,饥饿难耐,露宿风餐,齐齐哈尔城满目疮痍,惨不忍睹。程德全遵从寿山的嘱托,全力协助齐齐哈尔副都统萨保处理残局和对俄交涉。

寿山积极抗战非但没有得到朝廷嘉奖,反而多次受到责难。瑷珲城失陷后,寿山多次收到廷谕,被责备妄自与俄军作战,不听诏令。同时,吉林将军长顺也趁机煽风点火,以寿山约其会攻哈尔滨为口实,向朝廷诬告他没有了解俄军作战实力,便擅自进攻,导致损兵折将;盛京将军增祺也诬他"督战无力"。寿山走投无路,感到战亦难,退亦难,自己身为将军,但是战前没有做好准备,导致战时丧师失地,人民陷入水深火热,有何颜面面对黑龙江的父老。朝廷和同僚的责难,加上个人的自责,使他报"军覆则死之义"之念,选择以身殉国。但是,寿山在临终前仍上奏朝廷,建议将来收复黑龙江之后,实行招民开荒,屯垦戍边,充实边防的政策,使

---

① 程德全:《庚子交涉隅录》,《义和团运动史料丛编》第二辑第350页。

黑龙江成为"内政孔修，外侮足御"①的富强之地。他特别提到，"欲御外侮必修内政，而修内政尤以添设民官、力兴垦务为要"；"江省之事，非开荒无从下手。开荒之举，非招民无从下手。以七城之大，土地之沃，如果得人而理，不出十年，必能自立"。②

寿山将军殉国后，棺木运至杜尔伯特，即其夫人家乡安葬。俄军曾想开棺验尸，遭到程德全的严词拒绝：将军曾有遗言，至死都不要见到俄人，死后更不会见，由此才阻止了俄军的行为。而清廷竟然责其擅开边衅，开缺听候查办，后来照部议革职。光绪三十二年（1906），已升任黑龙江巡抚的程德全上奏朝廷，力陈寿山将军战功，恳求清廷免其罪，开复原官，照将军议恤，予谥建祠，宣付史馆立传，但未获准。光绪三十四年（1908），经程德全再次上奏，加上东三省总督徐世昌也合疏上请免出寿山查办处分，照将军例议恤，朝廷才批准免除对寿山的处分。最终，寿山将军照武职例给恤，并恩赏骑都尉兼一云骑世职，袭次完时，以恩骑尉世袭罔替。并附祀其父富明阿专祠。民国十五年（1926），为纪念寿山，齐齐哈尔当地政府在龙沙公园建立了"寿公祠"。

6. 吉林军民的抗俄之战

中俄《北京条约》签订后，吉林省主要是沿黑龙江下游及乌苏里江与俄国接壤。吉林的三姓、宁古塔与珲春3地，被称为"吉林三边"，因与俄罗斯为邻，地理位置重要，成为吉林防御沙俄侵略者的要地。吉林的军事力量远超黑龙江，但吉林将军长顺畏敌怯战，在俄军大兵压境的情况下，根本不做临战的准备，而是把主要精力用在镇压义和团上。吉林练军6个营约3000人仍然分布在各城镇，新募的5个营散驻于铁路沿线。主力

---

① 光绪二十六年十一月二十七日黑龙江将军寿山遗折，《义和团档案史料》下册第896页。

② 《清史列传》卷六一《新办大臣传五·寿山》。

九、沙俄入侵东北及东北军民的抗俄战争

靖边防军18营3哨,分布在三姓、宁古塔、珲春等7个城镇。同时,长顺还在五月底六月初以"奉旨招练"为名,对伊通、宽城子、伯都讷、哈尔滨一带的义和团进行严密控制,并遣散铁路沿线的大量民工。此外,长顺对哈尔滨等地的沙俄"护路队"不采取任何防范措施,任其在哈尔滨至双城子的铁路以及松花江沿线自由往来。

六月十八日,东南路俄军越过边境,开始入侵吉林将军辖区。奇恰戈夫少将率俄军2个步兵营、1个炮兵连、2个半骑兵连及"护路队"若干人,携火炮6门,从双城子向宁古塔进犯,企图攻占宁古塔。宁古塔是牡丹江畔的历史名城,它既是吉林"三边"要地之一,也是吉林东部的重要屏障,军事位置极为重要。当时宁古塔驻有清军10余个营,连同杨玉麟的民团组织镇东军及义和团,共有六七千人,分守叶河炮台、牡丹江渡口和宁古塔城。六月二十二日,俄军首先向叶河炮台发动进攻,清军依托炮台进行反击;与此同时,另一路俄军进攻牡丹江渡口,被清军击退。俄军由于兵力不足,骑兵在雨季行动不便,便在铁路附近"坚筑高垒",等待援军。艾古斯托夫少将率领的俄军占领珲春后,得知进攻宁古塔的俄军兵力不足,即率部折往双城子,由此西向增援宁古塔方向的俄军。进攻宁古塔的俄军得到增援后,于八月初二日夜逼近叶河并发动进攻。俄军不断发起攻势,清军官兵英勇抵抗,双方展开激战。在受到俄军进攻的危急时刻,宁古塔"拳民四十名突然而至",加入战斗,给予了抗俄清军有力援助。八月初三日晨,俄军占领了清军阵地对面的高地,继续进攻。中国军民的英勇抵抗给俄军造成了一定损失,但寡不敌众,加之叶河守军发现俄军骑兵企图切断和控制叶河通往宁古塔的大道,恐后路被断,便主动退往宁古塔,俄军最终占领叶河炮台。八月初四日,俄军渡过了牡丹江,向宁古塔发起进攻。但在清军和义和团的顽强抵抗下,俄军无法前行。

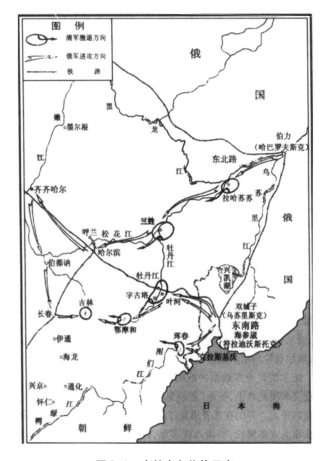

图 9.4 吉林方向作战示意

（图片来源：军事科学院《中国近代战争史》编写组编《中国近代战争史》第二册第 293 页，军事科学出版社，1985）

七月初二日，艾古斯托夫少将率俄军步兵 6 个营、炮兵 3 个连、骑兵 2 个连、工兵半个连，携带火炮 20 门，从克拉斯基诺出发，向珲春进犯。珲春西濒图们江，北倚大盘岭，由清军帮办英联率靖边军 6 个营驻守，并有刘永和（绰号刘单子或刘弹子）率领的抗俄武装忠义军 500 余人协助防守。清军重点防守 3 处炮台，分别位于城南 90 里处的黑顶子和城东南 8 里处、城西南 10 里处。七月初五日，俄军首先炮轰黑顶子炮台，接着进攻其余两座炮台。面对来势汹汹的俄军，清军及忠义军冲锋杀敌，用两炮台向敌方开炮，击毙俄军 200 余人，沉重地打击了敌人。激战至下午 2

时，城外炮台相继被毁，守军无法继续抵挡对方的进攻，同时，城内外国商民趁机纵火作乱，英联被迫率部退至城外。俄军占领珲春。

当北路俄军在海兰泡大肆屠杀时，东北路俄军由萨哈罗夫少将率领4个步兵营、4个骑兵连、2个炮兵连及1个工兵排、1个电信排、1个医疗救护队，携带火炮26门，分乘22艘江轮和56艘拖轮，从伯力出发，沿黑龙江西进，于六月二十六日到达拉哈苏苏（今黑龙江省同江市）。由于吉林将军长顺没有做防御部署，驻守该地的清军也没有作战的准备和信心，因而当俄军进攻时，驻军和义和团只进行了零星抵抗。他们朝江中敌舰抛石，以拦截俄军过江，经过一阵激战后，清军撤退，俄军占领了松花江口。松花江是沙俄军队入侵三姓的必经之路，俄军占领这一要点后，留兵一部驻守，主力随即溯松花江进犯三姓城。三姓位于松花江南岸，西濒牡丹江，东临倭肯河，是吉林北部水陆交通重镇，也是伯力通往哈尔滨的必经之地，军事位置非常重要，三姓副都统农英阿率8营清军（有火炮22门）驻守该地，沿江还驻有水师营，其巴彦通要塞是吉林守军防地之一。这里的守军在百姓配合下，与进攻的俄军展开激战，民众在城北、城东加固防御工事，并在松花江中横放了一条"拦江大铁锁"阻止俄舰航行。但由于武器装备落后，加上寡不敌众，六月二十九日，清军不敌，巴彦通炮台被俄军攻陷。随后俄军向三姓城发动进攻。七月初二日，俄军攻占了城外北面和西面的清军阵地，接着于七月初三日上午9时水陆两路夹攻三姓城。守军英勇抵抗，俄军在城郊不断遭到满、汉、赫哲族民众的袭击。黑肯金矿的工人与护矿队也勇猛地抗击敌人，激战至下午4时，"毙俄百人，又沉兵轮一只"。但终因俄军炮火猛烈，其后续部队又相继登岸，清军伤亡严重，被迫撤退。俄军占领三姓后，枪杀居民，焚烧房屋，然后登轮向哈尔滨进犯。

哈尔滨是东清铁路的枢纽，原驻有沙俄"护路队"2000余人，因受义和团的攻击，各地"护路队"陆续向哈尔滨集中，此时总数已逾4000人。黑龙江将军寿山在部署黑龙江战守时，委任通肯副都统庆祺为东路翼长，率领6营清军驻扎于松花江口至呼兰沿线各站，防御俄军从东面入侵黑龙江。鉴于哈尔滨为东北腹心之地，又严重威胁黑龙江的后路，寿山于六月初曾约请吉林清军会攻哈尔滨，以清除哈尔滨"护路队"，加强北方边防；由于吉林将军长顺极力阻挠，此计未能实现。

七月初一日，当俄军逼近三姓、形势极为严重时，黑龙江将军寿山毅然命令庆祺率清军4个营,统领定禄、穆隆阿、公培珍及营官富德等各率所部清军,进攻哈尔滨沙俄"护路队"司令部。因敌人已有戒备,清军遭到伏击,伤亡300余人,退守呼兰。七月初九日,萨哈罗夫所部俄军进占哈尔滨,同"护路队"会合。

俄军夺占哈尔滨后,迅速沟通了与双城子方向俄军的联系。八月初八日,又派遣1个支队乘坐满载粮食弹药的列车前往齐齐哈尔,以加强该处俄军。八月十九日,俄军从哈尔滨发兵北攻呼兰,清军弃城退走。俄军在呼兰大肆抢劫勒索,并将清军库藏军火"尽数搬出,或毁或运,或投深井,或掷大河"。

当清军与刘永和领导的忠义军在叶河、宁古塔坚守时,躲在吉林省城的长顺却加紧进行投降活动。七月十九日夜,他煽动部分受官府控制的义和团团民杀害了首领敬际信及40名团众。八月初一日,又令已革记名副都统黑龙江协领达桂前往哈尔滨,向俄方卑屈求和,约定两军相见,以白旗为先,各不开枪,让路而行。随后,又令各路防军"遇俄兵时切勿开枪,免致重开衅端"[1]。消息传至宁古塔,守军即退至鄂摩和(在今吉林省敦化市额穆镇)。俄军于八月初五日进入宁古塔,八月十四日又占鄂摩和。八月二十九日,俄军先头部队进入吉林城。

与此同时,伦宁坎普率北路、西北路俄军从齐齐哈尔南下,于八月三十日进入吉林城。闰八月初七日,进占宁古塔的东南路俄军大部队也赶至该处。侵略军入城后,烧杀抢掠,无恶不作。吉林银圆厂的数十万两白银被抢劫大半,城内的兵工厂和炸药均被毁坏。长顺却对俄军的暴行听之任之,还准备牛羊以犒俄师,对俄军所索军需差役,全部应承,并令吉林所属各府厅州县,"遇俄兵至,均照和约款接"[2],充分暴露了其卖国贼的可耻嘴脸。

俄军武装侵占黑龙江、吉林以后,在各地烧杀抢掠,残害民众,企图建立殖民统治,实现吞并东北地区的野心。面对沙俄的种种残暴恶行和血腥镇压,东北民众自发组织武装,形成众多抵抗沙俄的义军,其中以吉林

---

[1] 光绪二十六年十月十八日吉林将军长顺等折,《义和团档案史料》下册,第813页。

[2] 光绪二十六年十月十八日吉林将军长顺等折,《义和团档案史料》下册,第814页。

九、沙俄入侵东北及东北军民的抗俄战争

省斗争最为激烈。当时规模较大、影响巨大的有3支队伍：一是以刘永和为首的忠义军；一是以王和达、董毅敏为首的义和团余部及农民军；一是以杨玉麟（又称杨毓林）为首的镇东军。刘永和（约1841—?），原籍山东，曾是奉天海龙的猎户，由于枪法很好，人称刘弹子，在吉林珲春一带做过绿林首领，光绪二十六年（1900）六月，率部协助珲春副都统英联所领清军抗击俄军，珲春失守后率部西走，沿途吸收了一部分清军后，队伍很快发展到4000多人，在吉林磨盘山一带继续抗击俄兵。王和达是贫苦农民，董教敏是通化县的老道，他们率领队伍活跃于海龙、通化交界一带的山区，带领义和团余部与人民群众组成的农民

图9.5　吉林将军长顺

军抗击俄国侵略者。杨玉麟是奉天省盖平人，早年曾经效力于吉林将军长顺镇东营，在唐殿荣部下任帮带，唐殿荣被部下刺杀后，被推举为该部首领。后以镇东军的名义带兵进入朝阳和海龙，队伍发展到数千人，但因部下不愿"受官家约束"，便独立活动于附近各地。

自守卫珲春之时，刘永和便打出了"忠义军"的旗号，后在朝阳镇与俄军开战，十月收复通化；同时期杨玉麟率军3000余人驻扎于海龙县署楼，王和达、董毅敏率领的义和团余部于十月打下了朝阳镇。十二月上旬，这三支抗俄义军及地方团练李贵春部在海龙实现联合，统称"忠义军"，并基本沿用绿营编制。刘永和被推举为总统，统率全军，与刘永和兄弟相称的刘秉和（绰号黑刘）为帮统，王和达、董教敏、李贵春、杨玉麟等为统领，下设营官、帮带、哨官等，还有总寻、稽查等职。忠义军共编有40营，全军上下约有2万余人，地方官府亦承认忠义军"初具纪律"。

忠义军成立后，利用通化、海龙一带山林密布的有利地形，或藏匿于深山密林之中，据险设伏，或出现于交通要道之上，声东击西，打得得沙俄侵略军晕头转向，惶恐不安。对俄军大部队，忠义军"不与力战"，

"只于云阴月黑之夜劫营","用善枪者近敌营,伏暗中狙击,别以他卒鸣枪诱之,俄军出则狙击之";若俄军"伏匿不动",则"俟其懈,出其不意击之";若"自料不敌,则蛇行引退"。①忠义军实行这套游击战术,不仅有效地保存了自己的力量,而且不断地消耗敌人兵力,挫败了俄军的"围剿"计划。

光绪二十七年(1901)二月下旬,侵占并驻防奉天和吉林的俄军兵分3路向兴南、海龙、通化等地的忠义军发动进攻。吉林的俄军由高哩巴尔斯指挥,从伊通发兵进攻海龙的杨玉麟部;奉天的俄军由柴尔皮茨基率领,从奉天发兵进攻通化的刘永和部。海龙的忠义军杨玉麟部得知俄军来犯后,主动撤离海龙,在转移途中于大围场与前往镇压的敌军遭遇,因寡不敌众,被迫退到昌图,后又转入蒙古境内。

通化的忠义军刘永和部,在俄军前来进犯时,采取避实就虚,攻其必救的战法,避开俄军,以主力绕至敌后,直捣新宾堡,重创了这里的俄军。随后直逼清太祖努尔哈赤建立的第一个都城兴京(赫图阿拉)。兴京副都统灵熙得知忠义军将至,一边向增祺告急,一边又无耻地要求俄军出兵,帮助保护清室祖先的坟墓。②增祺立即增派营官刘振发所部前往协守,附近的俄军也驰往助战。三月初一日至初二日,刘永和率忠义军在兴京附近同俄军、清军展开激战。俄军死伤惨重,不得不将进攻通化扑空的部队调回援救兴京。当俄军主力赶往兴京时,刘永和等鉴于通化的威胁又已解除,便率部队撤回通化一带。三、四月间,李贵春所部忠义军探知俄军准备把囤积在海龙县西南山城镇的粮草运往盛京,遂乘俄军新败之际,率2000余人在10天内3进3出山城镇,缴获了俄军20余车军粮和一些军火,俘虏了清军哨官车俊隆,并捣毁官衙,烧掉粮册,还严惩了与俄军勾结的庆源、双城两家当铺的奸商。随后,王和达、李贵春又率军出其不意地攻克淘鹿吟(今吉林省西丰县),给反动势力以很大震动。

忠义军转回通化后,做了新的部署:由刘永和、董毅敏率大部分队伍先就地休整,制造军械,筹集粮饷,然后乘虚出击;由王和达、李贵春率1支队伍驻守山城镇,准备阻击从奉天、吉林再度来犯之敌;由郑兰亭

---

① 《海龙县志》卷十七。
② 光绪二十七年四月二十七日盛京将军增祺等折,《义和团档案史料》下册,第1200页。

（绰号老君炉）率 1 支骑兵，向凤城挺进。

经过休整后，刘永和率中路忠义军攻打海龙，结果被高哩巴尔斯带领的 5000 俄军以及众多的清巡捕队和地方团练所包围。刘永和率忠义军经过多次血战突围，付出重大伤亡，最后余部退入龙冈山中。与此同时，杨玉麟率北路忠义军在西丰、东丰、开原、铁岭、康平、库伦一带英勇出击，吓得俄军龟缩在开原、铁岭城内不敢出来。此外，刘永和还率领忠义军主力，联络附近 100 余里的各支义军围攻海龙。各路义军彼此支援，互相配合，虽然刘永和中路忠义军受到挫折，但其余 2 路忠义军取得较大的胜利，一时威震吉林、奉天两省。

忠义军的节节胜利，使沙俄侵略者及其走狗长顺之流坐卧不安。沙俄侵略军派遣大队人马，加紧围攻通化、海龙、凤城等地的忠义军；同时，派遣叛徒、密探潜入忠义军中，对其挑拨离间、分化瓦解。长顺等人还号召地主豪绅举办团练，配合俄军"围剿"，并阴谋收买忠义军中的动摇分子。

忠义军成员的成分非常复杂，有农民、猎户、筑路民工、矿工、伐木工人、小商贩，正如依凌阿所言，忠义军"半系通化土著良民"①。还有清军溃卒游勇和地方乡勇富户，甚至地痞恶棍等。据记载："奉省军队为俄队撞散，溃卒散勇，随地皆是"，皆与忠义军"联为一气"，"拳匪余党及无业游民亦附焉"。② 忠义军广泛复杂的阶层又使其内部存在一些比较严重的矛盾和分歧。因其参战动机、战斗意志各不相同，往往容易出现胜则骄、败则馁的现象，特别是在物资匮乏、斗争环境艰苦或形势不利的情况下，一些人极易被拉拢收买，叛变投敌。由于忠义军没形成统一的领导核心，各支义军的独立性和分散性较强，内部的矛盾和分歧日益凸显。而忠义军的领导人刘永和等人反帝爱国热忱极高，但对清王朝认识模糊，抱有幻想，如刘永和就曾一度几乎接受清政府招抚。因此，沙俄和长顺的"招抚"伎俩产生了效果。如投机商人林成岱，曾为清军哨官，参加忠义军后，曾 4 次攻克新宾堡，后来投降俄军，成立"花膀子队"，反过来镇压忠义军。其它的忠义军领导人，或被叛徒出卖被俘，或被叛徒刺杀，或接受招抚，如李贵春在通化被叛徒刺杀，刘秉和在怀仁被俘牺牲，使忠义

---

① 〔清〕依凌阿：《战时公牍》，王振科整理《海龙战守事迹》第 6 页。
② 民国《桓仁县志》卷一五。

军的力量日益削弱。最终刘永和、杨玉麟等主要领导人先后与长顺接洽受抚事宜,被俄军劫持利用。光绪二十七年(1901)冬,俄军将刘永和押解到珲春,又利用他的名义收缴其部下的枪械,忠义军的抗俄斗争便基本上以失败告终。

7. 奉天军民的抗俄之战

奉天省虽然不与俄国接壤,但《中俄密约》签订后,沙俄强租旅顺、大连,并修筑东清铁路哈尔滨至大连支线,使铁路沿线皆有俄兵。奉天邻近直隶,受其影响,义和团反帝爱国运动的非常活跃。光绪二十六年(1900)六月初,奉天义和团就拆毁了海城至开原的铁路桥房,并经常成群结队,以刀斧、铁棍、火枪同沙俄"护路队"交锋。六月中旬,辽阳、鞍山一带的义和团及清军,将辽阳的"护路队"200余人围困3昼夜,迫使其向营口逃窜。六月十九日,驻大石桥的"护路队"在米辛克上校率领下反扑海城,夺占唐王、亮甲各山,接连向城内开炮,击毁城楼。义和团及清军奋力抵抗,毙伤敌70余人,并乘势追击,迫使沙俄"护路队"龟缩于大石桥、营口一带,不敢轻易出动。

六月十八日八国联军攻占天津后,沙俄陆军部即于六月二十六日命令驻旅顺的俄军暂停向直隶增兵,迅速前往营口,攻击清军和镇压铁路沿线的义和团,进占辽东半岛。关东州长官阿列克谢耶夫立即集中步兵20个营、骑兵16个连、炮兵5个连,分2部向北进攻:一部沿中东路支线北上,一部由水路增援营口、大石桥的俄军;然后会和黑龙江、吉林南下的俄军进攻海城、辽阳,直取奉天。

沙俄开始入侵东北后,盛京将军增祺积极主和,消极备战。盛京副都统晋昌则积极主战,并做了一定的防御准备:西线由仁字军、奉军共8营2哨驻守锦州、山海关一带;北线由仁字军、奉军共6营驻守开原、铁岭一带;东线有4营清军驻守凤凰岭、岫岩一带;南线由晋昌亲自率育字军10余营驻守熊岳、海城一带。

九、沙俄入侵东北及东北军民的抗俄战争

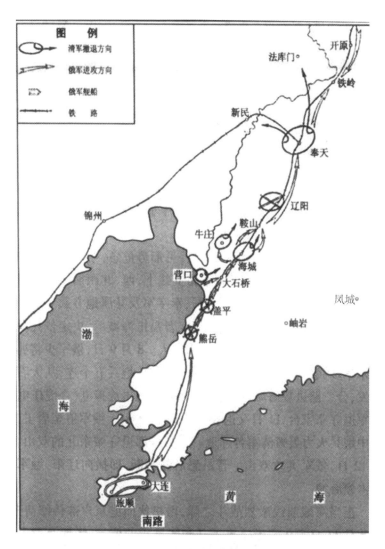

图9.6 辽东方向作战示意

(图片来源：军事科学院《中国近代战争史》编写组编《中国近代战争史》第二册第297页，军事科学出版社，1985)

六月二十九日，沿铁路北进的俄军进攻熊岳（今辽宁省营口市熊岳镇）。熊岳城守将逃往盖平（今辽宁省盖州市），城中只有少部分清军和义和团据守。由于武器落后及兵力薄弱，守城清军及义和团伤亡惨重，俄军未经严重战斗即占领了熊岳，随即转攻盖平。盖平驻军撤往牛庄，只有一支约 500 人的队伍在半路坚持战斗阻击俄军,因兵力单薄,未能阻止俄军进攻,七月初七日,俄军占领盖平。

　　熊岳、盖平失守,营口危急。清军翼长寿长赶赴牛庄,令营口道台坚守,并增派清军进入营口。七月初十日,沿水路向北进攻的俄军在营口登陆,水陆并进,向营口发动进攻。营口道台畏敌潜逃,驻守营口的清军骑兵 3 个营又 3 个哨稍战即溃,仅义和团 300 余人同俄军搏斗。最终俄军占领营口。

　　营口失守后,主张抗战的盛京副都统晋昌见形势危急,亲赴海城指挥作战。海城位于中东路支线上,西、北两面为平原,东、南两面为山地。当时驻有育字军、奉字军及县属地方武装 4000 余人、义和团 1000 余人,共有火炮 8 门。晋昌将清军主力集中在海城和牛庄,决定依托城西南 10 多里的唐王、亮甲等阵地抗击敌人。俄军以营口作为前敌基地,向大石桥集中了 4 个野战营、400 名护路军和 24 门大炮,准备进攻海城;同时在营口、盖平、熊岳一带,配置 10 个步兵连、2 个骑兵连和 8 门大炮作为后卫,以保证后勤供应和通讯联络,总兵力为 7476 人。①

　　晋昌抵海城后,七月十五日,俄军少将弗列舍尔率步兵 2 个团又 2 个连、骑兵 4 个连、炮兵 5 个连,从大石桥出发,分 3 路进攻海城。大石桥至海城 66 余华里,清军驻守在其间的邓家台、唐王山、亮甲山等高地和一些村镇里。8 月 10 日,俄军炮击虎獐屯,双方经过炮战,互有伤亡,清军退守邓家台,11 日,俄军攻邓家台,清军以"小枪奋力御敌,自早至午伤亡相继",退向唐王山和亮甲山"与守山之军会合捍御"②。俄军追至唐王山,集中炮兵火力轰毁清军各阵地。盛京副都统晋昌亲临前线指挥,但他没有建立起有效的指挥系统,导致唐王、亮甲二山各自为战。署海城知县凤鸣守亮甲山,守军大都是临时招募的民团,不习战阵,唐王山又未及时援应,亮甲山首先被俄军攻取。亮甲山失守,唐王山三面受敌,大炮

---

① 弗鲁格上校自旅顺口致总参谋部(1900 年 7 月 29 日,No. 162),《1900—1901 年俄国在华军事行动资料》第三编第二册(中译本)第 233 – 234 页。

② 光绪二十六年七月二十五日盛京副都统晋昌折,《义和团档案史料》上册第 487 页。

被敌军摧毁，晋昌弃山北撤，退据海城东北隅的双山。① 七月十八日，俄军进攻海城，清军据双山开炮迎击。俄军被击毁"快炮一尊"伤亡"数十人，凶威稍挫"，于是分派部队包抄。晋昌率清军撤往鞍山，最终海城被俄军攻占。②

正当海城前线激烈战斗之际，盛京将军增祺伙同盛京户部侍郎清锐，竟于七月十七日在奉天杀害了义和团首领刘僖禄、张海及60余名团众；接着又下令各州县将抗战的义和团众"一律查拿法办，以绝根株"③。海城失陷后，增祺急忙派员至营口向俄军乞降，遭敌拒绝。在这种险恶形势下，晋昌多次上奏朝廷，请求"收整队伍""广招民团"，同侵略军进行持

图9.7　盛京将军增祺

久作战，并斥责投降派一遇敌人"均执旗迎降"的行径。

俄军进占海城前夕，正值八国联军向北京大举进犯。沙俄为在关内攫取更大的利益，决定抽调辽东战场的部队，迅速"从营口或经旅顺投向大沽口"④。这样，俄军侵占海城后，只屯兵等待，暂缓北犯。清军也未乘机反击，与敌处于相持状态。

八月初，沙俄从其欧洲部分领土抽调来的2个步兵团、1个炮兵连抵达旅顺。八月二十七日，苏鲍齐奇中将也奉命到达营口。旅顺俄军遵照沙

---

① 光绪二十六年七月二十五日盛京副都统晋昌折，《义和团档案史料》上册第487页。

② 光绪二十六年七月二十五日盛京副都统晋昌折，《义和团档案史料》上册第487页。

③ 光绪二十六年十二月初八日盛京户部侍郎清锐等折，《义和团档案史料》下册第913页。

④ 陆军大臣致（旅顺口）弗鲁格上校（1900年7月22日，No.3023），《1900—1901年俄国在华军事行动资料》第二编第二册（中译本），第48页。

皇于七月十二日发出的八国联军占领北京后，旅顺俄军的"主要任务将是攻占奉天，并征服盛京全省"①的指令，加紧进行北犯的各种准备。

至八月下旬，营口、海城一带的俄军已有步兵11个营、骑兵4个连、炮兵10个连，携带火炮40门。侵略军分左、中、右3路向北进犯：弗列舍尔少将率左路进攻牛庄；苏鲍齐奇中将亲自指挥中、右2路进攻鞍山。当时，驻守牛庄、鞍山、辽阳一带的清军，除晋昌的育字军外，还有全营翼长寿长率领的奉字军、仁字军等，共约50余营，加之义和团踊跃参战，兵力尚属可观。但增祺一再鼓吹停战议和，并多次调兵回保省城和增援北路，因而削弱了辽阳方向的作战兵力。

闰八月初一日，左路俄军进攻牛庄，牛庄周围是一望无际的平原，田野里满布高粱，只有狭窄的田间小路可以通行。寿长率清军10余营及部分义和团进行还击。由于俄军以速射炮连续轰击，守军不支，退守大望台，旋又退守刘二堡。俄军于当日占领牛庄后，将数千名中国居民围住，挥舞马刀来回砍杀数小时。这就是被沙俄侵略者吹嘘为"赫赫武功"的"牛庄战役"。

闰八月初三日，中、右路俄军在摧毁清军阵地后占领鞍山，接着向辽阳进攻。此前，晋昌调育字亲军4个营已从辽阳回到奉天。初四日，寿长收集溃军，在沙河南八卦沟一带与俄军"复决死战"，但俄军"炮多力猛"，清军伤亡惨重，不支而散。当时，辽阳一带清军尚有步兵2000人、骑兵600人、火炮3门，但在增祺发出"不抵抗"命令后，城内遍插白旗。初五日，苏鲍齐奇指挥左、中、右3路俄军逼近辽阳，辽阳城清军败走，寿长逃回奉天城。初六日晨，俄军占领辽阳城。

俄军占领辽阳城后，越过太子河，直逼奉天城；同时从黑龙江、吉林南下的各路俄军也已逼近开原、铁岭，对奉天城形成南北夹攻的态势。奉天城军政官员惊慌失措，争相逃命。增祺携带将军印，偕左右随从逃往新民厅所属的广宁（今辽宁省北镇市）一带，后来被俄军俘虏。寿长、晋昌则收集溃军退往法库门一带。闰八月初八日，俄军不费一枪一弹便占领奉天。俄军大尉杰尼索夫率轻骑部队从南门入城，占领皇宫和将军府等街署。俄军掳去克虏伯等新式大炮50门，以及大量炮弹、步枪、子弹、火

---

① 陆军大臣致（旅顺口）阿列克谢耶夫海军中将（1900年8月6日，No.3757），《1900—1901年俄国在华军事行动资料》第二编第二册（中译本），第172页。

药等军用物资,① 皇宫内的珍藏文物也被洗劫一空。闰八月十三日,南北各路俄军于铁岭会合。至此,东三省各重要城市和交通要道全被俄军侵占。

在占领奉天城前夕,沙俄从旅顺派出2个团又1个连,分乘4艘军舰,于闰八月初八日(一说初七日)在山海关登陆。接着,这支俄军沿铁路北上,于闰八月十一日占领锦州,随后占领新民厅,控制了直隶通往东三省的铁路交通,切断了关内外的联系。

图9.8 攻入奉天(盛京)城的俄军

(图片来源:佟悦《清代盛京城》,第200页,辽宁民族出版社,2009)

九月二十日,增祺在沙俄的军事压力下,派代表与沙俄侵略者于旅顺签订了《奉天交地暂且章程》,其中规定:清军一律遣散,交出军火,拆毁炮台、营垒及火药库;俄军驻奉天城及周边各地;奉天设沙俄总管,与闻重要公事。《章程》名为俄军向清政府"交地",实则是在俄军控制下,让奉天各地官僚返回任所,充当傀儡,从而把奉天省变为沙俄的殖民地。俄国掌控下的东三省,被恐怖的气氛团团包围,当地的百姓被俄军无辜杀害,整个东北弥漫着血腥味。

---

① К. П. Кущаков, *Южно-Манчжурские Беспорядки в 1900г.* (《1900年南满之乱》) с. 188.

奉天虽被强大的沙俄侵略军侵略，但生活在这里的广大民众并没有因此屈服。在吉林、黑龙江两地民众与沙俄侵略者进行激烈的斗争时，奉天民众也为了保卫家园而拿起了武器，组织展开"御俄寇，复国土"的武装抗俄斗争。如光绪二十七年（1901），南路忠义军在辽东地区攻城夺池，威震奉天。继林成岱率军于四月初一日第4次进入新宾堡并占据20余日之后，郑兰亭率骑兵于四月中下旬连克桓仁、宽甸二县，五月初五日攻占凤凰城。第二天夜晚，郑兰亭又率部袭击安东成功。在南路忠义军的影响下，庄河沿海一带农民纷纷起义，以阎升为首自号忠义军，严重威胁侵华俄军大本营所在地旅顺。至五月初六日止，忠义军连克桓仁、太平哨、宽甸、凤凰城、安东等城镇，收复了奉天东部、吉林南部大片领土。

忠义军英勇抗俄的行动进一步激发了人民群众的斗志。辽东各地群众抗俄组织纷纷打起忠义军的旗号，进行武装斗争，以致连奉天官员也不知虚实，认为忠义军有"二十万，非饰词也"。此外，忠义军还"扬言欲攻省城"，"有谓晋昌与刘（永和）有夹攻之约"，致使奉天城"人心惶惶，一夜数警，有不可旦夕之势"。刘永和、王和达领导忠义军不断给俄军以沉重打击，使沙俄关东州长官阿列克谢耶夫惶恐不安，大骂奉天投降派官僚增祺等指挥"围剿"不力。阴险的沙俄侵略者又指使长顺、增祺等进行种种阴谋活动，以削弱分化抗俄势力。长顺、增祺等以"背叛朝旨""拥兵自卫""贪功肇衅"等罪名，多次奏参晋昌。清政府最终将坚持抗俄的盛京副都统晋昌开缺查办，将其所统清军交由投降派清锐统领。俄军就此少了一个心腹大患，得以集中力量镇压忠义军，使忠义军的抵抗最终失败了。然而，东北民众的反侵略斗争却没有就此沉寂下去，反而此起彼伏，给予沙俄侵略者沉重的打击，也让侵略者见识到了中国人民抵抗外侮、不畏强权的信念。

正是由于东北地区军民的英勇斗争，以及其他帝国主义国家出于自己的侵略目的，反对沙俄独吞中国东北，沙俄被迫在光绪二十八年（1902）三月十一日同清政府签订了《中俄收交东三省条约》。该条约规定，俄军于18个月内分3批撤出东三省（但次年俄军却违约拒不撤军，还重新占领奉天，导致日本介入东北事务，成为日俄战争的导火索），东三省领土主权仍归中国。沙俄把中国东三省变成"黄俄罗斯"的野心终究没有实现。

十、日俄战争时期东北的抗俄之战

十、日俄战争时期东北的抗俄之战

日俄战争,是清朝末年发生的,新兴起的日本和老牌帝国主义国家沙俄为了争夺中国东北地区和朝鲜半岛、进而侵占亚洲及争夺太平洋霸权,在中国东北地区和渤海、黄海进行的一场帝国主义战争。这场战争是沙俄"远东政策"和日本"大陆政策"产生直接冲突的结果。

1. 日俄争夺东北的战争

1904年(光绪三十年)2月8日,日本舰队在旅顺港外,突然向沙俄海军停靠在港外锚地的军舰开炮和发射鱼雷,打响了日俄战争的第一枪,炸坏了沙俄的铁甲舰"泽萨列维奇"号、"列特维尊"号和巡洋舰"帕拉塔"号。第二天上午,日舰再来袭击时,沙俄的舰队也没有出动,只是用舰炮和海岸炮垒的火力进行了还击,随后就把港外的舰艇全部开进了旅顺港内,日本的这次袭击又打伤了沙俄的4艘舰艇。2月9日,沙俄向日本宣战。10日,日本才向沙俄宣战。

日本海军偷袭旅顺港得手后,为了控制黄海海区的制海权,保障日本陆军在辽东半岛安全登陆和海上军需运输,从2月初至5月初,日本联合舰队先后向沙俄太平洋舰队进行了8次攻击,并在旅顺港外布设了4道封锁线,对旅顺实行了严密封锁。第一道封锁线是,用沉船堵塞旅顺港出口的舰船航道。第二道封锁线是,在旅顺港外布设大量水雷。这些水雷曾给沙俄的军舰造成了很大的困难和损失。第三道封锁线是,派出军舰在旅顺港外巡逻监视,并不断进入俄军没有设防的老铁山外和羊头洼海域,向港内开炮射击。日本海军的这一行动虽然不能准确地击中重要目标,造成很大破坏,但是港内的俄军士气却受到了影响,俄军日夜担心日军进攻战的到来。第四道封锁线是，舰队司令官东乡平八郎把联合舰队主力停泊在离旅顺港只有50余里的长山列岛锚地，不断出动寻歼沙俄出港的舰船。

当时沙俄太平洋舰队的实力和日本联合舰队的实力相差无几。但是，沙俄远东总督阿列克谢耶夫一味消极避战，下令禁止俄舰出港作战，反而把反攻的希望寄托在波罗的海舰队援军的到来，所以战争爆发只有几天，太平洋舰队就损失了9艘舰艇。俄军由于执行了错误的作战计划，贻误了战机，其在战争一开始就处于不利的地位。

2月8日，即日本舰队袭击旅顺的同一天，日本陆军第十二师团由瓜生外吉海军少将率领的6艘军舰护航，在朝鲜仁川登陆，随即进驻汉城，3月中旬，到达平壤。这时，日本陆军的近卫师团和第二师团也于3月16日在南浦登陆。4月初，日军集结在平壤、顺川、安州等地。这3个师团组成第一军，由黑木为桢大将指挥。4月中旬，第一军进至鸭绿江边，准备渡江作战。

4月28日，日军第一军在炮兵和海军舰炮的掩护下，在鸭绿江上架桥，29日夜间实行强行渡江作战。5月1日，日俄双方在九连城展开激战。结果俄军被击败，向辽阳方面退却。6月初，日军第一军、第二军和独立第十师都相继到达了辽阳附近。

辽阳会战是8月下旬日俄两军在辽阳周围进行的第一次大厮杀，双方都投入了陆军的主力。俄军由库罗巴特金统率，在这里集结了7个军共13个师，约计225000人，俄军事先在这里构筑了大量的坚固工事，设下了3道防线，摆出一副以优势兵力迎击日军、进行决战的架势。日军由大山岩指挥，集结了3个军共8个师团，约计135000人，他们经过1个多月的部署和准备，已初步完成了对辽阳的合围。双方的陆海军进入决战阶段。

辽阳战役的外围战，从6月下旬就已经开始。日军第一军于6月30日突破了俄军辽阳以东的第一道防线，占据了摩天岭、石门岭一带。7月17日，库罗巴特金用2个师的兵力对摩天岭一线进行反攻，结果没有成功。8月1日，日军攻占了样子岭，俄军死伤2000余人，第三军军长柯尔莱尔战死。8月25日夜里，日军又以1个师团的兵力偷袭辽阳以东的俄军第二道防线，经过激战，日军于26日占领了弓长岭。至此，俄军已丢掉了辽阳以东的头2道防线，只得退到了辽阳外围的太子河一线。与此同时，日军第二军于7月初先后占领了盖平、大石桥和海城等地，8月26日就迅速地突破了俄军防线的南面的首山堡、早饭屯一线。日军的第四军于

十、日俄战争时期东北的抗俄之战

8月1日占领析木城以后,迅速继续北进,到8月25日也逼近了辽阳,达到早饭屯一线。这时日军已完成了从西、南、东三面对辽阳俄军的合围。

8月28日,日军向辽阳发起总攻击。俄军在这一线部署了3个军10余万人,并凭借着坚固的工事,同日军展开了激烈的战斗。俄军于9月3日清晨全军向奉天撤退,日军在9月4日占领了辽阳。在辽阳战役中,日军损失较俄军严重,但却取得了胜利。与此同时,旅顺战役也以沙俄军队的战败而告终。俄军旅顺要塞的司令向日军投降。

1905年(光绪三十一年)2月下旬,日军第一军从东南向奉天实行包围迂回,进攻抚顺。库罗巴特金错误判断这是日军的主力和总攻方向,慌忙将其总预备队向东调动。当乃木希典指挥的第三军秘密地由西南向奉天迂回占领新民后,库罗巴特金又慌乱地将其总预备队向西调动。但是,日军第三军已经迅速逼近了奉天市区,并离沈阳后方的铁路不远了。库罗巴特金担心部队被包围,因而没有利用优势兵力组织反击,于3月10日慌忙下令全军向北撤退,但是俄军撤退过程非常混乱无序,日军趁机进攻,给俄军造成了很大的伤亡。日军乘势占领奉天,15日又占领了铁岭。

在奉天会战中,俄军死伤9万人,日军损失也很大,伤亡了7万人。奉天会战以后,日俄双方陆军都已经打得精疲力尽,无法再次发起同样规模的战役。于是两军就在昌图和四平之间对峙着。库罗巴特金由于连战连败被沙皇撤职。

此后日本联合舰队在对马海峡迎击由波罗的海舰队主力编成的第二太平洋舰队。俄海军由于是从欧洲航行了3万海里,花费大半年时间才抵达远东的,此时已成疲惫之师,对日本舰船的突然出现猝不及防,毫无还手之力。经过不到两天的战斗,沙俄舰艇被击沉19艘、被俘7艘,只有3艘突围到达海参崴,其余几艘都逃到了中立国港口。俄军5000余人阵亡,6106人被俘,而日本方面仅损失3艘水雷艇,死伤700余人。第二太平洋舰队的全军覆灭,使沙俄最后的赌注也输光了。至此,在整个日俄战争中,沙俄军事上的惨败已成定局,沙皇不得不谋求和谈以避免彻底崩溃的命运。

2.《朴茨茅斯条约》的签订

这场战争使日俄双方在军力和财力上都遭受到了巨大消耗。沙俄在军事上的惨败,使帝国主义列强之间在远东的矛盾暂时得到了一些缓和;而由这场战争直接引发的1905年俄国革命,则使沙皇的专制统治受到严重削弱,俄国国内矛盾更加尖锐。到1905年上半年,不仅日俄双方都已经没有再战的能力,而且欧美各帝国主义列强出于各自不同的动机,也都迫切希望日俄双方尽快结束这场战争,期望从中捞取利益。这时日本的战略目的已基本达到,见好就收,不失为一种明智之举。于是停战谈判就提到了日程上来。

在正式"调停"开始之前,日、美、英已经开始了他们的秘密分赃行动,分别达成"塔虎脱—桂太郎秘密协定"(主要内容:美国承认日本吞并朝鲜,日本承认美国吞并菲律宾)和《第二次英日同盟条约》(主要内容:英国人承认日本对朝鲜的统治权力),这是日、美、英3个帝国主义国家相互勾结以瓜分殖民地的产物。日俄和谈于1905年8月正式开始,日本作为战胜国,在赴和谈之前就已拟定好了12条内容,日俄双方和谈也主要是围绕着这12条内容展开的。经过激烈的谈判,日俄最终在9月5日签署《朴茨茅斯条约》。根据这个条约,沙俄承认朝鲜为日本的"保护国",肯定了日本以"指导""保护"与"监理"的名义拥有对朝鲜任意处置的权力(第二条);承认将从中国攫取的辽东半岛,即旅大"租借地"及其附属的一切权益转给日本(第五条);承认将从中国夺得的长春至旅顺间的铁路及其一切支线,以及它所附属的一切特权和财产,包括煤矿在内,都转给日本(第六条);将库页岛南半部割让给日本(第九条)。另外,日俄两国合谋,以"保护满洲铁路"为名,在《附约》中还规定,在它们各自霸占的铁路沿线,平均每公里有布置15名"守备兵"的权利。从此,中国东三省南部即长春以南区域(称为"南满")就变成了日本帝国主义的势力范围,北部即长春以北区域(称为"北满")变成了沙俄帝

十、日俄战争时期东北的抗俄之战

国主义的势力范围。《朴茨茅斯条约》是典型的帝国主义强盗分赃条约,是套在中朝两国人民身上的枷锁、侵略中朝两国的罪证,也是俄、日、美、英等帝国主义重新瓜分亚洲的可耻记录。

在日俄两国停战谈判还没有开始的时候,清政府曾经于7月6日向日俄两国发出照会,声明:"倘有牵涉中国事件,凡此次未经与中国商定者,一概不能承认。"① 但是,日俄两国根本不把清政府放在眼里,对这个照会置若罔闻,日本公使甚至说:"此次议和自当专在日俄两国直接商定,当不容有第三国从中干预,有所置喙也。"② 于是,日俄两国背着中国瓜分了东北。待到已经分赃完毕,达成的协议需要清政府承认的时候,日俄才和清政府谈判。12月10日,日本政府派出小村寿太郎为全权代表来北京,和清政府代表奕劻、袁世凯等谈判,最后签订了《中日满洲善后协约》(附一个《附约》)。在《协约》和《附约》中,清政府不仅对《朴茨茅斯条约》中牵涉中国权益的部分"概行允诺",而且还使日本在《朴茨茅斯条约》的规定以外又从中国手中夺取了不少通商、免税、设厂投资等方面的特权。

3. 沙俄强占土地和掠夺资源

沙俄在日俄战争中成为失败的一方,不得不退出了南满,但是在北满的权益并没有丝毫受损,继续变本加厉地压迫当地群众,掠夺资源,给当地带来了深重的苦难。

强占土地。 早在修建东清铁路之时,沙俄就借口修建铁路,从而侵占了大量土地;日俄战争后,战败的沙俄仍不收手,继续以各种方式侵占土

---

① 光绪三十一年六月初四日外部胡惟德日俄议和凡未与中国商定者不能承认电,《清季外交史料》第7册第3463页。

② Русско-Японская Война 1904—1905 гг., т. 5. (《日俄战争》第5卷)с. 174 - 175.

地,其最终目的是要把北满乃至整个东北地区变成其殖民地。例如,额尔古纳河地区土地十分肥沃,在沙俄当局的鼓动下,不断有俄人侵占这一地区土地。至光绪三十三年(1907)四月,额尔古纳河西岸俄民越界开垦者有数百家,侵占土地有300多平方公里。

沙俄还通过强迫清政府签订不平等条约的方式,使其强占土地"合法化"。光绪三十三年至光绪三十四年间,沙俄当局就强迫黑龙江和吉林两省官员签订《购地合同》,其中,在黑龙江强占土地12.6万垧,在吉林强占5.5万垧。

此外,沙俄还迫使当地官民廉价出卖其土地。以黑龙江为例,有记载称:"自(光绪)二十四年(1898)铁路入境后,其于铁路地亩,非随便占用,即自向民间购买。近省城者,有以中钱数十吊,卖地数十百垧之事。"①

沙俄通过各种方式强占得来的土地,有的用于铺设铁路和修建房屋,有的用于修建学校、教堂和公共设施。而大部分土地则有记载称:"东路各站所占地亩,既远过其所必需,遂就地规划街区,编列地亩号标出租。"② 可见,中国的土地竟被俄人划成区域、排成编号,用来出租或出售,以从中渔利。在沙俄当局的鼓动下,俄国的农场主、商人、工人等陆续来到中国东北,从事垦荒、经商、修建铁路等活动;而这些租户来到东北后,只听从沙俄当局的管理,租金和所缴纳的税金也只交给沙俄政府,无疑侵犯了中国的主权。

掠夺森林资源。早在东清铁路修建之时,铁路所需枕木、用作燃料的木材以及修建房屋和日常所用之木材,都取自东北的森林,而《东清铁路合同》并未允许沙俄砍伐东北的森林。为掠夺东北的森林资源,沙俄于光绪二十九年(1903)与黑龙江铁路交涉局官员周冕私自订立了《黑龙江铁路公司伐木合同》,不仅将黑龙江其中3个林区的采伐权交给沙俄,而且把黑龙江其他未开发的森林资源也交给了沙俄。在吉林,双方也签订了类似的《吉林木植合同》,使俄人可以大肆砍伐东北广袤的森林。

沙俄对东北森林的肆意砍伐,给东北的森林资源带来了毁灭性的破

---

① 〔清〕宋小濂:《抚东政略》卷上,《宋小濂集》第284页,吉林文史出版社,1989。

② 民国《黑龙江志稿》卷三七。

十、日俄战争时期东北的抗俄之战

坏。尤其是黑龙江省林木最为茂密的大兴安岭地区,"已多为俄人所采伐"。①仅光绪二十七年(1901)和光绪二十八年(1902),呼伦贝尔境内的林木就被砍伐80余万株。由此可见,森林的破坏十分严重。

侵占矿产资源。沙俄在东北侵占的矿产资源主要是煤矿和金矿。煤矿方面,沙俄强迫黑龙江和吉林两省官员签订《煤矿合同》,将铁路两旁30华里范围内的煤炭开采权全权交给沙俄。据此合同,沙俄将扎赉诺尔、太平山、发别拉屯、头道江、长春等地的煤矿窃为己有,所掠夺的煤除了供自己使用外,其余的都销往中国内地,从中获取了巨额利润。金矿方面,光绪二十六年(1900),在沙俄入侵中国东北后,漠河金矿就落入了沙俄手中。此外,还有都鲁河金矿、观音山金矿等,沙俄都对其进行了疯狂掠夺。

私办邮电事业。光绪二十九年(1903),沙俄政府曾召开会议,商议在铁路沿线创办邮政事业,并在昂昂溪等9地设立邮局,但因日俄战争而被迫中断。战后,这一事项又被沙俄政府重新提及。光绪三十二年(1906)九月,沙俄政府召开会议,决定在哈尔滨、绥芬河和满洲里3地车站设立邮局,在其他车站也开通了邮政业务,这一决定得到了沙皇的支持。于是,东清铁路公司在没有得到清政府允许的情况下,于光绪三十四年(1908)一月,在哈尔滨、海拉尔、扎兰屯等地设立了邮局,从而控制了北满的邮政权。此外,东清铁路公司还在铁路沿线私设电线,并设立了专门机构,由铁路公司负责管理。光绪三十一年(1905),沙俄还在哈尔滨建立了临时无线电报局。

控制航运。沙俄不但控制着东清铁路这一陆路交通要道,还积极操控着北满的内河航运,"水路相衔,海河一气"②,从而达到完全控制东北地区交通的目的。在松花江上,沙俄不但拥有船只的航运权,而且还取得了管理权。光绪三十年(1904),俄人设立了松花江水利会,负责向过往船只收取费用,使俄船在松花江等地畅通无阻,严重侵犯了中国的主权。

攫取铁路沿线行政权。日俄战争战败后,沙俄便积极地攫取中国东北地区的行政权。光绪三十三年(1907),沙俄召开秘密会议,决定"鉴于《朴茨茅斯条约》缔结后,我国在满洲地位之显著变化,为维护我国人民

---

① 徐世昌:《东三省政略》卷三。
② 《交通史路政编》第七册,第380页,交通铁道部交通史编纂委员会,1935。

之利益及其事业之发展，以及应付外国人在远东展开的激烈的经济争夺战，应迅速促使俄人移居中东铁路附属地，大力发展工商业。为此，必须于该地区建立巩固的民政基础"①。据此，沙俄当局发布了《东省铁路附属地民政通则》，又在北满成立了民政处，下辖民政、教育、宗教等共8科，实际上就是沙俄在中国领土上设立的殖民机构。

此外，沙俄当局还发布了《哈尔滨市自治会章程》。其中规定，参选的议员"必须在市内居住一年以上，拥有土地或房屋的租金达六百卢布以上，或一年交纳公益十卢布以上的人，才有选举权和被选举权"②。这条规定实际上是要将中国人排挤出地方政府，从而达到其独霸哈尔滨，进而在东北建立一个纯粹的殖民政府的目的。沙俄还在满洲里、昂昂溪、绥芬河等地设立了类似于哈尔滨自治会的殖民机构，对各地实行殖民统治，各地人民叫苦不迭。

除了设立"自治会"之外，沙俄当局还在东清铁路沿线建立了所谓的"扩路军"，共3万余人；铁路沿线还有警察，沿江河地区也有水警；在哈尔滨、满洲里等地还设有监狱以及地方法院，从而形成了一套完整的殖民统治机构。

窃取中国税收权。日俄战争后，沙俄当局担心清政府在东北设立税关，使自己的利益受损，于是强烈要求与清政府协定北满关税。光绪三十三年（1907）三月，中俄双方在哈尔滨举行谈判。尽管俄方的要求极其无理，但最后中方也不得不接受，并于五月被迫与沙俄签订了《北满洲税关章程》，使中俄两国在边界100里范围内的贸易税费被免除，货物入境税也被大幅度地削减。

沙俄的野心并未因此而得到满足。宣统元年（1909）六月，清政府在哈尔滨、三姓和拉哈苏苏设立了关卡稽查；而沙俄当局认为，此举是对其"晴天霹雳般的灾难"③，并向清政府提出抗议。于是，双方在北京和哈尔滨两地举行谈判。中俄两国就此共交涉30多次，最终清政府在沙俄的逼

---

① ［日］南满洲铁道株式会社哈尔滨事务所运输课：《東支鐵道ざ中心とよゐ露支勢力の消長》上卷第214页，南满洲铁道株式会社，1928。

② 王魁喜：《近代东北史》第301，黑龙江人民出版社，1984。

③ Н. Штейнфельд, *Русское Дело в Манчжурии с 18 Века до Наших Дней*. (《俄国在满洲的事业》) с. 122.

迫之下，于宣统二年（1910）八月与沙俄签订了《稽查松花江往来船只暨进出口货物试行暂办章程》。据此，沙俄在中国的减税、免税特权进一步扩大。

商品输出与资本输出。日俄战争结束后，沙俄不断向东北各地倾销商品，从而赚取巨额利润，仅在光绪三十三年（1907），沙俄从中国取得的农副产品价值就有8900多万卢布。

沙俄对华的商品输出主要是通过开设洋行来实现的。沙俄在哈尔滨设立有罗西安洋行、秋林洋行等。著名的秋林洋行，即现在的哈尔滨秋林公司，经销各种商品，在"一战"前夕就有员工近1000人，可见其规模之大。东清铁路的开通，更加便利了俄人对华的商品倾销。此外，沙俄当局还强迫中国店铺转变为俄人的连锁销售网点，哈尔滨以及东清铁路沿线的商店都必须销售沙俄的商品。俄人不但从中赚取了利润，而且严重阻碍了中国民族工商业的发展。

沙俄对东北地区的资本输出，主要是通过华俄道胜银行来完成的。华俄道胜银行的总部设在圣彼得堡，在中国东北的哈尔滨、长春等多地都设有分行。其通过多种方式对华进行资本输出，首要就是发行货币"羌帖"（中国东北和新疆地区民间对沙俄在当地发行的卢布纸币的俗称）。沙俄在对东三省进行殖民统治时，大量发行纸币，使卢布成为中国东北的最主要的货币，而中国货币却无法在当地流通，从而达到其操控财政和市场的目的。有史料记载："中东铁路告成，使之卢布羌帖遂通行于路线所经之地，操纵财政，市间不见官币。"[1] 此外，沙俄帝国主义还通过强借、强行抵押等方式，利用东北地区丰富的资源和廉价的劳动力，开办工厂、矿山等事业，对中国人民进行残酷的压榨，阻碍了中国民族资本主义的发展。

---

[1] 民国《黑龙江志稿》卷二一。

4. 东北军民的抗俄之战

日俄战争使中国社会的半殖民地化程度加深了。两国为了各自利益公然在中国东北地区交战,不仅是对中国领土主权的肆意践踏,而且也给东北地区的人民带来了巨大的灾难,战火波及之处可谓是尸横遍野,血流成河,饿殍遍地。奉天以北地区沿途粮食、物资、军需等皆被沙俄侵略者所掠,东北的社会经济更是遭到了严重的破坏。然而,清政府置国家利益不顾,置广大人民不顾,竟然在自己的国土上宣布"中立",不敢公然得罪俄日两国。清政府尚且如此,东北的地方官员则更是畏敌如虎,对侵略者残害东北同胞的无耻行径视若无睹,坐视人民惨遭涂炭、倾家荡产。日俄侵略者所到之处,地方官员非但不为民伸张正义,反而胆小如鼠,闻风而逃。在这种情况下,拥有反侵略斗争这一优良传统的中国人民不甘心忍受日俄侵略者的野蛮蹂躏。勇敢的东北人民不顾清政府的腐败无能和地方官员妥协退让,怀着对日俄侵略者无比强烈的民族仇恨,为维护国家主权和领土完整,保护人民的生命和财产安全,在祖国东北这一片热土上,同仇敌忾,奋起抗争。形式多样和范围广泛的反侵略斗争如火如荼地开展起来了,有爱国思想的中国官员和士兵、工农群众、商人、知识分子,甚至连海外留学生、各地妇女和"马贼"也加入进来,东北大地到处燃起了抗击日俄帝国主义的战火。

爱国官兵的抗俄斗争

经历"庚子国变",与列强签订了屈辱的《辛丑条约》,使本已国势衰弱的大清王朝更加衰落,已经受不起任何的变乱。此时清政府只想息事宁人,尽最大可能维护其统治,所以只好任由日俄在东北地区肆意妄为。尽管东北许多地方官员对沙俄侵略者妥协退让,但还是涌现出了众多拥有民族气节的爱国官吏,袁大化就是其中的代表。袁大化(1851—1935),字行南,安徽涡阳人,淮军幕僚出身,光绪年间在东北任东边道道员的他为了发展东北经济，捍卫中国经济权益，悉心经营政府自办的"木植公司"，积极维护辖区内的道路、桥梁、山川、树木等国家权益。光绪二十九年（1903）五月，沙俄退伍军官马德里托夫勾结土匪，在沙俄已攫取的鸭绿江沿岸1800平方英里土地亦兴办木材公司，其除了攫取东北丰厚的物质资源外，也意图向中国内地和朝鲜半岛扩张势力。袁大化对此十分气愤，坚决打击为虎作伥的土匪汉奸。当沙俄所招匪徒刘五奎部在鸭绿江附近活动之时，他率军果断地对其进行拦截，而匪徒们依仗身后的沙俄势力为其撑腰，拒不听从，还率先开枪，打伤了清朝军官。清军义愤填膺，在袁大化的带领下奋起反击，击毙匪徒11人，击伤1人，其余众匪皆望风而逃。

袁大化这一举动激怒了沙俄侵略者，沙俄指挥官马德里托夫闻讯后恼羞成怒，气势汹汹地来见袁大化，态度十分蛮横，还用马鞭鞭打袁大化。马德里托夫以出兵包围袁的官署相要挟，提出死伤的匪徒每名赔偿50两银子的无理要求，都被袁大化断然拒绝，声称此乃中国内政，俄方无权过问。最后，马德里托夫理屈词穷，无计可施，只好灰溜溜地走了。后来，因马德里托夫在中国横行霸道，激起中国军民的强烈不满，沙俄远东总督阿列克谢耶夫为缓和矛盾，将其调回了旅顺，沙俄的木材公司也在民众的强大压力下，不得不让自己的掠夺行为有所收敛。

程德全也是表现比较突出的爱国官员之一。光绪二十九年（1903），沙俄与日本在东北酝酿战争，清政府需要能臣去东北稳定局势。于是，慈禧太后在北京召见了程德全。程德全对黑龙江局势的回答让慈禧太后十分满意，遂擢升程德全为道员，又署理齐齐哈尔副都统。光绪三十一年（1905）五月，程德全又被清政府任命为黑龙江将军，总理全省政务。他在主政黑龙江期间，实行移民实边，改革行政机构，重用人才，发展地方事业，促进了黑龙江地区政治、经济以及文化的发展。他推行的许多政策为抵抗侵略、保护利权做出重要的贡献。

比较典型的事例是东清铁路公司与周冕私订展购铁路附近地亩合同案。光绪二十九年（1903），东清铁路公司为了殖民扩张需要，私自与时任黑龙江铁路交涉总局总办周冕订立合同，从而占据了黑龙江的大片土地。而这一合同事先并未请示过黑龙江将军，事后也没有备案，更没有经过批准，按规定自然不能生效。但是，铁路公司代办达聂尔却非要以此为凭证占据土地，无论是黑龙江前任将军达桂，还是时任将军程德全均坚决不允，但当时"俄人恃强凌轹，屡议未协"①。光绪三十一年（1905）八月，达聂尔仍然带着合同来找程德全，又被拒绝。此后，铁路公司竟勾结周冕，直接抢占民地，导致附近居民纷纷到将军衙门告状，"呈报公司逼领地价，将有失业流离之苦，泣求保护，意甚凄惶"②。当地民众的积极控诉，迫使当地政府与铁路公司进行交涉谈判。

光绪三十一年冬，日俄战争结束，沙俄战败，这就为中国向沙俄提出交涉，谈判争取权益提供了有利的条件，程德全认为"争主权，保利益，正在此时"，决定借此良机与沙俄进行全面交涉，指出"江省现在交涉各事，无论俄人如何要胁，臣断不为其所动"。③ 程德全派黑龙江铁路交涉总局总办宋小濂赴京陈情，并将周冕的问题奏报给了清廷，请求撤职严办。宋小濂随同外务部先就合同内容与俄方进行交涉，由于俄方阻挠，虽举行了数次会商，亦未有任何成果。光绪三十二年（1906）八月，外务部又派宋小濂和杜学瀛到哈尔滨与东清铁路管理局局长霍尔瓦特举行谈判，但霍尔瓦特坚持认为俄方与周冕所订立的合同有效，谈判一度陷入僵局。后经程德全、宋小濂等人的据理力争，铁路公司才勉强同意与周冕所立合同无效作废，可以重新商订合同。谈判过程是激烈而又困难的，自光绪三十二年（1906）八月至光绪三十三年（1907）八月，历时整整 1 年，其间共举行会议二三十次，最终在清政府和当地民众的共同努力下谈判成功。

光绪三十三年八月三十日，中俄双方在哈尔滨正式签订了《吉林铁路公司购地合同》和《黑龙江铁路公司购地合同》。其中《黑龙江铁路公司购地合同》条款共 14 条，规定："黑龙江省铁路所用地亩，西自满洲里迤西铁路入中国境起，东至哈尔滨松花江北岸石当止，共需地亩十二万六千华垧"。④ 虽然这一合同也使中国丧失了巨大的利益，但与之前周冕和铁

---

① 光绪三十四年三月二十六日黑抚程德全奏改订东省铁路公司购地伐木合同折，《清季外交史料》第 7 册第 3804 页。

② 光绪三十一年三月初一日署黑龙江将军程德全奏本省生计将绝拟展拓铁路折，《清季外交史料》第 7 册第 3430 页。

③ 外人要挟请由疆臣严拒片，李兴盛等编《程德全守江奏稿》第 188 页，黑龙江人民出版社，1992。

④ 光绪三十三年七月二十二日黑龙江铁路公司购地合同，《清季外交史料》第 7 册第 3806 页。

十、日俄战争时期东北的抗俄之战

路公司所签订的合同相比,对沙俄的殖民扩张还是起到了一定抑制作用,也保住了当地居民的部分利益,是值得肯定的。对此,黑龙江将军程德全就曾提到:"前合同允给二十万垧,此次改定十二万六千垧,减去七万余垧。前合同官地每垧定价五卢布,此次议加八卢布。计铁路占用江省官地不下八万垧,增出地价二十三万余卢布。且订明永不再展,以杜后来觊觎。并于车站附近留出华商便利足用地段,又拨留交涉局华官厅基地,使路界以内主权不至尽失。"①

程德全在收回东北矿权方面也做出了重大的贡献。当时,沙俄又来掠夺漠河的金矿,激起了中国矿工的极大不满,于是他们以各种形式与俄人展开了斗争。光绪二十九年(1903)六月初八日,俄人穆绕月夫被矿工打死,雷巴科夫被打伤。几天后,华工又劫持了俄人马里科夫。沙俄为此多次照会黑龙江将军,要求严惩凶手,并对俄方作出赔偿。这一无理要求遭到了程德全的严词拒绝,他说:"本将军、副都统、揆情度理,有碍难照办者三端:查观音山金厂本系我华矿务公司产业,江省并无许俄人开采之约,俄人设立公司,在内,即属越界私挖,理应议罚,今置私挖于不问,反要索人恤偿,中外律例恐均无此等办法,此碍难照办者一也;观音系著名矿厂,产金之旺中外共知,自该公司私挖以来,时逾数载,得金不知凡几,若以华例科之,该公司私挖之金应全数充公,江省尚未及过问,兹乃以因匪所致之亏,言及赔偿,有是理乎?此碍难照办二也;金厂地处边荒,盗匪本多,自庚子变乱,我国又无兵驻守,故前署将军萨保曾因贵前任外部官员科力任愿代驱金匪,权准俄国商人于中国自开各金厂界外,踩勘金苗,声明中国不任保护,今穆绕月夫以私挖之故为金匪所害,委系自疏防范,无所归咎,谁其恤之?此碍难照办者三也。"②

光绪二十九年(1903),直隶总督袁世凯派直隶候补道刘焌赴黑龙江交涉回收金矿问题,但俄方始终拒不归还金矿。当刘焌与俄方代表珀佩交涉金矿问题时,后者强词夺理,想方设法地阻挠中国收回漠河金矿,还经常提及观音山华人打死俄人穆绕月夫之事,声称"非命案先行议结,不得

---

① 光绪三十四年三月二十六日黑抚程德全奏改订东省铁路公司购地伐木合同折,《清季外交史料》第7册第3805页。

② 黑龙江省档案馆:《黑龙江交涉总局档》第431号。

经议收矿"①。刘焌在黑龙江与俄方交涉半年有余,以失败而告终。光绪三十年(1904)八月十三日,程德全又照会俄方,指出:"观音山、漠河、奇乾河、乌马河各金矿系中国已开之厂,向归北洋大臣主政,前署将军萨保准给俄商采苗护照内指定界址,注明年限,并声明从前我开各厂不在俄人开采之列。上年北洋大臣袁奏派刘道焌执持贵国驻京公使护照,前往各厂查看接收,而该俄商踞据不交,殊失两国敦睦之旨。"② 希望沙俄顾及两国外交,尽快交出所据金矿。

图 10.1　程德全

沙俄在日俄战争战败为中国收回黑龙江金矿创造了有利条件。黑龙江省金矿的收回首先是从都鲁河金矿开始的。光绪三十一年(1905)十月,程德全派马六舟总理矿务。十月二十五日,俄人格那姆索夫率人到都鲁河金矿恐吓中方,企图将马六舟赶走,但在马六舟的坚持斗争下,最终都鲁河金矿成功收归国有。

收回都鲁河金矿后,接下来要争回的就是观音山金矿。光绪三十二年(1906)二月,马六舟派王如毅与华俄道胜银行经理高培里讨论收回观音山金矿的相关问题。但俄方始终拖延,不想交出金矿。在这种情况下,马六舟准备直接到观音山煤矿进行接收。七月十六日,高培里约见程德全,企图与中方联合成立华俄公司,亦被程德全拒绝。八月初二日,驻齐齐哈尔的珀佩威胁程德全,试图阻挠中方收回观音山金矿。

数次交涉未果后,八月初十日,马六舟带人直接前往观音山金矿。俄方一再推脱,不肯归还。马六舟虽然内心万分焦急,但并不敢采取强硬措施,只好做中国矿工的工作,以孤立俄人。不久,华工纷纷脱离金矿。俄方总管见势不妙,一面与马六舟交涉,一面致电高培里,请其从中周旋。因久久没有音讯,最终不得不将观音山金矿交还中方。

在黑龙江地区的金矿逐渐被收回的同时,清政府也在积极争回吉林金矿的权利。光绪二十七年(1901)正月二十五日,沙俄驻吉林和黑龙江两

---

① 黑龙江省档案馆:《黑龙江交涉总局档》第 431 号。
② 黑龙江省档案馆:《黑龙江交涉总局档》第 431 号。

省办理交涉大臣刘巴强迫吉林将军长顺签订《中俄议定矿务草约》共14条，规定允许俄人可以在吉林各地开采金矿，而且不准他国入股。同年四月初七日，俄驻吉林、黑龙江两省办事大臣科洛特科夫又强迫长顺与俄签订《在夹皮沟、宁古塔、珲春三处境内采勘金苗开办金矿商同预定草约》6条，将夹皮沟、宁古塔、珲春3地的采矿权全权交给俄方处理。

光绪三十年（1904），按照规定，沙俄采矿的执照早已过期，理应作废，但俄方一再拖延向中方交还金矿。沙俄当局先后2次照会吉林将军，要求中方给俄方颁发新的经营执照，吉林将军表示拒绝，并称："至所称公司踩勘夹皮沟矿务一节，虽定草约一年，而华政府并未承认，前已历次照复在案，所有前发执照亦早逾限作废矣。"① 后经反复交涉谈判，中国终于收回了对夹皮沟金矿的管辖权。

东北人民的抗俄斗争

洋务运动开始以后，一些官办工业在东北兴起，后来沙俄帝国主义入侵东北，又利用中国廉价的劳动力开矿场、办公司、修铁路，使东北地区的工人阶级队伍逐渐壮大起来。但是，在铁路、矿山等直接受沙俄帝国主义势力控制的领域里，中国工人受到残酷的压迫和剥削。日俄战争爆发后，在海拉尔的中国工人不想再为沙俄服务，准备自谋生路；可沙俄当局不但不接受工人的诉求，还强迫他们继续为俄军建铁路、修工事，结果遭到中国工人的断然拒绝。事后，俄军竟然将140余名工人抓了起来，并强行送上火车，运往赤塔充当苦力劳工。一路上，这些工人遭到俄军的野蛮蹂躏，仅在途中，就有20余人被逼迫致死。在旅顺，俄军为了修筑军事工事四处抓工，抓来后根本不管其死活，这些工人不仅不给收入，还被俄军严密监视，没有自由，甚至连温饱也难以解决；有时，工人们想喝上一口干净的淡水也难以满足，他们只得饮用腥臭的脏水。在营口，俄军为修建工程，雇用了一批当地工人。是时，有一股日军冒充华工，偷偷炸毁了营口附近的铁路，使俄军愤怒不已，于是不问青红皂白，直接将罪过强加在工人头上，最后暗下毒手，用炸药将无辜的工人炸死。此等事例在东北地区比比皆是。最终，广大工人忍无可忍，不断地发起罢工运动来抵制沙

---

① 吉林省档案馆：《准外务部咨开俄璞使函请夹皮沟矿务展限日期公平了解结卷》（光绪三十二年十一月）。

俄的压榨，广大工人"今日一变故态，无论何事，皆喜与俄人相抗，俄人苦之"①。光绪三十年（1904）二月，营口工人有不甘忍受俄人压迫者，时常拿起工具与沙俄士兵以命相搏，还有一些工人则逃离工厂，参加了抗俄武装队伍。奉天有一煤矿，竟有"中国工匠数百人起而攻击俄人"。②

因日俄战争爆发，沙俄当局以及旅顺船坞厂主加紧了对工人的压迫和剥削，在不堪忍受压迫的情况下，船厂的2000余名工人于光绪三十年（1904）正月间举行了大罢工。沙俄当局竟出动军队对工人进行了残酷的镇压，工人们不畏强暴，与前来镇压的俄军进行了殊死的抗争，结果60余名工人被枪杀。此次罢工及沙俄的暴行在国内外引起了极大的轰动，蔡元培先生在《警钟日报》中写道："旅顺海军工厂所雇华工二千余名，皆以一概辞职的方式，举行拒俄同盟罢工。"③虽然这次罢工被沙俄血腥镇压下去了，但却是大连地区第一次反帝罢工运动，为日后大连人民反抗帝国主义侵略树立了光辉的榜样。不久，奉天关山煤矿工人以罢工抗俄，之后，吉林等地煤矿工人纷纷效仿，让沙俄势力焦头烂额。沙俄当局以提高工资为诱饵，企图诱使工人复工，但工人们毫不妥协，坚持斗争，声势极其浩大。东北地区工人们的斗争精神在当时就受到了盛赞，有报刊称："此种不受势力压制之人，真昆山片玉，桂林一枝矣。"④

在东北农村地区，广大农民也极其仇视沙俄侵略者，他们同仇敌忾，用各种方法与沙俄帝国主义进行抗争。中国军民在奉天大东沟一带挖有深沟，这就严重阻碍了俄军的行动，尤其是影响了沙俄军队车辆的通行。于是，俄军在当地四处招募群众来填平深沟，但是周围的群众无人响应，无奈之下，俄军只好自行填平深坑。在奉天城南，沙俄因战争需要，四处抓丁，修筑炮台5处，被抓民夫不愿为俄军效力，趁其不备，纷纷逃跑，俄军除了停工也别无他法。在吉林农安，沙俄侵略者抓来农民2000余人，打算在青山口到红石砬子一带，每隔5里修建1座炮台，沿江地带还要架桥；所及之地，俄军肆意抢占农田，拆毁民房，并将草料、粮食等物资据为己有。俄军的暴行惹怒了中国人民，被抓的2000余人大部分趁乱逃脱，

---

① 《俄事警闻》，1904年1月28日。
② 《警钟日报》，1904年3月5日。
③ 《警钟日报》，1904年3月3日。
④ 《俄事警闻》，1904年2月24日。

十、日俄战争时期东北的抗俄之战

就连远处的村民也闻风而逃。

此外,农民之间还相互约定,断不可卖食物给俄人,也不得使用俄人的货币。在奉天城南的一个乡村里,沙俄侵略者向村民征收粮食,被村民拒绝。在俄军的威逼利诱之下,村民们上下同心,坚决不交出一粒粮食。结果,俄军恼羞成怒,污蔑村民私通日本,最终以此为由将全村 70 余人全部杀害。光绪三十年(1904)十二月,一队俄军途经奉天大虎山地区时,强行向当地村民征收耕牛用来食用,遭到村民们的断然拒绝。长春和吉林之间有个波尼河子屯,惨遭俄军蹂躏长达 4 年之久,村民对俄军早已经恨之入骨;日俄战争爆发后,当地村民在村长的带领下,一致决定坚决不给俄军粮食、草料,一度让俄军粮草断绝,叫苦不已,几乎无法在当地立足。

义和团运动爆发以后,东北武装抗俄斗争持续不断,日俄战争的爆发又把抗俄斗争推向了一个新的高潮,其中以群众性的武装斗争给俄人的打击最为沉重。民众抗击沙俄暴行最初只是以个体形式出现,例如宽甸县农民卢泗海击毙强奸中国妇女的沙俄士兵。有些地区则是采取联村自卫的形式,如辽西一带,村民们都武装联合起来抗击沙俄、保卫村庄。随着抗俄斗争的深入,群众性的抗俄武装队伍如雨后春笋般地迅速发展起来了,形成了许多固定的战斗队伍,少则几十人,多则有成百上千之众,有的甚至在短期内能集结起五六千人。斗争的形式也基本上由原来的被动防御转为主动出击,他们经常声东击西,出其不意地向俄军发动奇袭,总是能够给沙俄侵略者造成打击。群众抗俄队伍有着深厚的群众基础,所以能够在沙俄大队援兵到来之前,迅速转移,村庄内"仅遗老妇人及乡内为首者,俄官一经讯问,概以不知支吾"[①],俄军对此也一筹莫展。正因为如此,东北抗俄武装队伍才能纵横驰骋,给予沙俄侵略者沉重打击,成为抗俄斗争的强大力量。

光绪三十年(1904),沙俄从蒙古掠夺了 1000 余匹战马,途经齐齐哈尔之时,遭到了当地群众武装的攻击,劫走战马数百匹。在铁岭,3000余人的群众武装兵分 2 路,趁着夜色袭击了铁岭粮库,还在睡梦中的俄军毫无防备,损失惨重,600 多名俄军被消灭,民军缴获军械粮饷无数。又

---

① 吉林省档案馆:《吉林将军吉林副都统告示》(光绪三十年十月)。

如辽阳东部有一支由 18 个村庄组织起来的团练武装，人数有 2000 余人。光绪三十年（1904）四月，俄军与该团练武装展开了一场激战，结果俄军有 200 多人被打死。同年秋天，战败的俄军退入长春，败退途中烧、杀、抢、掠，无恶不作，当地人民忍无可忍，各屯纷纷组成抗俄武装，保卫村屯，"从此居民赖以稍安"①。

东清铁路是俄军向前线运送士兵和军需给养的重要通道，是沙俄在东北的生命线，东清铁路一旦被切断，俄军将会处于瘫痪状态。于是，群众武装抗俄队伍针对这一弱点，迅速而又广泛地开展了破坏东清铁路的运动。而俄军对东清铁路的严密防护，对于阻止群众武装抗俄队伍破坏铁路并没有什么效果。光绪三十年（1904）三月十三日夜，铁岭至哈尔滨段的铁路"同时被炸毁多段"，② 导致沙俄火车脱轨，交通中断。自光绪三十年（1904）三月起，东清铁路富拉尔基至满洲里段经常发生"华人放火烧毁铁路柴板，火车经过并有人持枪轰击"的事件。③ 光绪三十年（1904）八月，公主岭、四平、双庙子段的铁路经常有铁轨和电柱被毁坏的事件发生，令俄军防不胜防。东清铁路不断遭到破坏，严重削弱了前线俄军的力量，有力地打击了沙俄侵略者的嚣张气焰。

东北各地的商人和市民也积极投入到抵制沙俄帝国主义的行列中来。光绪三十年（1904）七月至八月，沙俄军队侵入昌图，疯狂地抢掠粮食等物资。当地商人和市民不胜其扰，各村镇的粮市米行都拒绝与沙俄交易以表示抗争。同年，"北方商人皆将华俄道胜银行之存款提回，而俄国契券等物于商务场中皆不行用"。④ 齐齐哈尔地区的商人和市民一律拒绝使用羌帖，使羌帖"行情大坏"，迫使沙俄商务公司总办拉乍列夫不得不向齐齐哈尔副都统求助。⑤ 哈尔滨的中国商民对沙俄"发行之军票，概不收用"⑥。就连驻吉林的俄军头目索阔宁也承认："查仇视俄人，不卖物件，

---

① 民国《长春县志》卷六。
② 《日俄战争纪要·战事杂记》，《东方杂志》1904 年第一卷第六期。
③ 黑龙江省档案馆：《黑龙江铁路分局给富拉尔基分局札文》（光绪三十年三月二十九日）。
④ 《警钟日报》，1904 年 3 月 10 日。
⑤ 黑龙江省档案馆：《拉乍列夫致齐齐哈尔副都统》（光绪三十年二月二十日）。
⑥ 《申报》，光绪三十二年二月二十日。

十、日俄战争时期东北的抗俄之战

不花羌帖之处,并非一屯。"① 东北人民普遍拒用羌帖,使得羌帖在市面上无法正常流通,发行方华俄道胜银行因此受到了沉重的打击,损失严重。沙俄当局十分愤怒,扬言如果中国人民再拒用羌帖,定要严格处置,而东北人民也从未停止抗争。

光绪三十年(1904)年初,正值俄国新年之日,驻牛庄的俄人竟要求当地的中国民众与他们一起庆祝,并命令各店铺悬挂彩旗,歇业数日,以示庆贺。面对这样的无理要求,当地民众自然嗤之以鼻,既不挂彩旗、也不庆祝,使俄国新年没有丝毫喜庆的感觉,俄人对此也无可奈何。

此外,中东铁路公司抢占土地的行为,也极大地激起了广大东北人民的反抗,其中,影响最大的事件要数马家船口案件。马家船口(今黑龙江省哈尔滨市松北区松浦街道)是一个重要口岸,位于松花江北岸,与哈尔滨隔江相望。光绪三十年(1904)春,俄方与黑龙江铁路交涉总局总办周冕相勾结,未经当地农民张永禄等人同意,强行占据其土地。张永禄等人,因其地是祖坟所在之所,不忍迁徙,故未答应俄方要求。后经屡次催促,仍未同意。同年四月,张永禄等人联名向呼兰副都统告状,试图要官府保护其土地。呼兰副都统将状子转递到了黑龙江将军衙门周冕处,结果周冕不仅对状子置之不理,反而于光绪三十一年(1905)夏,派人传唤张永禄,并对其进行威逼利诱,张永禄等人仍坚决不从。九月,俄铁路公司派人向张永禄等人索要地租,更为过分的是,铁路公司监工率领马队30余人前往马家船口,逼迫张永禄等人让出房地,他们殴打民众,毁坏财物,霸道异常,并将张永禄及其家人赶出10余里。十三日,又将居民谭广德及其家人赶出40余里,将孙尚志和王纯德全家赶至三四里之外的村庄居住。暴力压迫并没有使张永禄等人屈服,他们又先后到交涉总局和铁路公司去控告,结果根本不被理睬。马家船口一案最后以中方的妥协了结。

反俄斗争并没有因此而平息,以往铁路用草均由中国居民刈割,然后卖给地方政府。后来,铁路交涉局将此权利转交给了俄人,铁路两侧各40俄里的地方,均由沙俄铁路公司自行雇工刈割,华人不得阻拦。这无疑侵犯了当地人民的权益,使抗俄斗争接连不断。

---

① 吉林省档案馆:《索阔宁致吉林将军照会》(光绪三十年十月)。

针对沙俄帝国主义在东北掠夺森林资源,东北官民又进行了不屈不挠的抗争。光绪二十四年(1898)吉黑两省与俄铁路公司签订的《伐木章程》规定:伐木以六年为限,限满即行停伐,将原山场交给中国。到光绪三十年(1904),6 年期满,伐木本应停止。但"俄人不遵原议限期,取之无度,漫无限制,动以铁路为词,藉图免税,虽屡阻止辩论,无如彼族任意狡展,抗不完纳,实属有违约章"。① 为了挽回利权,东北地区只好依据条约反对逾期砍伐。

逾期禁伐首先是从呼伦贝尔地区开始的。时任呼伦贝尔副都统依兴阿认为:"兹届路工已竣,且兼牧所松林甚少,若任仍前砍伐,大与本属旗人生计有碍。"② 因此,于光绪三十年(1904)十二月初一日,照会俄方官员阿力克萨音多罗普,要求"将在本处牧厂内松林砍木各工等统行禁止,以益旗属生计"③。但俄人对此置之不理,依旧我行我素。对此,依兴阿本想派兵驱逐,又担心把事情闹大,只好请黑龙江将军衙门转告俄方"不准砍伐本处牧场树木"。④ 但俄人伐木事件仍然经常发生,激起了东北地方当局和东北人民的不满。

影响最大的一次抗争发生在余庆县(今黑龙江省庆安县)。光绪三十二年(1906)夏,铁路公司为了攫取诺敏河以东至呼兰河以西中间地带的伐木专权,竟派人强占了青、黑 2 山木场,又在呼兰河口处设卡拦截,不允许中国人伐木,并由达聂尔照会余庆县官员,勒令中国人纳税。东北官民对此十分不满,纷纷向上控告,同年,外务部就此照会了沙俄驻华公使,但并无任何实质性结果,只得留到以后的谈判中去解决。虽然逾限禁伐抗争成效不大,但它为废除周冕与东清铁路公司私订的伐木合同奠定了良好的基础。

东北地区煤炭资源丰富,是中国重要的产煤区之一。沙俄早就觊觎中

---

① 吉林省档案馆:《吉林将军咨外务部》(光绪三十二年五月二十五日,抄单)。
② 黑龙江省档案馆:《呼伦贝尔咨报俄人在弩克台地方砍伐木植有碍我国人民生计卷》第 309 号。
③ 黑龙江省档案馆:《呼伦贝尔咨报俄人在弩克台地方砍伐木植有碍我国人民生计卷》第 309 号。
④ 黑龙江省档案馆:《呼伦贝尔请定鱼盐木植秧草各项捐税卷》第 79 号。

十、日俄战争时期东北的抗俄之战

国东北的煤炭资源，史料证明，"最早染指满洲矿山的，实际上是俄国"。① 沙俄不仅通过与中方订立合同的方法来掠夺东北的煤炭资源，还直接派人强占华商开办的煤矿。光绪三十年（1904）元月，俄人威勃尔率人到长春石碑岭煤矿进行勘探，既没有向地主王崇恩交租，也没有事先通知他，便直接将煤矿据为己有；与此同时，他还强占了陶家屯煤矿，依然"既不给山主窑户价值，亦不完纳煤税"②。煤商成廷芳非常愤怒，告至吉林将军衙门。同年四月至五月，该俄商又欲在宽城子、二道沟等处修建铁路，用于运煤，当即遭到了当地人民的强烈反对，在东北官民的共同努力下，俄人不得不依照矿务约章来处理。

光绪三十二年（1906）冬，俄商路必诺夫在未经地方当局许可的情况下，强占华商于思玉的发别拉屯煤矿，于思玉上告。光绪三十三年（1907）一月，黑龙江副都统衙门照会俄方，称："今路必诺夫私行挖煤，有违约章公法，请贵处速为查明禁止，不得运动煤斤。"③ 经中方的多次抗争，路必诺夫最终被驱逐出境。

此外，中国官民还发起了抵制沙俄船只入侵松花江的斗争。截至光绪三十年（1904）四月，"沙俄侵入松花江的船只达七十九艘，其中客船二十一艘，货船五十八艘"④。沙俄入侵松花江最大的集团要数黑龙江商船公司，该公司于光绪二十一年（1895）成立，初始资本200万卢布，俄政府每年还要对其进行补贴，公司有汽船、货船共66艘，每年赢利额达数十万卢布，到后期，汽船、货船的数量各增至500余艘。

沙俄船只的入侵，严重影响了中国东北地区航运业的发展。黑龙江和吉林的航运业原本就不甚发达，自俄船入侵后更为凋敝，吉林境内河道发达，然而"多为俄人经营，属于我国经营者，十无一二"。⑤ 黑龙江航运

---

① 陈真等编：《中国近代工业史资料（第2辑）：帝国主义对中国工矿事业的侵略和垄断》第798页，生活·读书·新知三联书店，1958。

② 吉林省档案馆：《为据长春府知府详称俄商威勃尔支修运煤铁路占用吉长两府民地垧数等情抄粘札饬吉林府查明是否与原存地册相符由》（光绪三十一年正月十九日）。

③ 黑龙江省档案馆：《为照会廓米萨尔俄路必诺夫在法别拉违章私挖煤苗由》，黑龙江省交涉局档第309号。

④ ［日］满铁调查课：《东清铁路资料》第165－166页，南满洲铁道株式会社，1944。

⑤ 《盛京时报》，宣统三年五月初十日。

权亦为俄人所攫取。日俄战争后，沙俄变本加厉，独占3江航运特权。

沙俄入侵松花江的行径遭到吉林和黑龙江两地爱国官民的抵制。光绪三十二年（1906），黑龙江将军程德全拨款购买了小型轮船2艘，但由于体积太小，仅能在呼兰河内航行。后来有商人购得1艘齐齐哈尔船，船只坚实，光绪三十三年（1907）五月，此船正式航行，为中国轮船首次航行于松花江和黑龙江。此举引起了沙俄公司的轰动，他们要求与中国订立行船章程，在未订立之前由俄方发给华轮船牌，或将执照交给俄方签字，以避免误会。中方立即回应道："黑龙江既属两国公共航路，则两国船只应一律对待。俄人往来江面，曾无华官给牌，或俄官给照交华官签字之事，则华船之不得由俄官给牌，或俄官给照交华官签字，其理甚明。"① 俄使无言以对。

同年，东三省地区正式建立行省，徐世昌出任东三省总督。他到任后，极力组织黑吉船业，鼓励多造轮船行驶于东北各大江河，以抵制俄船，又设立官船局、两江邮船局等机构来管理航运，对于抵制沙俄的入侵起到了一定的作用。

妇女示威抗俄。沙俄帝国主义的暴行，也激怒了东北地区的家庭妇女，最典型的事例，要数吉林伯都讷2000多家庭妇女的抗俄游行示威。光绪三十一年（1905）日俄战争期间，沙俄军队烧、杀、抢、掠，无恶不作，导致当地"民情扰攘，举国若狂，人人不安，时时不安"②，人民不断起来反抗。伯都讷地处交通要道，土地肥沃，盛产粮食，沙俄在此驻有大批军队，并囤积了大量粮食以供军需；而沙俄又不断抢劫粮食，造成当地粮食供应紧张，但是俄军仍然疯狂抢夺粮食，致使粮食日益紧缺，粮价飞涨，灾民、饿殍遍地，民众再也无法生活下去了。于是，民众决心团结起来，坚决与俄军进行斗争。特别是2000多贫苦妇女结成了一支浩浩荡荡的队伍，直奔俄军粮仓，之后又沿着大街小巷进行游行示威，要求"俄人滚出中国"，声讨沙俄"抢粮甚巨，哄抬粮价，逼死中国百姓"，义正词严地痛斥着沙俄侵略者的罪行，呼吁中国人民组织起来与沙俄抗争到底。伯都讷妇女的抗俄斗争充分体现了中国人民不畏强暴，敢于抗争的爱

---

① 徐世昌：《东三省政略》卷三。
② 吉林省档案馆：《长春知府关于俄兵拦阻粮草车辆等情察文》（光绪三十年十二月）。

国主义精神。

"马贼"的抗俄斗争。随着抗俄斗争的发展,群众武装抗俄队伍不断壮大,"马贼""红胡子"武装也逐渐活跃起来。"马贼"是清政府和沙俄对当地绿林武装的蔑称,而事实上,加入这些队伍的人大多是饱经战乱、无家可归的农民、商人和工人。他们往往身怀国仇家恨,与俄人斗争十分坚决,也得到了东北民众的广泛支持,"满洲居民皆与亲密,尊之为爱国义士"。其中影响较大的有吉林的李兰旗、黑龙江的张显珍、哈尔滨的"天灭洋"、呼兰的"打五省"、兴安岭的关访友等等。

"马贼"队伍组织严密,驰骋于东三省和蒙古草原,人数少则数百,多则数千,最多的已达到上万人,而且英勇善战,总是冲在抗俄斗争的第一线。他们斗争形式多样,毁坏铁路、切割电线、截击沙俄军需,并经常袭击俄军小股部队。随着战争的继续深入,这支队伍的势力也日益壮大,俄军虽全力防守,但仍无济于事;俄军也经常对"马贼"队伍进行围剿,但成效不大。沙俄当局对此深感忧虑,又想尽一切办法对其进行重金收买。虽然有的"马贼"们在威逼利诱下误入歧途,但大多数人很快觉醒过来,又继续投入到抗俄斗争中去,令沙俄当局十分震惊。

抗俄"马贼"的正义行动,使沙俄政府寝食难安,"临之以兵,并无所施;结之以财,财无所继"①,不得不要求清政府命盛京将军"速殄之"。

应当特别指出的是,"马贼"队伍成分十分复杂,且没有明确的政治目标,对帝国主义的侵略也缺乏深刻的认识,因此其斗争也存在各种的局限性和错误做法,有人主张要联合日本抗击沙俄,有人则受到侵略者重金的诱惑,敌我不分,做了沙俄的"马前卒"。尽管如此,大部分"马贼"队伍都是英勇爱国的,其抗俄功绩亦不能抹杀。

知识分子的抗俄斗争。义和团运动发生之后,沙俄当局借口镇压义和团运动,悍然出动17万大军,兵分6路,强行入侵中国东北。经过东北人民的浴血奋战,加之中国舆论的强烈抗议以及帝国主义之间的矛盾,沙俄当局被迫答应从东北撤军。光绪二十八年(1902)中俄双方签订了《中俄交收东三省条约》,规定俄军在1年半的时间内撤完。光绪二十九年

---

① 〔清〕孤行:《满洲善后策》,《东方杂志》1904年第一卷第二期。

（1903）春，沙俄非但没有如约撤军，反而不断地往东北增加兵力，后又突然要求清政府保证东北不向其他国家开放，实质上就是想独占东北。消息一经传出，举国哗然，群情激奋，全国掀起了抗俄救亡的高潮。四月初三日，上海各界人士共1000余人在张园召开"拒俄大会"，坚决抵制沙俄的无耻行径，并声明："即使政府承允，我全国国民万不承认。"① 大会通过发放传单，发表演说，上书外务部，设立四民总会等方式，推动拒俄运动的发展。

沙俄帝国主义入侵东北也震动了在日本的中国留学生。光绪二十九年（1903）四月初三日，东京留日学生于神田锦辉馆举行大会，与会者1000余人，其中有中国留学生200人。② 会上决定成立"拒俄义勇队"，"誓以身殉为大炮之引线，唤起国民铁血之气节"。③ 几天后，留学生们将义勇队改名为学生军，还制订了《学生军规则》，规定："目的：拒俄；性质：（甲）代表国民公愤；（乙）担荷主战责任。"④ 东京留学生的行动也激励了国内民众，上海张园集会后成立了拒俄义勇军，以示对留学日本的中国学生的支持。

抗俄风潮也刮到了京师大学堂。四月初四日，京师大学堂仕学、师范两馆学生"鸣钟上堂"举行集会，声讨沙俄入侵东北的暴行。与会师生达200余人，学堂助教率先发言揭露沙俄企图霸占中国东北的阴谋。在集会中，师生们义愤填膺，"齐声应许，感天动地"。⑤ 接着，学生们竞相上台发言，痛陈沙俄暴行。会议还决定向清政府上书，即《请代奏拒俄书》，并电告各省督抚力争抗俄。之后，广东、湖北、湖南、安徽、江西、福建、河南等省的学生也纷纷上书，并组成团体以响应抗俄运动。

日俄战争爆发后，更有大批爱国知识分子投入到抗俄斗争中。他们在各地联合起来组织了诸如抗俄铁血会、关东保卫军、东亚义勇军、拒俄会、仇俄会等爱国政治团体，从事抗俄活动。此外，像《东方杂志》《警钟日报》《日俄战纪》《直隶白话报》等刊物，发表了大量文章揭露俄人

---

① 《对于俄约之国民运动》，《江苏》1903年第2期。
② 《大公报》，1903年12月5日。
③ 《拒俄事件》，《浙江潮》1903年第4期。
④ 《拒俄事件》，《浙江潮》1903年第4期。
⑤ 《苏报》，1903年5月20日。

十、日俄战争时期东北的抗俄之战

在东北的暴行,宣传东北人民英勇抗击沙俄的事迹,宣扬中国军民的爱国主义精神,并给全中国人民敲响了警钟,有力地推动了抗俄斗争的开展。

以抗俄铁血会为例。它是由京师大学堂的学生自愿组成的群众性团体,是首个由中国大学生独立创建的社团,创立者是丁开嶂等人。丁开嶂(1870—1954),原名作霖,字小川,直隶丰润人。20岁左右考中遵化乡秀才,"光绪二十四年(1898)京师大学堂成立,先府君(丁开嶂)以直隶总督袁世凯报送,入堂肄业"①。光绪二十八年(1904),日俄战争爆发,沙俄侵略者强占中国领土,掠夺财富,涂炭生灵。光绪二十九年(1905)二月,丁开嶂在京师大学堂与朱锡麟、张榕秘密建立了铁血抗俄会。不久,他化名丁开山,并撰写了《铁血会檄》刊登于上海《大陆》杂志上,内容如下:

> 俄人者,自咸丰年,私易界碑,窃我黑龙江以北,乌苏里以东,已为外国所不取,公法所不题。近年又狼虎蓄心,蛇蝎肆虐,据东三省全地,俨为己有。任意奴隶我官府,牛马我人民,剥蚀我资财,淫掠我妇女。种种禽兽之行,神人共怒;色色野蛮之状,宇宙难容。故天令日人倡义,外挫其凶顽;民党奋兴,内溃其脏腑。丹马、瑞典、诺威,现举同盟,影响愈激而愈远;犹太、波斯、土国,共图报复,风潮愈涌而愈高。此为我国报深仇,雪大耻,树我完全独立之旗,定我民族帝国主义之一大机会也。倘再不振吾精神,湔除丑类,结吾团体,扫荡腥闻,将来必至灭尽我自家,殄绝我种族,较英制澳洲而更痛,美毒黑人而倍残。窃有鉴有斯,故创立本会,纠合当时爱国英雄,热心壮士,除海内外弁及学生而外,又有直、奉、吉、黑四省绿林领袖,如夹皮沟之韩登举,烟集岗之刘弹子,帽儿山之田鸣凤,凤凰城之杨二虎,核桃街之于子云,鸭绿江之林七,西安县之郑大剪子,海城之冯麟阁、刘奎五,通化之张占元、张桂林,怀德之冯孤雁、任天杀,朝阳之杨黑虎、邓三,金州之宋三、梁子恭,岫岩之王占一、马福连、高立峰,辽河左右之杜立山、田义本、冷振东、尹化亭,枭杰数十人,其部下人数,各小伙数百,大伙数千,最大之伙数

---

① 丁文隽口述:《丁开嶂先生与"铁血会"》,河北省政协文史资料研究委员会编《河北文史资料选辑》第6辑第63页,河北人民出版社,1982。

万,均痛心疾首,透爪裂目,必立食俄人之肉,寝俄人之皮而始快者。以此同化之师,和亲之众,一朝齐发,电疾风驰,遍地合攻,澜翻水涌。再东联日本为外援,西接波兰为内应,何难逐长蛇于兴安岭以北,驱封豕于雷纳河以西,使我廿三省锦绣山河,与日星而并寿,四百兆圣贤子弟,享幸福于无穷也。凡我同志,素愤同胞之惨酷,忧祖国之倾危,皆打破生死之快男儿,愿作牺牲之大豪杰。现今中立将破,大战有期,唯余马首是瞻,以期和衷共济,务使二十世纪之万国记载,大书特书曰:中国抗俄铁血会大败俄罗斯于东而后止。檄到望表同情。切切![①]

檄文痛斥了沙俄侵略者在中国东北犯下的丑恶罪行,并号召中国人民团结起来,挽救国家和民族危亡,共同抗击沙俄侵略者。檄文是抗俄铁血会的纲领性文件,在此感召之下,铁血会的将士奔赴东北各地与沙俄侵略者进行抗争,进行了激烈的田立本支台子之战、宋三霸狼头山之战、冷振东牛家屯之战、刘奎武沟帮子临近摩天岭之战、杜立山铁岭东南及辽阳四十五里地之战等战役。就连未参加抗俄铁血会的知识分子和广大人民群众也深受其影响,积极参加抗俄斗争,给沙俄帝国主义以沉重打击。

5. 清代保卫东北边疆之战的终结

民国元年(1912),在辛亥革命的冲击之下,腐朽没落的清王朝土崩瓦解。随着清朝的灭亡,东北人民保卫边疆的战争也进入了一个新的阶段。清代东北地区保卫边疆之战,从清朝初年沙俄入侵黑龙江流域开始,既有清初反击沙俄的雅克萨战争,又有清末反抗沙俄入侵东北的战争,还有反抗日本侵略的甲午战争;既有国家军队参加的大规模正规战,也有边

---

① 丁开山:《铁血会檄》,《大陆》1904年第2卷第6号。

十、日俄战争时期东北的抗俄之战

疆各民族进行的小股袭击战；直到清朝灭亡，持续了 260 多年，基本上贯穿清代的始终。

清代东北边疆的战争与战斗，主要是由沙俄和日本侵略者的入侵而引起的。东北地区自古以来就是中国的领土，早在清朝入主中原之前，就已经完成了对东北地区的统一。首先对东北边疆进行侵略的是沙俄。俄国从沙皇时代起便开始进行疯狂的对外扩张。明朝中期，沙俄殖民者越过乌拉尔山，灭亡了西伯利亚汗国，侵入了原属于中国的贝加尔湖以东地区。1643 年（崇祯十六年），沙俄殖民者发现并侵入了中国的黑龙江地区。沙俄对中国东北的侵略战争规模不断扩大，从几十人的探险队，到数百人的小股武装，再到成千上万甚至数十万的正规军。沙俄对东北的侵略方式，有武装移民和军事渗透，有斩尽杀绝的军事占领，有乘人之危的外交讹诈，有铁路银行的经济控制。对中国东北边疆发动侵略战争的另一个国家就是日本。进入近代以后，日本通过明治维新，基本上完成了政治、经济变革，走上资本主义道路，成为亚洲经济发达的国家。强大起来的日本将中国作为其侵略的目标，先侵略并吞并中国的藩属国琉球，然后发动甲午战争，侵略中国的藩属国朝鲜，进而侵略中国东北。与沙俄一样，日本对东北的侵略，有阴险的外交讹诈，也有野蛮的军事征服；烧杀抢掠无所不做，割地赔款无所不求。历史证明：沙俄与日本军国主义是东北各族人民最凶恶的敌人，尤以沙俄从中国东北强行掠夺的疆土最多。而日本军国主义从近代一直延续 20 世纪 40 年代，其对东北乃至全中国发动的侵略战争，给中华民族制造了巨大灾难！日俄血腥的侵略东北与中国的罪恶史，我们应当牢记，不可忘却！

从外国侵略者踏上中国东北土地的第一天开始，东北人民就拉开了保卫边疆之战的序幕。东北人民的反侵略战争，从以当地少数民族为主的自发的保卫家园之战，到以清朝驻防八旗和近代陆海军为主的防御和反击战。清朝前期，东北军民的保卫边疆之战主要以反击沙俄的侵略为主：有一村一寨的保卫战，也有袭击小股沙俄匪徒的游击战，有江上截击俄军船只的水战，也有围困俄军城堡的攻城战。由于沙俄的侵略和扩张重心主要是在欧洲和近东地区，其新占领的西伯利亚地区统治力量和军事实力相对较弱。而此时正是清朝入主中原，统一全国并开始进入"康雍乾盛世"的上升时期，国力和军事力量都处于鼎盛。因此，中国取得了这一时期抗俄战争的胜利。

清朝中期，东北地区的反侵略形势有所缓和，清朝采取的边防措施有修建驿站驿路、驻防城以及派兵驻防的边疆防御体系，还设立了卡伦的驻卡巡边制度。

　　到了清朝后期，世界主要资本主义国家纷纷进入帝国主义阶段，经济和军事实力大大增强，为了争夺市场和原料产地，掀起了瓜分殖民地的狂潮，此时日益衰落的中国自然成为他们瓜分的主要目标。清朝自乾隆朝以后日益衰弱，政治腐败，经济发展缓慢，社会矛盾激化，先后爆发了白莲教起义、太平天国运动、义和团运动等大规模农民起义，国内政局动荡。而两次鸦片战争、中法战争、中日甲午战争、八国联军侵华等一系列外国侵华战争，不仅打开了中国的大门，也使清朝外患连连。既处于国力上升时期又侵略成性的沙俄，乘清朝衰落、东北边疆空虚、边防废弛之机，采取非法航行、武装移民、军事占领、外交讹诈、修建铁路、军事进攻等方式，对东北地区进行疯狂的侵略活动。到了19世纪末期，新兴起的日本更是野心勃勃，先侵略中国的藩属国，并以之为跳板对中国东北进行疯狂的军事侵略。沙俄不仅强占了中国东北100多万平方公里的领土，还通过修建东清铁路将东北变成沙俄的势力范围。日本通过甲午战争和日俄战争，侵占了中国的藩属国朝鲜，并将东北南部变成了日本的势力范围。清朝后期东北地区的反侵略战争更为艰苦卓绝，遭受的伤亡和损失极其严重，但东北人民的英勇抵抗，使得日俄等帝国主义国家把整个东北地区分裂出中国版图的图谋遭到失败。

　　清代东北地区的保卫边疆之战，在清代东北历史乃至中国历史上具有重要的意义。它为清代东北历史谱写了内容丰富、可歌可泣的反抗外敌侵略爱国诗篇，是中华民族史上最光辉的记录之一。它充分体现了清代东北各族人民和爱国官兵为保卫家乡、保卫祖国边疆而不畏强敌、英勇战斗的斗争精神和爱国主义情怀。清代东北地区的保卫边疆之战也给人们留下了深刻的经验教训和历史思考。东北是中国重要的经济命脉，也是国防的前线，因此，东北边疆安危得失对于国家的兴衰至关重要。东北强则国家兴，东北弱则国家衰。弱国无边防，弱国无外交，只有富国强兵，才有国家的强大和边疆的稳定。

参考文献

[1] 阿桂,等.盛京通志[M].文渊阁四库全书本.1779(乾隆四十四年).

[2] 巴德利.俄国·蒙古·中国[M].吴持哲,吴有刚,译.陈良璧,校.北京:商务印书馆,1981.

[3] 巴尔苏科夫.穆拉维约夫-阿穆尔斯基伯爵(传记资料)[G].黑龙江大学俄语系翻译组,黑龙江省哲学社会科学研究所,译.北京:商务印书馆,1974.

[4] 巴赫鲁申.哥萨克在黑龙江上[M].郝建恒,高文风,译.北京:商务印书馆,1975.

[5] 北京大学历史系中国近代史教研室.义和团运动史料丛编:第二辑[G].北京:中华书局,1964.

[6] 长顺,等.吉林通志[M].刻本.1891年(光绪十七年).

[7] 程廷恒、张家璠.呼伦贝尔志略[M].铅印本.海拉尔:呼伦贝尔督办公署,1923.

[8] 丛佩远,赵鸣岐.曹廷杰集[M].北京:中华书局,1985.

[9] 董秉忠,等.盛京通志[M].刻本.1684(康熙二十三年).

[10] 俄国陆军部学术档案馆.1900—1901年俄国在华军事行动资料[G].吉林省社会科学院历史研究所,编.董果良,译.济南:齐鲁书社,1980—1982.

[11] 鄂尔泰,等.八旗通志[M].长春:东北师范大学出版社,1985.

[12] 方衍.清实录中的黑龙江少数民族史料汇编[G].内部发行.哈尔滨:黑龙江民族研究所,1992.

[13] 佛维尔.西伯利亚之行:从阿穆尔河到太平洋[M].斯斌,译.上海:上海人民出版社,1974.

[14] 复旦大学历史系《沙俄侵华史》编写组.沙俄侵华史[M].上海:

上海人民出版社，1986.

[15] 复旦大学历史系中国近代史教研组. 中国近代对外关系史资料选辑（1840—1949）[G]. 上海：上海人民出版社，1977.

[16] 傅孙铭，等. 沙俄侵华简史[M]. 长春：吉林人民出版社，1982.

[17] 干志耿，孙秀仁. 黑龙江古代民族史纲[M]. 哈尔滨：黑龙江人民出版社，1987.

[18] 高士奇. 扈从东巡日录[M]//李澍田. 长白丛书：初集. 长春：吉林文史出版社，1986.

[19] 戈尔德. 俄国在太平洋的扩张（1641—1850）[M]. 陈铭康，严四光，译. 北京：商务印书馆，1981.

[20] 戈卢勃佐夫. 阿尔巴津古城史[M]//诺维科夫－达斡尔斯基，等. 阿穆尔州地志博物馆与方志学会论丛（选辑）. 黑龙江省哲学社会科学研究所历史研究室，译. 哈尔滨：黑龙江人民出版社，1978.

[21] 古文献委员会. 历史文献补编：十七世纪中俄关系文件选译[G]. 郝建恒，等，译. 北京：商务印书馆，1975.

[22] 国家档案局明清档案馆. 义和团档案史料[G]. 北京：中华书局，1959.

[23] 何汉文. 中俄外交史[M]. 上海：中华书局，1935.

[24] 何秋涛. 朔方备乘[M]. 影印本. 台北：文海出版社，1972.

[25] 黑龙江省博物馆，81673部队政治处合编. 黑龙江义和团的抗俄斗争[M]. 哈尔滨：黑龙江人民出版社，1978.

[26] 胡滨. 十九世纪末叶帝国主义争夺中国权益史[M]. 北京：生活·读书·新知三联书店，1957.

[27] 黄维翰. 黑水先民传[M]. 李思乐，点校. 哈尔滨：黑龙江人民出版社，1986.

[28] 间宫林藏. 东鞑纪行[M]. 黑龙江日报（朝鲜文报）编辑部，黑龙江省哲学社会科学研究所，译. 北京：商务印书馆，1974.

[29] 蒋廷锡，等. 大清一统志[M]. 刻本. 1784（乾隆四十九年）.

[30] 卡缅斯基. 俄中两国外交文献汇编：1617—1972[G]. 中国人民大学俄语教研室，译. 北京：商务印书馆，1982.

[31] 拉文斯坦. 俄国人在黑龙江[M]. 陈霞飞，译. 北京：商务印书馆，1974.

[32] 李朝实录［G］．东京都：学习院东洋文化研究所，1954（昭和二十九年）．

[33] 李杕．拳祸记［M］．上海：土山湾印书馆．1905（光绪三十一年）．

[34] 李鸿章．李文忠公全集［M］．金陵刊本．吴汝纶，编．1905（光绪三十一年）．

[35] 李济棠．中东铁路：沙俄侵华的工具［M］．哈尔滨：黑龙江人民出版社，1979．

[36] 李治亭．东北通史［M］．郑州：中州古籍出版社，2003．

[37] 李治亭．清史［M］．上海：上海人民出版社，2002．

[38] 辽宁省档案馆．三姓副都统衙门满文档案译编［G］．沈阳：辽沈书社，1989．

[39] 辽宁省档案馆．东北义和团档案史料［G］．沈阳：辽宁人民出版社，1981．

[40] 刘民声，孟宪章．十七世纪沙俄侵略黑龙江流域编年史［M］．北京：中华书局，1989．

[41] 柳成栋．依兰旧志四种［M］．海拉尔：内蒙古文化出版社，1991．

[42] 伦森．俄中战争：义和团运动时期沙俄侵占中国东北战争［M］．陈芳芝，译．北京：商务印书馆，1982．

[43] 罗曼诺夫．帝俄侵略满洲史［M］．民耿，译．台北：学生书局，1983．

[44] 罗曼诺夫．俄国在满洲（1892—1906）：专制政体在帝国主义时代的对外政策史纲［M］．陶文钊，李金秋，姚宝珠，等，译．北京：商务印书馆，1980．

[45] 罗曼诺夫．日俄战争外交史纲：1895—1907［M］．上海：上海人民出版社，1976．

[46] 马鲁泽洛夫．俄国的远东政策：1881—1904年［M］．本馆翻译组．北京：商务印书馆，1977．

[47] 麦利霍夫．满洲人在东北（十七世纪）［M］．黑龙江省哲学社会科学研究所第三室，译．北京：商务印书馆，1978．

[48] 孟定恭．布特哈志略［M］．影印本．沈阳：辽沈书社，1985．

[49] 南怀仁．鞑靼旅行记［M］．薛虹，译．//杜文凯．清代西人见闻录．北京：中国人民大学出版社，1985．

[50] 讷河县志编纂委员会．讷河县志［M］．哈尔滨：黑龙江人民出版

社，1989.

[51] 涅维尔斯科伊. 俄国海军军官在俄国远东的功勋：1849—1855年[M]. 郝建恒，高文风，译. 北京：商务印书馆，1978.

[52] 潘克拉托娃. 苏联通史[M]. 山东大学翻译组，译. 北京：生活·读书·新知三联书店，1978.

[53] 戚其章. 甲午战争史[M]. 上海：上海人民出版社，2005.

[54] 戚其章. 中国近代史资料丛刊续编：中日战争[G]. 北京：中华书局，1993.

[55] 祁韵士. 皇朝藩部要略[M]. 筠渌山房刻本. 1846（道光二十六年）.

[56] 齐齐哈尔市地方志办公室. 齐齐哈尔市志稿·军事志[M]. 内部发行. 齐齐哈尔：齐齐哈尔市地方志办公室，1988.

[57] 桥本海关. 清日战争实记[M]. 吉辰，校注. 济南：山东画报出版社，2017.

[58] 钦同普. 达斡尔民族志稿[M]. 铅印本. 讷河：东布特哈八旗筹办处，1938.

[59] 清国史馆. 满汉名臣传辑[M]. 吴忠匡，总校订. 哈尔滨：黑龙江人民出版社，1991.

[60] 清实录[G]. 影印本. 北京：中华书局，1985.

[61] 清史列传[G]. 北京：中华书局，1987.

[62] 日本参谋本部. 明治廿七八年日清战史[M]. 东京：东京印刷株式会社，1904.

[63] 萨英额. 吉林外记[M]. 北京：中华书局，1985.

[64] 沈国冕，等. 凤城县志[M]. 石印本. 1921（民国十年）.

[65] 沈云龙. 近代中国史料丛刊三编：第16辑[G]. 台北：文海出版社，1986.

[66] 苏联科学院远东研究所等. 十七世纪俄中关系[M]. 黑龙江大学俄语系翻译组，黑龙江省哲学社会科学研究所第三室，等，译. 北京：商务印书馆，1975.

[67] 孙蓉图. 瑷珲县志[M]. 铅印本. 1920（民国九年）.

[68] 佟冬. 沙俄与东北[M]. 长春：吉林文史出版社，1985.

[69] 屠寄. 黑龙江舆图说[M]. 铅印本. 沈阳：辽海书社，1933（民国二十二年）.

参考文献

[70] 瓦西里耶夫. 外贝加尔的哥萨克（史纲）[M]. 北京师院外语系俄语专业师生, 译. 北京: 商务印书馆, 1978.

[71] 万福麟, 张伯英. 黑龙江志稿 [M]. 台北: 文海出版社, 1965.

[72] 汪敬虞. 中国近代工业史资料 [G]. 北京: 科学出版社, 1957.

[73] 王河, 等. 盛京通志 [M]. 台北: 文海出版社, 1965.

[74] 王世选, 梅文昭. 宁安县志 [M]. 影印本. 台北: 成文出版社, 1974.

[75] 王树楠, 等. 奉天通志 [M]. 影印本. 沈阳: 东北文史丛书编纂委员会, 1983.

[76] 王铁崖. 中外旧约章汇编 [G]. 北京: 生活·读书·新知三联书店, 1957.

[77] 王彦威, 王亮. 清季外交史料 [G]. 李育民, 等, 点校整理. 长沙: 湖南师范大学出版社, 2015.

[78] 维特. 维特伯爵回忆录 [M]. 亚尔莫林斯基, 编. 傅正, 译. 北京: 商务印书馆, 1976.

[79] 卫匡国. 鞑靼战纪 [M]. 戴寅, 译. // 杜文凯. 清代西人见闻录. 北京: 中国人民大学出版社, 1985.

[80] 魏源. 圣武记 [M]. 北京: 中华书局, 1984.

[81] 西清. 黑龙江外纪 [M] // 王锡祺. 小方壶斋舆地丛钞: 第1帙. 影印本. 杭州: 杭州古籍书店, 1985.

[82] 徐世昌, 等. 东三省政略 [M]. 李澍田, 等, 点校. 长春: 吉林文史出版社, 1989.

[83] 徐宗亮, 等. 黑龙江略述（外六种）[M]. 李兴盛, 张杰, 点校. 哈尔滨: 黑龙江人民出版社, 1985.

[84] 雅科夫列娃. 1689年第一个俄中条约 [M]. 贝璋衡, 译. 北京: 商务印书馆, 1973.

[85] 杨宾, 方式济, 吴桭臣. 龙江三纪 [M]. 周诚望, 董惠敏, 赵江平, 标注. 哈尔滨: 黑龙江人民出版社, 1985.

[86] 杨家骆. 中日战争文献汇编 [G]. 台北: 鼎文书局, 1973.

[87] 杨余练, 等. 清代东北史 [M]. 沈阳: 辽宁教育出版社, 1991.

[88] 伊台斯, 勃兰德. 俄国使团使华笔记: 1617—1972 [M]. 北京师范大学俄语翻译组, 译. 北京: 商务印书馆, 1980.

[89] 佚名. 墨尔根志 [M] // 柳成栋. 清代黑龙江孤本方志四种. 哈尔滨：黑龙江人民出版社，1989.

[90] 誉田甚八. 日清战争讲授录 [M]. 南京：军用图书社，1936.

[91] 远东外交研究会. 最近十年中俄之交涉 [M]. 哈尔滨：国际协报社，1923.

[92] 张缙彦. 宁古塔山水记：域外集 [M]. 哈尔滨：黑龙江人民出版社，1984.

[93] 张向凌. 黑龙江历史编年 [M]. 哈尔滨：黑龙江人民出版社，1989.

[94] 张玉兴. 清代东北流人诗选注 [M]. 沈阳：辽沈书社，1988.

[95] 昭梿. 啸亭杂录 [M]. 北京：中华书局，1980.

[96] 赵尔巽，等. 清史稿 [M]. 北京：中华书局，1977.

[97] 赵述云，金毓绂. 长春县志 [M]. 1941.

[98] 郑天挺. 明清史资料 [G]. 天津：天津人民出版社，1981.

[99] 中国第一历史档案馆. 清代中俄关系档案史料选编：第1编 [G]. 北京：中华书局，1981.

[100] 中国第一历史档案馆. 锡伯族档案史料 [G]. 沈阳：辽宁民族出版社，1989.

[101] 中国社会科学院近代史研究所. 沙俄侵华史 [M]. 北京：人民出版社，1978.

[102] 中国史学会. 洋务运动 [M]. 上海：上海人民出版社，2000.

[103] 周传儒. 西伯利亚开发史 [M]. 上海：正中书局，1945（民国三十四年）.

[104] 佐原笃介，等. 拳匪纪事 [M]. 台北：文海出版社，1973.

[105] Левин М Г, Потапов Л П. Народы Сибири [M]. Москва：Издательство АН СССР，1956.

[106] Рудаков А В. Общество И-хэ-туань и Его Значение в Последних Событиях на Дальнем Востоке [M]. Владивосток，1901.

[107] Штернберг Л Я. Гиляки, Орочи, Гольды, Негидальцы, Айны [M]. Хабаровск，1933.

附录 本卷涉及的战役战斗名录

1. 平定黑龙江喀木尼汉部叶雷叛逃之战（1636）
2. 平定黑龙江索伦部博穆博果尔之乱（1640）
3. 莫尔迪基季奇城寨之战（1643）
4. 保卫雅克萨城之战（1650）
5. 桂古达尔城之战（1651）
6. 乌扎拉村之战（1652）
7. 松花江阻击战（1654）
8. 围攻呼玛尔城之战（1655）
9. 松花江口之战（1658）
10. 古法坛村之战（1660）
11. 第一次雅克萨之战（1685）
12. 第二次雅克萨之战（1686）
13. 鸭绿江防御战（1894）
14. 金旅之战（1894）
15. 辽阳东路、西路之战（1894）
16. 五次进攻海城（1894—1895）
17. 博尔多屯袭击战（1900）
18. 黑河屯保卫战（1900）
19. 卡伦山之战（1900）
20. 瑷珲城保卫战（1900）
21. 北大岭山口阻击战（1900）
22. 完工车站争夺战（1900）
23. 雅克岭之战（1900）
24. 宁古塔保卫战（1900）
25. 三姓城保卫战（1900）

26. 熊岳保卫战（1900）

27. 海城保卫战（1900）

28. 牛庄保卫战（1900）

29. 山城镇之战（1901）

30. 海龙之战（1901）

31. 铁岭粮库袭击战（1904）

后　记

　　保卫东北边疆之战是清代战争史必不可少的要组成部分，也是东北地方史的重要组成部分。东北地区是中国重要的边疆地区之一。在漫长的历史中，东北边疆一直处于重要的战略地位，东北边疆的得失不仅关系到一代王朝的兴衰，更影响到国家领土主权的完整。清朝是中国历史上最后一个大一统专制王朝，是中国古代社会政治、经济及历史文化发展的重要时期，同时也是边疆治理和边疆发展的重要时期。东北边疆是满洲的发祥地和清朝的龙兴之地，也是清朝最为重要的边疆地区。清朝视东北边疆为其"根本之地"，一改历代中央政府在这里所实行的羁縻政策，正式设立盛京将军、吉林将军、黑龙江将军分区统辖，派新旧满洲八旗分城驻防，对边疆各族因俗而治，从而在中国历史上，第一次真正实现了大一统中央王朝对东北边疆的完全统一和直接管辖。然而，清代又是东北边疆危机最为严重的时期。沙俄自始至终都妄想将东北变成"黄俄罗斯"，不断加强对东北边疆的侵略。近代新兴起的日本也对东北边疆虎视眈眈，迫不及待发动甲午战争，侵略朝鲜和包括东北边疆在内的中国领土。面对外敌的入侵，中国各族军民挺身而出，为保卫家乡、保卫边疆而英勇战斗。本书就是将清政府如何加强对东北边疆的统一经略和防御体系建设、沙俄及日本如何不断侵略东北边疆、中国军民是如何抗击俄日侵略和保卫东北边疆的历史加以梳理和记载，展现给读者，使人们了解清代的中国军民为保卫东北边疆而战的英雄事迹，继承和发扬其爱国精神。

　　在本书的撰写过程中，黑龙江大学中国史专业的硕士研究生李伟强、宋必鹏、李成丹、吴金祥、刘海宇、张凯凌、王玉君、冀蕾、郑爱华、陈宁、苑小雪、魏民等同学参与了本书部分资料的搜集和整理工作。没有他们的支持和帮助，本书是很难按时完成的，在此深表感谢。

　　本书的成功出版，还要感谢中山大学出版社的领导、编辑的重视和支持。感谢本套丛书两位主编李治亭先生、杨东梁先生的指导，他们在课题大纲的论证、书稿的审核把关等方面提出了宝贵的意见，做出了巨大的贡献。

由于我的理论水平有限和对相关历史研究的不足，一些专家学者的相关研究成果还没有完全体现在书中，而且资料收集不全面，因此书中难免有诸多疏漏，敬请广大读者批评指正。

周喜峰

2020 年 4 月于黑龙江大学